HISTOIRE PARLEMENTAIRE

DE LA

RÉVOLUTION FRANÇAISE,

OU

JOURNAL DES ASSEMBLÉES NATIONALES,

DEPUIS 1789 JUSQU'EN 1815.

PARIS. — IMPRIMERIE DE FÉLIX-LOCQUIN,
rue Notre-Dame-des-Victoires, n° 16.

HISTOIRE PARLEMENTAIRE

DE LA

RÉVOLUTION FRANÇAISE,

OU

JOURNAL DES ASSEMBLÉES NATIONALES,

DEPUIS 1789 JUSQU'EN 1815,

CONTENANT

La Narration des événemens; les Débats des Assemblées; les Discussions des principales Sociétés populaires, et particulièrement de la Société des Jacobins; les procès-verbaux de la commune de Paris; les Séances du Tribunal révolutionnaire; le Compte-rendu des principaux procès politiques; le Détail des budgets annuels; le Tableau du mouvement moral extrait des journaux de chaque époque, etc.; précédée d'une Introduction sur l'histoire de France jusqu'à la convocation des États-généraux,

PAR B.-J.-B. BUCHEZ ET P.-C. ROUX.

TOME QUATRIÈME.

PARIS.
PAULIN, LIBRAIRE,
PLACE DE LA BOURSE, N° 31.
—
M DCCC XXXIV.

PRÉFACE.

Nous avons précédemment fait remarquer que l'assemblée nationale, loin de diriger le mouvement révolutionnaire, fut conduite et poussée par lui. C'est, nous le croyons, une vérité suffisamment démontrée par la seule inspection des faits et sur laquelle il est inutile de revenir. Nous avons encore remarqué combien étaient fâcheux les résultats de cette position fatale, où, faute d'une logique prévoyante et initiatrice, toutes choses se produisaient par secousses; où la raison est obligée de prendre les formes de la colère, et n'est écoutée qu'alors qu'elle est revêtue de violence et de force; où toutes chances enfin sont ouvertes aux erreurs. Ce fut une conséquence du premier fait, amplement prouvée par les événemens, et sur laquelle aussi il serait dorénavant superflu d'insister; car il est évident que tout pouvoir qui n'est pas spontané, c'est-à-dire, principe de vitesse, s'arrête, ainsi qu'un corps brut, toujours là où il a cessé de recevoir un mouvement étranger; et il est également évident que, lorsque le pouvoir est immobile, toute impulsion qu'il reçoit, est prise par lui pour une insulte faite à son autorité et à laquelle il se croit obligé de résister, à moins que l'impulsion ne soit assez puissante pour le faire avancer par crainte de se perdre lui-même.

C'est dans un but que nous avons fait ces remarques; c'est afin de poser une question que la suite de cette histoire doit, nous le pensons, positivement résoudre; savoir : si l'initiative peut appartenir à une assemblée?

La question de l'initiative a été résolue diversement par nos diverses constitutions. Tantôt on l'a considérée comme un attribut du pouvoir exécutif, et tantôt, ainsi qu'aujourd'hui, on l'a attachée comme un droit à tous les pouvoirs qui gouvernaient la société. Mais chaque fois, elle a été, soit donnée à un seul des pouvoirs, soit partagée entre tous, non pas à titre de conséquence rationnellement déduite de la nature du pouvoir lui-même, mais seulement à titre d'apanage comme un moyen d'influence et de puissance de plus dans la chose publique. Ainsi, la Restauration ne se proposa, en s'emparant de l'initiative, que de s'assurer une garantie de plus contre l'invasion de la démocratie, si démocratie il y avait ; et, dans ces derniers temps, la chambre des députés, en se l'octroyant, n'eut pour but que d'élargir sa part dans la direction gouvernementale. Or, suivant nous, jusqu'à ce jour, on a disposé de l'initiative sans la comprendre, sans même l'avoir définie. Il en est résulté que l'initiative réelle n'a été nulle part où l'on a voulu la placer.

Elle n'est point venue une seule fois d'en haut ; mais toujours d'en bas, toujours à l'improviste. Aussi, De Maistre disait avec raison que nul homme n'avait mené la révolution, et qu'au contraire tous ceux qu'elle avait élevés, avaient été des instrumens entre ses mains ; qu'elle les avait brisés, pour les remplacer par d'autres, chaque fois qu'ils avaient voulu s'arrêter dans un système qui n'était pas le sien.

Nous ne voulons donc pas aujourd'hui traiter la question de l'attribution de l'initiative. Ce serait d'ailleurs chose prématurée ; notre histoire n'est point encore assez avancée pour nous fournir des matériaux suffisans : mais nous voulons définir les termes, nous voulons poser le problème.

On doit entendre par *initiative* dans les affaires sociales, la même chose que l'on entend dans les sciences, par *invention* ; et de même qu'il n'y a invention que si la science est augmentée d'une puissance de plus, de même il n'y a initiative que s'il en résulte pour la civilisation un progrès, pour la société un bien être, une richesse, une grandeur morale de plus. Autrement, pourquoi ces mots : car on ne peut pas traduire initiative, invention, par ceux de répétition et plagiat.

Dans les sciences, pour que l'invention soit possible et par suite pour qu'elle ait lieu ; il faut que le terrain soit posée, que le problème soit défini. De même en politique, il faut que le terrain du problème soit établi, et ne pensez pas qu'il y ait là quelque chose d'arbitraire, non, la rigueur est la même que dans la mathématique ; avec cette différence que l'erreur ne se fait point avec des chiffres, mais avec des hommes qui souffrent, se colèrent et se révoltent enfin. Car le terrain de l'invention comme celui de l'initiative nous est toujours donné par le passé, par le passé qui commande irrévocablement un avenir déterminé.

Le principe de la *souveraineté du peuple* est le lieu de l'initiative moderne. Ce mot tient, en effet, en même temps, au passé et à l'avenir. Vis-à-vis du premier, il se présente comme une négation; et pour le second, c'est une affirmation.

Nous ne faisons point ici un vain jeu de mots : examinons en effet.

Lorsque Rousseau mit en avant le principe de la souveraineté du peuple, il énonça la conclusion d'une discussion commencée au 14e siècle par Wiclef contre l'autorité émanant du chef de Saint-Pierre, c'est-à-dire contre un pouvoir qui prétendait que l'initiative n'avait pas de vérification. Rousseau apporta une nouvelle formule, et un complément à ce que l'on appelle, en philosophie sociale, autorité ou certitude : il donna un critérium de plus à l'initiative.

Le terrain de l'initiative pour l'Eglise était la doctrine des Évangiles. Ce fut aussi là l'origine de son autorité. Tant qu'elle marcha dans les conséquences de son principe d'existence, ses commandemens et ses enseignemens furent des bienfaits; elle n'éprouva que des résistances partielles, des oppositions de la part de quelques intérêts particuliers. C'était le fédéralisme des égoismes, qui seul, lui faisait la guerre. Aussi, put-elle croire que la force de vérification n'existait pas, et qu'apôtre d'une doctrine revélée, elle n'avait qu'à enseigner et rien à apprendre. Cependant, aussitôt qu'elle n'en fut plus qu'une interprète infidèle, elle rencontra le sens du peuple. Celui-ci la jugea avec la doctrine qu'elle lui avait apprise; et ne reconnaissant plus en elle l'intelligence initiatrice, l'intelligence des conséquences de son principe d'existence, il repoussa son autorité avec autant de haine, qu'il lui avait autrefois porté d'amour. En effet, l'Eglise *judaïsait*; avec une doctrine dont le principe fondamental était l'égalité et la fraternité parmi les hommes, elle consacrait le droit de la race, le droit de naissance, avec une doctrine où il était dit positivement que le pouvoir devait être un sacrifice, un dévoûment, que celui qui voulait être le premier, devait se faire le serviteur des autres, elle consacra le fait de l'exploitation des gouvernés par les gouvernans.

C'est qu'au point de vue d'une doctrine politique, il n'y a pas seulement ainsi que nous l'avons indiqué initiative, mais il y a aussi vérification. Dans les sciences, l'invention n'est acceptée que lorsqu'elle a été sanctionnée par l'expérience. Il en est de même dans les choses sociales; le signe de la vérité d'une pensée initiale est l'acceptation du peuple, et quelle sanction plus sûre pourrait-on demander, si l'on veut bien réfléchir qu'un peuple ne se forme jamais que par une doctrine, qu'un peuple est un principe d'activité vivant ou fait chair, suivant l'énergique expression des livres saints. Donc, lorsque l'on dit que le peuple est le dernier juge d'une pensée initiale, cela signifie seulement que l'activité est juge des conséquences de son principe.

Ainsi, Rousseau en écrivant les mots *souveraineté du peuple*, établit une doctrine négative quant aux conséquences que les anciens pouvoirs spirituels et temporels avaient déduites de leur mode d'existence ; et un complément à la doctrine établie en haute philosophie sur l'autorité, en disant que toute initiative ne pouvait être considérée comme vraie, comme conséquente à son principe qu'après avoir été vérifiée par le peuple lui-même.

Ce que nous venons de dire suffit pour prouver comment le mot souveraineté du peuple, est le complément du passé. Examinons maintenant comment il est une affirmation pour l'avenir.

Par ce mot, tous les publicistes modernes n'ont entendu que le vote universel, c'est-à-dire une certaine organisation gouvernementale. Aucun d'eux n'y a cherché quelque chose de plus. Ainsi, il faudrait admettre avec eux qu'il n'existe d'autre intérêt commun entre les hommes que celui de protéger leurs intérêts particuliers ; et que par suite, la somme des intérêts particuliers qui forme la majorité, fait la loi. Dans ce système, la loi n'aurait aucune sanction morale, ce serait seulement une addition de forces et de consentemens individuels ; en sorte que la minorité devrait se considérer uniquement comme opprimée, et ne se soumettre qu'autant qu'elle y serait obligée. Dans une société de cette espèce, il n'y aurait jamais unité que par la terreur, et le fédéralisme en serait l'inévitable conséquence.

Mais ce n'est pas ainsi qu'il faut entendre le mot souveraineté du peuple. Ce mot est en quelque sorte une formule algébrique ; il n'acquiert de valeur que par définition.

Qu'est-ce qu'un peuple ? c'est une association d'hommes établie dans un but commun, c'est-à-dire, formée par une doctrine d'activité commune. En effet, dites-nous, le peuple français est-il la génération qui vivait hier, plus que celle qui vit aujourd'hui, ou celle qui vivra demain, ou qui vivra dans un siècle ? Pour un peuple il n'y a pas de présent, mais seulement, mais toujours de l'avenir ! Ainsi, souveraineté du peuple, veut dire souveraineté du but qui a fait un peuple.

Prétendriez-vous que la génération d'aujourd'hui a le droit de consommer l'avenir ; mais d'où tiendrait ce droit d'abattre l'arbre pour en manger le fruit ? — De ce qu'elle est là présente? — Mais, en réalité, cette génération existe-t-elle? Je vois chaque jour naître et mourir des individus ; et parmi ceux qui naissent ou sont adultes, pas un seul qui n'agisse pour l'avenir ; parmi ceux qui meurent, pas un seul qui ne laisse une œuvre inachevée : il y a donc continuité sans fin dans l'humanité.

Mais, d'un autre côté, ainsi que quelques écrivains catholiques, sera-t-il permis de soutenir que cet être social qui s'efforce vers un but, doit rester indifférent aux résultats de ses efforts ; qu'il doit attendre, lorsqu'on veut qu'il attende ; qu'il doit accepter l'erreur qui l'immobilise, comme la vérité qui lui aide ou qui le pousse ? C'est là, nous le pensons, non-seulement une assertion contradictoire à l'expérience, mais une fausse appréciation logique.

L'autorité est partout où est le mouvement de tendance vers le but. Il y a mille chances pour qu'un individu se trompe ; il n'y a en peut-être pas une pour que l'universalité du peuple soit inconséquente à son principe d'activité.

Jusqu'à ce jour, jamais l'initiative et la vérification, n'ont été organisées et mises en présence, comme forme gouvernementale. L'expérience des siècles nous montre cependant que telle est la véritable méthode sociale. En effet, l'acquisition d'un but, dans les choses politiques, comme dans toute autre autre partie du domaine de l'intelligence humaine, ne peut avoir lieu que par une suite d'inventions et de vérifications. Le progrès sera d'autant plus rapide que ces alternatives des deux modes nécessaires se succéderont plus immédiatement. Constituer isolément soit l'initiative, soit la vérification, ainsi qu'on l'a fait jusqu'à nous, ce n'est pas empêcher sans doute, que l'une ou l'autre ait lieu ; mais c'est les placer dans les circonstances les plus défavorables, et créer la nécessité de ces secousses violentes et constamment imprévues, par lesquelles l'une ou l'autre se manifeste (1).

Pour sortir d'une voie mauvaise, c'est beaucoup déjà que le principe soit posé, et nous croyons que le dogme nouveau *souveraineté du peuple*, est le mot de cette grande révolution. Car, par définition, il contient l'idée de but à atteindre ; par suite, celui d'une série d'initiatives correspondante à la série des termes à parcourir pour atteindre le but ; et en même temps enfin, celui d'une série de vérifications corrélatives. Que si l'on nous demandait quel est le but à atteindre, nous renverrions à notre histoire parlementaire elle-même et à notre introduc-

---

(1) Voyez le journal l'*Européen* où nous avons exposé les idées que nous ne pouvons ici qu'indiquer.

tion! Nous avons d'ailleurs traité ici une question trop grave, trop en rapport avec notre sujet pour que nous n'ayons pas plusieurs occasions d'y revenir.

Nous avons été peut-être trop brefs, surtout en énonçant les considérations précédentes qui certainement sont loin d'être, soit usuelles, soit faciles. Cependant nous avons consommé un espace déjà trop considérable pour qu'il nous soit permis d'entreprendre de terminer l'aperçu sur les races que nous avions commencé dans notre avant dernière préface. Nous remettrons à une autre fois pour l'achever, et nous nous bornerons maintenant à dire quelques mots de notre travail lui-même.

Nos lecteurs ne seront pas sans doute surpris de voir six livraisons ou trois volumes employés à l'histoire de 1789. En effet, ce fut l'époque d'inauguration, celle qui fut la plus remplie de faits, la plus chargée de projets et de graves discussions, celle en un mot qui contient tous les commencemens de la nouvelle ère dont nous datons notre vie politique moderne. Nous avons dû ne rien négliger pour amasser sur ce temps des matériaux d'un enseignement irrécusable. Aussi, nous avons encore consacré quelques feuilles de la livraison qui va suivre, à l'impression de divers documens qui nous ont paru nécessaires pour compléter le recueil. Nous voulons en effet, s'il est possible, faire un ouvrage qui soit classique, et qui devienne la base indispensable de toute discussion sur les événemens révolutionnaires. Tel qu'il est, nous croyons qu'il ne sera pas facilement recommencé. Il serait aisé, sans doute, de coudre des passages d'un journal à ceux de quelques mémoires ; mais ce n'est pas là notre travail ; il faut suivre et lever à travers les distractions d'innombrables matériaux, le fait historique ; il faut former un tout complet avec des renseignemens qui sont tous incomplets ; ramener à l'unité, à la succession, à l'ordre, des choses éparses ; lire non pas un journal, mais sept ou huit ou dix, mais des brochures, mais des procès-verbaux, pour choisir une citation, une date et quelquefois un mot : Consulter les événemens postérieurs afin de distinguer le fait qui doit être noté, éclairci, mis en saillie, de celui qu'on doit laisser dans l'obscurité, parce qu'il reste stérile : il faut enfin des circonstances spéciales, la bienveillance, la complaisance de tous ceux qui nous fournissent des matériaux, complaisance dont nous ne saurions trop les remercier. On ne s'étonnera point que nous nous laissions aller à dire quelques mots de ces difficultés ; car notre unique mérite est de les vaincre. En vérité, si l'on n'était pas encouragé par l'espérance d'un service rendu à la philosophie.

Nous doutons qu'après s'être mis en contact avec les matériaux, on consentît à entreprendre un pareil travail !

Le Moniteur passe pour contenir un recueil exact et complet ; mais sa partie parlementaire était alors loin d'être rédigée avec l'exactitude qui existe aujourd'hui. Nous l'avons surpris en erreur, même dans la rédaction de textes de décrets. Ajoutons qu'écrit sous l'influence de l'opinion qui gouverne, il adoucit ou dissimule les accidens un peu tranchés. Quant à la polémique de la presse, ce côté important du mouvement parlementaire, à le lire, on ne devinerait pas qu'il en existe une. Les faits révolutionnaires eux-mêmes ne sont notés que lorsqu'ils ont eu un tel retentissement qu'il faut bien en parler ; encore c'est toujours la relation ministérielle qu'on vous donne ; car le *Moniteur* était ministériel alors que personne ne l'était en France. C'est cependant le moins incomplet des journaux annalistes de cette époque.

Les autres journaux se divisent en plusieurs classes. Viennent d'abord quelques-uns de ceux qui existaient avant la révolution, *la Gazette*, *le Mercure de France*. Ils sont fidèles à la vieille étiquette, parlant le moins possible de ce dont tout le monde parlait, sachant le moins possible ce que tout le monde savait. Ainsi les plaisans du parti révolutionnaire remarquaient que la Gazette remplissait ses colonnes de quelque lourde discussion d'histoire naturelle, le jour où tout Paris s'occupait d'un événement des plus graves. Il semble que ce parti n'eût que le temps de conspirer. Une autre classe de journaux, est celle qui était dirigée par les hommes qui plus tard se rangèrent dans le parti Girondin. Dans ceux-là on remarque la politesse d'un encyclopédiste du dix-huitième siècle, son ton décent et sarcastique ; il y a beaucoup de littérature, beaucoup de philantropie, ou en style du temps, de sensibilité, mais peu de discussions politiques ou de doctrine. Celui qui nous a paru le mieux fait sous le rapport parlementaire est celui de Carra. Après ces journaux nous citerons ceux qu'on peut appeler les éclaireurs du sentiment révolutionnaire, celui que rédigeait le jeune et pur Loustalot, celui de Marrat, celui de C. Desmoulins, celui de Feydel, etc. Indépendamment de tous ces écrits régulièrement périodiques et la plupart quotidiens, il y avait une multitude de journaux moins graves, dont on verra plus tard et lorsqu'il y aura lieu, paraître les noms et des citations. Presque toutes ces publications sont enfermées chacune dans le cercle que leur trace leur opinion ; ils choisissent parmi les faits, parmi les idées, pour en faire usage dans l'intérêt de leur parti. Ainsi, il arrive que pour esquisser un événement, il faut aller en chercher un fragment dans chacun d'eux. Il en est cependant qui ne dissimulent rien de ce qu'ils savent; et il est bien remarquable qu'au moment où nous sommes, c'est dans les pages de Loustalot, de Marrat et de C. Desmoulins qu'on trouve le plus d'exactitude. Ceux-là, en effet, croyaient avoir la raison pour eux; ils voulaient convaincre même leurs adversaires; et aussi lorsqu'ils entraient en discussion, ils croyaient utile et bon de choisir pour les attaquer non pas les raisons faibles, mais les argumens les plus forts qu'on put opposer. Mirabeau, assure-t-on, avait dit ce mot sur Robespierre : *cet homme ira loin, car il croit tout ce qu'il dit.* Telle fut aussi la destinée de la presse révolutionnaire : on a dû remarquer que nous la citons souvent. Mais c'est qu'en effet elle seule offre des articles qui aient une portée parlementaire.

A tous les écrits périodiques il faut ajouter les brochures, les procès-verbaux, les mémoires, etc. En 1790, le nombre des écrits périodiques augmente; il y a des journaux de provinces. La plupart seront à notre disposition. Nous espérons donc continuer cet ouvrage ainsi que nous l'avons commencé, et ne point démériter des encouragemens que nous avons reçus.

HISTOIRE PARLEMENTAIRE

DE LA

RÉVOLUTION FRANÇAISE.

PROVINCES. — DÉCEMBRE 1789.

Les mouvemens qui agitèrent les provinces pendant le mois de décembre eurent en général un caractère tout autre que ceux qui les avaient précédés ; ils semblent avoir été provoqués par les craintes d'une manifestation de l'opposition pareille à celles qui avaient eu lieu dans quelques villes pendant les deux mois qui venaient de s'écouler, et qui se répétaient encore sur quelques points. L'assemblée nationale parut aussi embarrassée de ces accès de patriotisme, qu'elle avait été ennuyée des timides résistances de quelques parlemens.

Le mouvement le plus grave, moins par ce qu'il fut d'abord que par les suites qu'il eut, fut celui de Toulon. Nous avons fait mention, dans notre premier volume, des désordres que la disette produisit dans cette ville : les faits dont nous allons parler eurent un autre caractère. Depuis long-temps il existait une sourde hostilité entre les officiers de la marine, la bourgeoisie et la population : on suspectait le patriotisme de ces officiers. Vers la fin de juillet, quelques jeunes gens allèrent offrir la cocarde nationale au commandant de la place : on doutait qu'il voulût l'accepter ; c'était un M. de Béthisy, parent de M. de Lambesc. Il la refusa, en effet, en déclarant cependant qu'il ne s'opposerait point à ce qu'on la portât dans la ville. Les mêmes jeunes gens s'adressèrent aux membres du conseil municipal, qui, à Toulon, portaient le nom de consuls ; ceux-ci, non-seulement leur donnèrent l'autorisation qu'ils demandaient, mais encore s'occupèrent de former définitivement une garde nationale à l'imitation de celle de Paris. En même temps, ils demandèrent au commandant de l'arsenal, M. Albert de Rions, de permettre aux ouvriers de porter cette cocarde : il donna cette autorisation ; mais quant à lui il conserva l'ancienne cocarde. Dans le commencement de novembre les choses étaient encore en cet état : la garde nationale avait une cocarde ; la marine et les troupes une autre. Enfin, à cette époque, une querelle de rue manqua d'amener une collision entre les deux drapeaux. Un officier d'un régiment du Dauphiné se plaignit d'avoir été insulté par des gardes nationaux, parce qu'il était sans cocarde ; les sous-officiers de son régiment se rendirent en corps chez les consuls, et déposèrent entre leurs mains une plainte. Sur cette nouvelle, la population s'émeut ; un attroupement s'empare du maire-consul au moment où il revenait de la campagne et rentrait dans la ville, et le conduit chez Albert de Rions ; la plainte fut retirée : la querelle paraissait terminée. Mais il y avait des griefs plus sérieux contre ce chef de la marine. En effet, au moment où l'on formait la garde nationale, il avait défendu aux ouvriers de l'arsenal d'entrer dans ces compagnies. Il eût désiré, ainsi qu'il en fit l'aveu dans sa défense imprimée (1), que cette milice urbaine ne fût composée que de bourgeois : il se défiait de l'esprit turbulent des ouvriers de la marine, qui formaient la masse du petit peuple à Toulon. Cependant, malgré ses ordres, ces ouvriers prirent rang dans la garde nationale ; et, au lieu de fermer les yeux sur cette infraction, le comte Albert de Rions usa d'une autorisation qu'il avait sollicitée de M. de Caraman, commandant de la province, et le 27 novembre il annonça que tous les ouvriers qui avaient désobéi à la prescription antipatriotique qui leur avait été signifiée, étaient rayés des classes.

(1) Mémoire historique et justificatif de M. le comte Albert de Rions. Paris, 1790.

Malgré la réclamation du maire-consul, cette décision fut maintenue. Le peuple commença donc à s'attrouper le 1er décembre. Toute la force militaire prit les armes; matelots, gardes nationaux, régimens de ligne; ceux-ci restèrent immobiles; les matelots se tinrnet à peu près tous enfermés dans les établissemens de la marine. La garde nationale dissipa l'attroupement; mais elle arrêta Albert de Rions, ainsi que plusieurs officiers de marine; et comme on disait qu'ils avaient voulu tirer sur le peuple, la garde nationale les traita avec une brutalité qui eût été inexcusable sans cela : ils furent mis au cachot. De part et d'autres on écrivit aux autorités supérieures, et surtout à l'assemblée nationale. Cette affaire occupa plusieurs séances. Toute la soirée du 7 y fut consacrée; le côté droit et le côté gauche prirent parti chacun pour sa couleur : la discussion fut très-vive; si vive qu'il fut décidé qu'aucun détail de ces débats ne serait inséré au procès-verbal. Cependant la majorité inclina à l'indulgence; si bien que l'ordre de remettre les prisonniers en liberté fut donné, reçu à Toulon le 14; et exécuté. L'assemblée cependant demanda de nouveaux renseignemens; quel usage voulait-elle en faire? Nous le verrons plus tard.

En ce moment, au reste, il se manifestait en plusieurs lieux un excès de patriotisme dont les esprits timides devaient être effrayés et fatigués. On apprenait qu'en Dauphiné, une armée, une véritable armée de plus de douze mille soldats-citoyens s'était réunie le long du Rhône, et avait prononcé, le 29 novembre, le serment fédératif qu'on va lire.

« Nous, soldats-citoyens de l'une et de l'autre rive du Rhône, réunis fraternellement pour le bien de la chose publique, jurons à la face du ciel, sur nos cœurs et sur nos armes consacrées à la défense de l'État, de rester à jamais unis : abjurant toute distinction de province, offrant nos bras et nos fortunes à la patrie, pour le soutien des lois émanées de l'assemblée nationale; jurons de nous donner mutuellement toute assistance pour remplir des devoirs aussi sacrés, et de voler au secours de nos frères de Paris ou de toute autre ville de France qui serait en danger pour la cause de la liberté. Déclarons par le même serment, que dès ce moment, tout ce qui est relatif aux subsistances est sous notre sauvegarde; que non-seulement nous favoriserons le transport des blés par le Rhône et par terre, mais que nous nous aiderons respectivement dans nos approvisionnemens; jurons de dénoncer tous ceux qui, en paroles ou en écrits, oseraient manquer au respect dû aux décrets de l'assemblée nationale. »

Procès-verbal adressé à l'assemblée nationale.

« Le 13 décembre 1789, sous les murs de la ville de Montélimart, se sont fraternellement réunis par détachemens, au nombre de six mille hommes, les gardes nationales de Saint-Marcel, et autres villes et communautés autorisées par leurs municipalités, et représentant vingt-sept mille six cents citoyens armés du Vivarais, de la Provence, du Languedoc et du Dauphiné, et en outre celles de l'Etoile, la Voute, Salliens, représentant quatorze communautés; Loriole, Livron, Clions fédérée à l'Etoile.

» Lesquelles voulant assurer la circulation des grains à laquelle s'opposent des craintes et des projets également dangereux, et voulant prouver aux ennemis du bien public qu'il ne leur reste aucune ressource pour diviser les citoyens unis par la confiance en l'assemblée nationale, ont prêté le serment ci-dessous.

» *Nous, Français, jurons à Dieu et à la patrie de veiller jusqu'à la mort à l'exécution des décrets de l'assemblée nationale, et de nous porter à cet effet tous les secours nécessaires.* »

» Ce serment prêté, les officiers de tous les détachemens s'étant réunis dans l'église des Récollets de Montelimart, ont procédé à la nomination de douze commissaires de la fédération.

» Il a été arrêté que toutes les confédérations de gardes nationales ayant pour but l'*union*, MM. les commissaires correspondront avec ceux de la fédération d'Etoile.

» Que la présente sera envoyée à l'assemblée nationale, à M. de la Fayette, avec prière de la présenter au restaurateur de la liberté française comme le gage d'un amour et le tribut d'une reconnaissance qui ne sauraient égaler ses bienfaits.

» Arrêté qu'elle sera imprimée, que des exemplaires en seront envoyés aux municipalités du royaume, à la garde nationale de Paris......   *Signé*, CHANTON, AIMÉ, LAURANGE. »

Cet acte fut lu le 23 à l'assemblée, et accueilli par de vifs applaudissemens. Au reste, ce n'était pas un fait particulier à cette partie de la France, soit que la pensée de se fédérer fût inspirée par un sentiment de réaction contre les tentatives et les craintes du mois précédent; soit que les dangers d'une disette menaçante inspirassent ce moyen de conservation. En effet, l'embarras des subsistances, qui avait cessé à Paris, semblait s'être transporté dans les contrées du sud-est. Il était difficile de ne pas y voir l'effet des démarches des accapareurs, qui, chassés de Paris par la terreur, allaient se dédommager dans les provinces.

La ville de Dijon venait d'écrire une circulaire à toutes les municipalités de Bourgogne, et les avait invitées à se réunir par député, pour aviser entre elles aux moyens de pourvoir à l'approvisionnement de Lyon, qui était, en effet, menacé d'une disette prochaine.

Dans une autre extrémité de la France, en Bretagne, la jeunesse provoquait une pareille union. Le 30 novembre, les jeunes gens de Quimper, signaient cette déclaration :

« Considérant que plusieurs parlemens du royaume, après avoir levé le masque par une insurrection audacieuse contre les décrets de l'assemblée nationale, peuvent tout oser contre la régénération qu'ils ont tant d'intérêt d'arrêter; considérant que ces mêmes parlemens font des mouvemens qui tendent à troubler l'ordre et la tranquillité publique, et notamment dans la province de Bretagne :

» Ont arrêté et arrêtent d'inviter tous les jeunes citoyens de la Bretagne, à renouveler le pacte d'union qui a jusqu'ici servi de sauvegarde contre les mauvais desseins de nos ennemis, et à former une ligue patriotique contre les derniers efforts des magistrats aristocrates. A cet effet, ils ont nommé pour rédiger et signer, en leur nom, l'adresse à faire en exécution de leur arrêté, MM. Goez, Vacherot, Raby et Keratry. »

Cette adresse fut suivie de démarches assez actives, et qui ne furent pas sans résultat; nous trouvons cette note dans les *Annales patriotiques de Carra* : « Les lettres de Lisieux annoncent que la jeunesse bretonne vient de faire un traité avec presque toutes les villes de Normandie; traité par lequel les Normands et Bretons s'engagent, de concert avec les Parisiens (c'est-à-dire sous leur direction), à soutenir, par la force des armes, l'œuvre sacrée et difficile de la liberté..... La seule ville de Laval s'est soumise à fournir 300 mille livres pour les frais du voyage de l'armée, s'il fallait venir à Paris, exterminer les ennemis de la liberté. »

Une circonstance toute prochaine excitait la verve révolutionnaire de la jeunesse bretonne. Le parlement de Rennes, à l'imitation de ceux de Metz et de Rouen, n'enregistrait point les décrets de l'assemblée. Ce retard fut dénoncé à Paris par les adresses des villes voisines, de Nantes, de Vannes, de Ploermel et de Rennes même. Ces adresses étaient menaçantes. Qu'on en juge par cet extrait de celles rédigées par la municipalité de Nantes.

« C'est avec autant de surprise que d'indignation, que la ville de Nantes a appris que la chambre de vacations du parlement de Bretagne a poussé la témérité jusqu'au point de méconnaître l'autorité de l'assemblée nationale et celle du roi, en refusant d'enregistrer le décret sanctionné par S. M. qui ordonne à cette Cour de prolonger ses vacances.

» Des magistrats qui sont établis pour faire respecter les lois, en seront donc les premiers transgresseurs? Ils donneront donc aux peuples l'exemple de la désobéissance !.... Auraient-elles, ces Cours de judicature, formé la prétention inouïe d'élever au sein de la nation, un tribunal supérieur à la nation même?

» Que tout bon Français repousse les nouveaux efforts du despotisme aristocratique; que les ennemis publics sachent que.... l'homme qui s'est élevé à la hauteur de la liberté, périra plutôt que d'en descendre.

» Ils ne sont plus ces temps désastreux d'un oppresseur pour les Bretons; nous ne verrons plus cette classe privilégiée tirer une ligne de démarcation humiliante entre elle et la nation. Non, nous ne verrons plus un homme enorgueilli du *hasard* de la naissance, se présenter pour être juge, et, sans autres privilèges que ses titres et sa fortune, prétendre avoir le droit de posséder les premières places de magistrature de la province.....

» Si, contre tout espoir, le parlement de Bretagne persistait, la ville de Nantes se croirait obligée *de ne plus le reconnaître*, et demanderait à l'assemblée nationale et au roi, pour tous les tribunaux royaux de la province, le droit provisoire de juger en dernier ressort.

» La ville de Nantes.... désavoue hautement la démarche incendiaire du parlement de Bretagne, et fait le serment d'employer tout ce que les habitans ont de fortune et de courage pour maintenir les décrets de l'assemblée nationale. »

Cette adresse fut lue à l'assemblée nationale, et imprimée par son ordre. Les autres lui furent aussi communiquées. Cependant l'affaire ne lui fut dénoncée que le 14, par le ministère ; elle fut appelée dans la séance du 15 décembre au soir. Le côté droit essaya de détourner la question en élevant des incidens sur les subsistances ; mais la majorité décida, par un vote, qu'elle voulait que rapport lui en fût fait.

M. *Chapelier* prit la parole ; mais, dès son premier mot, des cris partirent du côté droit de la salle. « Je demande, dit Chapelier, que celui ou ceux qui m'interrompent, soient rappelés à l'ordre et inscrits dans le procès-verbal. » La demande fut appuyée, et le silence se rétablit. « Messieurs, continua Chapelier, ceux qui font ainsi *métier* d'interrompre, voudraient voir *dissoudre l'assemblée*, mais *ils n'y réussiront pas*. (1) » (*Annales patriotiques de Carra.*) Ensuite l'orateur commença à traiter de l'affaire de Bretagne, en lisant une pétition de la ville de Rennes qui demandait que le parlement fût sur-le-champ remplacé par un tribunal provisoire, composé de deux magistrats élus dans chacun des quatre présidiaux de la province, et de deux autres

(1) « Non certes, ils n'y réussiront pas, à moins qu'ils n'égorgent des millions de patriotes, qui ne tendront pas, comme des agneaux, le cou au bourreau des aristocrates. (*Note de Carra.*)

magistrats choisis parmi les jurisconsultes exerçant auprès de chacun desdits quatre présidiaux. Il conclut à ce que l'assemblée adoptât cette proposision; car, ajoutait-il, il n'y a point à compter sur les membres de ce parlement, parce qu'ils sont malheureusement tous nobles. — A ces mots, les murmures éclatèrent avec violence, et ne cessèrent qu'avec le discours.

Un seul orateur, cependant, défendit les parlementaires de Rennes; pendant que plusieurs appelaient sur eux des mesures de rigueur. Le côté droit était très-animé.

[M. Robespierre avait commencé à développer quelques idées sur cette affaire, lorsque la salle a retenti de ces mots : *non, cela n'est pas vrai.* Personne ne s'est mépris sur l'organe, et chacun, en reconnaissant M. le vicomte de Mirabeau, a voté pour qu'il fût rappellé à l'ordre; le tumulte et la confusion se sont introduits dans la salle. M. le vicomte de Mirabeau est monté à la tribune. On a demandé qu'il ne fût pas écouté; il est resté plus d'une heure sans vouloir désemparer. L'assemblée, fatiguée d'une résistance qu'il ne nous appartient pas de qualifier, a proposé d'insérer dans le procès-verbal, qu'*un membre ayant manqué à l'ordre*, la question avait été ajournée. Ce mode était le moins sévère qu'il fût possible d'employer pour le député qui était en faute; mais M. le duc de Liancourt a fait une observation fort juste : c'est que chacun des membres se trouvant compris dans cette généralité, il fallait nommer M. le vicomte de Mirabeau, comme ayant manqué de respect à l'assemblée. On a été aux voix, et la motion de M. le duc de Liancourt a été adoptée. (Au milieu du tumulte on a entendu M. le baron de Menou dire que la *plus belle grâce que l'on pouvait faire à M. le vicomte de Mirabeau était de croire qu'il n'était pas de sang-froid.*)

On a repris la discussion de l'affaire de Rennes. M. le vicomte de Mirabeau est remonté à la tribune, et l'assemblée a consenti à l'entendre. Son discours s'est ressenti du trouble de son âme; M. Chapelier a rétabli les faits à leur véritable époque. Il a surtout lu l'article du procès-verbal de l'Hôtel-de-ville de Rennes, où avaient comparu toutes les corporations et tous les députés des citoyens ; ce qui prouve que la conduite du parlement est universellement désapprouvée.

On a demandé l'ajournement de la question, et il a été rejeté. On a mis la question aux voix ; il a été décrété que le parlement serait mandé à la barre, et que le roi serait supplié de former une nouvelle chambre de vacations.]

Ainsi, l'assemblée fut encore indulgente ; au lieu de punir, elle n'imposa qu'une démarche qui prouvât de la soumission. Cependant, bien que ses décisions restassent ainsi toujours au-dessous de ce que le sentiment public attendait de sa justice, la confiance nationale lui demeurait acquise, et remplissait ses séances d'une multitude de détails administratifs. Le plus souvent c'étaient les provinces qui recouraient à son jugement ; d'autrefois c'était le ministère lui-même qui l'appelait à intervenir. Il serait impossible, il serait inutile d'enregistrer ici cette multitude de faits tous semblables entre eux. A Troyes, le bailliage décrétait le comité de la ville : l'assemblée nationale maintint provisoirement l'un et l'autre. — A Amiens, c'était la garde nationale qui créait un comité militaire, indépendamment du comité permanent de la ville, et qui jouait à son égard le rôle d'opposition, représenté à Paris par les districts. L'assemblée ordonna la dissolution du comité militaire. — C'était Langres qui demandait l'autorisation de s'imposer afin d'assurer les subsistances, et dont les citoyens s'engageaient à refuser leurs voix pour toute charge publique, à ceux qui feraient de fausses déclarations de leur revenu. C'était Lyon qui sollicitait des secours pour sa nombreuse population. — Dans d'autres, c'étaient des discussions entre les anciennes magistratures et celles sorties de l'insurrection de juillet ; dans d'autres c'étaient des refus d'impôt que dénonçait le ministère. En voici un exemple :

Mémoire des ministres du roi sur la non-exécution des décrets de l'assemblée dans les Trois-Évêchés.

« Par son décret du 23 septembre, l'assemblée nationale a chargé les administrations provinciales, les juridictions et les municipalités, de veiller aux moyens d'assurer le recouvrement des impositions ; et elle a supplié le roi de donner les ordres les plus exprès pour le rétablissement des barrières et des employés, et le maintien de toutes les perceptions.

» Les ministres du roi se sont occupés du soin d'exécuter ce décret, et presque partout ils éprouvent des résistances, des obstacles, qui viennent à la fois de l'esprit d'insurrection auquel la multitude est généralement livrée, et de la timidité de ceux qui pourraient employer les moyens de la contenir.

» Dans les Trois-Evêchés, les barrières ont été généralement détruites, et les employés obligés par la crainte à prendre la fuite. Quand on a voulu les rétablir dans leurs fonctions, il n'a été que trop facile de juger que les mêmes excès allaient se renouveler. Il fallait obtenir main-forte des milices nationales et des commandans des troupes : la réquisition a été faite au président du comité municipal de la ville de Metz, et aux maires des différentes villes de la province.

» Le premier a répondu que la mission du comité était remplie par l'enregistrement des décrets de l'assemblée nationale, et que ce n'était point à lui à rétablir les employés dans leurs fonctions.

» Les autres n'ont pas fait un refus aussi formel; mais ils s'excusent sous différens prétextes, dont la véritable cause n'est autre que la crainte de donner une réquisition positive aux milices et aux troupes.

» Alors le régisseur-général, chargé du soin de cette opération s'est adressé au parlement de Metz. Il a pensé qu'il en obtiendrait pour tout le ressort, la réquisition de main-forte qu'il sollicitait, et le parlement a rendu un arrêt qui *le renvoie aux municipalités, pour en être fait droit.* Ainsi, l'assistance absolument nécessaire, et sans laquelle la perception ne se rétablira pas, est partout refusée.

» Les ministres du roi ont cru devoir donner connaissance de ces faits à l'assemblée nationale, parce qu'ils arrêtent le recouvrement des droits du roi dans une province entière. Ils pourraient réunir un grand nombre de faits particuliers, et dans la plupart des villes de France, les mêmes inconvéniens se font sentir.

» L'assemblée nationale en pesera toute l'importance, et sa sagesse lui dictera sans doute les moyens d'y subvenir. Mais si les municipalités se refusent à seconder les mesures du gouvernement, si la crainte les arrête, si la diversité des systèmes qu'elles adopteront, forme un obstacle à l'unité de plan, et produit même entre elles une division funeste, le pouvoir exécutif sera réduit à l'impossibilité de veiller au maintien des décrets, et au recouvrement si nécessaire des impôts. »

Il était à peu près impossible que l'uniformité de plan dans la perception de l'impôt pût s'établir. Cette difficulté venait moins, ainsi que le dit le ministère, de la mauvaise volonté des municipalités, que de l'irrégularité du système anciennement établi. Aussi, l'assemblée nationale fut-elle forcée plusieurs fois de faire des lois particulières pour ramener chaque province à quelque chose qui ressemblât à l'unité. Ainsi dans la séance du 13, elle décréta l'impôt de la Bretagne, et en novembre elle s'occupait des gabelles de l'Anjou.

On s'adressait à l'assemblée pour des faits, pour des choses relatives à des individus, qui n'avaient pas même de caractère politique. Une séance, celle du 14 au matin, fut en partie occupée par un rapport sur un événement dont la lettre suivante donnera une idée.

Senlis, 13 décembre.

« L'événement atroce qui s'est passé à Senlis, est produit par la plus noire vengeance. Un nommé Billion, horloger, avait été exclu, il y a dix-huit mois, du corps de l'arquebuse, pour des bassesses dont il était accusé; il avait souvent occasion de venir chez moi, et comme il savait que j'étais ami du commandant de ce corps, il me pria d'interposer ma médiation pour le réhabiliter. Je m'y suis employé vainement. Le commandant, chevalier de Saint-Louis, très-honnête homme, et délicat sur le point d'honneur, avait le malheur de juger avec précipitation et de ne jamais revenir. La faute qu'on reprochait n'était point prouvée : l'accusé voulait prendre tout le corps à partie et tenter un procès criminel. Je l'ai engagé à renoncer à ce projet, parce qu'il y avait, de son propre aveu, bien du louche dans son affaire. Il me disait souvent qu'il se vengerait d'une manière ou d'une autre ; et je ne cessais d'avertir M. de Lorme de se tenir sur ses gardes. Il était bien facile à Billion de tuer M. de Lorme, toujours à cheval, toujours dans les bois, comme Maître-Particulier, qui était dans la plus grande sécurité ; mais la mort d'un seul homme ne suffisait point à ce scélérat : il voulait se venger de toute la compagnie, et peut-être de toute la ville. Aujourd'hui la milice bourgeoise et tous les corps se rendaient à la cathédrale, enseignes déployées, pour faire bénir un drapeau envoyé par M. le duc de Lévis ; on passait devant la maison de ce monstre : il attend son ennemi, tire par la jalousie de sa fenêtre un premier coup de fusil, chargé de six chevrotines, qui blessent trois personnes. Le commandant se retourne, il reçoit une balle dans le cœur, et expire au même instant. A cette vue, tout le monde frémit de rage et d'indignation. On enfonce la porte pour arrêter ce misérable. Quand il voit la troupe entrée, il met le feu à une mèche de poudre qui communique à deux barils : la maison saute en l'air, et engloutit tous ceux qui y étaient entrés. Quatorze personnes sont mortes sur-le-champ. On a retiré plus de vingt blessés, qui peut-être n'en réchapperont pas. On est encore occupé à déblayer les décombres : on entend de ces malheureux qui réclament des secours, et dont quelques-uns assurent n'être point blessés. »

Telle était la position où près d'un siècle et demi de provisoire avait mis la France, qu'elle ne pouvait être administrée et conservée que par l'énergie de ses croyances patriotiques, et sa confiance dans l'assemblée qu'elle avait élue. Mais il faut terminer cette longue énumération d'incidences, par la décision sur une question qui rentrait davantage dans l'ordre des travaux d'une constituante.

SÉANCE DU JEUDI 3 DÉCEMBRE AU SOIR.

[On a mis à la délibération l'établissement d'un comité colonial.

Cette question a été fort controversée. Plusieurs membres ont parlé ; mais MM. l'abbé Maury et de Clermont-Tonnerre ont seuls approfondi la matière. Le premier a dit que l'assemblée ne pouvait établir un comité colonial avant de connaître le vœu de toutes les colonies, dont une partie seulement avait des représentans à l'assemblée ; que l'on contestait même la validité des pouvoirs des députés de Saint-Domingue, de la Martinique et de la Guadeloupe ; qu'il fallait avant de donner des lois constitutionnelles aux colonies, connaître leur état, leurs forces, leur produit, leur culture, les impôts assis sur le sol et ses habitans, et enfin leur commerce, etc.

M. de Clermont-Tonnerre a répondu au préopinant, que le but d'un comité colonial étant de préparer les matériaux qui devaient servir à former une constitution, il n'y avait que de l'avantage et nul inconvénient à le créer ; que l'on avait assez de connaissances sur le commerce et les forces des colonies, pour tracer un premier aperçu des lois qui pourraient leur être propres, etc. La question a été mise aux voix, et il a été décidé qu'il n'y avait lieu, quant à présent, à la formation d'un comité colonial.]

Cette relation du *Moniteur* est incomplète. L'abbé Grégoire prit la parole dans ces débats, pour réclamer, pour la première fois, l'admission des citoyens de couleur dans l'assemblée nationale. Mais il fut interrompu par les cris à la question, et obligé de renoncer à sa motion.

L'assemblée avait été provoquée à s'occuper de cette question, par les nouvelles venues des colonies des Antilles. Lorsque l'on apprit dans ces îles la révolution survenue dans la mère-patrie, on s'empressa de l'imiter, en arborant la cocarde nationale, en forçant le gouverneur et les troupes à prendre les mêmes couleurs, en instituant une milice bourgeoise. Mais en même temps, les dispositions du régime exceptionnel qui les gouvernait étaient menacées par cette conquête ; plusieurs même étaient déjà attaquées : il y avait donc lieu, dès cet instant, à quelques méditations et à quelques travaux de prévoyance. Mais, ainsi que nous le verrons plus tard, les événemens de ce côté prirent encore le pouvoir au dépourvu.

« Les expressions manquent, écrivait Desmoulins, après avoir lu les adresses du Dauphiné et de Quimper, les expressions manquent pour témoigner la reconnaissance que nous leur devons. Chez les Grecs, à la fin de la guerre, c'était l'usage de décerner le prix du courage à celui de tous les peuples qui s'était le plus signalé. Lorsqu'après avoir achevé la constitution, les Français auront à décerner la palme du patriotisme à celle des provinces qui se sera le plus distinguée, l'assemblée nationale hésitera long-temps entre les Bretons et les Dauphinois. Il est vrai que M. Mounier et la commission intermédiaire feront grand tort à ceux-ci. La conduite de tous les députés de Bretagne, dans la diète auguste, est au-dessus de tous les éloges. Il n'en est pas un seul qui ne se soit montré à son poste, comme les trois cents Spartiates aux Thermopyles, déterminés à vaincre ou à périr. Il n'y a que le Palais-Royal et les Cordeliers qui puissent jusqu'ici leur disputer la palme.

» Les grands Carmes de Lyon viennent de remercier l'assemblée nationale de son décret du 2 novembre (la confiscation des biens du clergé). Ce qui ne m'étonne pas de la part de ces enfans d'Élie, qui ont soutenu, dans une thèse à Toulouse, que le célèbre philosophe Pythagore avait été carme et gardien du couvent de Crotone.

» On sait que c'est le père Eugène, capucin, qui est commandant de la garde nationale de Dijon. A Gand, un autre capucin périt glorieusement à la tête des patriotes, après avoir fait des miracles avec son sabre. On voit bien que ces pères ont de la barbe.

» On apprend de toutes parts que nombre de religieux ont coupé leurs bois ; mais les patriotes ont confisqué les coupes.

» Le juif Issachar, à qui les Bénédictins avaient vendu leur argenterie, depuis la châsse jusqu'à la fourchette, a dénoncé ces bons pères. Il y a eu descente de juges, et plusieurs ont été pris les mains garnies, et trouvés nantis des saintes reliques sous leurs jacquettes. »

Desmoulins passe ensuite à l'affaire de Toulon : sa narration complétera la nôtre. Elle est d'ailleurs et si vive et si gaie, que nous ne pouvons nous empêcher de la citer. Nous continuons donc, sans autre transition que celle dont il use lui-même.

« M. Fréteau a eu 448 voix pour la présidence. Les patriotes ne seront pas moins charmés du choix des trois nouveaux secrétaires, MM. de Menou, Charles de Lameth, et Chassey. Cette fois, l'aristocratie s'est fourvoyée. Cependant Malouet n'a pas laissé que de recueillir 309 voix, et il a eu l'*accessit* pour le fauteuil.

» L'affaire de Toulon a ouvert cette présidence. Voici les détails : M. le comte Albert de Rions avait renvoyé deux maîtres d'équipage, qui persuadaient au peuple que leur tort était d'avoir arboré la cocarde nationale. Le peuple voulut qu'ils fussent réintégrés, et le maire crut faire sagement de se transporter chez M. d'Albert, et de lui exprimer le vœu de la bourgeoisie. M. d'Albert n'aimait pas la cocarde; il n'aimait pas la régénération. L'accueil qu'il fit à M. le maire n'était pas propre à le faire aimer à son tour de la bourgeoisie.

» Dans le même temps, un M. d'Orville, lieutenant au régiment du Dauphiné, allant à la chasse, avait affecté de couvrir son chapeau d'une cocarde noire, dont l'énorme largeur paraissait braver les patriotes. La sentinelle de la garde nationale de Toulon lui fit des représentations sur l'excessive ampleur de sa cocarde. Notre chasseur couche en joue la sentinelle ; il est mis aux arrêts, et tout semble calmé. Mais vingt-huit officiers du corps royal des canonniers-matelots envoient une adresse au maire, où ils lui déclarent ne reconnaître pour maître que le roi, et pour chef que leur commandant. La garde nationale en est instruite ; elle oblige le maire de faire une seconde visite à M. le comte d'Albert. Un détachement accompagne cette députation, pour la rendre plus imposante. Valentinien mourut de colère de voir un ambassadeur des Daces venir à son audience mal vêtu. Il paraît que M. de Rions fut presque suffoqué aussi de cette ambassade. Il témoigna sa surprise au maire, que les volontaires de Toulon, *les derniers des hommes*, disait-il, prétendissent trancher de l'ambassadeur. Si j'en avais été instruit, je me serais tenu à ma porte pour les empêcher d'entrer : ce sont des insubordonnés; j'ai la force en main, et je n'ai pas peur. Le peuple, déjà aigri, et qui n'avait pas peur non plus, se soulève; il s'empare de M. le comte d'Albert, de MM. de Castellet, de Bonneval, de Villages, de Broglie, tous officiers de marine, et les met en prison. Notre bon ami Malouet s'est écrié *que c'était une chose atroce*. Il finira par être président. A la première élection, ce sera lui ou l'abbé Maury. » (*Révolutions de France et de Brabant*, t. I, p. 104, 108.)

On pouvait plaisanter en effet des tendances réactionnaires qui se faisaient timidement jour dans l'assemblée nationale, lorsque l'on voyait la patriotique unanimité de la France, et cette énergie révolutionnaire tout-à-fait disproportionnée vis-à-vis des forces de l'opposition : cependant, à la fin de décembre, le parlement de Rennes n'avait pas encore cédé.

« Pour la troisième fois, disait une lettre de Rennes insérée dans le journal de Carra, numéro du 25 décembre, la chambre des vacations du parlement de Rennes a refusé d'obéir aux nouvelles lettres de jussion. C'est un parti pris entre eux tous. Une nouvelle chambre des vacations, choisie dans ce parlement, n'enregistrerait pas davantage; aussi la municipalité et les communes réunies ont-elles expédié sur-le-champ un courrier qui est porteur d'une adresse à l'assemblée nationale, par laquelle on sollicite la formation prompte d'une chambre de vacations, composée de dix juges pris dans les présidiaux, et de deux avocats attachés à chacun de ces siéges. — Il paraît qu'on avait encore formé le projet de soulever toutes les corporations d'artisans, et de les armer contre la municipalité et la milice nationale : le projet a échoué. — Le 18, nous enlevâmes tout ce qu'il y avait de canons au château.—Le pacte fédératif que l'on renouvelle dans toute la province vient de nous parvenir pour être signé. »

« Qu'espère donc, continue Carra, le parlement de Rennes

d'une résistance aussi puérile et aussi déshonorante ! Croit-il que des légions de *nobles* et de *chevaliers* descendront du ciel tout armées pour le réintégrer dans ses antiques prétentions ? Croit-il que la justice sera bannie de la terre, si elle n'est pas rendue par des hommes à *pançartes* et à parchemin ? Croit-il que les paysans de la Basse-Bretagne repousseront l'*égalité des droits*, qui met un comte et un marquis au niveau d'un simple fermier ? Il faut être bien dupe de son plat orgueil, et de l'ancienne ignorance des paysans, pour croire qu'ils ne se réjouiront pas aujourd'hui, *in petto*, de se voir placés dans l'ordre des droits civils et politiques, à côté de leurs prétendus maîtres et seigneurs. » (*Annales patriotiques.*)

Paris.—Tout ce qui restait d'activité libre après les occupations de la politique générale, était employé au travail de la constitution communale de Paris. Les représentans de la commune travaillaient à former un projet qui pût être présenté au corps-législatif comme formant le vœu de la capitale. Voici selon quelle méthode ils procédèrent à cette œuvre.

Arrêté des représentans de la commune, du 7 décembre.

« L'assemblée, considérant que par un décret du 26 novembre dernier l'assemblée nationale a arrêté que Paris serait gouverné par un réglement qui serait fait par elle, sur les mêmes bases et d'après les mêmes principes que toutes les municipalités du royaume ; considérant, d'autre part, que, chargée par les 60 districts de travailler à un plan de municipalité qui ne doit être présenté à l'assemblée nationale et au roi qu'après avoir obtenu le vœu de la *majorité des districts*, elle ne peut négliger ce travail sans manquer à sa principale obligation ;

» Que cependant elle s'en occuperait inutilement si, ne connaissant point les bases particulières que l'assemblée nationale se propose d'établir pour la ville de Paris, elle partait de principes différens, d'où il pourrait résulter qu'un plan fait par les représentans de la commune, et revêtu de l'approbation des districts, serait rejeté par l'assemblée nationale et le roi, comme contraire aux grandes vues d'ordre public qui dirigent la législation générale ;

» Considérant que dans l'intention où elle est de s'occuper avec toute l'activité possible de ce plan d'organisation municipale, il lui importe d'entretenir une correspondance habituelle avec les districts, à l'examen desquels doivent être soumis les résultats de son travail :

» A arrêté : 1° qu'en dérogeant au réglement de discipline intérieure de l'assemblée, et attendu l'importance de ce travail, elle tiendra séance tous les jours depuis cinq heures du soir jusqu'à neuf ; 2° qu'il sera formé un comité composé de 24 commissaires nommés par les 12 bureaux, à raison de deux par bureau ; 3° que ces commissaires seront autorisés à conférer, toutes les fois qu'ils le croiront nécessaire, avec MM. les membres du *comité de constitution* ; 4° que ce comité présentera à chaque séance une série d'articles sur lesquels il sera délibéré ; 5° que les membres de chaque département de l'administration seront invités à fournir sans retard, à ce comité, des instructions relatives à la partie confiée à leurs soins ; 6° qu'à mesure que chaque titre du plan de municipalité sera rédigé, il sera envoyé aux 60 districts pour avoir leur vœu. »

Le comité de constitution de l'assemblée nationale admit en effet en conférence la commission nommée par les représentans de Paris. Les districts craignirent que ces relations n'assurassent au système de l'hôtel-de-ville une prépondérance qu'ils ne pussent point balancer auprès de l'assemblée nationale, s'ils se trouvaient d'une opinion contraire. Cela fut l'occasion de beaucoup de réclamations dans les assemblées de district ; quelques-uns demandaient si cette loi toute locale ne devrait pas être abandonnée au libre arbitre de la localité. Celui des Minimes chercha à réveiller le bureau central des districts, et à le faire intervenir contre la municipalité ; mais il paraît qu'il ne réussit point à rendre la vie à cette organisation morte en naissant : alors il alla jusqu'à rédiger une adresse à l'assemblée nationale dans ce double sens :

« Pourquoi, disait-il, pourquoi les citoyens de la capitale, animés tous du même intérêt, du même patriotisme, seraient-ils privés de l'avantage de voter des lois particulières, locales, qui tiennent, en un mot, à leur intérêt particulier, sans déroger à l'ordre général? — Pourquoi nos députés à la ville s'arrogent-ils le droit de conférer particulièrement avec votre comité de constitution sur les lois particulières à la municipalité de Paris? Leurs pouvoirs ne leur donnent pas ce droit. » — On pense bien que cette adresse resta sans réponse, et l'arrêté des représentans fut exécuté à la lettre.

Ainsi, le 14, les trois cents s'assemblèrent à l'hôtel-de-ville : plusieurs députés de Paris à l'assemblée nationale assistèrent à cette séance. Il s'agissait de savoir si la ville de Paris serait un département, et sous quelle forme ce département serait établi. Voici, en abrégé, les diverses opinions qui furent présentées.

« Une étendue de 18 lieues sur 18, formant un département semblable, en proportion, aux autres départemens de la France, subdivisée en neuf districts : Paris, placé au milieu comme point central, et faisant le neuvième de ces districts ; ce district, détaché néanmoins des autres, indépendant d'eux pour son administration, municipalisé à part, élevé à la dignité de département, et devenu ainsi département fictif au milieu d'un département réel. » Telle fut la proposition de l'abbé Siéyès.

« Paris municipalité, en tant que ville ; département, en comprenant avec la ville une banlieue indéterminée pour le moment, mais qui sera fixée de la manière la plus avantageuse : ce département distinct, dans ses pouvoirs, d'avec la municipalité. » Tel fut le système développé par Camus et de Clermont-Tonnerre.

« Paris, circonscrit dans une banlieue qui lui forme une ceinture pour sa sûreté, et qui s'étende jusqu'à Pontoise, jusqu'à Corbeil, et quelques autres lieux nécessaires à la manipulation que demandent ses subsistances ; et cette étendue de territoire ne formant qu'un seul département, dont les pouvoirs seraient dans les mêmes mains que ceux de la municipalité. » Tel fut le plan de M. de Vauvilliers.

« Fixer la banlieue à six lieues ; distinguer le département de la municipalité. » Ce fut la proposition de M. de Saint-Fargeau.

« Circonscrire Paris dans une banlieue suffisante ; conserver à cette capitale des pouvoirs directs sur les objets qui lui sont nécessaires dans les villes voisines, que M. de Vauvilliers désignait comme devant faire partie de la circonscription. » Tel fut un amendement apporté par le duc de La Rochefoucault.

Enfin on proposa à ce dernier mode un amendement qui consistait à conserver à la ville de Paris, non-seulement les pouvoirs directs dont parlait M. La Rochefoucault, mais encore les droits dont elle jouit depuis un temps immémorial, sur la Seine et sur toutes les rivières affluentes qui lui amènent ses subsistances. Ce fut par cette proposition que se termina la séance. Le lendemain on se réunit de nouveau pour traiter la même question : on s'occupa d'abord de savoir s'il y avait justice, utilité sociale, à donner à Paris une position exceptionnelle, et qui pût encore augmenter son influence.

« On trouve Paris trop grand, trop étendu, dit M. l'abbé Fauchet ; c'est une erreur. Il est, j'ose le dire, étroit et désert pour une si vaste et si puissante monarchie. Voyez Londres, dont la population et l'étendue étant les mêmes, surpassent, par rapport à l'Angleterre, dix fois nos proportions par rapport à la France.... L'Espagne ne fera jamais rien de grand, et n'aura toujours qu'une population rare et indigente ; sa capitale est trop faible, le foyer de l'État n'a pas assez de chaleur. Je ne veux pas répéter des vérités senties de tout homme capable de réfléchir sur les avantages inestimables qui résultent de l'étendue et de la population d'une grande capitale pour le commerce, l'agriculture, les consommations, le travail productif des denrées, et tous les grands intérêts d'une nation ; je me borne à un seul, qui renferme tout : c'est la liberté.

» La prospérité de la capitale, dit M. de Vauvilliers dans la même séance, est tellement liée à celle des provinces, que la commotion qu'elle vient de recevoir se fait déjà sentir dans celles-ci, qui ne tirent plus de leurs produits la même valeur que lorsque Paris leur offrait un grand luxe consommateur. »

Plusieurs orateurs parlèrent encore dans le même sens que M. Vauvilliers : enfin on revint à la question. L'abbé Mulot proposa : 1° que la municipalité fût distincte du département ; 2° qu'elle fût circonscrite dans ses murs ; 3° que le département s'étendît à la seule banlieue ; 4° que la banlieue fût fixée à trois lieues pour la sûreté de la capitale ; et 5° qu'il fût accordé à la municipalité de Paris les pouvoirs nécessaires sur tous les objets qui concourent à son approvisionnement et à sa subsistance.

Tels furent les différens projets soumis à la discussion de l'assemblée des représentans ; les débats se terminèrent le lendemain par un projet voté en ces termes : « Paris fera partie d'un département de dix-huit lieues sur dix-huit, c'est-à-dire, de 314 lieues de superficie. Le siège du département sera constamment Paris. » Cet arrêté fut envoyé aux soixante districts, avec la déclaration qu'il ne serait présenté à l'assemblée nationale, que dans le cas où la pluralité des districts l'adopteraient.

Plusieurs districts se rangèrent de l'avis de l'Hôtel-de-ville ; plusieurs aussi le repoussèrent, déclarant la plupart s'en rapporter à la volonté de l'assemblée nationale, et quelques autres demandant que la capitale formât à elle seule un département. — Les journaux de l'époque notent les opinions des districts de Saint-Lazare et des Filles-Saint-Thomas. — Le premier remarque que l'influence des départemens les uns sur les autres ne serait jamais dangereuse ; que le département de dix-huit lieues de diamètre, accordé à la ville de Paris, lui deviendrait inutile, parce que ce n'est point dans les combinaisons étroites d'un département ou d'une banlieue plus ou moins étendue, qu'il faut chercher la sûreté des approvisionnemens d'une ville telle que Paris, mais bien dans des magasins considérables, établis dans l'intérieur de ses murs, et surtout dans la tranquillité générale du royaume, et dans la liberté de la circulation intérieure des grains. — Le district des Filles-Saint-Thomas donnait d'autres motifs. Il disait, 1° que la capitale était appelée, par son immense population et par la masse des contributions qu'elle supportait, à former à elle seule un département ; 2° qu'il était *infi-*

niment plus honorable pour elle de former seule un département, que d'être la neuvième partie d'un département; 3° que dans ce dernier système, ses intérêts seraient nécessairement compromis, sans en tirer l'avantage d'assurer ses subsistances; et 4° que la sûreté des subsistances doit reposer entièrement sur la liberté qui va régner dans toute la France; sur l'intérêt des provinces qui approvisionnent Paris; sur la fraternité qui les unira; sur la sagesse des décisions de l'assemblée nationale qui formeront le lien entre toutes les parties du royaume, et sur la force du pouvoir exécutif qui les fera respecter... Terminons cette analyse en donnant, en original, l'avis du district.

Rapport des commissaires du district des Petits-Pères-de-Nazareth, sur la municipalité de Paris. Fait à l'assemblée générale du 19 décembre 1789, qui en a ordonné l'impression.

Messieurs, vous nous avez chargés d'examiner les questions qui vous ont été proposées le mercredi 16 de ce mois, et de vous en rendre compte aujourd'hui.

Un tel délai était bien court pour traiter une matière aussi neuve pour nous, et aussi importante pour le bonheur de cette capitale; mais plus nous avons vu de difficultés, plus nous avons cru devoir redoubler nos efforts.

Voici la marche de notre travail.

Nous avons commencé par lire attentivement, tant les différentes motions qui vous ont été envoyées, que les mémoires que MM. de la Porte, Pia et Quatremère ont lus à votre dernière assemblée, ensemble les arrêtés pris par quarante-deux districts, recueillis au bureau central, par MM. Borot et Mille. La lecture de toutes ces pièces contradictoires les unes aux autres, en nous instruisant, a encore augmenté notre incertitude.

Pour nous faire une opinion, nous avons cru devoir envisager la question sous les rapports d'égalité et d'utilité.

L'assemblée nationale a décrété que la France serait partagée en quatre-vingts départemens environ.

Un département sera donc la quatre-vingtième partie de la France.

Chaque département sera composé de neuf, six, ou trois districts.

Un district peut être considéré à peu près comme la six centième partie de la France.

Dans la nouvelle constitution du royaume, Paris ne sera-t-il considéré que comme la six centième partie de la France? conséquemment Paris ne formera-t-il qu'un district dans un département? C'est le sentiment des mandataires provisoires de l'Hôtel-de-ville.

Paris fera-t-il un quatre-vingtième? conséquemment Paris formera-t-il un département? C'est, messieurs, notre opinion.

Voici les motifs qui nous ont déterminés :

Nous avons vu que Paris, district dans un département, n'en formerait qu'un neuvième; qu'en conséquence, il recevrait la loi des huit autres districts de son département, lui qui, par sa population, sa riche industrie, ses immenses contributions, surpasse de beaucoup les huit autres districts auxquels il serait assujetti.

Paris, district dans un département, sera un objet de crainte et de jalousie pour les autres districts de son arrondissement, et son département un objet de crainte et de jalousie pour les autres départemens de la France.

Comme district, il formera dans son département une inégalité dangereuse, et donnera la même inégalité à son département, comparé aux autres départemens du royaume.

Ce n'est point la même étendue de terrain qui procure l'égalité dans les départemens, c'est le même nombre de citoyens.

Paris, par sa population, est la vingt-quatrième partie de la France, et son terrain n'en forme pas la millième; cependant les mandataires pensent que Paris, qui renferme dans ses murs seuls la vingt-quatrième partie des Français, ne peut, avec sa banlieue, faire un département, qui pourtant ne représenterait que le quatre-vingtième du royaume.

Paris, faisant seul un département, comme nous le pensons, sera encore le premier département de la France; serait-il avec toute l'étendue qu'on veut lui donner.

Les motifs qui nous ont portés à croire que, pour se rapprocher de l'égalité, Paris seul avec sa banlieue doit faire un département, nous ont paru résoudre la seconde proposition, « que la forme de division que nous proposons est la plus utile pour Paris. »

1° Elle conserve à cette ville la suffisance de sa représentation, nécessairement compromise dans le système des mandataires provisoires.

2° Elle ne laissera point à craindre à Paris l'alternement que les chefs-lieux des huit autres districts, dans le système contraire, ne tarderaient pas à réclamer.

3° Enfin, elle sera utile à Paris en ce qu'elle étouffera tout genre de jalousie entre la capitale et les provinces ; car l'égalité est la seule base solide de la concorde.

Ceux qui ont soutenu l'opinion contraire à celle que nous adoptons, ont annoncé un moyen qui serait bien puissant, s'il était fondé. On a fait craindre à Paris, resserré dans le département de sa banlieue, toutes les horreurs de la famine. On a dit : Paris consomme beaucoup, il faut que son département ait une grande étendue de terrain, et on l'a fixée à dix-huit lieues.

Dix-huit lieues pour l'approvisionnement en tout genre d'un million d'habitants ! Quelle insuffisance de moyens ! Nous tirons nos blés de la Picardie, de la Beauce, de la Brie, nos huiles de la Provence, nos bois de la Champagne et du Bourbonnais, nos vins de Bourgogne, nos bœufs du Limousin et de Normandie, nos suifs en grande partie de la Russie, nos sucres de l'Amérique, etc., etc. Toute la France, tout l'univers, contribuent à l'approvisionnement de la capitale.

S'il faut que le département de Paris fournisse à son approvisionnement, il ne faut lui donner d'autres bornes que celles de l'univers.

Que l'on est ingénieux à inventer des sujets de crainte ! La loi ne veille-t-elle pas à notre approvisionnement ? L'assemblée nationale en a chargé le pouvoir exécutif, et a rendu les ministres du roi responsables de l'exécution de ses décrets.

Si Paris a à craindre la famine de la jalousie des campagnes voisines, il y sera encore plus exposé comme district que comme département ; car les huit autres districts formant la majorité du département, auraient la cruelle facilité de l'affamer légalement.

Il est donc spécieux, il est donc nul le seul raisonnement à l'appui duquel on voudrait que Paris fît partie d'un département.

D'après ces considérations, Messieurs, vos commissaires ont cru devoir vous proposer l'arrêté suivant :

« L'assemblée générale du district des Petits-Pères-Nazareth, extraordinairement convoquée d'après la lettre de M. le maire, après avoir entendu le rapport ci-dessus, considérant que la population de la ville de Paris et la masse de ses contributions sont déjà dans une disproportion immense avec celles des autres départemens ; considérant en outre que l'égalité est la seule base solide de la concorde entre Paris et les provinces, et qu'il est de son premier devoir de chercher à se rapprocher autant qu'il est possible de cette précieuse égalité, a arrêté unanimement :

« 1° Paris fera un département avec telle banlieue qu'il plaira à l'assemblée nationale fixer.

« 2° Quelle que soit l'étendue qu'il plaise à l'assemblée nationale donner à la banlieue, et quelle que soit sa décision sur le premier article, Paris sera constamment chef-lieu de son département sans alterner avec aucun district.

« 3° Quel que soit le décret de l'assemblée nationale sur cette question, le district des Pères-Nazareth ne cessera d'être pénétré pour tous ses décrets du dévouement le plus respectueux et le plus absolu.

« 4° Le présent arrêté sera imprimé sur-le-champ, envoyé par une députation au comité de constitution, à M. le président de l'assemblée nationale, aux députés représentans de la ville de Paris à l'assemblée nationale, et communiqué aux cinquante-neuf autres districts, et enfin aux représentans de la commune. »

Nous n'avons pas cru, Messieurs, devoir finir notre rapport, sans vous parler d'une demande de M. de Vauvilliers. Ce lieutenant de maire voudrait que les pouvoirs de département et de municipalité fussent réunis dans les mêmes mains : nous n'avons pas cru devoir discuter cette motion fondée sur les principes de l'ancien régime; nous sommes sur-le-champ et unanimement convenus de vous proposer d'arrêter qu'il n'y avait lieu à délibérer, l'assemblée nationale ayant sagement décrété que ces deux pouvoirs seraient distincts. Signé, ARNAUT, *président;* BOTOT, *vice-président;* DORGEMONT, *secrétaire;* HOMBERT, NIZARD, MILLÉ, SMITH.

L'assemblée générale a unanimement adopté l'arrêté porté au rapport de ses commissaires. Signé, ARNAUT, *président;* COQUELIN, BOTOT, *vice-président;* DE SAINT-VILLE, *secrétaire-greffier.*

L'assemblée des représentans passa outre sur ces observations, et le 28 elle envoya une députation qui se présenta à la barre de l'assemblée nationale.

M. de Maissemy portait la parole. Il communiqua à l'assemblée que la ville de Paris n'attachait aucune importance à l'honneur de former seule un département; qu'au contraire, pour assurer ses subsistances et ses approvisionnemens, elle demandait à être incorporée à un département d'une certaine étendue, et dont le directoire d'administration fût à Paris. Cette adresse a été renvoyée au comité de constitution.

Malgré ces graves occupations, plusieurs districts continuaient leur opposition contre l'Hôtel-de-Ville. Le district des Cordeliers se trouvait toujours au premier rang dans cette guerre de chicane. On y criait beaucoup contre les usurpations de la commune, et surtout contre celle du maire et des bureaux de ville. On venait en effet d'y décider un règlement pour le tribunal de police; d'arrêter les règles de la procédure, et, de plus, d'ordonner qu'il se conformerait dans ses jugemens, aux lois anciennes qui étaient déclarées en pleine vigueur. Dans le public, on attribuait cet esprit des Cordeliers à l'influence exercée par *Danton*, son président perpétuel parce qu'il était toujours réélu; et l'on cherchait l'origine de l'ardeur de celui-ci partout ailleurs que dans son caractère ou ses convictions. Une chose bien remarquable, c'est que Danton fut obligé, pour se disculper, d'invoquer l'autorité de son district.

Extrait du registre des délibérations de l'assemblée du district des Cordeliers, du 11 décembre 1789.

« L'assemblée générale du district des Cordeliers, instruite des calomnies répandues contre M. Danton, son président, par des ennemis du bien public; instruite qu'ils ont osé supposer que M. Danton accaparait les voix pour prolonger le temps de sa présidence, et qu'il n'obtenait l'unanimité des suffrages qu'en les achetant;

» Considérant que ces bruits calomnieux blessent également la dignité de l'assemblée, les principes sévères qui distinguent les citoyens de ce district, et le zèle pur et infatigable du président qu'ils ont choisi;

» Considérant que de tels bruits, quoique méprisables, et indignes d'occuper l'assemblée, peuvent, dans des circonstances aussi délicates, s'accréditer et fournir des armes aux ennemis de la liberté, déclare :

» Que la continuité et l'unanimité de ses suffrages ne sont que le juste prix du courage, des talens et du civisme dont M. Danton a donné les preuves les plus fortes et les plus éclatantes, comme militaire et comme citoyen;

» Que la reconnaissance des membres de l'assemblée pour ce chéri président, la haute estime qu'ils ont pour ses rares qualités, l'effusion de cœur qui accompagne le concert honorable des suffrages à chaque réélection, rejettent bien loin toute idée de séduction et de brigue;

» Que l'assemblée se félicite de posséder dans son sein un aussi ferme défenseur de la liberté, et s'estime heureuse de pouvoir souvent lui renouveler sa confiance;

» L'assemblée a arrêté que cette délibération serait communiquée aux 59 autres districts. — Signé, *Testulat de Charmières*, vice-président; *Aubisse*, *Fabre d'Églantine*, *Lescot*, *Sentex*, secrétaires. »

Mais ce n'était point là une accusation qu'on dût tenir à repousser; c'est qu'il en existait en même temps une autre. Il y avait des gens qui disaient que Danton conspirait avec Mirabeau, afin de former un parti qui pût dépopulariser Bailly et l'Hôtel-de-Ville. Cependant les Cordeliers, dans cette direction, ne faisaient que suivre les indications qui leur étaient données par la presse; et nous en donnerons pour exemple ce passage du journal de Desmoulins :

« M. Bailly a osé donner des brevets de capitaine, qui ne doivent être que la récompense des services, et que le mérite même ne doit obtenir que du suffrage des citoyens. Le district des Cordeliers a fait éclater son improbation. Ce district, ainsi que celui des Petits-Augustins, indignés de voir le maire ainsi disposer des grades de la milice nationale, et préparer cette proie à ses flagorneurs, a invité les officiers du bataillon à rapporter sur le bureau leurs brevets signés; et ceux-ci, honteux de pareilles provisions, se sont empressés de rendre hommage au peuple, seul souverain, en remettant leurs brevets au district.

» Il est encore d'autres reproches que font à M. Bailly les philosophes et les patriotes. Pourquoi devant sa voiture ces gardes à cheval, et derrière ces laquais à livrée, profanateurs de la cocarde nationale, et aux couleurs de la liberté sur leur chapeau, alliant, sur toutes les coutures de leur habit, les couleurs honteuses de la servitude? Pourquoi encore ce traitement de cent dix mille livres que s'est appliqué le maire de la capitale? Je lui sais gré de la noble fierté avec laquelle il a demandé, au ministre de Paris, l'hôtel de la police; mais pourquoi les murs de cet hôtel ne s'aperçoivent-ils pas qu'ils ont changé de maître? Pourquoi le même faste de meubles, et la même somptuosité de table? Laissez, M. Bailly, laissez au satrape Pharnabaze ces riches tapis; Agésilas s'assied par terre, et il dicte des lois au grand roi de Perse. Laissez cette pompe extérieure aux rois et aux pontifes..... Je suis encore au nombre de ceux qui vous chérissent. Je sais le respect que je dois à votre place, et les ménagemens que méritent et vos talens et vos services; mais c'est parce que vous êtes revêtu de cette grande place, que je ne souffrirai point que vous l'avilissiez. Quand vous serez redevenu simple citoyen, étalez alors un luxe asiatique, scandalisez la nation par votre livrée et votre luxe, déshonorez-vous, peu m'importe; mais cette belle, cette glorieuse révolution de France qu'aujourd'hui vous ternissez..... Je ne suis pas si ridicule que de prétendre que M. le maire vive de brouet noir comme Agésilas, ou que, comme Curtius, il reçoive les ambassadeurs dans une chaumière. Mais je lui recommande plus de simplicité..... Parmi la multitude des griefs qu'on reproche à M. Bailly, je ne me suis arrêté qu'à trois : s'être donné une livrée, c'est une petitesse et une puérilité qui a dû provoquer notre ministère correctionnel; s'être appliqué cent dix mille livres d'appointemens, c'est une concussion et un vol horrible; avoir donné des brevets de capitaine, c'est un crime de lèse-nation. »

Rien d'ailleurs alors ne détournait l'attention des affaires publiques : le tourment des subsistances avait cessé. Un approvisionnement énorme était accumulé dans Paris ; approvisionnement jugé encore comme plus considérable qu'il n'était en réalité, grâces au désordre avec lequel il avait été formé ; car on ignorait de quelle quantité de farines et de blés il se composait. Il fallut, vers la fin de décembre, que le comité des subsistances procédât à un inventaire dans le but de la reconnaître. Il semblait que chacun, ayant enfin conscience des dangers de la disette, n'eût pensé qu'à accumuler le plus de subsistances possibles pour donner à vivre à cette population parisienne, si facile à émouvoir, et si redoutable dans ses émeutes. On ne s'était pas borné à amasser des vivres; on avait aussi pris des mesures pour assurer la subsistance des pauvres. Une liste avait été ouverte dans tous les districts, afin de recevoir l'inscription des citoyens qui avaient besoin des secours de la ville ; et ces secours étaient régulièrement distribués. Les Cordeliers se distinguèrent encore dans cette circonstance; ils s'imposèrent à une contribution personnelle, pour en accroître sur leur territoire la masse des secours de charité. Les journaux de l'opposition eurent encore la maladresse de leur reprocher cette marque de civisme, en l'appelant attentatoire à la constitution et aux droits de l'assemblée nationale. Quoi qu'il en soit, les nécessités de la vie étant ainsi assurées, il en résulta qu'un grand nombre de malheureux accoururent des provinces pour participer à cette sécurité.

Au premier coup d'œil jeté sur les affaires publiques, les patriotes devaient s'étonner, lorsque tant de priviléges étaient anéantis, attaqués ou menacés, que des intérêts qui s'étaient montrés au commencement si susceptibles et si ardens à se défendre, se fussent résignés et n'eussent point cherché, dans quelque nouvelle conspiration, une nouvelle espérance de salut. Peut-être cet étonnement fut-il suffisant pour donner naissance aux bruits qui se répandirent alors, d'une grande conspiration prête à éclater à Paris. Au reste, cette rumeur populaire accusait juste, ainsi que nous le verrons bientôt. Elle était d'ailleurs justifiée par le grand nombre de brochures royalistes qu'on répandait dans la capitale, la plupart sans nom d'imprimeur, ni d'auteur, contrairement au réglement de police, et sortant par conséquent d'une imprimerie secrète. Autant au commencement de la révolution il y avait eu d'écrits civiques, autant il y en avait maintenant dans le sens aristocratique.

« Le projet des ennemis de la liberté, disait Loustalot au commencement de ce mois, est de nous faire vouloir, de nous faire désirer la contre-révolution, de l'opérer par nos propres mains; une multitude de faits dévoile, chaque jour, ce funeste projet aux yeux des patriotes attentifs.

» L'assemblée nationale offrait à toutes les parties de la France un point de ralliement; elle suppléait tous les pouvoirs; elle gouvernait, par la force seule de l'opinion, le vaisseau battu par la tempête; elle pouvait le conduire au port. Que n'ont pas fait les aristocrates pour la dissoudre? Efforts inutiles! ils tentent de la corrompre; même succès. Ils décrient ses opérations; ils ne sont point écoutés. Ils soulèvent contre elle de vieilles corporations aristocratiques : les communes et les gardes nationales offrent de les réduire; l'assemblée nationale peut même user d'indulgence sans danger. Il leur reste encore une ressource. C'est de la rendre odieuse à ce peuple qu'elle représente; c'est de ruiner l'assemblée nationale en lui ôtant la force du peuple, et de ruiner le peuple en ôtant les conseils de l'assemblée nationale. Et ils ont un moyen presque infaillible! la majorité de la représentation est composée de nobles, d'ecclésiastiques, et de membres des communes ou privilégiés ou suppôts de l'aristocratie judiciaire. Il ne s'agit donc que de *coaliser* tous ces aristocrates....

» On peut voir avec quel succès une main presque invisible a travaillé à cette coalition, par l'obstination avec laquelle le décret du marc d'argent a été maintenu... Cédant à la voix impérieuse de l'opinion publique, le comité de constitution a voulu le réformer.... La *coalition* s'est opposée avec fureur à tout changement qui pourrait ôter aux riches, c'est-à-dire aux ci-devant privilégiés, le droit exclusif d'être membre du corps-législatif, et fonder cette égalité de *droit* sans laquelle il n'y a point de liberté.

» Les vrais représentans de la nation sont demeurés si fermes dans leur poste, que, malgré l'évidente infériorité des *non-riches*, la majorité n'a jamais été que de 10 ou 14 voix...

» A ce moyen si dangereux, l'aristocratie en joint un autre qui n'est pas moins propre à nous dégoûter de la liberté. C'est le prolongement de l'anarchie. L'anarchie naît de l'inaction du pouvoir exécutif. Dans tous les départemens, le pouvoir exécutif est entre les mains des aristocrates...

» Un troisième moyen employé avec succès jusqu'à présent par le parti antipopulaire, c'est de calomnier les provinces les unes auprès des autres, ou d'exagérer dans un canton les mauvais exemples qui ont pu être donnés dans un autre. Il n'a pas tenu à eux qu'on ne crût dans les provinces méridionales que le stupide arrêté des cagots composant le soi-disant état du Cambrésis ne passât pour une confédération des provinces Belgiques contre l'assemblée nationale.

» Il faut encore compter au nombre des moyens de la faction aristocratique, les accaparemens de toute espèce. Ceux qu'ils n'osent faire par eux-mêmes, ils nous les font faire par nous, en répandant des bruits alarmans qui sont autant de barrières à la circulation.

..... Il est une autre espèce d'accaparement qui est propre aux aristocraties ; c'est celui de l'industrie ; ils ne font point travailler de peur, disent-ils, que le *peuple ne gagne sa vie....*

» Mais, le grand moyen sur lequel les aristocrates comptent le plus, celui pour lequel ils n'épargnent ni soins, ni temps, ni dépense, c'est de tromper le peuple par des écrits insidieux....

» Depuis quelques jours, les pamphlets aristocratiques pleuvent à Paris et dans les provinces. L'un, sous le nom ou avec le ton d'un franc et loyal patriote, injurie, écrase les aristocrates et l'aristocratie : mais il y a une chose qu'il désapprouve : c'est le décret sur les *biens ecclésiastiques* ; il n'en est dit que quelques mots. Tout le livre a cependant été fait pour cette phrase. L'autre, se portant conciliateur entre tous les partis, n'embrasse que des plans mitoyens ; il accorde aux communes l'égalité des contributions, et il réserve aux nobles toutes les pièces et les droits féodaux. Tantôt c'est un *bon* Français qui s'attendrit sur la *captivité* prétendue de la famille royale ; c'est une âme timorée qui redoute la justice du ciel pour notre résistance aux *puissances* de la terre, ou notre avidité pour les biens de l'église, etc...

» Le plus saillant et le plus dangereux de tous ces pamphlets, celui qu'on peut regarder comme le manifeste du parti aristocratique, a pour titre : *Ouvrez donc les yeux.*

» L'extrême simplicité du style prouverait seule qu'il est destiné à être lu par le peuple, s'il ne portait pas : « J'invite tous les Français qui aiment la nation, qui chérissent leur roi, de m'aider à le rendre public dans tout le royaume, le faisant imprimer dans toutes les provinces, pour que chacun puisse le lire et le faire relire dans toutes les paroisses ; j'invite surtout à le communiquer à toutes les troupes. »

» Cet ouvrage s'est d'abord distribué gratis dans les classes pauvres ; il a fallu que les patriotes aisés le payassent fort cher. On voulait qu'il produisît son effet avant qu'ils pussent le réfuter.... L'écrivain aristocratique parcourt tous les faits qui ont précédé ou suivi la révolution ; il cherche à prouver que le peuple ne les a pas envisagés sous leur véritable point de vue ; il les présente sous celui où il faudrait que le peuple les prît, pour qu'il opérât lui-même une contre-révolution, etc....

On m'apporte dans ce moment dix nouveaux pamphlets ; ils ont tous la même physionomie et le même but : 1° grandes lamentations sur l'état d'abandon où est le monarque : c'est la paraphrase perpétuelle de l'air : *O Richard! ô mon roi!* si adroitement joué dans l'orgie des gardes-du-corps et du régiment de Flandre ; 2° tableaux frappans de la scène qui eut lieu dans l'appartement de la reine, à Versailles ; 3° calomnies atroces et plates contre les membres les plus éclairés et les plus intègres de l'assemblée nationale ; 4° conseils au peuple de demander la dissolution des États-Généraux, et promesses, *au nom du roi*, de réformer les abus qui pesaient sur le peuple.

» *Mettons à côté les motifs qui pressent les aristocrates de tenter un nouveau* COUP DE MAIN.

» 1° Les municipalités sont sur le point d'être organisées...... Il y aura une nouvelle élection de députés.... et le peuple est assez éclairé pour ne députer ni nobles, ni prêtres, ni bourgeois privilégiés.

» 2° La liste des pensions s'imprime........ Elles seront nécessairement supprimées........ et ce sont les aristocrates qui en jouissent.

» 3° L'établissement de la caisse d'escompte.... Ce foyer d'usure et d'agiotage est à la veille d'être détruit. La majorité de la banque de Paris est aristocrate....(Loustalot écrivait cette phrase vers le 10 décembre.)

» 5° Enfin on va s'occuper de la réorganisation de l'armée....

» Frères! veillons sur les aristocrates. Cette nuée de pamphlets annonce qu'ils sont sur le point de tout hasarder ; préparons nos armes, n'attaquons pas ; mais sitôt qu'ils auront levé les bras, frappons. » (*Révolutions de Paris.*)

« Depuis quelque temps, dit à son tour Desmoulins, nous voyons se renouveler le prodige du hurlement des loups invisibles:

à l'exception de l'abbé Sabatier, qui continue de braire publiquement contre l'assemblée nationale, tout le reste hurle dans les ténèbres. On ne trouvera pas ces expressions trop fortes, si on jette un coup d'œil sur le style modéré et décent de toutes ces brochures où les ennemis du bien public exhalent leur rage impuissante contre l'auguste assemblée.

» Ces brochures sont toutes écrites dans le même esprit, et à peu près du même style. *Ab uno disce omnes*....... Voici sur quel ton l'auteur de *Ouvrez donc les yeux* parle des écrivains qui ont défendu les intérêts de la nation : « Je veux faire connaître l'exécrable abbé Fauchet, plus méchant que l'enfer qui l'a vomi, démon infernal, prêtre sacrilége. Il ose se servir de ce texte sacré où sont écrits tous les préceptes de notre divin Sauveur, qui a voulu mourir pour nos péchés, etc. »

» Ses lamentations sur l'hégire du comte d'Artois sont comiques. — Monseigneur comte d'Artois est du nombre des proscrits.... Ma plume s'arrête.... je frémis.... mes cheveux se dressent sur ma tête.... la postérité me croira-t-elle?—Eh! monsieur l'aristocrate, la postérité a bien cru que le roi Denis s'était fait maître d'école à Corinthe.... Elle a bien cru qu'Aristomène, Agis, Charles Ier, avaient été mis à mort par leurs sujets ; et tu te récries que la comtesse d'Artois ait été obligée de suivre son mari ! Ne vois-tu pas que la pauvre dame nous en a l'obligation.... (1).

» Après avoir appelé le prince de Condé *un héros*, il croit dire une grosse injure à M. de la Fayette, en l'accusant d'avoir voulu faire une république. Plût à Dieu !...

» En lisant notre *Aristocrate*, on ne peut s'empêcher de le plaindre. Presqu'à chaque page, ou bien *ses cheveux se hérissent*, ou bien *son sang se glace dans ses veines*. Le nom seul d'états-gé-

---

(1) « Au demeurant, la joie de la princesse n'a pas été de longue durée, si l'on en juge par ce placard affiché à la porte du roi de Sardaigne:
« Dites au roi,
De dire au comte d'Artois
De laisser nos femmes ;
Autrement, nous lui brûlerons la cervelle.»

néraux lui donne les plus violentes convulsions; pour le mot d'assemblée nationale, il se garde bien de le prononcer; je crois qu'il en mourrait....

» Nous avons une obligation à cet auteur : c'est de nous apprendre que lui et ses pareils mettent tout en œuvre pour soulever les parlemens et les soldats contre l'assemblée nationale, et qu'ils sont persuadés que le roi fait des vœux intérieurement pour qu'ils réussissent. »

— Mais, parmi ces brochures, celle qui eut le plus de succès, était l'*Adresse aux provinces*. Elle était anonyme comme les autres, et sans nom d'imprimeur.

« Messieurs, disait-elle, tous vos députés nous assurent deux fois par semaine, qu'ils sont les régénérateurs de la France; que vous devez à leurs soins le bonheur dont vous jouissez, et celui qui vous attend. Cependant les sages gémissent, et pas un ne daigne vous instruire. Ecoutez une voix plus courageuse qui vient vous parler le langage de la vérité et vous peindre les hommes que vous avez honorés de votre choix.

» Vous avez dit à vos députés : rétablissez les finances; assurez les propriétés des citoyens contre les déprédations du fisc, et leur liberté contre les ordres arbitraires. Vos idées étaient simples et justes. Vous connaissiez les maux qui vous affligeaient, vous en indiquiez le remède. »

Au lieu de cela, continue l'anonyme, qu'ont-ils fait? Alors il passe en revue les questions financières; il calcule, et il prouve que les mesures prises par l'assemblée ont augmenté les dépenses, au lieu de les diminuer, et, de plus, que ses moyens financiers sont ruineux. Voici quelques exemples de sa manière de raisonner :
« On a proposé et décrété la justice gratuite, c'est-à-dire une augmentation annuelle de plus de 51 millions d'impôts. L'abolition du régime féodal anéantit la plus grande partie des bénéfices qu'on *pouvait* faire sur les engagistes des bénéfices du roi.... Les municipalités et les gardes bourgeoises sont devenues un objet très-dispendieux.... Le clergé est tellement réduit, qu'il faudra certainement une imposition pour le service divin.... » Il attaque

ensuite les violences de la ville de Paris qui ont causé une émigration qui prive cette ville et le royaume de toutes les dépenses que faisait la riche noblesse qui a été s'établir à l'étranger.... Il se plaint même de la destruction des gabelles, des frais de l'assemblée nationale, etc.... Ainsi les finances ont été gaspillées.

» Vous appelez *propriété tout ce qu'on avait acquis sous la sauvegarde des lois* : cependant on détruit le fief que vous possédiez à ce titre ; vous croyez l'état de votre fils assuré par son bénéfice, on le lui enlève. Vous aviez un office de magistrature ; c'était à la fois votre fortune et votre existence,... il faut le perdre !... Votre fortune était en droits seigneuriaux, et ils sont détruits.... Quelle propriété sera donc sacrée désormais ?...

» Vos idées étaient claires sur la liberté.... Mais.... aviez-vous ordonné qu'on abusât du nom du roi, pour envoyer de prétendus ordres de sa part, afin de piller et brûler les maisons des seigneurs et des religieux ?... Aviez-vous ordonné qu'on mît à mort des citoyens sans aucune forme de procédure ?... Leur aviez-vous donné la première idée du jeu de la lanterne ?... Aviez-vous ordonné à un petit M. Barnave de dire au milieu de l'assemblée qu'il ne fallait pas s'occuper des fureurs du peuple, parce que le sang qu'il versait n'était pas pur ?... Aviez-vous ordonné qu'on fît de votre roi un roi de théâtre ?... Aviez-vous ordonné qu'on lui enlevât jusqu'à sa garde (1), et qu'on en fît la fable de toutes les nations ?... Aviez-vous ordonné de tenir votre roi dans les fers ?... Aviez-vous ordonné de retrancher à ce malheureux prince ses amusemens les plus innocens (la chasse), de ne lui donner d'autre garde que ses bourreaux (la garde nationale), et d'autre occupation que celle des crimes qu'il a à redouter... etc.

« Voilà cependant ce qu'on a fait ; voilà l'ouvrage de vos députés, et, grâce à leurs soins, il n'est pas un citoyen dont la liberté et la vie ne soient à discrétion.... Oui, vos demandes furent raisonnables : mais cette sagesse qui les dicta n'a pas présidé au choix des députés. Quels hommes, j'ose vous le demander, avez-vous

(1) En effet, à cette époque, le roi, malgré les sollicitations de la commune, avait encore refusé de réorganiser ses gardes-du-corps.

choisis? Tout ce que vous méprisiez peu d'années auparavant ; des jeunes gens à qui vous ne connaissiez pour talens que des fureurs, et pour expérience, que de l'intrigue ; des magistrats déshonorés par leur conduite ; des officiers de justice subalterne qui veulent détruire les parlemens pour profiter de leur dépouille ; des propriétaires qui fatiguent les campagnes de leurs prétentions, et qui, occupés à rivaliser avec leur seigneur, ne le sont presque jamais de secourir le peuple ; des prêtres crapuleux et d'une sale ignorance ; des nobles toujours prêts à se tourner vers le puissant et qui n'ont vu, dans votre confiance, que des moyens de fortune. Quel sentiment d'honneur, quelle fidélité à leurs devoirs, pouviez-vous espérer de pareils choix ?

» Qu'est-ce, je vous le demande, qu'un petit Robespierre, qui n'était connu à Arras que par son ingratitude pour l'évêque qui l'avait fait élever ?

» Un Mirabeau échappé à la corde, mais jamais à l'infamie, et dont le nom seul est une grosse injure ?

» Un Princa.....? — Un Pétion de Villeneuve, chez qui vous n'aviez pu distinguer que la confiance de la sottise, et qui, vil instrument des factieux, est comme ces crieurs de la foire que l'on fait aboyer à la porte des théâtres, pendant que dans l'intérieur on joue la pièce ?

» Un Barnave, insolent, fat, ignorant à qui l'esprit tient lieu de principes et de morale ; en un mot, ce qu'on appelle un drôle ?

» Deux Lameth, cette famille jadis si intrigante et si basse à la cour, plats valets dans les temps de la servitude, et insolens dans les temps d'audace ? Vous les verrez à la tête des furieux, tant que les fureurs meneront à la fortune ; vous les retrouverez dans les antichambres, si elles sont encore la source des grâces, et toujours intrigans par essence, se payer du mépris par les places et l'argent.

» Un Castellane ? Un Duport dégoûtant de mauvaise foi, de subtilités et d'intrigues ? Un Goupil de Préfeln... ?

» Un curé Grégoire qui, avec un autre curé, Dillon, dispute

de propos séditieux, et au lieu d'un ministère de paix qui exige des talens et de la vertu, ne remplit et ne pourra jamais remplir que le rôle de factieux....?

» Un Bottin....? Un Glezen....?

» Un abbé Siéyès, que vous avez vu se déshonorer à l'assemblée d'Orléans, et qui, après avoir tenté en vain tous les moyens de faire fortune, est venu confondre les conditions pour voler et piller dans le désordre?

» Un Clermont-Tonnerre.... Esprit sublime pour les petites choses, et mince pour les grandes.... Envieux de tout, mais qui, n'ayant que les petits moyens de médiocrité, ne connaît l'ambition que comme les impuissans connaissent l'amour, par des inquiétudes et par la jalousie?....

» Un La Borde, riche de quarante millions volés à l'État, le financier de l'archevêque de Sens, alors le plus fidèle suppôt du despotisme, et qui, après s'être enrichi du sang des malheureux, veut encore qu'on détruise pour lui les rangs où l'argent seul ne pouvait pas atteindre?

» Un Gouy d'Arcy qui, dans cette vile assemblée, n'a pu même éviter le mépris?

» Un marquis de Cote, vil intrigant.... incapable de se montrer au grand jour, n'ayant pour esprit que de la fausseté, pour physionomie qu'un rire niais, pour talent que l'art de se taire, pour courage que celui des machines dans les ténèbres; sa force est celle du basilic de la fable, dont les poisons étaient mortels, lorsqu'on ne l'apercevait pas, mais qu'il suffisait de regarder pour le terrasser et le détruire?

» Un comte de Crillon, dont l'esprit de travers est presque passé en proverbe?.... Champion maladroit de M. Necker, sa pesante amitié ignore qu'on ne sert pas ses amis par l'ennui qu'on en donne, et que le seul point d'honneur des sots est d'adorer dans le respect et dans le silence.

» Des Noailles....? Un Chapelier, maudit par son père, méprisé au barreau, sans talens, sans principes, faisant le mal, parce qu'il est l'opposé du bien, et obligé de cacher sa médiocrité sous des fureurs que son esprit conçoit, mais que son âme de boue ne saurait pas même éprouver?

» Un Rewbell, un Lavit, un Buzot, un duc d'Aiguillon, un Coroller, un Biauzat, etc., etc.? Mais c'est trop salir ma plume de ces noms avilis qui ne rappellent que les fureurs et la bassesse, et qui, comme les bourreaux, ne peuvent être appelés que lorsqu'il faut répandre du sang!

» Que pouvions-nous attendre de tels hommes? n'oubliez pas le mot du roi, lorsqu'il apprit vos malheureux choix : *Qu'aurait dit la nation si j'eusse ainsi composé les notables ou mon conseil?* »

— La brochure se termine par le conseil aux bailliages de s'assembler, de nommer de nouveaux représentans, en rappelant ceux qui siégeaient alors.

A la séance du 22 décembre, l'abbé Montesquiou se plaignit de ce que le public lui attribuait cette *adresse aux provinces.*

« Quelle idée, s'écrie Desmoulins, le public a-t-il donc de cet abbé, puisque l'opinion est si fortement établie, qu'on vient de réimprimer le libelle sous son nom? il lui sera difficile d'en purger le soupçon. Si M. l'agent du clergé est sensible à l'estime du public, ce qui doit l'affecter, ce n'est point tant le reproche d'être auteur de ce livre, que sa réputation qui paraît au niveau de l'auteur, quel qu'il soit.

» A cette occasion, plusieurs membres ont proposé de décréter une loi rigoureuse contre la liberté de la presse; des groupes entiers se sont levés à l'aile droite. Mais M. Charles de Lameth a mis tout le monde de son avis par ce peu de mots pleins de raison et de vérité : «Messieurs, si quelqu'un a le droit de se plaindre, vous m'avouerez que c'est moi. J'ai pensé que le mépris pour des injures lâches et anonymes est le meilleur parti à prendre. Tôt ou tard la vérité perce, et le rire des mauvais citoyens s'évanouit. Occupons-nous constamment; occupons-nous uniquement et sans relâche de la constitution ; et à la fin de la session, ce n'est point sur des libelles, mais sur nos motions, que la nation nous jugera, et que les malédictions ou la reconnaissance publique nous suivront dans la société. »

Néanmoins on afficha dans les rues l'arrêté suivant de la commune :

« Le département de police, considérant que si le premier besoin d'un peuple qui se régénère est la *liberté de la presse*, il est également vrai que la PUISSANCE PUBLIQUE A SEULE LE DROIT DE PUBLIER ET D'AFFICHER; que cependant on publie chaque jour une foule d'*écrits incendiaires et calomnieux*, qui ne tendent qu'à compromettre le repos et l'honneur des citoyens, ainsi que le caractère même de la nation ;

« Considérant en outre que des hommes sans aveu, sans domicile et par conséquent sans responsabilité, inquiètent même les libraires par des attroupemens que proscrit le bon ordre; considérant enfin qu'une administration qui donne sa confiance à des hommes qu'elle choisit elle-même, sur la présentation des *districts*, ne peut pas être accusée de favoriser un de ces priviléges exclusifs qui découragent et étouffent l'industrie ; le département de police a arrêté ce qui suit :

Art. I. Qui que ce soit ne pourra être *colporteur* ni *afficheur* qu'il ne sache lire et écrire.

II. Le nombre des *colporteurs* sera borné à *trois cents*; celui des *afficheurs* à *soixante* : ils ne seront reçus que sur le certificat de leur *district*, qui les surveillera.

III. Il est défendu aux *colporteurs* de colporter, et aux *afficheurs* d'afficher, sans avoir sur leur habit une *plaque ostensible*, sur laquelle on lira, d'un côté : LA LOI ET LE ROI, et de l'autre : LA PUBLICITÉ EST LA SAUVEGARDE DU PEUPLE. *Bailly*. Et pour que cette *plaque* ne puisse passer entre des mains étrangères, les *colporteurs* et *afficheurs* porteront toujours dans leur poche leur *commission en parchemin*, sur laquelle sera leur signalement, et que les patrouilles et les factionnaires auront droit de se faire représenter.

IV. Les *colporteurs* et *afficheurs* seront tenus, sous peine de destitution, de représenter, tous les ans, dans le courant du mois de décembre, leur *plaque et commission* à l'administrateur chargé du département de la librairie.

V. Ils seront tenus de se présenter, dans la huitaine, au comité de leur *district*, pour y faire enregistrer leurs noms et demeure, avec la soumission d'avertir de leur changement de domicile.

VI. Les *colporteurs* ne pourront crier (pendant le jour, et jamais la nuit) que des *décrets*, des *édits*, des *déclarations*, des *arrêts*, les *arrêts de la commune*, les *mandemens* de M. l'archevêque, enfin, les ordonnances et réglemens qui émaneront d'une autorité légalement constituée, que les peuples ont intérêt de connaître, et auxquels leur devoir est d'obéir.

Quant aux journaux, ceux même qui portent le titre d'*Assemblée nationale*, les *colporteurs* ne pourront les proclamer, sous peine d'être arrêtés et conduits au comité des districts, pour être ensuite condamnés à une saisie, et à vingt-cinq livres d'amende par l'administration.

VII. Les *colporteurs* ne pourront se charger, même pour la distribution sans proclamation, que d'ouvrages garantis par le nom de l'auteur ou par celui de l'imprimeur; en conséquence, tous écrits dont se trouveront chargés lesdits *colporteurs*, seront soumis, non à la censure, mais à l'inspection des patrouilles et corps-de-garde, pour être saisis par eux, lorsqu'ils ne seront pas munis d'une signature; et les contrevenans seront conduits aux comités des districts, pour être, de l'autorité desdits comités, déposés à l'hôtel de la Force, à moins qu'ils ne consignent l'amende de vingt-cinq livres, ou ne fournissent caution; et les comités des districts enverront, dans les vingt-quatre heures, au département de la police, la copie du procès-verbal qu'ils en auront dressé avec les objets saisis, pour être ensuite statué ce qu'il appartiendra.

VIII. Il est défendu, sous les mêmes peines, aux *afficheurs*, d'afficher dans les rues et carrefours, sans une permission du département de police, aucun placard ni avis qui ne porte également le nom de l'imprimeur; et ils ne pourront afficher qu'en plein jour, c'est-à-dire depuis cinq heures du matin jusqu'à huit du soir, du 15 mars au premier octobre, et depuis sept heures du matin jusqu'à six heures du soir, du 2 octobre au 14 mars.

IX. Comme il est dans les principes d'une bonne administration de n'enlever aux citoyens aucuns moyens de vivre que le commerce fournit, tout citoyen qui vendra des papiers périodiques, sera tenu de prévenir son *district* de sa demeure, du lieu où il veut étaler, mais ne pourra, sans *médaille et commission*, les colporter pour les vendre dans les rues.

Signé, *Bailly*, maire; *Duport du Tertre*, lieutenant de maire; *Manuel*, *Thorillon*, *Fénouillot*, *Duclozey*, *Peuchet* et *Fallet*, conseillers-administrateurs.

Pendant cette agitation de la presse, dans laquelle les hommes attentifs voyaient les signes précurseurs d'un orage, les pouvoirs de la commune et les tribunaux accomplissaient leurs fonctions avec la sécurité des temps ordinaires. L'ordonnance sur les crieurs n'était qu'un acte de simple police, et par lequel on régularisait des mesures déjà prises précédemment. Les procès-verbaux manuscrits que nous avons sous les yeux, font foi du calme du pouvoir municipal. On y voit que le comité s'occupait à juger les conflits d'attributions qui s'élevaient entre les bureaux, de pourvoir aux approvisionnemens en poudre, non-seulement de Paris, mais encore de faire des envois jusqu'en Auvergne; on s'occupait aussi de régler les appointemens des commis; en un mot, les séances étaient employées aux choses d'administration les plus vulgaires. Le comité des recherches montrait seul quelqu'activité. Ce fut lui qui fit reparaître Marat au grand jour. Ses espions découvrirent la retraite de l'écrivain, et y conduisirent un détachement de la garde nationale du district de Saint-Nicolas-des-Champs. Marat fut arrêté et conduit devant le comité; mais il ne resta qu'un instant entre ses mains : on se hâta de le mettre en liberté, et avec de tels procédés de politesse, après de telles excuses, qu'il se crut obligé de remercier, et de rendre publics les témoignages de sa satisfaction. L'*Ami du peuple* raconte (n°ˢ 70 et 71) l'histoire de ses malheurs. Nous y trouvons une preuve de plus de l'anarchie qui régnait à cette époque. A cause de cela, nous en citerons quelques passages.

« La nuit du 8 octobre, dit-il, la maison que j'habite fut assaillie par une bande nombreuse d'assassins. C'en était fait de moi s'ils fussent parvenus à forcer la porte, qu'on refusa de leur ouvrir.» (Nous avons parlé plus haut de la saisie de ses presses, qui eut lieu quelques jours plus tard.)

« Les ennemis publics me regardaient comme le premier moteur de l'insurrection qui venait de sauver la patrie.... J'avais informé deux districts des dangers que je courais. L'un fit faire de fréquentes patrouilles devant ma porte; l'autre m'envoya quelques officiers pour me mettre en sûreté. Plusieurs amis m'enlevèrent de chez moi et me conduisirent à Versailles.... J'appris que le Châtelet venait de lancer contre moi un décret de prise-de-corps..... L'attentat du comité de police m'avait enlevé mes presses.

« A peine eus-je passé huit jours dans ma retraite, que ce genre de vie parut suspect au traiteur qui me servait : il alla me dénoncer à la garde nationale.... Deux officiers sans armes entrèrent dans ma chambre. — Nous venons savoir qui vous êtes. — Je suis l'ami du peuple. — L'ami du peuple! il est en sûreté parmi nous, qu'il y reste ; tous ses concitoyens sont prêts à le défendre.... *Denis! Garaud!* vous frémissiez à l'idée de livrer l'ami du peuple; et vous, généreux Lecointre, le modèle des vrais patriotes, vous vous chargiez de leur reconnaissance!

» Je désirais me rapprocher de Paris. Je trouvai un asyle dans ses environs.... Des espions de police, etc. »

Le premier usage que l'ami du peuple fit de sa liberté, fut d'attaquer l'ordonnance sur les crieurs. Il est probable, au reste, qu'à une époque où la presse royaliste eût été moins menaçante, il n'eût pas obtenu si facilement son élargissement. Sans doute on voyait en lui un instrument utile pour combattre vis-à-vis du peuple les efforts de l'opposition ; et à cause de cela on le mit à même d'agir : on lui rendit ses presses.

Le Châtelet de son côté poursuivait les interrogatoires de Bezenval. Il faut dire que cet officier reconnut la lettre signée de son nom qui avait été saisie sur M. de Launay gouverneur de la Bastille. On faisait aussi comparaître Rutledge. Quelques journaux remarquaient que celui-ci appelait le ministre Necker en témoignage, et qu'il déclarait ne vouloir répondre que devant ce témoin. Ce tribunal, au reste, suivait une multitude de procès politiques. On en a vu une liste dans le rapport du comité des recherches qu'on a lu plus haut.

Cependant les bruits d'une conspiration royaliste ne faisaient que croître: on disait que Paris était miné; on allait jusqu'à fixer le jour où le complot devait éclater. Des brochures invoquaient la permanence de la garde nationale.

Le 23 décembre au soir, le district des Cordeliers envoya aux Grands-Augustins des commissaires pour s'assurer si des *ecclésiastiques et des gens qualifiés* n'étaient pas secrètement assemblés dans l'ancienne salle du clergé. Le lendemain matin, il envoya aux carrières qui conduisent depuis la rue de Vaugirard jusqu'à la rue Saint-Jacques, pour examiner si l'on ne pratiquait pas des mines. Il résulta de ces démarches qu'il fut constaté que des ecclésiastiques et des nobles que les Suisses et les portiers appelaient aristocrates, tenaient des assemblées secrètes aux Grands-Augustins; mais aussi on fut certain que Paris n'était pas miné.

Le même jour, on apprit que la garde nationale de Briançon en Dauphiné, venait de s'emparer des forts et de la citadelle de cette place. Elle avait été déterminée à cette mesure vigoureuse par une dénonciation faite au conseil municipal et rendue publique aussitôt. Il en résultait que le commandant de la place était en correspondance avec le comte d'Artois, et prêt, disait-on, à lui livrer la ville.

Cette nouvelle donna plus d'activité aux rumeurs qui commençaient à inquiéter la population. On disait qu'on devait égorger MM. la Fayette et Bailly, et enlever le roi du château des Tuileries. Trois mille gentilshommes devaient l'attendre à Saint-Denis, pour le conduire à Lille. La compagnie des chasseurs préposés à la garde des barrières de ce côté de Paris avait été gagnée; et plus de 30,000 hommes étaient enrôlés pour jeter dans la capitale un effrayant désordre au milieu duquel le projet devait s'accomplir. Il paraît qu'en effet un projet analogue avait été dénoncé à M. la Fayette et au comité des recherches. Dans la nuit du 24 au 25, les patrouilles furent doublées ; et l'on arrêta le marquis et la marquise de Favras qui avaient été indiqués par les dénonciateurs.

Le matin on fit courir dans Paris le billet suivant : *Le marquis de Favras a été arrêté avec madame son épouse, dans la nuit du 24, pour un plan qu'il avait de faire soulever 30,000 hommes pour faire assassiner M. de la Fayette et M. le maire, et ensuite nous couper les vivres.* MONSIEUR, *frère du roi, était à la tête.*

A Paris, ce 25. Signé, BARREAU.

Proclamation de la commune de Paris.

L'assemblée des représentans de la commune de Paris, désirant faire cesser les inquiétudes que quelques citoyens paraissent avoir conçues de l'objet du recensement général, a cru devoir donner avis à tous les citoyens : 1° que cette opération n'a aucun objet fiscal ; 2° que son véritable but est de connaître, d'une manière précise, le nombre des habitans de la capitale, afin de pouvoir mettre plus d'égalité dans l'arrondissement des districts, à proportion de leur étendue et de leur population, et d'acquérir de nouveaux éclaircissemens, utiles pour les élections qui doivent avoir lieu après la confection du plan de municipalité ; en conséquence l'assemblée invite tous les citoyens, pour leur propre intérêt, à ne refuser aux commissaires qui se présenteront chez eux à cet effet, aucun des détails nécessaires. *Signé*, DE MAISSEMY, *président ;* PORIQUET *et* MOREAU, *secrétaires.*

Assemblée des représentans de la commune.

SÉANCE DU 26 DÉCEMBRE.

[Le district des Cordeliers, ayant observé que les brevets donnés aux officiers de la garde nationale par M. le maire, et visés du commandant-général, portaient quelques vices dans la forme et dans les expressions, a députe M. Danton pour en faire la remarque à l'assemblée, et demander qu'on les changeât.

La vivacité avec laquelle le député proposa ses réflexions,

malgré les réclamations de presque toute la salle, qui pensait avec raison qu'on peut se faire entendre, et même se rendre intéressant, quand on a quelque chose d'utile à dire, sans recourir à toute la chaleur des mouvemens oratoires ; la rapidité de son discours, dis-je, donna lieu à une méprise désagréable. Dans la lecture que fit du brevet M. Danton, il lut, *par monseigneur*, etc. Ce mot de *monseigneur* parut étrange à toute l'assemblée, appliqué à la personne de M. le maire ; et l'on était très-disposé à en faire la remarque, lorsque M. Bailly, après avoir entendu avec tranquillité tout ce qui venait d'être lu avec précipitation, prit le brevet et fit lire à M. Danton, par *messieurs* (le maire, le commandant-général), véritables expressions du brevet.

Cette méprise excita de la rumeur dans la salle ; quelques membres proposaient des motions rejetées par l'honnêteté et l'esprit de fraternité qui caractérisent l'assemblée, et M. Danton justifié par son zèle, il a été arrêté qu'il n'en serait plus question. Quant au fond de la question, on a décidé que le comité de constitution reverrait la forme des brevets d'officiers délivrés par M. le maire, et les corrigerait lorsqu'il en serait à cet article du plan général de l'administration municipale.

A peine cette question était terminée, que M. le président reçut un billet de *Monsieur*, frère du roi, qui lui marquait que son intention était de venir ce soir à l'assemblée des représentans de la commune : il fut arrêté que l'on recevrait *Monsieur*, et que si l'assemblée n'eût pas été convoquée, on l'aurait extraordinairement convoquée pour le recevoir.

A cinq heures du soir, les membres de l'assemblée se réunirent ; et sur la proposition qui fut faite d'abord de nommer des députés pour aller au-devant de *Monsieur*, on arrêta qu'ils seraient au nombre de douze, à la nomination de M. le président (M de Maissemy).

On entama ensuite la lecture du plan de municipalité proposé par le comité de constitution ou des vingt-quatre ; mais la discussion en fut interrompue par l'arrivée de *Monsieur* qui, suivant ce que l'assemblée avait arrêté, fut placé à gauche de M. le maire, sur un fauteuil parallèle au sien, ainsi qu'il se pratiquait dans les cours souveraines à l'égard des princes du sang.

Monsieur, placé, a prononcé le discours suivant :

« Messieurs, le désir de repousser la calomnie m'amène au milieu de vous. M. de Favras a été arrêté avant-hier par ordre de votre comité des recherches, et on répand aujourd'hui avec affectation que j'ai de grandes liaisons avec lui... En ma qualité de citoyen de la ville de Paris, j'ai cru devoir vous instruire moi-même des seuls rapports sous lesquels je connais M. de Favras. En 1772, il est entré dans mes gardes-suisses; il en est sorti en 1775; et je ne lui ai pas parlé depuis cette époque. Privé depuis plusieurs mois de la jouissance de mes revenus, inquiet sur les paiemens que j'ai à faire au mois de janvier, j'ai désiré de satisfaire mes engagemens sans être à charge au trésor public. Afin d'y parvenir, j'avais formé le projet d'aliéner des contrats pour la somme qui m'est nécessaire. L'on m'a représenté qu'il serait moins onéreux à mes finances de faire un emprunt. M. de Favras m'a été indiqué, il y a quinze jours, par M. de la Chartre, comme pouvant l'effectuer par deux banquiers, MM. Chomel et Sertorius. J'ai souscrit une obligation de 2,000,000, somme nécessaire pour acquitter mes engagemens du commencement de l'année, et payer ma maison. Et cette affaire étant purement de finance, j'ai chargé mon trésorier de la suivre. Je n'ai pas vu M. de Favras; je ne lui ai pas écrit; je n'ai eu aucune communication avec lui. Ce qu'il a fait d'ailleurs ne m'est pas seulement connu. Cependant, Messieurs, j'ai appris qu'hier on répandait avec profusion dans la capitale un papier conçu en ces termes :

» Le marquis de Favras et la dame son épouse ont été arrêtés, le 24, place Royale, pour un plan qu'ils avaient fait de soulever 30,000 hommes pour assassiner M. de la Fayette et M. le maire de la ville, et ensuite de nous couper les vivres... MONSIEUR, frère du roi, était à la tête. BARREAU.

» Vous n'attendez pas de moi que je m'abaisse à me justifier d'un crime aussi bas; mais dans un temps où les calomnies les plus absurdes peuvent faire aisément confondre les meilleurs citoyens avec les ennemis de la révolution, j'ai cru devoir au roi, à vous et à moi, d'entrer dans tous les détails que vous venez d'entendre, afin que l'opinion publique ne puisse un moment rester incertaine. Quant à mes opinions personnelles, j'en parlerai avec confiance à mes concitoyens. Depuis le jour où, dans la seconde assemblée des notables, je me suis déclaré sur la question fondamentale qui divisait encore tous les esprits. Je n'ai pas cessé de croire qu'une grande révolution était prête; que le roi, par ses intentions, ses vertus et son rang suprême, devait en être le chef, puisqu'elle ne pouvait pas être avantageuse à la nation, sans l'être également au monarque; enfin que l'autorité royale devait être le rempart de la liberté nationale, et la liberté nationale la base de l'autorité royale. Que l'on cite une seule de mes actions, un seul de mes discours qui ait démenti les principes que j'ai montrés. Dans quelques circonstances que j'aie été placé, le bonheur du roi et celui du peuple n'ont jamais cessé d'être l'unique objet de mes pensées et de mes vœux; jusque-là j'ai le droit d'être cru sur ma parole, je n'ai jamais changé de sentiment ni de principe, et n'en changerai jamais. »

Les applaudissemens ont été unanimes; le public et les députés ont témoigné les mêmes sentimens de confiance et de respect pour ce prince, dont le discours a enlevé tous les suffrages.

M. le maire a répondu à Monsieur :

« C'est une grande satisfaction pour les représentans de la commune de Paris, de voir parmi eux le frère d'un roi chéri, d'un roi, *le restaurateur de la liberté française*. Monsieur s'est montré le premier citoyen du royaume, en votant pour le Tiers-état dans la seconde assemblée des notables. Il a été le seul de cet avis, du moins avec un très-petit nombre d'amis du peuple : il a ajouté la dignité de la raison à tous les autres titres qui lui méritaient le respect de la nation.

»Monsieur est donc le premier auteur de l'égalité publique. Il a donné un nouvel exemple aujourd'hui, en venant seul parmi les représentans: il semble ne vouloir être apprécié que par ses sentimens patriotiques. Ces sentimens sont consignés dans l'explication que

Monsieur veut bien donner à l'assemblée. Le prince va au-devant de l'opinion publique ; le citoyen met le prix à l'opinion des concitoyens, et offre à Monsieur, au nom de l'assemblée, le tribut de reconnaissance et de respect qu'elle doit à ses sentimens et à l'honneur de sa présence, et surtout au prix qu'elle attache à l'estime des hommes libres. »

M. de la Fayette prit la parole après M. Bailly, et assura l'assemblée qu'il s'était occupé de faire arrêter les auteurs du *billet*, et qu'ils étaient en prison. Monsieur demanda leur grâce ; mais l'assemblée a décidé qu'il fallait qu'ils fussent jugés et punis.

MUNICIPALITÉ DE PARIS. — *Département de la police.*

Du 26 décembre. — « Sur la dénonciation qui a été faite au département de la police, d'un écrit signé Barreau, distribué dans Paris, et où, en rendant compte de l'arrestation du marquis et de la marquise de Favras, on s'est permis méchamment de compromettre le nom de Monsieur, frère du roi, le département de police fait les défenses les plus expresses à toutes personnes de colporter et distribuer cet écrit *incendiaire*, et promet *cinq cents louis* de récompense à celui qui en fera connaître l'auteur. Fait à l'hôtel de la mairie. *Signé*, Bailly, *maire* ; Duport du Tertre, *lieutenant de maire.* »

ARRÊTÉ DU COMITÉ DES RECHERCHES.

Du même jour. — « Le comité des recherches, informé que des ennemis du bien public tramaient un complot contre l'ordre de choses établi par le vœu de la nation et du roi ; que pour assurer le succès de ce complot, ils devaient introduire la nuit, dans cette ville, des gens armés, afin de se défaire des trois principaux chefs de l'administration (Necker, la Fayette, Bailly), d'attaquer la garde du roi, d'enlever le sceau de l'État, et même d'entraîner LL. MM. vers Péronne.

» Informé pareillement qu'ils ont tenté de corrompre quelques personnes de la garde nationale, en cherchant à les égarer par des promesses et des confidences trompeuses, et des distributions clandestines de libelles *incendiaires* ; et notamment du libelle intitulé : *Ouvrez donc les yeux !*

» Qu'ils ont eu des conférences avec des banquiers, pour se ménager des sommes très-considérables, et avec d'autres personnes, pour étendre, s'il était possible, ce complot dans différentes provinces :

» Estime que le procureur-syndic de la commune doit dénoncer les délits ci-dessus, et les sieur et dame de Favras, comme prévenus desdits crimes, leurs fauteurs, complices et adhérens. »

Enfin l'assemblée nationale, dans sa séance du 28, reçut une lettre de Monsieur, frère du roi, conçue en ces termes :

« La détention de M. de Favras ayant été l'occasion de calomnies odieuses où on aurait voulu m'inculper, et le comité de police se trouvant saisi de cette affaire, j'ai cru qu'il était convenable de porter au comité de la ville ma juste réclamation, avec une déclaration qui ne laisse aux honnêtes gens aucun doute sur mes sentimens.

» Je crois devoir informer l'assemblée nationale de cette démarche, parce que le frère du roi doit se préserver même d'un soupçon, et que l'affaire de M. de Favras est trop grave pour n'être pas mise incessamment sous les yeux de l'assemblée. Je vous prie, Monsieur le président, d'être bien persuadé de mon affectueuse estime. »

M. le duc de Lévis fit alors la motion que le comité des recherches fût chargé de se concerter avec celui de Paris, pour être en état de faire au plus tôt un rapport sur cette affaire, afin que l'assemblée en connût jusqu'aux moindres détails. Mais après quelques débats, on jugea qu'il n'y avait pas lieu à délibérer.

Les diverses démarches que nous venons d'exposer donnèrent lieu à plus d'une interprétation. Loustalot s'étonnait qu'on eût autant tardé à s'enquérir des auteurs des brochures contre-révolutionnaires que les journaux dénonçaient depuis le commencement du mois. — C. Desmoulins, à propos du discours du frère du roi, faisait observer qu'on ne devait point demander à Monsieur s'il avait fait quelque acte qui démentît ses principes patriotiques, mais bien s'il les avait manifestés par quelque chose.
— D'autres faisaient remarquer l'empressement de toutes les

autorités municipales à poursuivre le prétendu Barreau. — D'autres enfin vantaient l'habileté des représentans qui avaient forcé Monsieur à venir renoncer ses amis, et avouer en public une doctrine qui était loin sans doute d'être la sienne.

DIPLOMATIE.

A la fin de 1789, nul événement n'avait encore changé la position diplomatique de la France. On apercevait bien les probabilités d'une rupture avec la confédération germanique. Les princes allemands, possesseurs de fiefs en Alsace, et privés de cette propriété par les arrêtés de la nuit du 4 août, avaient soumis leurs plaintes au gouvernement français; ils n'avaient voulu accepter aucun des dédommagemens qu'on leur avait offerts; ils exigeaient le rétablissement de leurs droits seigneuriaux : on ne pouvait le leur accorder; ils menaçaient en conséquence de réclamer la protection de la confédération et de l'empereur. Mais il était difficile de croire qu'un si faible motif pût devenir la cause d'une grande guerre. D'ailleurs, l'empereur était toujours occupé à la guerre de Turquie, ainsi que la czarine de Russie; et il devait craindre l'opposition de la Prusse. Cet Etat nouveau en Allemagne, qui ne s'était formé qu'aux dépens des anciens Etats, qui ne pouvait s'agrandir que par la conquête de provinces autrichiennes ou allemandes, n'avait encore rien fait, et en réalité, d'après les renseignemens les plus authentiques, il ne faisait rien qui prouvât qu'il fût disposé à sortir de ce système politique qui lui faisait trouver bon et utile tout événement qui affaiblissait ses voisins.

Que pouvait-on redouter d'ailleurs? La Sardaigne ne pouvait pas se mesurer avec la France. Le peuple anglais applaudissait à la révolution; la cour d'Angleterre ne pouvait faire la guerre sans les subsides des parlemens; et l'on croyait que le parlement était le peuple. L'Espagne pouvait être redoutable; mais elle avait un gouvernement lent à se remuer, lent à se décider, embarrassé dans ses finances. L'Espagne nous faisait la guerre par sa sainte-inquisition; elle proscrivait nos brochures et nos journaux,

La position militaire de la France s'était d'ailleurs améliorée par ce qui s'était passé dans les Pays-Bas. Les Français avaient suivi avec un intérêt de frères tous les événemens de cette guerre d'indépendance, dans laquelle les patriotes brabançons conquirent leur propre pays, pied à pied, sur les soldats autrichiens, commandés par d'Alton. La conduite de cette armée impériale fut infâme : on n'avait pas, depuis deux siècles, exemple de pareilles et aussi sales violences dans notre Europe méridionale : incendies, meurtres d'enfans et de femmes, viols, brigandages, tout le mal que peut faire une bande d'hommes grossiers, ivres, sans cœur et sans honte, tout fut commis. Aussi, il y eut en Belgique peu d'hommes qui ne prirent les armes; et en France pas un homme qui ne frémît de colère; beaucoup de Français même allèrent au secours des Belges; un grand nombre de soldats de nos garnisons-frontières désertèrent, et coururent se battre chez eux. Ce spectacle de la barbarie de la soldatesque étrangère apprenait à la France ce qu'elle avait à redouter si elle était envahie. Nous ne doutons pas que ce fut à ce spectacle que nous dûmes plus tard le chant de la Marseillaise.

La victoire des patriotes brabançons fut complétée le 13 décembre par la prise de Bruxelles. « Victoire! victoire! victoire! criait-on à Paris le 15 décembre; Bruxelles est au pouvoir des patriotes; d'Alton est en fuite, et il est poursuivi, d'un côté, par le duc d'Aremberg, et de l'autre par le général Van-der-Mersch. » (*Annales patriotiques.*) Le 19, les Etats de Brabant s'assemblèrent. Les trois ordres délibérèrent en commun : ils nommèrent M. Van-der-Nott premier ministre, titre qui équivalait à celui de président du pouvoir exécutif. A peine fut-il nommé, qu'il adressa des dépêches diplomatiques au roi et à l'assemblée nationale. Le ministre refusa de les ouvrir, et les renvoya à M. Van-der-Nott.

Quant à la ville qui avait donné le branle au mouvement des Pays-Bas, en forçant son archevêque à reconnaître la constitution qu'elle s'était donnée; quant à Liège, elle s'était crue menacée, et avait accepté la protection du roi de Prusse et une garnison de ses troupes royales. A cause de cela, on croyait que la Prusse pourrait bien protéger l'insurrection des Pays-Bas, ne fût-ce que pour affaiblir d'autant la puissance de la maison d'Autriche.

Ainsi se terminait l'année 1789, année féconde en événemens. Nous ne pouvons en quitter l'histoire sans mentionner quelques faits qui n'ont pu trouver place dans notre narration. C'était en France, le temps des réclamations de tout genre. Les femmes aussi vinrent porter la leur; ou bien on vint le faire en leur nom. On demanda à l'opinion publique des lois contre le célibat des hommes; on lui demanda de forcer les familles à renoncer à l'usage des dots. Enfin, les femmes demandèrent l'égalité civile dans le mariage, et l'usage des droits politiques. Une demoiselle, mademoiselle Keralio, se mit à la tête de la rédaction d'un journal ayant pour titre: *Journal d'Etat et du citoyen*, et elle traita de politique comme un homme.

Quelques prêtres de leur côté vinrent réclamer la suppression du célibat des ecclésiastiques. Ce fut à Saint-Etienne-du-Mont que la question fut posée et discutée. Laissons parler Desmoulins. Il rend compte de l'une des séances qui eut lieu le 12.

« Le concours des citoyens fut prodigieux ce jour-là. Jusqu'à dix-neuf orateurs eurent la parole pour et contre. On put remarquer que le clergé était encore le même qu'au sixième siècle, où la question ayant été agitée à un concile de Mâcon, les vieux évêques furent pour le mariage, *in remedium concupiscentiæ*, disaient-ils, *et solatium humanitatis*; et les jeunes docteurs votèrent pour la continence. L'abbé Cournaud, qui avait proposé la motion, fit des merveilles. Il cita Saint Paul, le patriarche Juda, la tribu de Lévi, et trouva, comme dans l'Ecriture, que les filles étaient jolies, *que sous le ciel n'est un plus bel animal*, et qu'il fallait aller au-devant d'elles. *Et viderunt quod essent pulchræ et obviam exierunt*. Il promit à la nation que si sa motion passait, il sortirait de lui une postérité plus nombreuse que celle d'Abraham. Il se courrouça contre ses contradicteurs, en leur disant qu'ils en parlaient fort à leur aise. Il insulta la partie adverse, et je vis le moment où, comme dans la fable du renard qui a la queue coupée, il allait couvrir de confusion le préopinant. M. le président qui est pour la négative, craignit l'effet de l'*argumentum ad hominem*. Sous prétexte qu'il était minuit, il leva la séance, et par un *il n'y a lieu à délibérer*, tua ainsi d'un seul coup la race innombrable du prédicateur. Je n'ajouterai à tout ce qui fut dit dans cette séance, qu'une seule réflexion que je m'étonne qui ait échappé à la sagacité du district : si on permet aux prêtres de se choisir des femmes, c'est une nécessité de supprimer la confession ; autrement un vieux curé m'a dit qu'ils auraient trop d'avantage sur nous. »

Documens complémentaires pour l'année 1789.

Comme l'ouvrage que nous publions n'a pas seulement pour but d'exposer le mouvement parlementaire de la révolution française, et de l'exposer même, éclairé et justifié par les exigences de l'opinion publique que la presse représente, et par les besoins des masses que manifestent l'émeute ou l'insurrection ; mais qu'il est aussi destiné à offrir la collection de documens la plus complète qu'il soit possible de réunir dans les conditions qui nous sont imposées, nous avons cru devoir fermer l'année 1789, par une suite de pièces que nous n'aurions pu faire entrer dans notre narration. Les unes forment une histoire abrégée de la municipalité de Paris. Nous croyons que cette organisation, improvisée par la ville elle-même, est un exemple instructif, et dont on pourra tirer parti quelque jour. Les autres sont des brochures du temps, choisies parmi les plus courtes, propres à donner une idée de l'esprit des différentes classes de la société française. Les autres sont extraites de la correspondance manuscrite de Bailly et de Necker. Cette correspondance n'a jamais été imprimée. Il faut croire même que l'existence de ces dernières pièces était inconnue ; car, aujourd'hui que l'on publie tant de mémoires, ces lettres eussent dû avoir la préférence de la publicité, ne fût-ce que pour leur incontestable authenticité, etc.

Comité des Recherches.

Rapport fait au comité des recherches des représentans de la commune, par M. Garan de Coulon, sur la conspiration des mois de mai, juin et juillet derniers, imprimé par ordre du comité.

Dès l'institution du comité des recherches, son attention a dû se porter sur les événemens terribles qui, dans le mois de juillet dernier, ont failli détruire la monarchie française, dissoudre l'assemblée nationale, et faire de la capitale un monceau de ruines. Je vais vous présenter, Messieurs, le résultat de ces recherches.

J'établirai, 1° qu'il y a eu une conspiration contre la liberté du peuple français, celle de l'assemblée nationale, et contre la ville de Paris en particulier ;

2° Que cette conspiration était un véritable crime de lèse-nation, ou de lèse-majesté au premier chef ;

3° Que le garde-des-sceaux Barentin, le comte de Puységur, le maréchal de Broglie, le baron de Bezenval, et l'intendant de Paris Bertier, ont été coupables de cette conspiration qu'ils dirigeaient ;

4° Que rien ne peut les disculper aux yeux de la justice.

Tous les faits dont je vais vous rendre compte, sont appuyés sur les témoignages qui nous ont été indiqués, ou sur les pièces que nous avons sous les yeux. Je ferai surtout un grand usage de celles qui ont été recueillies par les électeurs durant la révolution.

§ Ier.

Il y a eu une conspiration contre la liberté du peuple français, celle de l'assemblée nationale, et la ville de Paris en particulier.

Vous connaissez, Messieurs, les événemens qui ont amené la convocation des États-généraux. Les remontrances des parlemens, la première assemblée des notables, la formation des assemblées provinciales avaient appris au roi les grandes vérités que les ennemis du bien public lui avaient déguisées. Il était digne de les connaître. Et, seul peut-être dans l'histoire, il offrira l'exemple d'un prince qui n'a jamais cessé de revenir, avec la plus grande candeur sur les erreurs et sur les mesures fausses dans lesquelles des ministres perfides l'ont trop souvent engagé. Il voulait le bien du peuple, et jamais il n'a su mettre en balance contre un objet aussi cher à son cœur, ce qu'on appelait ses *droits* et le maintien de son autorité.

Trompé dans ses espérances, par le résultat de la seconde assemblée des notables, s'il ne confondit pas encore dans la nation les trois ordres qui la divisaient, il suivit du moins le vœu de son cœur et l'indication du ministre des finances, en appelant aux États-généraux une double représentation du tiers-état, et en tendant à l'égalité la plus absolue pour chacun des membres des trois ordres.

L'enthousiasme que ce mode de convocation produisit partout, le développement de l'esprit national, jusqu'alors étouffé, les principes de liberté et de patriotisme répandus dans toutes les classes du peuple; enfin, le sentiment de ses forces et de ses droits, qu'il manifesta rapidement dans toutes les provinces, apprirent bientôt à ceux qui les avaient usurpés, que leur règne touchait à son terme. Ils redoutaient surtout les lumières de la capitale, et cette tendance plus forte à la liberté, qui résultait nécessairement de son immense population, de ses richesses, de la communication plus immédiate de toutes les classes, et pour tout dire enfin, de la confusion presque absolue des trois ordres, qui ne s'étaient pas plus séparés jusqu'alors dans les assemblées politiques que dans les liaisons sociales.

Pour détruire une union si contraire à leurs vues, les ennemis du bien public y obtinrent, pour la première fois, une convocation séparée des trois ordres; ils en firent retarder l'assemblée jusqu'à la veille de la tenue des États-généraux, en instruisant à peine de cette convocation, les citoyens assez à temps pour qu'ils pussent s'y trouver.

Le même esprit, un esprit vraiment public les animait. Plusieurs des départemens de la noblesse donnèrent le bel exemple de réclamer les premiers contre leur séparation de la commune, et ces soixante districts, où presque personne ne se connaissait, et qui avaient bien moins eu encore le temps de se concerter, se trouvèrent d'accord pour reprendre dès-lors l'exercice de leurs droits. Presque tous, après s'être nommé un président et un secrétaire de leur choix, donnèrent des pouvoirs raisonnés à leurs députés; et, sans compter les heures, sans prendre même le repos et la nourriture dont la nature semble ne pouvoir pas se passer, ils ne se séparèrent qu'après avoir pesé dans leurs cahiers particuliers, les bases désormais inébranlables de la liberté française. —

Les électeurs choisis dans cette nuit mémorable, suivirent des indications si glorieuses. Leurs travaux interrompus, préparèrent ceux de l'assemblée nationale; ils ne crurent pas que la précipitation qu'on avait mise à leur convocation, dût les dispenser de prendre le temps nécessaire pour remplir leur devoir. De fréquentes députations des trois ordres, des communications habituelles de leurs délibérations, présageaient une union prochaine : il était temps de la prévenir.

A peine l'assemblée nationale eut-elle commencé ses séances, qu'on mit tout en usage pour la diviser, la dissoudre, ou la subjuguer par la terreur.

Tous les bailliages du royaume s'étaient élevés contre les obstacles qui gênaient la liberté de la presse. Le roi lui-même avait invité tous les citoyens à communiquer leurs vues sur les objets importans qui allaient être soumis à la discussion des États. La liberté de la presse était surtout nécessaire pour instruire le public des transactions de cette assemblée solennelle, qui tenait dans ses mains les destinées du royaume. A peine néanmoins un des représentans de la nation eut-il publié le N° 1er *du Journal des États-généraux*, qu'il fut supprimé par un acte du conseil, qui en défendit la suite, en prononçant des peines contre l'imprimeur.

Les électeurs du tiers-état réclamèrent, dès le lendemain, contre cet abus d'autorité, par un arrêté qui fut signé de tous les membres. Mais cette réclamation n'arrêta pas les entreprises des ennemis du bien public. Leur conspiration contre l'assemblée nationale et contre la ville de Paris, était dès-lors formée; ils prenaient les mesures les plus propres à le faire réussir.

L'arrêt du conseil qui supprimait le *Journal des États-généraux*, est du 7 mai. Le même jour, une lettre de M. Rolland de Bellebrune, à l'intendant de Paris, lui annonce qu'il a envoyé, d'après ses ordres, vingt-cinq mille balles pour fusils de soldats, à l'adresse de M. de Bar, commandant pour le roi à Saint-Denis. Une apostille mise à cette lettre, et conçue au nom de l'intendant, porte : « qu'il faut écrire à M. de Bar, en le priant de faire faire des cartouches, et les remettre ensuite à M. Bailly (de Saint-Denis) qui les distribuera sur ses ordres (de l'intendant), et prévenir M. Bailly de ces dispositions. »

On trouve trois demandes de poudre de guerre et de cartouches, des 1er et 6 du même mois. La dernière de ces pièces porte que, « dans la circonstance présente, M. Bertier pense que M. le baron de Bezenval jugera sans doute à propos, sans tirer à conséquence, de faire fournir les balles et la poudre demandées. » Une apostille porte encore que « M. le baron de Bezenval a approuvé cette distribution. » Ce qui prouve qu'il avait, dès-lors, le commandement des troupes qu'on approchait de Paris.

Les preuves de ces faits importans sont très-multipliées.

Une note de M. Bertier, en date du 8 mai, nous apprend « qu'il faut écrire à M. de Puységur, pour lui dire que M. de Bezenval ayant absolument désiré que M. Bertier fît faire un approvisionnement de balles et de poudre, on a donné des ordres pour qu'il fût fait un grand approvisionnement de l'une et de l'autre espèce. »

Une apostille mise à cette lettre porte « qu'il est demandé au régisseur des poudres, 1,200 livres de poudre, et 25,000 balles fournies par ordre de M. Rolland de Bellebrune. »

En conséquence, M. Bertier prévint M. Bailly, que M. Bar, commandant à Saint-Denis, lui laisserait la distribution de 1,200 liv. de poudre et de 25,000 cartouches.

M. Bar se refusa à cet arrangement, en annonçant qu'il ne distribuerait les cartouches que sur les ordres de l'intendant lui-même.

Par une lettre du même jour, il avait déjà appris à ce dernier qu'il avait reçu, sans avis, 14 caisses qu'on lui avait dit contenir 25,000 balles de plomb.

Le même jour encore, MM. Faucheur et Clouet, administrateurs des poudres à l'arsenal, déclarent à l'intendant qu'ils n'ont pas de quoi fournir les 1,200 liv. de poudre de guerre qu'on leur demandait; que des motifs de sûreté publique font qu'on n'a à l'arsenal que la quantité nécessaire au service courant; « que les besoins extraordinaires en ont fait sortir, depuis quelques jours, plus qu'on ne pouvait le présumer de poudre de guerre. » Ils lui indiquent les moyens les plus convenables pour tirer cette poudre d'Essonne.

Il ne faut pas croire que ces provisions de guerre soient restées en dépôt à Saint-Denis, comme une précaution de sûreté, sans en faire aucun usage. Dès le 12 mai, M. Bar annonça à l'intendant qu'il distribuait les cartouches, en attendant les poudres qu'il n'avait pas encore.

Le 16 du même mois, M. le comte de Puységur écrivait à M. Bertier : « M. de Bezenval ayant désiré qu'il fût fait au dépôt de Saint-Denis un approvisionnement considérable de cartouches à balles, vous avez pris des mesures pour qu'il y fût transporté 1,200 livres de poudre, dont vous avez ordonné la délivrance à la régie, et 25,000 balles pour fusils de soldats, tirées de l'arsenal de Paris. »

Le 19 du même mois, M.... (on n'a pu lire la signature) se plaignit de n'avoir pas reçu les 4,000 cartouches qu'on lui avait annoncées. Le 22, M. Bar instruisit l'intendant d'un envoi de 1,800 cartouches à balles, qui avaient été distribuées à différentes brigades de maréchaussées. Il ajoute qu'il en a ainsi distribué 17,200 sur les 25,000 qui lui avaient été envoyées.

Il joint à sa lettre l'état de cette distribution. On y trouve 9,000 cartouches pour les Suisses de Salis-Samade, en garnison à Vaugirard, et 4,000 pour 400 chasseurs de Lorraine qui étaient à Verdun.

Le 27 mai, le comte de Puységur demande 4,000 cartouches qu'on lui avait annoncées pour le détachement qu'il commandait à Montlhéry; et, après avoir dit que le marché avait été assez tranquille, quoique l'approvisionnement en grains eût été insuffisant, et qu'on en eût totalement manqué à Arpajon, il ajoute qu'il pourrait se trouver une occasion où ses cavaliers pourraient se trouver compromis sans cette ressource.

Ces préparatifs formidables ne convenaient pas aux vues d'une coupable administration. Ceux du mois de juin le furent plus encore. Nous trouvons une lettre écrite à l'intendant de Paris, le 8 de ce mois, où il lui apprend qu'il a fourni aux hussards de Berchény, qui étaient à Neuilly et à Vincennes, 2,500 cartouches.

Le lendemain et le surlendemain 10, M. le comte de Puységur et M. d'Angenoust, d'après lui, annoncent un envoi de 25,000 balles, comme celui qui avait eu lieu dans le mois précédent, *pour aujourd'hui ou pour vendredi*, porte l'une des deux lettres. Ils ajoutent que ces balles sont du calibre qu'il faut pour servir indistinctement aux fusils, aux mousquetons et aux pistolets, attendu que ces armes sont de la même proportion intérieurement. »

Le 16 du même mois, M. Bar lui annonce encore un pareil envoi de 25,000 balles de calibre, et cartouches qu'il va faire faire.

Cette quantité considérable pouvait néanmoins ne pas suffire à l'armement des troupes nombreuses qui investissaient Paris. Dès le 21 juin, M. de Meillonas, major du régiment de royal-dragons, écrivit, de l'École militaire, que ses détachemens dans Paris manquaient de cartouches; que M. le baron de Bezenval avait ordonné à M. le duc de Choiseul d'en demander à M. l'intendant de Paris, et qu'il s'adressait à lui.

Le 23 juin, M. Bar demandait de la poudre et des balles, en déclarant qu'il avait déjà fait, ou qu'il aurait fait dans quatre jours 22,000 cartouches. Il finissait par dire qu'il lui fallait encore 12 à 15,000 livres de balles.

Ces envois n'étaient rien néanmoins en comparaison de ceux qui devaient suivre. Le 2 juillet, M. Le Faucheux informa M. l'intendant d'un nouvel envoi qu'on préparait à l'arsenal ; et le même jour, comme si l'on eût fait le projet de fusiller tous les citoyens de la capitale, M. Bar l'instruisit qu'il avait reçu l'annonce de 1,200 liv. de poudre de guerre, et de 75,000 balles, qu'il comptait déposer à Courbevoie, parce qu'elles y seraient plus en sûreté qu'à Saint-Denis.

Une apostille, mise en marge de cette lettre, annonce qu'on a fait pour Saint-Denis, le premier juillet, 12,000 liv. de poudre et 75,000 balles ; et pour Courbevoie, le 2 juillet, 1,200 liv. de poudre et 100,000 balles.

On se rappelle que la fin du mois de juin et le commencement de juillet sont l'époque de l'attentat commis contre la liberté de l'assemblée nationale. On avait fait de vains efforts pour en rendre la convocation inutile par la division des ordres qui a perdu les Etats de 1614, et tant d'autres. Le courage du tiers-état, le dévouement d'une grande partie du clergé à la cause commune, les principes bien connus de plusieurs membres distingués de l'ordre de la noblesse, le patriotisme d'un grand nombre de députés de ces deux ordres privilégiés, qui, quoique divisés d'opinion avec les communes, sur la question politique de l'union des ordres, ne désiraient pas moins, de tout leur cœur, la liberté publique, à laquelle on savait bien qu'ils ne balanceraient pas de sacrifier leurs sentimens particuliers, menaçaient d'un avortement prochain ces germes de discorde. Il fallut donc recourir à la dernière ressource, à celle de la force et de la terreur. Heureusement, nos ennemis étaient aussi timides et aussi aveugles que méchans. Ils n'osèrent pas frapper tous les coups à la fois, et ils ne se sentaient pas encore assez forts pour se porter aux dernières extrémités.

Le 17 juin, les députés, réunis dans la salle commune des états-généraux, après avoir reconnu que leur assemblée était déjà composée des représentans envoyés directement par les quatre-vingt-seize centièmes au moins de la nation, déclarèrent, en se constituant en assemblée nationale, « qu'il ne pouvait exister entre le trône et elle aucun *veto*, aucun pouvoir négatif, » et qu'ils allaient se livrer, sans interruption, *à l'œuvre commune de la restauration nationale*.

Dans la séance du soir, l'assemblée nationale, en consacrant le principe de l'illégalité de tous les impôts alors existans, en vota, néanmoins à l'unanimité, la continuation jusqu'au jour de la première séparation de l'assemblée, de quelque cause qu'elle pût provenir; elle annonça en même temps la consolidation de la dette publique, aussitôt qu'elle aurait, de concert avec le roi, fixé les principes de la régénération nationale.

La séance du 19 juin, qui suivit ces décrets mémorables, fut la seule qui n'éprouva pas d'obstacle. Dès le lendemain, samedi 20 juin, les députés trouvèrent toutes les avenues de la salle occupées par des soldats, et c'est seulement alors qu'ils furent instruits, par des placards, que le roi ayant résolu de tenir une séance royale, les préparatifs exigeaient que les assemblées fussent suspendues en attendant.

Quand bien même cette séance royale n'aurait pas été l'attentat le plus coupable contre les droits du peuple, la seule tentative de suspendre la tenue de l'assemblée par voie d'autorité, était un crime de lèse-majesté nationale. Les députés, sans se laisser intimider, tinrent leur assemblée dans le Jeu de Paume, et ne doutant plus des projets funestes qu'une administration coupable méditait contre la nation, ils y firent tous le serment de ne jamais se séparer, et de se rassembler partout où les circonstances l'exigeraient, jusqu'à ce que la constitution du royaume fût établie et affermie sur des fondemens solides.

A la séance suivante, qui se tint dans l'église de Saint-Louis, le lundi 22 juin, la majorité du clergé vint se réunir à l'assemblée nationale.

C'est dans cet état de choses que, le lendemain 23 juin, se tint la séance royale. On y poussa l'abus de l'autorité jusqu'à faire lire deux déclarations du roi qui n'avaient pas même été communiquées, et l'on fit prononcer à sa majesté l'ordre à l'assemblée de se retirer.

Les dispositions de ces déclarations étaient, s'il est possible, plus attentatoires aux droits de la nation, que la forme dans laquelle elles avaient été promulguées. En cassant et annulant, dans l'article III de la première déclaration, les limitations et restrictions apposées aux pouvoirs des députés, on brisait d'un seul coup tous les droits de la nation, qui a voulu, dans ses cahiers, qu'on ne délibérât sur les impôts qu'après avoir obtenu la réforme des abus, et réglé la constitution. Malgré les reconnaissances contraires que le roi avait faites précédemment, on lui attribuait le droit de faire des emprunts considérables, qui nécessitaient ou des impôts non consentis librement, ou la banqueroute; enfin les ministres du roi avaient trompé la confiance qu'il leur avait accordée, jusqu'à lui persuader que ces mesures iniques étaient conformes aux vœux de tous les bailliages du royaume, exprimés dans leurs cahiers; tandis qu'il était évident que si ces attentats eussent prévalu, ils auraient anéanti toute l'autorité et la liberté de l'assemblée nationale, contre le vœu et la lettre même des lettres de convocation, qui annonçaient les États libres et généraux du royaume.

Les représentans du peuple n'eurent aucun égard à l'ordre qui leur fut donné de se retirer; mais, trop autorisée à prévoir de nouveaux attentats, l'assemblée déclara, en persistant unanimement dans ses précédens arrêtés, que la personne de chacun de ses députés était inviolable; que tous ceux qui prêteraient leur ministère à aucun desdits attentats, de quelque part qu'ils seraient ordonnés, seraient infâmes et traîtres envers la nation, et coupables de crime capital.

A la séance suivante du 24 juin, on constata « qu'on avait fermé les portes de communication intérieure de la salle, pendant que la force militaire avait empêché l'assemblée d'y continuer ses séances; qu'elle était actuellement investie de troupes sous les armes, soit dans l'intérieur de la salle, soit dans ses différentes avenues; ce qui était contraire également à la liberté de l'assemblée et au droit qu'elle avait d'exercer réellement sa propre police intérieure et extérieure. »

L'assemblée ayant ordonné des informations sur les ordres dont les troupes étaient chargées, M. le comte du Belley, lieutenant des gardes-françaises, dit « qu'il avait l'ordre de ne » laisser entrer dans la salle que les députés, et défenses d'y » souffrir les étrangers. »

Un officier des gardes de la prévôté de l'hôtel, qui, après avoir fait la même déclaration, avait ajouté « qu'il y avait une porte » de communication intérieure dont il n'avait pas ordre d'em-» pêcher l'usage à MM. les députés, » fut mis en prison, pour avoir fait cette indication, qui facilita la réunion des ordres. (Ce fait a été, dit-on, attesté par des députés à l'assemblée nationale.)

Aux séances suivantes, la réunion d'un grand nombre de députés de la noblesse, puis celle du surplus de cet ordre, les rapports qu'entraîna la vérification de leurs pouvoirs, enfin les adresses des électeurs de Paris et d'un grand nombre de villes du royaume empêchèrent de suivre la délibération qui avait été proposée sur cet objet. L'assemblée nationale espérait aussi, sans doute, que la justice du roi et son amour bien connu pour ses peuples, ne tarderaient pas à lui dessiller les yeux sur les manœuvres de ses coupables conseillers. Mais, à la séance du 8 juillet, « un membre de l'assemblée ayant représenté qu'elle était environnée de troupes, qu'on en faisait venir de toutes parts, que des camps se formaient autour d'elle; que des trains d'artillerie suivaient les armées dont on dégarnissait nos frontières.... » L'assemblée nationale arrêta :

« Qu'il serait fait au roi une très-humble adresse sur ce rapprochement de troupes, et leur campement auprès de Paris et de Versailles ; qu'il serait représenté au roi, non-seulement combien ces mesures étaient opposées aux intentions bienfaisantes de sa majesté pour le soulagement de ses peuples, dans cette malheureuse circonstance de cherté et de disette des grains, mais encore combien elles étaient contraires à la liberté et à l'honneur de l'assemblée nationale, propres à altérer entre le roi et ses peuples cette précieuse confiance qui fait la gloire et la sûreté du monarque, qui seul peut assurer le repos et la tranquillité du royaume;... que sa majesté serait suppliée très-respectueusement de rassurer ses fidèles sujets, en donnant les ordres nécessaires pour la cessation immédiate de ces mesures également inutiles, dangereuses et alarmantes, et pour le prompt renvoi des troupes et du train d'artillerie, au lieu d'où on les avait tirés. »

Le président de l'assemblée s'étant transporté chez le roi, le 8 juillet, d'après son invitation, sa majesté lui répondit, avec sa bonté ordinaire, que les troupes approchées de Paris et Versailles, « ne porteraient jamais aucune atteinte à la liberté des états-généraux; que leur rassemblement n'avait d'autre but que de rétablir le calme, et que leur séjour ne durerait que le temps nécessaire pour garantir la sûreté publique, objet de sa prévoyance. » Il ajouta qu'étant instruit de la délibération prise par l'assemblée à ce sujet, il recevrait sa députation, et lui donnerait une réponse ostensible.

Cette réponse fut donnée le vendredi 10 juillet, et ce fut alors qu'on motiva l'approchement des troupes, par les désordres qui avaient eu lieu à Paris et à Versailles, et qu'on fit proposer par le roi de transférer les états-généraux à Noyon ou à Soissons, en se rendant lui-même à Compiègne.

Ces désordres étaient la suite naturelle des derniers combats entre le despotisme et la liberté. Il devait en résulter une espèce d'anarchie, si l'on ne se hâtait pas de reconnaître les droits du peuple. Mais on cherchait un prétexte pour employer la force. Comment ce peuple ne se serait-il pas soulevé, quand il voyait la liberté de ses représentans violée; quand, au milieu de la paix, de nouvelles troupes venaient sans cesse se joindre à celles qui bloquaient la capitale; quand il avait tout à craindre pour son approvisionnement, dont une partie était détournée pour nourrir l'armée dans des temps d'une disette presque sans exemple; quand enfin toutes les circonstances paraissaient annoncer qu'on l'agitait par ces moyens secrets, qu'il est si facile de diriger dans les instans de crise?

Les électeurs de Paris, qui, pour ne pas retarder la convocation des états-généraux, avaient renvoyé après la Pentecôte la partie de leurs cahiers qui concernait les intérêts particuliers de la capitale, s'étaient assemblés dans une salle de la rue Dauphine, sur le refus qu'on leur avait fait de continuer à leur prêter la salle de l'archevêché, et de leur en donner une autre à l'Hôtel-de-ville. Dès leur première séance, ils avaient adhéré aux arrêtés patriotiques de l'assemblée nationale, et cet exemple fut suivi dans toutes les parties du royaume. Leur fermeté leur fit enfin obtenir, à l'Hôtel-de-ville, la salle qu'on leur avait d'abord refusée. Témoins de tant d'agitations, ils s'occupèrent, dès le principe, de la formation d'une garde bourgeoise, qui pouvait seule maintenir la tranquillité publique, sans faire craindre pour la liberté. Ils nommèrent des commissaires qui s'occupèrent des mesures à prendre pour cet objet important, le samedi matin 11 juillet, et qui en rendirent compte à l'assemblée du soir.

Les conspirateurs furent obligés d'avancer leurs mesures. M. Necker fut renvoyé ce jour-là même, et forcé de quitter le royaume avec la précipitation que ses ennemis ont été depuis trop heureux de pouvoir employer pour se sauver.

On communiquait cette nouvelle à l'assemblée nationale, quand M. Guillotin lui présenta la pétition des électeurs pour le rétablissement de la garde bourgeoise.

Après une longue discussion, l'assemblée nationale arrêta unanimement, « qu'il serait fait une députation au roi, pour lui représenter tous les dangers qui menaçaient la capitale et le royaume; la nécessité de renvoyer les troupes, dont la présence irritait le désespoir du peuple, et de confier la garde de la ville à la milice bourgeoise.

« Il fut de plus arrêté que si l'assemblée obtenait la parole du roi pour le renvoi des troupes et le rétablissement de la milice bourgeoise, elle enverrait des députés à Paris, pour y porter ces nouvelles consolantes, et contribuer au retour de la tranquillité. »

Toutes ces demandes furent rejetées. C'est alors que l'assemblée, *interprète de la nation*, en annonçant « que M. Necker, ainsi que les autres ministres qui venaient d'être éloignés, emportaient avec eux son estime et ses regrets ,

» Déclara qu'effrayée des suites funestes que pouvait entraîner la réponse du roi, elle ne cesserait d'insister sur l'éloignement des troupes extraordinairement rassemblées près de Paris et de Versailles, et sur l'établissement des gardes bourgeoises ;

» Déclara de nouveau qu'il ne pouvait exister d'intermédiaire entre le roi et l'assemblée nationale ;

» Déclara que les ministres et les agens civils et militaires de l'autorité étaient responsables de toute entreprise contraire aux droits de la nation et aux décrets de cette assemblée ;

» Déclara que les ministres actuels et les conseils de sa majesté, de quelque rang et état qu'ils pussent être, quelques fonctions qu'ils puissent avoir, étaient personnellement responsables des malheurs présens, et de tous ceux qui pourraient suivre. »

Ce décret ne s'appliquait point à la plupart des anciens ministres. MM. de Montmorin, de Saint-Priest et de la Luzerne s'étaient retirés avec M. Necker. M. le comte de Puységur, qui avait donné jusqu'alors les ordres pour le rassemblement des troupes, s'éloigna aussi à la même époque. On avait mis à leur place le maréchal de Broglie, généralissime de l'armée, le duc de la Vauguyon, et le baron de Breteuil.

On achevait le blocus de Paris. L'intendant, métamorphosé en intendant d'armée, était allé s'établir à l'École militaire ; son appartement avait été préparé dès le jour du renvoi de M. Necker. Une lettre écrite ce jour-là par M. Mabile annonce toutes les peines qu'il avait prises pour loger agréablement l'intendant, avec ses secrétaires, ses voitures et ses chevaux. Il observe, pour excuser le défaut d'une plus grande aisance, « que l'état-major était considérable, suivant l'état qu'il avait vu, et que ses demandes étaient, comme elles le sont toujours, exorbitantes. »

Dès la veille, M. le comte de Puységur, en constatant l'arrivée d'une division d'artillerie, le 11 ; du régiment de Nassau, le 12 à Choisy; du régiment de Dauphin-Dragons, le 12, à Senlis; du régiment de Saintonge, le 11, à Dammartin, et du régiment de Lauzun à Marly, ajoutait : « M. le maréchal de Broglie devant désormais donner des ordres aux régimens à mesure qu'ils arrivent, il en préviendra M. Bertier, pour qu'il puisse faire ses dispositions en conséquence, et pourvoir à leur subsistance. »

Suivant plusieurs états trouvés dans les papiers de l'intendance, il y avait alors, ou il devait y avoir incessamment une trentaine de régimens à deux ou trois lieues de Paris, à l'exception de deux qui devaient être à Meaux et à Senlis. La marche et la position de ces troupes sont tracées dans plusieurs ordres de M. le comte de Puységur. Cette marche fut accélérée pour divers régimens dans les troubles du lundi et du mardi, malgré l'extrême difficulté de pourvoir à leur logement et à leur approvisionnement, qu'il fallait prendre sur les grains que le gouvernement avait destinés à la subsistance du peuple.

Une foule de lettres et de procès-verbaux adressés à M. l'intendant de Paris constatent que ces grains étaient de la plus mauvaise qualité, et qu'il s'en fallait de beaucoup qu'il y en eût une quantité suffisante. Les troupes qui investissaient la capitale n'en augmentaient pas seulement la consommation : en jetant la terreur dans le pays, elles devaient nécessairement empêcher les fermiers de porter aux marchés les provisions modiques qui leur restaient.

L'embarras était tel, qu'on songea à couper les grains avant leur parfaite maturité.

Il y avait un camp formidable à l'Ecole militaire, des régimens sur toutes les routes et dans tous les villages, deux corps d'artillerie avec l'attirail effrayant qui les accompagne : on assure qu'on a vu à Versailles les grils destinés à faire rougir les boulets. Il y avait eu un nouvel envoi de 75,000 cartouches à Saint-Denis, et de 100,000 à Courbevoie.

Il était trop évident que le but le moins coupable de ces préparatifs était de maîtriser l'assemblée nationale en l'intimidant, et d'avoir un prétexte, en excitant des troubles dans la capitale, pour s'en emparer à main armée, et y étouffer, dans leur naissance, tous les germes de la liberté.

On en fit une triste expérience dès le dimanche au soir. Quatre canons, placés à l'entrée des Champs-Elysées, avec leurs canonniers, portant les mêches allumées, et soutenus par un régiment de dragons, tinrent lieu de déclaration de guerre. Le régiment Royal-Allemand cavalerie, formé en ordre de bataille, dans le même lieu, s'avança, sous les ordres du prince de Lambesc, son colonel, par la place de Louis XV, jusqu'aux Tuileries. Un soldat de ce régiment passant devant un garde-française, lui tire un coup de pistolet et l'étend mort sur la place. Le digne colonel de ce soldat suivit son exemple: il entra dans les Tuileries; et, foulant aux pieds de ses chevaux les citoyens, il fit tirer sur la troupe fugitive des bourgeois, des enfans et des femmes qui s'y promenaient. Il assassina de sa propre main, à coups de sabre, un vieillard effrayé, aux yeux de tout un peuple sans défense. Un autre, renversé dans le tumulte, eut la cuisse cassée; et, mort de sa blessure, il a du moins emporté au tombeau la consolation de déposer de ces faits devant le tribunal chargé par l'assemblée nationale de juger les crimes de lèse-nation.

Ces lâches assassinats produisirent à Paris le même effet que le meurtre de Virginie à Rome, et la brutalité d'un capitaine autrichien à Gênes. Le peuple vit que la paix et la vie ne seraient pas même le prix de l'esclavage. Il s'arma; et les électeurs n'eurent rien autre chose à faire que de diriger vers un centre commun l'ardeur de ces soldats véritablement patriotes, auxquels les braves gardes-françaises s'étaient réunis. Les districts, rassemblés une seconde fois, eurent encore le même esprit. Tous les citoyens s'enrôlèrent dans le leur, et formèrent des comités pour veiller à l'ordre public. Plusieurs envoyèrent des députations pour autoriser les électeurs à administrer provisoirement la chose publique, de concert avec la municipalité d'alors. Le prévôt des marchands venait de déclarer qu'il ne désirait conserver et continuer les fonctions qui lui avaient été confiées par sa majesté, que dans le cas où ses concitoyens le trouveraient agréable, et daigne-raient le confirmer dans ses fonctions.

Des brigands répandus dans la campagne avaient profité du tumulte pour brûler la plupart des barrières et la maison de Saint-Lazare, qu'ils pillèrent entièrement. Ils enfoncèrent également l'hôtel de la Force, et en firent sortir les prisonniers. Les commandans des troupes qui environnaient la capitale, et que les ministres prétendaient avoir rassemblées pour y rétablir le calme, ne donnèrent aucun ordre pour réprimer ces brigandages, ou pour les punir. Ils n'étaient envoyés que contre les citoyens. Ceux-ci eurent bientôt arrêté ces désordres.

Le commandant des invalides ne balança pas à se prêter aux vœux du peuple. Il lui laissa prendre les armes qu'on avait cachées depuis quelques jours sous les voûtes du dôme, et les canons même de cet hôtel. Le gouverneur de la Bastille seul, sommé de se rendre ou de confier la garde de cette forteresse aux soldats nationaux, se refusa à cette proposition. Il avait renforcé sa garnison d'un détachement de Suisses; dès le commencement de juillet, il avait fait faire de nouveaux travaux pour la direction des canons chargés à mitrailles, en en cachant la vue par des jantes de charron; enfin il avait fait un amas énorme de pavés, pour écraser le peuple en cas d'attaque. Il osa tirer sur les citoyens. Le baron de Bezenval lui en avait sans doute donné l'ordre. Il l'y encourageait du moins par ce fameux billet, dans lequel il lui recommandait *de tenir jusqu'à la dernière extrémité.* Il comptait probablement lui porter des secours prochains; mais les soldats français refusèrent de marcher contre leurs concitoyens; plusieurs même vinrent se réunir à eux. On vit seulement quelques hussards, avec le régiment de Royal-Allemand, à la barrière du Trône. La Bastille, livrée à son propre sort, ne put tenir long-temps contre la fougue d'un peuple irrité.

Les citoyens armés et non armés se portèrent vers cette prison épouvantable; et, sans craindre la mort qui renversait leurs frères à leurs côtés, ils vinrent à bout de s'en emparer.

Vous savez tout le reste, Messieurs, et surtout les actes terribles de vengeance auxquels peut se livrer un peuple trop accoutumé à voir échapper au glaive de la justice les plus coupables agens de l'administration.

Les électeurs de Paris envoyèrent deux députations à l'assemblée nationale. Celle du mardi, composée de MM. Desessarts et Ganilh, fut arrêtée, en allant et en revenant, à Sèvres, par le baron de Bezenval, qui les retint plusieurs heures, en prétendant qu'il fallait un ordre du roi pour que la ville de Paris pût porter ses réclamations à l'assemblée nationale. Deux députations de cette assemblée même n'avaient eu qu'un succès bien faible : elles avaient seulement obtenu du roi la promesse que les troupes du Champ-de-Mars s'écarteraient de Paris.

Les électeurs envoyaient une nouvelle députation à l'assemblée nationale (MM. Garran de Coulon, de la Fleutrie, etc.), et celle-ci au roi, le mercredi 15 juillet, quand ce bon prince, cédant enfin aux mouvemens de son cœur, vint se jeter dans les bras de cette assemblée ; et, bientôt après, dans ceux de son peuple.

Les nouveaux ministres disparurent bientôt avec leurs projets sinistres ; les mauvais citoyens les suivaient. Pas un de ces ministres n'avait fait un effort pour sauver la capitale ; ils n'avaient donné que des ordres de guerre. Pas un ne s'était servi de son pouvoir éphémère pour faire punir le crime odieux du prince de Lambesc, qui s'enfuit avec eux ; le mercredi matin il donnait encore des ordres à son régiment aux portes de Paris.

§ II.

Cette conspiration était un véritable crime de lèse-nation, ou de lèse-majesté au premier chef.

Dans le tableau que je viens de tracer, vous avez vu marcher de front la convocation des états-généraux, l'atteinte portée à la liberté de la presse, relativement au journal fait par un de ses membres, et le commencement des mesures hostiles contre Paris. Le rassemblement des troupes se formait dans le même temps où, après les conférences tenues entre les différens ordres, l'assemblée nationale, à peine constituée, s'était vue exclue, par la force militaire, de sa propre salle, sous prétexte de la préparer pour la séance royale qui devait ruiner notre liberté. La fermeté inébranlable de l'assemblée nationale, l'adhésion des électeurs et de presque toutes les villes de France à ses arrêtés, forcèrent les ennemis du bien public, à précipiter leurs mesures. M. Necker fut renvoyé le 11 juillet, avec d'autres ministres chers à la nation; ceux qui leur succédèrent annoncèrent assez quels étaient les auteurs des hostilités : 30,000 hommes se trouvaient autour de la capitale, ou s'en approchaient de plus en plus. On venait de leur fournir plus de 200,000 cartouches; on y avait joint les trains d'artillerie les plus effrayans; et l'approvisionnement de tant de troupes achevait de porter à son comble une disette qui avait été sans exemple, pour la capitale, dans ce siècle. Pas une démarche de cette nouvelle administration, pas un mouvement de l'armée n'a eu pour objet la tranquillité de Paris. Tandis que les ministres refusaient la formation d'une garde bourgeoise, qui seule pouvait empêcher le pillage de la capitale, sans compromettre la liberté publique, ils laissaient incendier les barrières, et commettre mille brigandages, sans s'y opposer.

L'ordre du renvoi des troupes fut le signal de celui des ministres. Ainsi leur sort a toujours été lié aux attentats contre la liberté publique. Ils les ont préparés et dirigés jusqu'à la fin; et, quand le roi, enfin éclairé par les touchantes députations de l'assemblée nationale, s'est livré aux mouvemens de son propre cœur, en repoussant les impressions étrangères de ces perfides conseillers, ils ont bien senti qu'ils ne pouvaient pas être en sûreté dans un pays où le règne des lois allait commencer.

Pourrait-on donc encore demander s'ils sont coupables? Peuvent-ils ne pas l'être, quand ils ont suspendu les séances de l'assemblée nationale; quand ils l'ont investie de troupes étrangères, et qu'ils se sont efforcés d'abattre le courage des députés par le spectacle effrayant de l'appareil militaire? Pouvaient-ils ne pas l'être, quand, au lieu des *états libres*, promis par le roi, ils osèrent, dans la séance du 23 juin, leur dicter des lois arbitraires, en persuadant au roi que cet attentat, sans exemple, était conforme aux vœux de toutes les provinces, tel qu'il était exprimé dans leurs cahiers? Pouvaient-ils n'être pas coupables encore, quand sur les pressantes réclamations de l'assemblée nationale, en faveur de la capitale, dont tous les citoyens étaient sous les armes, ils lui proposaient de transférer au loin les *états-généraux*, et d'emmener le roi lui-même, comme si le sort de son peuple eût pu être étranger à un si bon prince et à une assemblée si populaire? Pouvaient-ils ne pas l'être enfin, quand, tolérant également les brigandages des incendiaires de barrières, et les assassinats du colonel de Royal-Allemand, ils n'envoyaient des troupes que pour affamer la capitale, et massacrer des vieillards désarmés; quand ils contraignaient le peuple à reprendre les armes, qu'on avait voulu tourner contre lui, et les soldats français à égorger leurs frères, ou à refuser l'obéissance militaire, et même à déserter leurs drapeaux; quand ils forçaient, en particulier, les malheureux invalides renfermés à la Bastille à fusiller les bourgeois de Paris, à tirer le canon sur les maisons et dans les rues voisines, où un facteur de la poste, qui faisait le service public, en fut tué?.

S'ils ne sont pas coupables, nous le sommes donc nous-mêmes d'avoir repoussé la force par la force, d'avoir défendu nos vies et notre liberté si indignement outragées. L'assemblée nationale l'est également pour avoir soutenu notre cause et celle de tout le peuple français, en refusant de se soumettre à des ordres arbitraires, en demandant le renvoi des troupes, en déclarant les agens du pouvoir exécutif responsables de tous ces événemens. L'administration actuelle l'est aussi; puisqu'elle a adopté les principes de l'assemblée nationale. Toutes les villes de France qui ont adhéré à ses arrêtés, tous les régimens français qui ont refusé d'obéir aux ordres donnés contre la nation, le sont encore.

Est-il donc besoin de prouver que ceux qui attaquent l'existence de tout un peuple, qui envoient des troupes contre lui pour le massacrer, qui attentent à sa liberté et à celle de ses représentans, sont plus criminels que ceux qui attentent aux jours et à la liberté des particuliers; qu'ils le sont autant que ceux qui conspirent contre la personne du prince, qui n'est sacrée elle-même que par le bien public, qui est la loi suprême, l'ordonne impérieusement ? Mais, s'il faut des preuves positives pour établir un point de droit si manifestement démontré par la raison seule, il est facile de les trouver dans nos lois et dans tous les publicistes.

Les lois romaines, compilées par Justinien, qui sont le fondement de notre législation, et qu'on n'accusera certainement pas d'avoir exagéré les droits du peuple, mettent expressément au rang des crimes de lèse-majesté toutes les entreprises faites contre le peuple et sa sûreté. Elles mettent sur la même ligne celles qui ont eu lieu contre le prince et contre l'État ; elles déclarent coupables de lèse-majesté et presque de sacrilége tous ceux qui ont prêté leur ministère à ces entreprises, et tous ceux qui les ont exécutées : « *Proximum sacrilegio crimen est quod majestatis dicitur. Majestatis autem crimen est quod adversus populum romanum, vel adversus securitatem ejus committitur.* » L. 1, *ff. ad legem juliam majestatis.*

» *Publica autem judicia hæc sunt lex julia majestatis, quæ in eos qui contra imperatorem vel rempublicam aliquid moliti sunt, suum vigorem extendit. Cujus pœna animæ amissionem sustinet et memoria rei, etiam post mortem, damnatur.* » § 4, *institut. de publicis judiciis.*

» *Id quod de prædictis.... etiam de satellitibus, conciis et ministris.... eorum simili severitate censemus.*» L. 5, *cod. ad leg. juliam majestatis.*

Une ordonnance donnée à Villers-Cotterets, par François Ier, en 1539, n'est pas moins précise : «Ordonnons, y est-il dit dans l'article 1er, que ceux qui auront conspiré, machiné ou entrepris contre notre personne, nos enfans et postérité, ou *la république de notre royaume,* soient étroitement et rigoureusement punis, tant en leurs personnes qu'en leurs biens, tellement que ce soit exemplaire à toujours.» Conférences de Guénois, tom. 2, liv. 9, tit. 4, art. 5.

Cette jurisprudence est celle de toutes les nations. Après la mort de Charles XII, les États de Suède s'assemblèrent et condamnèrent son ministre à perdre la tête. « Il était accusé d'un grand crime, dit Montesquieu; c'était d'avoir calomnié la nation, et lui avoir fait perdre la confiance de son roi, forfait qui, selon moi, mérite mille morts. Car enfin, si c'est une mauvaise action de noircir dans l'esprit d'un prince, le dernier de ses sujets, qu'est-ce lorsqu'on noircit la nation entière, et qu'on lui ôte la bienveillance de celui que la Providence a établi pour faire son bonheur? »

Les auteurs de la conspiration du mois de juillet, ont été bien plus coupables. Ils ont voulu armer le roi contre son peuple ; et, en forçant celui-ci à s'armer à son tour, pour défendre les droits les plus justes, ils exposaient à tous les dangers d'une guerre civile, le roi lui-même. Il n'y a pas un bon Français qui ne frémisse en songeant quelles en auraient pu être les suites pour un prince moins chéri de son peuple et moins digne de l'être. Ils étaient donc également coupables de lèse-majesté contre l'État et contre le roi, dont les intérêts et les droits sont effectivement inséparables.

§. III.

MM. le garde-des-sceaux Barentin, le comte de Puységur, le maréchal de Broglie, le baron de Bezenval et l'intendant de Paris Bertier, ont été coupables de cette conspiration qu'ils dirigeaient.

M. le garde-des-sceaux Barentin, en gênant la liberté de la presse, lors de la tenue des états-généraux, et quand le roi lui-même avait demandé le concours de toutes les lumières pour parvenir à la régénération de la monarchie, en préparant la séance royale du 23 juin dernier, et en la mettant à exécution, n'a pas seulement foulé aux pieds les lois de toutes les nations et celles du royaume, pour la surveillance desquelles il avait été élevé à cette dignité ; mais il a eu l'improbité d'employer contre les représentans de la nation les mêmes actes du pouvoir arbitraire, contre lesquels il n'avait cessé de réclamer à la tête d'une Cour célèbre par son patriotisme. Comme magistrat et comme chef de la justice, il eût dû faire faire le procès aux ministres prévaricateurs qui trompaient indignement notre roi; il eût dû lui-même dénoncer aux tribunaux l'assassinat commis par le prince de Lambesc. Il s'en est rendu complice, en ne le faisant pas punir; comme les ministres éphémères, avec lesquels il s'était ligué, il a soustrait sa tête coupable à la vengeance des lois, qu'il avait violées quand il en était établi le gardien.

M. le comte de Puységur, à la vérité, ne s'est point trouvé dans cette administration coupable, qui a eu lieu dans le court intervalle du renvoi de M. Necker à son rappel. Peut-être, en voyant les derniers attentats qu'ils allaient exécuter, un sentiment de patriotisme a-t-il pénétré dans son cœur. Mais ce retour du ministre a été bien tardif. Il avait déjà donné tous les ordres pour le rassemblement des troupes autour de la capitale. Il ne pouvait pas ignorer les projets sinistres dont on voulait les rendre les exécuteurs, la famine qu'elles amenaient avec elles, et qui devait être la suite de la terreur et du trouble qu'elles inspiraient, bien plus encore que de leur grande consommation. Il ne pouvait pas ignorer les suites du désespoir de tout un peuple réduit à la dernière extrémité. Il n'a pu ignorer l'atteinte que ces troupes ont portée à la liberté de l'assemblée nationale, et les préparatifs hostiles du gouverneur de la Bastille contre la ville de Paris. Comme secrétaire-d'état au département de la guerre, il est censé les avoir ordonnés, par cela seul qu'il ne les a pas réprimés. Il est donc responsable de tous les maux qui en ont été la suite.

C'est avec non moins de regret qu'on se voit forcé de placer ici le nom de M. le maréchal de Broglie, que la patrie avait vu combattre avec tant de gloire contre les ennemis de l'Etat. Pourquoi faut-il que ses lauriers aient été flétris par son admission dans une administration coupable? Il ne nous appartient pas de décider jusqu'à quel point des services passés peuvent compenser les attentats qu'il a depuis commis contre la liberté nationale. Il s'est mis à la tête de l'armée, dans le temps où la conspiration contre la patrie s'exécutait, et nous devons le dénoncer parmi les ennemis du bien public.

Une lettre de M. le comte de Puységur, à M. l'intendant de Paris, datée du 10 juillet, en annonçant une erreur dans la marche du régiment de Vintimille, ajoute : « M. le maréchal de Broglie a envoyé un officier de l'état-major pour y remédier.

» M. le maréchal de Broglie, devant désormais donner des ordres aux régimens, à mesure qu'ils arrivent, il en préviendra M. Bertier, pour qu'il puisse faire ses dispositions en conséquence, et pourvoir à leur subsistance. »

Une autre lettre, écrite au même le lendemain, par M. le marquis d'Autichamp, porte : « J'ai rendu compte à M. le maréchal de Broglie de la lettre que M. Bertier m'a fait l'honneur de m'écrire. Il a fort approuvé toutes les précautions qu'il a prises pour que le régiment de Vintimille fût le moins mal possible. M. Bertier a parfaitement rempli les intentions de M. le maréchal de Broglie, en faisant augmenter l'étape du régiment de Vintimille. »

Une dernière lettre, adressée à l'un des électeurs, par M. le duc du Châtelet, le 14 juillet, annonce qu'il va faire relever le détachement du régiment des gardes qui avait marché la veille au secours de l'Hôtel-de-Ville, « en attendant les ordres de M. le maréchal de Broglie, chargé spécialement par le roi du commandement des troupes dans Paris. »

Ainsi, M. le maréchal de Broglie était spécialement chargé du commandement des troupes dans Paris et au dehors, dès le 10 juillet ; c'est sous ses ordres qu'on en réglait le logement et le campement. Il était le généralissime de l'armée, lors des assassinats commis par le prince de Lambesc, lors de l'incendie des barrières, et des pillages qui les ont accompagnés. Il n'a point fait arrêter le prince de Lambesc, qui est resté à la tête de son régiment. Il n'a pris aucune mesure pour réprimer les brigands. Il n'en a pris aucune pour empêcher le feu de la Bastille dirigé contre les bourgeois de Paris. Il n'avait rien fait pour rétablir le calme dans la capitale, le 14 juillet, lorsque le duc du Châtelet se concertait avec les électeurs pour cet objet; mais il a achevé de la faire investir. Il a dirigé des batteries contre cette ville, à Saint-Denis, au pont de Sèvres, à Courbevoie, aux Champs-Élysées, à la barrière du Trône, à toutes les avenues de la capitale. Il a laissé des régimens autour de l'assemblée nationale. Il n'était donc armé que contre la patrie.

Le baron de Bezenval a été initié dans les détails de cette horrible conspiration dès le commencement. Depuis le mois de mai jusqu'à la prise de la Bastille, il a donné des ordres à toutes les troupes des environs de Paris. C'est lui qui a commandé 25,000 balles dès le 6 mai, qui les a fait distribuer aux troupes qui étaient aux environs de la capitale, et qui leur en a fait donner près de 200,000 dans le mois de juillet. C'est lui qui, lorsque le canon de la Bastille était sur le point d'incendier le quartier de l'Arsenal et de la rue Saint-Antoine, envoyait un ordre au gouverneur de tenir bon *jusqu'à la dernière extrémité;* c'est aussi lui sans doute qui a envoyé le prince de Lambesc souiller le palais des Tuileries du sang des citoyens, qui l'a de plus envoyé effrayer le peuple du faubourg Saint-Antoine à la barrière du Trône; c'est lui enfin qui, à ce qu'on nous assure, interceptait la communication entre Paris et Versailles, et qui, en alléguant le défaut d'ordre du roi, retint à Sèvres, des heures entières, les députés envoyés à l'assemblée nationale par les électeurs réunis à la municipalité, comme s'il fallait un ordre du roi pour aller réclamer sa justice et celle des représentans du peuple, en faveur d'un million d'hommes près de périr.

C'est l'intendant Bertier qui a été l'associé du baron de Bezenval, dans tous les détails du siége de Paris. C'est lui qui a été l'intendant de l'armée, qui a fourni les balles, la poudre et les cartouches dès le commencement de mai, qui a donné l'ordre d'en fournir 175,000 le 2 juillet; c'est lui qui a distribué aux troupes le mauvais blé qui faisait la dernière ressource du peuple.

On peut juger de l'extrême embarras et de l'entier dénuement où l'on était alors, par les lettres qu'on a trouvées dans les papiers de l'intendance, et qui constatent tout à la fois l'insuffisance des subsistances et leur très-mauvaise qualité.

Le 9 juillet, le bureau intermédiaire de Montereau écrivait à la commission intermédiaire de l'assemblée provinciale de l'île de France : « Le marché était absolument dépourvu de grains ; les boulangers de cette ville n'auraient pu cuire, si les officiers de police n'avaient élevé le prix du pain de huit livres à 40 sols (c'est-à-dire à 5 sols la livre), au lieu de 1 liv. 9 s. qu'il était. Ils y ont été déterminés par le prix excessif de la farine, dont la vente s'est faite, en leur présence, à 120 liv. le sac de 325, *ne pouvant employer les grains envoyés par M. l'intendant, qui ne consistent qu'en seigle et orge de la plus mauvaise qualité et pourris, étant dans le cas de causer des maladies dangereuses.* Cependant la plupart des petits consommateurs sont réduits à la dure nécessité de faire usage de ces *grains gâtés.* »

Le lendemain 10, le maire de Villeneuve-le-Roi écrivait à l'intendant lui-même : « Le seigle des deux derniers envois est d'*un étique et noir*, qui ne se peut débiter sans froment, parce que comme il n'y a point de moisson dans ce pays, et qu'on ne nous amènerait rien pendant ce temps, le froment avec ce seigle nous approvisionnerait. »

Dans une autre lettre, du même jour, M. Baudry écrivait encore de Sens à l'intendant : « Je sors du marché, où j'ai essuyé la crise la plus forte et un danger éminent ; il n'y a jamais eu tant de fermentation. Plusieurs des gens de campagne qui avaient acheté, le premier du mois, l'orge mauvaise qui m'avait été envoyée, le 29 de juin, de Paris, m'ont jeté au nez le pain qui en avait été fait, et insulté de la manière la plus outrageante ; et j'ai été averti qu'il y avait un complot de me presser dans la foule : je me suis retiré. J'avais fait conduire quelques sacs de l'orge arrivée, le 5 de ce mois, qui n'est pas encore de meilleure qualité, et qui a aussi un mauvais goût de relan. Quelques séditieux, voyant que je n'avais point de seigle à vendre avec cette orge, ont voulu y mettre un prix au rabais, en me reprochant qu'on empêchait le laboureur d'emmener du blé, pour me faciliter la vente de cette mauvaise marchandise. »

Une autre lettre écrite le lendemain, 11 juillet, par M. Jamin, à Fontainebleau, porte : « J'ai passé le boisseau de Fontainebleau à 2 liv. 15 sols. Il n'a pas été possible de le porter plus haut, à cause de la mauvaise qualité du seigle du dernier envoi, que j'ai pourtant un peu bonifié, en le faisant manutentionner à différentes reprises ; ce seigle est à moitié mangé, produit beaucoup plus de son que de farine : pour que je puisse continuer cette livraison, il est nécessaire que vous me fassiez un nouvel envoi. »

Le même jour, M. de la Comble, de Sens, en annonçant à l'intendant des espérances pour l'avenir, lui mandait : « Les deux bateaux que vous m'aviez annoncés sont arrivés ; mais, au lieu d'être moitié seigle, moitié orge, il n'y a pas même eu un quart de seigle. Le surplus, c'est-à-dire les trois quarts d'orge, est de qualité si mauvaise, que je crois qu'il sera impossible d'en faire du pain. Elle est d'une très-mauvaise odeur, germée en partie, etc., etc. Elle ne pourra être vendue qu'aux tanneurs ; vraisemblablement vous me le permettrez. »

Le même jour encore, M. Prioreau écrivait de Versailles : « Je ne puis me dispenser d'avoir l'honneur de vous représenter que le peuple des environs de Chevreux s'est vivement plaint de n'avoir point assez de blé pour sa subsistance. L'orge que vous avez envoyée est de mauvaise qualité et a de l'odeur. Il faut que les malheureux soient bien pressés par la faim pour la prendre. Je vous supplie, Monsieur, de n'en plus envoyer. Je ne pourrais point me charger de la vendre à l'avenir ; je vous demande, avec la plus vive instance, 100 setiers de froment et 150 setiers de seigle pesant 230 livres au moins. Les sacs qui ont été envoyés ne sont pas de poids ; conséquemment impossible de subvenir au besoin de la grande quantité de peuple. »

Enfin M. de la Borde écrivait aussi, le même jour, à l'intendant, qu'il n'avait pu vendre ses grains, quoiqu'il eût successivement diminué le seigle à 22, 18 et 16 l., et l'orge à 16, 14 et 12 l., parce qu'il n'y avait pas un seul grain de blé à vendre. » Ce n'a été, ajoute-t-il, qu'en promettant au public (sur votre lettre, Monseigneur, dont j'ai fait lecture) que vendredi prochain il y aurait du blé sur le marché, qu'enfin quelques malheureux se sont présentés. »

Il en fut de même les jours suivans : deux autres lettres adressées à l'intendant, le 12 juillet, par ses agens, à Bay-sur-Seine et à Sens, contiennent aussi des plaintes sur la mauvaise qualité des grains, en annonçant des soulèvemens dans les marchés. Dans la première, M. Jarry refusa nettement de recevoir les blés que l'intendant lui adressait.

Il n'est pas besoin sans doute de prouver qu'on était obligé de détourner, pour l'approvisionnement des troupes, ces mauvais grains qui faisaient la dernière ressource du peuple. D'autres lettres en contiennent la preuve.

Le même jour, le marquis de Jaucourt se plaignait du refus des farines du magasin, qui avait été fait aux troupes par le subdélégué de Soissons. Il l'attribuait à un malentendu bien *fâcheux dans un moment aussi pressé que celui-ci.*

Quelquefois même la précipitation avec laquelle toutes ces mesures étaient prises et exécutées, exposait les agens de l'administration à ne savoir que faire du pain qui était préparé pour les troupes. C'est ce qu'on voit en particulier dans une lettre du 11 juillet, écrite par M. Foulon de Chenevières, subdélégué à Sens.

« Comptant, y est-il dit, que le régiment Dauphin dragons, arrivé hier en cette ville, y resterait, ainsi que vous me l'aviez annoncé, *j'ai*, faute d'autre farine, comme j'ai eu l'honneur de vous le marquer par la lettre du 8, *fait convertir en farine des grains du gouvernement, pour fournir audit régiment, d'après vos ordres, la subsistance, le lendemain de leur arrivée.* Le pain préparé pour cette fourniture, qui devait avoir lieu aujourd'hui, a été fait ; *mais des ordres inattendus et précipités ayant obligé le régiment de partir la nuit dernière, le pain préparé pour eux se trouve resté.*

«Dois-je attendre leur retour pour disposer de ce pain, ou le faire distribuer au détachement du régiment de Bourgogne, qui sera long-temps à le consommer, ou le faire vendre aux malheureux, à raison du prix qu'ils auraient payé ce grain en nature, en y ajoutant les frais de mouture et de cuisson? je vous serais obligé de me donner, sur cet objet, qui ne permet pas de retard, la marche que je dois suivre. »

Pour terminer sur cet objet, l'embarras était tel, relativement aux subsistances, que, dès le 10 juillet, le ministre avait écrit coup sur coup deux lettres à l'intendant, pour faire couper 20,000 setiers de seigle nouveau avant la récolte. Enfin, une note, avec le nom du marquis d'Autichamp en marge d'un extrait de différentes lettres, porte, « qu'il est très-fâcheux d'être obligé de couper des récoltes pendantes et prêtes à recueillir, mais qu'il est dangereux de laisser les troupes mourir de faim. »

Cette position était si cruelle et si bien connue, que la dame de Blossac, intendante de Soissons, et fille de l'intendant de Paris, lui mandait, le 12 du même mois, en lui parlant de la santé de son mari: « Il aurait besoin d'aller aux eaux de Plombières; mais ces maudits grains le tiennent cloué ici; ce qui me contrarie beaucoup. Il a dit *que vous étiez bien embarrassé aussi chez vous, qu'on y meurt de faim.* Cela fait trembler; surtout combiné avec les justes craintes que donnent les États-généraux. »

C'est néanmoins dans cet état affreux que M. Bertier abandonna l'administration de sa généralité, pour prendre, au Champ-de-Mars, l'intendance de l'armée qui assiégeait la capitale. On a déjà annoncé que, le 11 juillet, M. Mabile se transporta, par ses ordres, à l'École militaire, *pour y arrêter son logement.* On voit, dans la lettre qu'il lui écrivit sur cet objet, qu'on lui avait ménagé deux appartemens, une grande et vaste cuisine; « mais il ne put obtenir de place que pour deux chevaux, et l'on ne put lui donner raison pour deux remises qu'il avait demandées. »

Tels étaient les soins dont s'occupait l'intendant de Paris, lors du renvoi de M. Necker. On se rappelle encore que, suivant une note mise à une demande de cartouches, faite le 2 juillet, il avait fait fournir 1200 liv. de poudre, et 75,000 balles pour Saint-Denis ; et 1200 liv. de poudre et 100,000 balles pour Courbevoie. Dès qu'il fut à l'École militaire, il ne s'occupa plus que de préparatifs de guerre.

Le 13 juillet, il envoya, du Champ-de-Mars, à M. d'Avranche, commissaire des guerres, l'ordre du roi, pour se rendre sans délai, près des troupes aux ordres du maréchal de Broglie, « pour s'employer à tout ce qui concerne leur police, discipline,... conformément aux ordres particuliers qu'il recevra de M. le maréchal de Broglie et de M. Bertier. Il le priait de l'instruire régulièrement tous les jours, tant de ses opérations que des événemens qui pourraient être de quelque intérêt pour le service, etc. »

Le lendemain, 14 juillet, à deux heures, pendant que tout Paris était en armes, tandis qu'on faisait le siége de la Bastille, l'intendant de Paris s'occupait encore de l'armée, et de l'armée seule. Il envoyait des ordres à M. Tolosan, pour l'approvisionnement de divers régimens.

Dans une lettre non signée, écrite le même jour, de Saint-Denis, à six heures du soir, après lui avoir appris que ses courriers avaient été arrêtés, et conduits à l'Hôtel-de-ville, et que quoique toutes les communications fussent interceptées avec intelligence, ce qui était de conséquence pour l'avenir du service, on lui écrivait par le maître de poste et ses postillons ; on ajoutait : « vos dépêches sont actuellement parties pour leurs destinations diverses. Un détachement du régiment de Besançon, 12 pièces de canon de munition, sont arrivés de Douai, à cinq heures,... avec les deux régimens, dans l'Abbaye même. »

C'étaient là les seules nouvelles qu'on lui annonçait. Ce furent, sans doute, les seules qu'il porta aux ministres à Versailles, le soir de ce même jour où l'on assure qu'il contraria, dans le cabinet du roi, celle de la prise de la Bastille, et les efforts que faisaient des députés de l'assemblée nationale, pour éclairer le roi sur l'état de la capitale, et sur les dangers terribles des mesures qu'on avait prises contre elle, en abusant de son nom.

Ainsi M. Bertier ne se serait pas contenté d'exécuter les ordres atroces que les ministres lui avaient donnés contre le peuple de la première généralité du royaume. Comme tous les mauvais conseillers, il en aurait encore sollicité de nouveaux, en cachant autant qu'il était en lui la vérité à un prince de qui l'on ne pouvait obtenir rien d'injuste que de cette manière.

Et qu'on ne dise pas qu'il ne peut plus être accusé, depuis que la fureur du peuple a exercé sur lui une vengeance terrible. Les lois ne l'ont point puni, elles ne lui ont point enlevé un bien mille fois plus précieux que sa vie, une mémoire honorable. Si elles ne statuaient rien sur cet objet, on pourrait croire qu'il l'a transmise sans reproche à la postérité, comme le boulanger François, déplorable victime d'une erreur inexpiable. On pourrait du moins avoir quelque doute à son égard. C'est donc avec justice que nos lois ont admis pour les crimes atroces, ces jugemens solennels, qu'on ne doit pas confondre avec le préjugé qui fait rejaillir le crime du coupable sur sa famille. Les lois peuvent statuer sur la mémoire d'un coupable, sans cesser de considérer les crimes comme personnels. Elles doivent le faire plus sûrement encore dans ce dernier cas. Plus il est reconnu que les individus sont seuls responsables de leurs actions, plus on doit en sanctionner le mérite ou le démérite par tous les moyens qui n'atteignent qu'eux personnellement, soit dans cette vie, soit au-delà.

§ IV.

Rien ne peut disculper aux yeux de la justice les conspirateurs.

On peut s'attendre que les coupables auteurs de tant de crimes s'efforceront de se mettre à l'abri du nom sacré du roi. Mais ce n'est pas un tribunal national, qui jugera qu'on puisse se soustraire à la justice des lois, en alléguant qu'on a voulu tout soumettre au pouvoir arbitraire. Le despotisme est lui-même un crime contre la religion, contre la nature, contre le droit des gens, contre celui de tous les peuples de l'Europe surtout, qui n'ont cessé de faire des vœux pour nous, soit à haute voix, dans les pays où l'on respire déjà l'air salutaire de la liberté, soit du fond du cœur, dans ceux où les hommes créés à l'image de Dieu n'osent pas encore lever au ciel leurs bras chargés de fers.

Il n'est pas possible, au surplus, de persuader qu'en attentant à la liberté de l'assemblée nationale, en armant les soldats contre le peuple, on ait pu croire exécuter la volonté du roi, qui avait convoqué les *États libres* du royaume, et qui n'a cessé dans tous les temps de s'occuper du bien de la nation, en chassant loin de lui tous les ministres coupables qui l'ont trompé jusqu'à présent. On a pu le circonvenir par des illusions, parce qu'il n'y a que l'Etre suprême qui soit à l'abri de l'erreur. Mais l'abandon du roi, lorsqu'il est venu à l'assemblée nationale, le renvoi subit de ces ministres dévoués à l'opprobre dès leur entrée dans l'administration, l'éloignement immédiat des troupes qui investissaient Paris et l'assemblée nationale, le rappel des ministres chers à la nation, montrent assez quelle était sa volonté. Il n'avait besoin que de connaître la vérité et le vœu de son peuple pour y adhérer.

Bien loin donc que l'on puisse alléguer comme une justification les ordres du roi, la surprise qu'on lui a faite pour les obtenir est un nouveau crime. Il suffit de lire les discours qu'il a tenus à la séance du 23 juin, et toutes ses réponses aux différentes députations de l'assemblée nationale, pour se convaincre de son tendre attachement pour son peuple, dans les momens même où ses ministres abusaient de sa confiance ; et jamais roi peut-être n'a mieux justifié ce fameux passage de Vopiscus, dans la vie d'Aurélien, sur les piéges dont le pouvoir suprême ne peut pas se garantir : « Quatre ou cinq ministres pervers se réunissent dans le même plan pour tromper l'empereur. Ils lui dictent ce qu'il faut approuver. Renfermé dans son palais, il ignore la vérité. Il ne peut savoir ce qu'ils lui disent. Il établit des juges qu'il devrait rejeter. Il écarte de l'administration les hommes qu'il devrait y conserver. C'est ainsi, pour me servir des expressions de Dioclétien, que l'on trahit, que l'on vend le plus sage et le meilleur des princes. »

Si les ordres mêmes du roi ne peuvent justifier les auteurs de la conspiration du mois de juillet, aux yeux de la raison, ils ne peuvent pas non plus les garantir aux yeux de la loi. Non-seulement nos ordonnances défendent d'exécuter les ordres qui y sont contraires ; mais, d'accord avec la loi naturelle, elles permettent même, ou plutôt elles ordonnent, dans ce cas, de repousser la force par la force. L'article V de l'ordonnance de 1355, concertée entre les États-généraux et le roi Jean, défend de lever les impôts qui n'auraient pas été consentis librement par le peuple ; et il ajoute : « Et si, par aventure, aucuns de nos officiers ou autres, soubz umbre de mandemens, ou impétrations aucunes, vouloient ou s'efforçoient de prendre ledit argent, lesdits députés et receveurs leur pourroient et *seroient tenus* de résister de fait, et pourroient assembler leurs voisins des bonnes villes et autres, selon que bon leur sembleroit, pour eulx résister comme dit est. »

La séance royale du 23 juin avait annulé un décret moins vigoureux de l'assemblée nationale, et c'était pour soutenir ces tentatives du pouvoir arbitraire que Versailles et Paris étaient investis de troupes, la plupart étrangères.

Nos lois ne sont point changées depuis cette époque, et nos rois eux-mêmes, quand ils ont été détrompés, ont toujours voulu qu'on fît le procès aux dépositaires de leur pouvoir, qui avaient surpris à leur autorité des ordres pour opprimer leurs peuples et les traiter en ennemis : c'est ainsi que, bien des années après le massacre odieux de Mérindol et de Cabrières, fait en vertu des ordres et des lettres-patentes surpris à François Ier, le président d'Oppède et l'avocat-général Guérin furent traduits au parlement de Paris, et le dernier condamné à avoir la tête tranchée ; ce qui fut exécuté. Les conclusions de l'avocat du roi du Châtelet, qui fut commis pour suivre cette affaire, portaient, entre autres choses, que : *Sans avoir égard aux arrêts du parlement de Provence et aux lettres-patentes du roi* (que les accusés invoquèrent dans leur plaidoyer) il fut dit qu'il avait été mal, nullement et incomplètement délibéré et conclu à Cadenet, mal et outrageusement exécutée ladite délibération, *mal et incompétemment exécuté un jeune homme à coups d'arquebuse au lieu de Mérindol*, mal inhibé et défendu de ne bailler vivres, aides, ni secours aux hérétiques ou suspects de l'être, sans nommer ni lieu ni personnes ; bien appelé par le procureur du roi, etc. »

C'est ainsi qu'on jugera dans tous les pays où les lois de la nature seront considérées comme les premières lois de l'Etat. C'est ainsi qu'on doit juger dans cette affaire, même à ne consulter que les décrets de l'assemblée nationale. Celui du 13 juillet, fait à l'unanimité, « *déclare* que les ministres et les agens civils et militaires de l'autorité sont responsables de toute entreprise contraire aux droits de la nation et aux décrets de cette assemblée.

» Que les ministres actuels et les conseils de sa majesté, de quelque rang et état qu'ils puissent être, ou quelques fonctions qu'ils puissent avoir, sont personnellement responsables des malheurs présens et de tous ceux qui peuvent suivre. »

On voit que ce décret est simplement déclaratif et non constitutif d'un nouveau droit. Il énonce les principes dès-lors subsistans, et n'en établit pas de nouveaux.

On ne peut donc pas même alléguer ici les prétextes triviaux sur l'*obéissance aveugle* que les militaires doivent, dit-on, aux princes. Ce principe, vrai dans bien des cas, est de toute fausseté, quand on l'applique à des ordres dont on voit l'objet, et dont l'injustice est évidente. C'est outrager la nature et la raison, qui est le plus beau don de Dieu, que d'exiger une obéissance aveugle dans ce cas. C'est être coupable de lèse-humanité, que de la promettre. Une telle obéissance est contraire à l'idée de toute société civile, où ce n'est pas la volonté de l'homme, mais celle de la loi qui doit servir de règle. Le brave Crillon refusa d'assassiner le duc de Guise, quoiqu'il fût coupable ; il répondit au roi : « que bien qu'il fût *capable* de tout entreprendre pour le service de sa majesté, *il ne l'était point* de commettre un assassinat. »

Le vicomte d'Ortez, chargé d'exécuter les ordres de Charles IX, pour la Saint-Barthélemi, répondit de même, qu'il n'avait trouvé parmi ses soldats, auxquels il avait communiqué la lettre du roi, « que de bons citoyens et braves soldats, mais pas un bourreau. C'est pourquoi eux et lui suppliaient très-humblement sa majesté de vouloir bien employer leurs bras et leurs vies en *choses possibles.* »

Un crime ordonné par le roi, lui semblait une chose impossible, et plusieurs autres commandans, dont les noms honorent notre histoire, ont tenu une conduite semblable. Dans ce siècle même, des gouverneurs de province et des intendans ont mieux aimé perdre leurs places que d'exécuter des ordres arbitraires. Nous avons la satisfaction de voir, dans le nombre de ces gouverneurs, l'un des ministres actuels de sa majesté; et tous les soldats français ont refusé, dans ces derniers temps, de se battre contre leurs frères. A plus forte raison, ne peut-on pas manquer de condamner, comme coupables de lèse-nation, ceux qui, sortant du cercle de leurs fonctions ordinaires, tels que MM. le maréchal de Broglie, le baron de Bezenval, et l'intendant Bertier, ont eux-mêmes été au-devant des ordres injustes à l'abri desquels ils voudraient se mettre.

Plan de la municipalité de Paris, telle qu'elle existait au 31 décembre 1789.

L'organisation dont on va lire les détails, est celle que s'imposèrent les Parisiens eux-mêmes, après le 14 juillet, et qu'ils perfectionnèrent successivement.

On doit distinguer à Paris la municipalité de l'assemblée de la commune.

La municipalité est proprement le pouvoir actif de la commune; l'assemblée générale représente le pouvoir délibératif, la ville dans ses droits et ses fonctions de commune.

La municipalité, par où nous commençons cet aperçu, est composée de plusieurs corps, et tirée du sein même de l'assemblée des représentans de la commune.

Soixante membres, sans compter le maire et le commandant-général, la composent et forment par leur réunion le *conseil de ville.*

Ce conseil de ville se partage en différens départemens, en un bureau de ville, et un tribunal contentieux.

Ce sont ces trois corps qui administrent la ville et veillent chacun dans leur partie au maintien du repos et de la police.

Le premier, dans l'ordre des besoins, est celui des subsistances, département difficile dans ces momens de troubles et de factions.

Le deuxième département est celui de la police. Le désordre des affaires, l'anarchie des principes, la confusion des matières, ont fait de ce département un des plus difficiles comme des plus utiles de la municipalité.

La police est donc devenue difficile en proportion de ce qu'elle s'est rapprochée de son institution, qui est la protection et non l'oppression des hommes.

Le troisième département contient les établissemens publics : sous ce nom sont compris les établissemens pour l'instruction de la jeunesse, pour le commerce, les manufactures, les arts et métiers.

Quatrième département, celui des travaux publics. On entend par-là les travaux de la voirie, des promenades, fontaines, cimetières, prisons et généralement tout ce qui se fait au compte de la ville.

L'administration, le soin, la régie des hôpitaux forment autant de soins qui appartiennent de droit à la municipalité, et qui composent un des départemens de celle de Paris. M. de Jussieux est le lieutenant qui y est attaché.

La ville de Paris a des domaines, des droits à percevoir, des revenus, des rentes et charges assignées sur ces revenus : la reconnaissance, la régie de ces détails forment un département.

L'assiette, la répartition, la perception des impositions de l'intérieur de Paris appartiennent à la municipalité. Ces fonctions étaient autrefois partagées entre le prévôt des marchands et le lieutenant de police; aujourd'hui elles forment un département.

Enfin le département de la garde nationale parisienne forme le huitième département dans l'ordre du tableau, quoiqu'il soit dans l'ordre de la nécessité un des premiers et des plus importans. C'est sur la garde nationale que reposent la sûreté, la liberté de Paris; c'est elle qui, au milieu des troubles et de la confusion qui y règnent, maintient le calme et la tranquillité sous les ordres des magistrats et du commandant; en sorte qu'à quelques insurrections près de la part d'un peuple séduit, Paris est aussi sûr, aussi tranquille habituellement que dans ses jours les plus paisibles. M. de Saint-Martin en est lieutenant de maire.

A la tête de chacun de ces huit départemens est un *lieutenant de maire*. Le département comprend en outre six conseillers administrateurs qui partagent ses fonctions et ont la signature avec lui.

Ils sont tous responsables et doivent compte de leur gestion à l'assemblée des représentans de la commune, quoiqu'ils aient été nommés directement à l'administration par les districts qui ont cru devoir se réserver de choisir eux-mêmes leurs magistrats municipaux.

Au reste, chaque administrateur n'est pas administrateur seulement pour le district qui l'a nommé, il l'est de la totalité de la ville dans son département, comme les représentans de la commune ne représentent point tel ou tel district, mais bien la commune en général; sans ce principe incontestable et constitutionnel, il n'y aurait ni pouvoirs ni activité dans l'assemblée municipale, parce que chacun ne pouvant être que l'organe d'une portion de la commune, n'aurait ni voix ni motif de discuter; la municipalité deviendrait un bureau dont l'objet se bornerait à compter les suffrages des quartiers, et en rendre public le résultat.

Cette folle manière de voter a cependant été proposée et même soutenue par quelques personnes ; la déraison a même été portée au point de vouloir que l'on administrât de cette manière. C'est ainsi qu'à force de prétentions on tombe dans l'absurde, de là dans l'anarchie et enfin dans l'esclavage.

Je ferai encore une remarque : les administrateurs actuels ne sont que provisoires et jusqu'à ce que l'assemblée nationale et la commune ait prononcé sur l'organisation définitive de la cité. Il n'y a là rien que de sage ; mais pourquoi exiger qu'un service aussi pénible et qui entraîne même des frais indispensables de la part de ceux qui le font, soit gratuit? C'est pourtant ce qu'a arrêté l'assemblée des représentans elle-même le 30 septembre 1789, par une délibération générale.

Dans les affaires publiques, comme dans celles des particuliers, rien n'est tellement déterminé qu'il n'y ait une latitude d'incertitude qui donne lieu à un contentieux inévitable : il faut un tribunal pour le juger. La municipalité en contient un. C'est là que se portent et se jugent les contestations dont connaissaient le prévôt des marchands et les échevins.

Ce tribunal est composé de M. le maire et de ses huit conseillers assesseurs. Les fonctions du ministère public y sont remplies par le syndic-général de la commune et ses deux substituts.

Indépendamment de ce tribunal, la municipalité vient d'en établir un autre ; le premier peut être de ce genre, où les citoyens sont vraiment jugés par leurs pairs : c'est la *chambre de police*.

MM. les administrateurs au département de la police, ne furent pas sitôt à même d'entrer en exercice de leurs fonctions, qu'on éleva quelques doutes sur leurs pouvoirs. On crut que la suppression de l'office de lieutenant-général de police saisissait le Châtelet de toutes les attributions dont jouissait ce magistrat. Il fallait faire cesser des réclamations aussi imprudentes et aussi dénuées de fond ; en conséquence le département de la police, après avoir fait part de ses intentions à l'assemblée générale de la commune, s'adressa au souverain pour en obtenir le décret qui fut sanctionné et enregistré le 5 novembre.

Par ce décret, il est établi une chambre de police, composée de huit notables adjoints et présidée par M. le maire, son lieutenant de maire ou le plus ancien des conseillers administrateurs.

C'est là que les amendes et les peines en matière de police sont prononcées, sauf l'appel au tribunal. Les fonctions du ministère public y sont exercées par l'un des adjoints du procureur-syndic de la commune, et les causes jugées sommairement et sans frais.

Voici comme on s'y est pris pour organiser ce tribunal. Chaque district a nommé, sur une lettre écrite par le bureau de ville, deux notables adjoints parmi les huit déjà élus en vertu du décret de l'assemblée nationale sur la procédure criminelle.

Les adjoints nommés par les districts se sont réunis à l'Hôtel-de-ville au nombre de cent-vingt. Là on a procédé à un scrutin de liste de vingt sur chaque bulletin ; le dépouillement de ce scrutin a donné vingt personnes déjà honorées d'un grand nombre de suffrages, et c'est dans ces vingt que par un second scrutin les cent restans ont choisi les huit notables adjoints pour la chambre de police.

Nous avons dit que le *Bureau de ville* formait un autre corps dans l'ordre des pouvoirs municipaux ; il est lui-même en quelque sorte le dernier degré de la hiérarchie municipale, et celui où va se concentrer toute la partie administrative des départemens. Il est encore juge des différens qui s'élèvent sur leur étendue respective, et connaît de tous les changemens, modifications, qui peuvent s'introduire dans l'organisation du corps de ville.

Ce bureau est composé de vingt-un officiers tirés du conseil de ville, savoir du maire, du commandant-général, de huit conseillers-assesseurs, des huit lieutenans de maire, du procureur-général de la commune et de ses deux substituts.

Ce que le bureau de ville est aux affaires intérieures de la municipalité, le *tribunal contentieux* l'est à celles des particuliers, lorsqu'il s'élève entre eux des discussions dont le jugement est de la compétence de ce tribunal. Il connaît de tout ce qui était ci-devant porté devant le prévôt des marchands et les échevins, en conséquence des marchandises, approvisionnemens, contestations pour le fait des droits ou tous autres objets de cette nature, et par appel de sentence de la chambre de police.

Ce tribunal contentieux est formé par le maire, huit conseillers-assesseurs, le procureur-général de la commune, ses deux substituts et un greffier.

La chambre de police est un tribunal véritablement populaire. Les conseillers-administrateurs, sentant qu'ils ne devaient point former de tribunal où l'on jugeât les délinquans en matière de police, crurent qu'il fallait établir un corps de juges-pairs, tirés d'entre les notables adjoints déjà créés par la loi.

En conséquence, dans le projet qu'ils soumirent à l'assemblée nationale, ils demandèrent qu'on établît « un tribunal de police » composé de huit notables adjoints, dans la forme indiquée par » le bureau de ville; qu'il soit présidé par le maire ou son lieu- » tenant, et, à leur défaut, par le plus âgé des conseillers-admi- » nistrateurs de leur département; que les fonctions du ministère » public y soient exercées par l'un des adjoints du procureur- » syndic de la commune, et les causes jugées sommairement et » sans frais. » Cette demande fut décrétée, sanctionnée, et forme l'article XI des lettres-patentes enregistrées le 13 novembre dernier.

Ce tribunal juge en dernier ressort jusqu'à la concurrence de 100 livres d'amende et d'un mois de prison.

C'est là que sont assignés les contrevenans aux différens réglemens de police concernant la sûreté, la tranquillité, la propreté de la ville.

L'on voit par-là que l'arbitraire est absolument banni de la nouvelle police parisienne, et que le dernier citoyen comme le premier a droit et facilité d'être jugé par ses pairs; ce qui, chez tous les peuples, a toujours été regardé comme la perfection de l'ordre judiciaire.

La police de Paris peut, comme celle des autres villes, être envisagée dans sa partie judiciaire, dans sa partie administrative, et dans l'exercice journalier des fonctions qu'elle exige.

Nous venons de voir que le premier de ces soins était le partage de la chambre de police; le second est celui des six administrateurs et du lieutenant de maire du département : le dernier appartient aux districts de la capitale, ou du moins lui a été particulièrement attribué par le décret de l'assemblée nationale que nous venons de citer.

Nous avons dit que nous reviendrions sur ce département, parce que c'est celui qu'il est plus généralement utile de connaître, et qu'il différera tellement de l'ancien régime, que l'idée qu'on se forme de l'un ne peut absolument point se comparer avec l'autre.

Autrefois M. le lieutenant de police en avait toutes les parties dans ses bureaux : les ordres s'y donnaient ; les défenses, permissions, rien n'était partagé ; les choses en allaient peut-être plus vite ; mais les abus étaient plus indestructibles, les vexations plus actives.

Aujourd'hui chaque conseiller-administrateur est le canal légal par où les demandes, plaintes, réclamations, doivent passer ; et rien ne peut s'effectuer sans son consentement, puisqu'il est responsable des suites de tout ce qu'on aurait pu faire dans la partie qui lui est attribuée.

M. le maire, comme chef suprême de la municipalité, comme président de tous les départemens, comme représentant le pouvoir municipal actif, ne peut faire aucun acte d'administration particulière. C'est ainsi que le roi ou les grands-baillis jugent par leurs officiers, et n'en peuvent exercer eux-mêmes les fonctions.

L'administration est donc divisée en six sections générales, dont voici à peu près les articles principaux, avec le nom des administrateurs qui y sont attachés.

M. le Scène des Maisons: L'inspection et la police des spectacles ; recherches sur les étrangers, voyageurs ou établis ; police des domestiques.

M. Fallet : wauxhalls, cirque, panthéon, clubs, salons, foires, marchés, promenades publiques, balayages, arrosemens, bals publics, maisons de jeux, carnavals, et autres objets y relatifs.

M. Peuchet : Hôtels garnis, cafés, auberges, recrues, soldats, femmes publiques ; sûreté en général.

M. Manuel : Librairie, estampes, colporteurs, dénombrement des habitans de Paris, inspection des registres de mariages, naissances et sépultures.

M. Thorillon: Déclarations qui intéressent la sûreté publique, les correspondances y relatives, passeports, et les affaires qui n'ont point de département fixe.

M. Duclosey : Ramonnages, incendies, pompiers, poids et mesures, inspection des liqueurs, maladies, inspection des pharmacies, poste aux chevaux, voitures de places et publiques, barrières, et tout ce qui est relatif à la perception des droits.

Toutes ces branches ont des sous-divisions nouvelles : l'objet du conseiller-administrateur dans chacune est d'établir les moyens d'ordre qui peuvent en faciliter la jouissance au public ; et c'est aux districts de Paris qu'est abandonné en grande partie ce soin et cette surveillance, et cela en vertu du plan de municipalité provisoirement accepté, et du décret de l'assemblée nationale du 6 novembre 1789.

Districts.

Les districts, comme on sait, doivent leur existence au règlement fait par le roi le 28 mars 1789, concernant la convocation de la commune de Paris. Ils s'assemblèrent la première fois le 21 avril de la même année ; et le choix des électeurs étant fait, ils se séparèrent.

Les craintes que l'arrivée des troupes et les desseins formés contre la liberté de l'assemblée nationale firent naître, donnèrent lieu à leur seconde convocation le 13 juillet dernier. Cette convocation se fit en vertu d'une délibération des électeurs réunis à l'Hôtel-de-ville.

Alors les districts, ou, pour parler plus correctement, leurs assemblées s'emparèrent d'une partie de l'administration et de l'exercice de la police. La garde nationale se forma, la liberté parut, mais accompagnée de désordres, d'anarchie, et des troubles inséparables d'une aussi prodigieuse révolution.

Dès-lors les districts eurent des assemblées générales et des comités, dont les membres, élus dans l'assemblée générale, gèrent les affaires qui ne regardent que le district en particulier : lorsqu'ils se mêlent de l'administration commune, ce n'est que par forme de conseil ; le régime général appartient à la municipalité.

Chaque comité de district a un ou plusieurs présidens, un ou plusieurs secrétaires-greffiers, qui sont ordinairement, les uns et les autres, secrétaires de l'assemblée générale.

On peut aussi remarquer que chaque district a un état militaire, composé de cinq compagnies de cent hommes chacune, dont quatre volontaires et une soldée. Ces compagnies forment un bataillon, dont le commandant, ainsi que les aides-majors, capitaines et officiers, sont élus par le district. On doit cependant en excepter la compagnie soldée, dont le seul capitaine est à la nomination de l'assemblée; les autres sont à celle du commandant-général.

Il y a de plus huit notables-adjoints par district, élus en vertu du décret de l'assemblée nationale sur la procédure criminelle, du mois d'octobre dernier. « Ces notables, porte cette loi, doi-
» vent être choisis parmi les citoyens de bonnes mœurs et de
» probité reconnue; ils doivent être âgés de vingt-cinq ans au
» moins. Leur nomination doit être renouvelée tous les ans. Ils
» prêtent serment à la commune, entre les mains des officiers
» municipaux et du syndic, ou de celui qui la préside, de remplir
» fidèlement leurs fonctions, et surtout de garder un secret in-
» violable sur le contenu de la plainte et autres actes de la pro-
» cédure. Aucune plainte ne peut être présentée aux juges qu'en
» présence de deux adjoints amenés par le plaignant, et par lui
» pris à son choix. » C'est parmi les quatre cent quatre-vingts notables de Paris qu'ont été élus les huit notables assesseurs qui composent la chambre de police dont nous avons parlé.

Voici donc quel est l'ordre actuel du gouvernement civil de Paris. Tous les objets majeurs qui intéressent les droits de la ville et son état politique, sont portés et discutés à l'assemblée générale des représentans de la commune : celle-ci en fait part aux districts, et demande leurs conseils et leurs lumières; je dis leurs conseils et leurs lumières, car ce n'est que dans le cas d'une loi générale que la commune peut être consultée et son vœu demandé; dans tout autre cas, l'assemblée des représentans est saisie de tous les pouvoirs nécessaires pour délibérer et agir.

Dans les affaires qui regardent l'administration de quelque département que ce soit, la municipalité fait ce travail, discute les matières, et rend les réglemens dont les districts sont chargés de surveiller l'exécution, de dresser des procès-verbaux des contraventions, de les envoyer aux conseillers-administrateurs des départemens, pour qu'ils prononcent la peine encourue par la contravention.

Ainsi les comités des districts font dans les détails de la police journalière à peu près ce que faisaient les commissaires au Châtelet, qui ne sont plus chargés que des plaintes ou dénonciations en matière criminelle.

On voit donc que, soit que le nombre des districts soit augmenté, soit qu'il soit diminué par la suite, il ne serait pas impossible d'établir un ordre fixe dans l'exercice des pouvoirs, sitôt que la ligne de démarcation sera tracée, comme elle commence à l'être, entre les droits des districts et ceux de la municipalité.

COMITÉ DES RECHERCHES.

Aux différens départemens dont nous venons de rendre compte, on doit joindre le *comité des recherches*, qui tient ses séances à l'Hôtel-de-ville, et dont l'objet et les motifs sont détaillés dans l'arrêté de l'assemblée des représentans de la commune, du 22 octobre 1789, dont nous devons à nos lecteurs de faire connaître les dispositions principales.

Un des soins de ce comité est de faciliter au procureur-syndic de la commune les preuves des délits contre la liberté nationale, et de les mettre par-là à portée de dénoncer tous ceux qui s'en seraient rendus coupables. C'est en conséquence de ces vues que l'assemblée des représentans dit dans son arrêté sur le prince Lambesc, « qu'elle est convaincue qu'il n'est personne qui puisse se soustraire à l'empire de la loi; que si ce principe est vrai pour les actions privées des citoyens, il l'est encore davantage pour tout ce qui concerne l'ordre public; que par la même raison que la loi protége tous les individus, quelque rang qu'ils occupent dans la société, elle doit également, s'ils deviennent coupables, les punir sans égard pour leur naissance, leurs dignités, leurs richesses; qu'autant les citoyens généreux qui ont concouru à briser nos fers sont dignes d'éloges et méritent une reconnaissance sans bornes, autant les hommes pervers qui, par leurs conseils et leurs actions, se sont opposés ou s'opposent encore à la régénération de la France, doivent être dévoués à l'indignation publique, et livrés au glaive vengeur de la justice. En conséquence, elle enjoint au procureur-syndic de la commune et à ses adjoints, de développer à cet égard toute l'étendue de leur ministère, tant par rapport aux fugitifs qu'à ceux qui sont actuellement détenus, ou le seront par la suite pour crime de lèse-nation, ou de tous autres délits publics ; leur enjoint aussi de se faire délivrer par les greffiers, concierges des différentes prisons, les écrous des prévenus de ces crimes ou délits, pour en accélérer les jugemens. »

Nous terminons ici le tableau du gouvernement municipal de Paris ; on a pu voir qu'il était composé de deux parties principales : de l'assemblée des représentans de la commune, aujourd'hui de deux cent quarante personnes, et de la municipalité, composée de soixante administrateurs. Ces soixante administrateurs sont divisés en huit départemens, savoir : 1° les subsistances; 2° la police ; 3° les établissemens publics ; 4° les travaux publics ; 5° les hôpitaux ; 6° le domaine de la ville ; 7° les impositions ; 8° la garde nationale parisienne. Chaque département a un lieutenant de maire et six conseillers administrateurs.

Il y a de plus, comme nous avons vu, un tribunal contentieux, un tribunal de police pour les affaires des particuliers, et un bureau de ville pour celles de la municipalité même, enfin un comité des recherches, qui ne doit son existence qu'aux circonstances actuelles. Tel est l'état provisoire de la municipalité et du régime politique de Paris.

Analyse de l'instruction adressée aux districts sur l'exercice de la police.

Les districts ont reçu une instruction sommaire sur l'exercice de la police, qui leur a été envoyée par les administrateurs du département. Son objet est de leur indiquer la conduite qu'ils doivent suivre dans les différentes affaires portées devant eux.

On y distingue les délits ou fautes en trois espèces : 1° les vols et autres crimes contre lesquels les lois prononcent la peine de mort, ou autres peines afflictives ou infamantes ; 2° les délits qui ne doivent être punis que par une amende ou par une détention passagère des coupables ; 3° les fautes qui ne sont susceptibles que d'une simple réprimande.

Les districts doivent se conduire différemment, suivant la différence de ces fautes ; et il importe aux citoyens de connaître les règles établies à cet égard, afin qu'eux-mêmes sachent à qui s'adresser, et ce qu'ils doivent en attendre lorsqu'ils auraient à demander justice des torts qu'ils auraient reçus.

Quand il s'agit des délits, ou plutôt des crimes de la première classe, c'est-à-dire de vols et autres crimes, les délinquans doivent être conduits directement chez les commissaires au Châtelet, qui appelleront deux notables adjoints pour assister à l'interrogatoire de l'accusé.

Quand il est question des délits de la seconde classe, c'est-à-dire qui doivent être punis par une amende, ou par une détention passagère des coupables, les comités des districts doivent d'abord dresser procès-verbal du rapport qui leur sera fait par le commandant de la patrouille qui aura arrêté et conduit devant eux les prévenus, les interroger, dresser procès-verbal de leur interrogatoire, en y insérant les demandes et les réponses, les faire ensuite conduire dans les prisons de la Force, les y *déposer* seulement, sans les faire écrouer.

Enfin, s'il s'agit des fautes qui forment la troisième classe, les comités des districts devront faire seulement aux coupables une réprimande, et les renvoyer en liberté, après toutefois qu'ils en auront inséré une note suffisante sur leur registre de police.

Les comités des districts sont ainsi chargés des fonctions les plus importantes, pour la tranquillité comme pour la sûreté des citoyens, puisque ce sont eux qui sont les premiers juges des particuliers traduits devant eux, et qui leur sont amenés pour un délit quelconque ; que dans les crimes et délits de la première classe, ils doivent faire remettre les accusés sous la main de la justice, et assurer à leur égard l'exécution de la loi ; que dans les autres délits ou fautes, ils ont d'abord à juger si ce sont des délits de la seconde classe, qui exigent une amende et une détention des coupables, ou si ce sont seulement des fautes qui ne sont susceptibles que d'une réprimande ; et puisqu'enfin le décret de l'assemblée nationale confie à leur prudence de renvoyer les accusés libres, ou de les mettre à l'instant même sous l'autorité de la municipalité, pour être punis par une amende ou par une détention.

Cette instruction s'étend ensuite aux soins que les membres des districts doivent prendre de la voirie, de la propreté et de la tranquillité de leur arrondissement ; elle détermine les cas où les contrevenans doivent être condamnés à l'amende, laquelle est prononcée à la chambre de police sur l'assignation d'y comparaître, qui est donnée aux délinquans.

Elle remarque que si un emprisonnement, même passager, est quelquefois une précaution indispensable pour l'intérêt de la société, c'est toujours un acte de sévérité, qui doit être exercé avec d'autant plus de prudence et de modération, qu'il peut compromettre l'honneur d'un citoyen.

C'est en conséquence de ce principe, et pour diminuer le nombre des emprisonnemens de précaution, que *l'instruction* recommande aux districts de recevoir et de provoquer même la caution en faveur des personnes dont une faute ou un délit pourrait obliger de s'assurer par l'emprisonnement. Ainsi tout homme qui peut trouver une caution suffisante de sa conduite, ou de l'amende qu'il peut encourir, doit être renvoyé libre, même lorsque ce n'est point un domicilié.

TRIBUNAL DE POLICE.

Réglement de discipline intérieure.

Sur le réquisitoire de M. *Cahier de Gerville*, procureur-syndic-adjoint de la commune, il a été arrêté le réglement suivant :

1° Le tribunal de police tiendra ses audiences à l'Hôtel-de-ville, les mercredi et samedi de chaque semaine, à midi précis, les jours de fêtes exceptés.

2° Toute personne sera admise à plaider elle-même sa cause au tribunal de police, soit en demandant, soit en défendant.

3° Les demandeurs ou les défendeurs qui ne pourraient ou ne voudraient pas plaider eux-mêmes leur cause au tribunal de police, auront la faculté de se faire représenter et défendre, à leurs propres frais, par telles personnes qu'ils jugeront à propos de choisir, sauf les cas où le tribunal croirait devoir ordonner que les parties comparaîtront elles-mêmes.

4° Pour justifier qu'on est chargé de défendre une des parties contendantes au tribunal de police, il suffira de représenter l'original ou la copie signifiée de l'exploit d'assignation, et le porteur de l'exploit sera censé revêtu de pouvoirs *ad hoc*, sauf au tribunal à exiger une plus ample justification, si les circonstances le requièrent.

5° Nulle sentence ne prononcera de condamnations aux dépens, sans en contenir la taxe.

6° Le tribunal déclare qu'il prendra pour règle de ses jugemens, tous les réglemens et ordonnances de police qui existaient au moment où le tribunal a été établi, et qu'il les fera exécuter selon leur forme et teneur, jusqu'à ce qu'il en ait été autrement ordonné.

Réglement de l'assemblée des représentans de la commune de Paris.

DE LA PRÉSIDENCE.

1° M. le maire est le président né de l'assemblée.

2° Il sera élu au scrutin un président ordinaire, qui sera nommé pour quinze jours; il ne pourra pas être continué; mais il sera susceptible d'être élu de nouveau pour toute autre quinzaine.

3° Le président fera l'ouverture et la clôture des séances. Il sera chargé de maintenir l'ordre dans l'assemblée, d'y faire observer les réglemens, d'y accorder la parole, d'énoncer les questions sur lesquelles l'assemblée aura à délibérer, d'annoncer le résultat des suffrages, de prononcer les décisions de l'assemblée, et d'y porter la parole en son nom.

4° Le président fera, séance tenante, l'ouverture des lettres et paquets adressés à l'assemblée.

5° Le président arrêtera, à la fin de chaque séance, la feuille des questions qui devront occuper la séance suivante, conformément à l'ordre du jour; il en donnera lecture, la signera, et il en sera exposé, dans un lieu apparent de l'assemblée, un double, signé d'un secrétaire.

6° L'ordre du jour sera inscrit sur un registre qui restera toujours sur la table du président, afin que chaque membre ait la faculté de le consulter avant l'ouverture, ou après la clôture de l'assemblée.

7° Dans le cas où le président serait absent, il serait remplacé dans ses fonctions par son prédécesseur immédiat; en l'absence de celui-ci, par celui qui aurait été président avant lui, et ainsi en remontant.

8° La présidence ne variera pas, par la survenance du président de droit, dans le cours d'une délibération entamée.

DES SECRÉTAIRES.

1° Les secrétaires seront au nombre de cinq.

2° Ils seront élus au scrutin, ainsi qu'il sera dit ci-après, au chapitre des Elections.

3° Les secrétaires se répartiront entre eux le travail des notes, et la rédaction du procès-verbal qui sera fait d'abord en minutes : les différentes pièces qui doivent faire partie du procès-verbal seront annexées à la minute, après y avoir été énoncées; il sera fait une copie de cette minute et de ces pièces sur un registre coté et paraphé par le président. La copie sera, ainsi que la minute, signée du président. Ils remettront au président la note des motions ajournées à jour fixe.

Les secrétaires seront également chargés de la rédaction des délibérations, de la réception et expédition des actes et des extraits, ainsi que de tous les envois faits au nom de l'assemblée; ils surveilleront l'impression des procès-verbaux, et de toutes les pièces qu'elle voudra rendre publiques, ainsi que l'exécution des arrêtés qu'elle aura pris.

4° Le registre restera dans les archives de l'assemblée, et les minutes seront déposées à la bibliothèque de la ville.

5° La durée des fonctions de chaque secrétaire sera de dix semaines ; l'un d'eux sera remplacé chaque quinzaine, dans l'ordre des nominations.

6° Les secrétaires ne pourront être nommés pour aucun comité, pendant le temps de leur exercice.

7° Ceux des secrétaires qui seraient absens, seront remplacés par les derniers secrétaires sortis de fonction, en observant, à cet égard, le même ordre qui a été établi au chapitre précédent pour le remplacement du président.

ORDRE DE L'ASSEMBLÉE.

1° Les fonctions confiées par la commune à l'assemblée générale de ses représentans se divisant en trois objets, la surveillance périodique des administrateurs provisoires de la municipalité, la confection des réglemens généraux relatifs à l'ordre public, et la rédaction d'un plan de municipalité, l'assemblée générale se réunira pour s'en occuper trois fois par semaine, les lundi, mercredi et vendredi soir, sans exception des fêtes.

2° Deux de ces séances seront employées à la discussion du plan de municipalité ; la troisième aura pour objet la confection des réglemens généraux qui seront jugés nécessaires. Les séances destinées à recevoir les comptes et entendre les rapports des administrateurs municipaux, et celles qui seraient déterminées par des circonstances imprévues, auront lieu sur une convocation spéciale de M. le maire ou du président.

3° L'ouverture des séances ordinaires sera fixée à quatre heures précises du soir, et la clôture à neuf heures.

4° Le président aura le droit de rompre l'assemblée toutes les fois qu'il le jugera nécessaire ; mais il ne pourra la prolonger sans avoir fait délibérer sur cette prolongation avant l'heure fixée pour la clôture.

5° L'heure des assemblées extraordinaires sera indiquée par le billet de convocation.

6° A l'ouverture de chaque séance, un des secrétaires fera la lecture du procès-verbal de la séance précédente, relative au même sujet, et le président rappellera l'ordre du jour.

7° Il ne pourra être pris aucune délibération dans le cas où, l'assemblée étant composée de moins de quarante membres, un des membres présens en ferait l'observation; mais, lorsque sur une question agitée dans le temps fixé pour la séance, le président aura prononcé la décision de l'assemblée, personne ne sera admis à opposer, comme moyen de nullité, que le nombre des opinans était au-dessous de quarante.

8° La séance ouverte, chacun restera assis, excepté celui qui aura la parole.

9° Tout sera interdit; le silence sera exactement observé : la sonnette du président y rappellera les membres qui le troubleraient; et celui qui continuerait de parler malgré ce signal, serait repris par le président, au nom de l'assemblée.

10° Le président aura seul le droit de rappeler à l'ordre; si un membre juge qu'un autre s'en écarte, il ne pourra l'interpeller personnellement, mais il sera tenu de s'adresser au président pour le faire rappeler à l'ordre.

11° Nul ne quittera sa place, même pour parler au président et aux secrétaires.

12° Les huissiers chargés du service de la salle, seront les seuls intermédiaires des communications des membres entre eux, ou avec le bureau.

13° Les huissiers avertiront à voix basse les membres qui seraient demandés au dehors.

14° Nul autre que les membres de l'assemblée ne pourra rester dans l'enceinte de la salle, et les huissiers seront chargés d'y veiller.

15° Les pétitions, lettres ou adresses à l'assemblée pourront lui être présentées par celui de ses membres qui en serait chargé.

16° Les corporations ou particuliers qui demanderaient à être entendus dans l'assemblée, s'adresseront, par la voix d'un huissier, à l'un des membres du bureau, qui ira s'informer de l'objet de leur démarche, et en fera part à l'assemblée, en lui demandant son agrément pour les introduire.

17° Ce sera toujours le président qui répondra au nom de

l'assemblée, sans qu'aucun membre puisse être admis à faire des observations en présence des personnes intéressées.

18° S'il y a lieu à délibérer sur un objet présenté à l'assemblée par des personnes étrangères, elles seront priées de se retirer, et le président ne leur répondra qu'après avoir pris le vœu de l'assemblée.

DES DÉLIBÉRATIONS.

1° Aucun membre ne pourra parler qu'après avoir obtenu la parole.

2° Si plusieurs membres se lèvent pour demander la parole, le président la donnera à celui qui se sera levé le premier, et les autres pourront se faire inscrire pour assurer leur rang; s'il y a contestation l'assemblée prononcera.

3° Nul ne sera interrompu quand il parlera; si un membre s'écarte de la question, le président l'y rappellera; s'il se livre à des personnalités, ou s'il manque à l'assemblée, il sera repris en son nom.

4° Le président n'opinera pas sur les propositions mises en délibération; il ne votera que pour départager, dans le cas d'un partage absolu; sa fonction consistera à expliquer l'ordre ou le mode à suivre pour la délibération.

5° Tout membre aura le droit de faire une motion; il aura aussi le droit de présenter une proposition sur laquelle il pourra demander qu'il soit immédiatement délibéré.

6° Tout membre qui voudra présenter une motion se fera inscrire au bureau et en désignera l'objet, pour qu'elle soit mise à l'ordre du jour.

7° Lorsque le tour de la motion sera venu, l'auteur, après l'avoir exposée, la fera déposer par écrit sur le bureau.

8° Une motion ne pourra être admise à la discussion, que lorsqu'elle aura été appuyée par un membre de l'assemblée, et, une fois admise, elle ne pourra plus être retirée, ni recevoir de correction ou d'altération, si ce n'est en vertu d'amendemens délibérés par l'assemblée.

9° Tout amendement sera mis en délibération avant la motion;

et il en sera de même des sous-amendemens, par rapport aux amendemens.

10° En quelque état que soit la discussion, tout membre pourra demander la question préalable de savoir s'il y a lieu à voter sur la proposition; tout membre pourra également demander le renvoi à l'examen des bureaux, ou d'un comité, ou la formation de l'assemblée en grand comité, comme il sera dit à l'article 12 ci-après.

11° Dans toute délibération, chaque membre, l'auteur même de la motion, ne pourra parler qu'une fois; il n'y aura d'exception à cette règle, que dans le cas où un membre observerait qu'on n'aurait pas saisi le véritable sens de sa proposition, et il serait alors admis à l'expliquer, en se renfermant dans cette explication.

12° Dans le cas où une question paraîtrait à l'assemblée exiger une discussion plus libre, dans laquelle le même membre pût prendre plusieurs fois la parole, l'assemblée prononcera que sa délibération sera précédée par un débat préliminaire : alors elle se formera en comité général, le fauteuil demeurera vacant, et le président siégera au bureau. Si, dans le moment où l'assemblée aura décidé de se former en comité général, M. le maire occupe le fauteuil, il viendra prendre au bureau la place du président, qui alors siégera parmi les autres membres de l'assemblée.

13° Lorsque le point de discussion paraîtra suffisamment éclairci par le débat préliminaire, un des secrétaires de l'assemblée mettra en forme le résultat qui sera seul inscrit sur le procès-verbal; alors celui qui préside reprendra sa place dans le fauteuil : ce seul acte rappellera l'assemblée à la forme ordinaire de ses délibérations; et ce n'est que sous cette dernière forme que la question débattue pourra être décidée, et la séance terminée.

14° Tout membre pourra observer que la question lui paraît mal posée, et il se bornera à expliquer comment il juge qu'elle doit l'être.

15° Tout membre pourra proposer que la question mise à

l'opinion par le président soit divisée, et il se bornera à motiver sa demande.

16° Il ne pourra être opiné sur aucune question que par l'affirmative ou la négative absolue.

17° Toute question sera décidée définitivement à la simple majorité des suffrages.

18° Toutes les questions, ainsi qu'il a été dit ci-dessus, devant êtres réduites à la simple alternative entre l'affirmation et la négation, le président proposera de se lever, d'abord à ceux qui sont pour l'affirmative, et ensuite à ceux qui seront pour la négative.

19° Lorsque le résultat de cette forme laissera du doute sur la majorité, on emploiera, pour la constater, la séparation des votans.

20° Toute délibération qui aura été prise par l'assemblée sera mise en forme par l'un des secrétaires présens au bureau ; mais, dans le cas où la rédaction serait contestée, la délibération subsistera dans la forme sous laquelle elle a été mise aux voix, jusqu'à ce que l'assemblée se soit accordée sur la rédaction définitive.

21° Lorsqu'une question sera devenue, par l'adoption de l'assemblée, un arrêté définitif, le président prononcera textuellement l'arrêté, suivant cette formule : l'assemblée a arrêté que, etc.

22° Lorsque l'assemblée aura successivement arrêté tous les articles du plan de la constitution municipale, elle en fera une révision générale, qui aura pour objet la rédaction, l'ordre et la concordance des articles.

23° Il ne sera, dans aucun cas, statué sur les personnes autrement que par la voie du scrutin.

ADMINISTRATION.

Fin du règlement de l'assemblée des représentans de la commune de Paris.

DES BUREAUX.

1° Pour préparer les objets qui devront être délibérés dans les séances ordinaires, relativement à l'organisation de la municipalité, l'assemblée se divisera en douze bureaux, composés chacun de vingt membres.

2° Les bureaux seront saisis tous en même temps des mêmes questions ; elles y seront discutées, sans qu'on puisse y former des résultats.

3° Les bureaux seront composés par la voie du sort, de la manière suivante :

Chacun des 240 membres de l'assemblée aura son numéro, qui ne variera pas, et le président prendra au hasard, dans une capsule qui renfermera les 240 numéros, les 20 qui sont nécessaires pour former chaque bureau.

Les bureaux seront renouvelés, en suivant le même procédé, à la dernière séance ordinaire de chaque mois.

4° Chaque bureau sera tenu chez un de ses membres, suivant la convention qui sera faite entre ceux qui seront présens à l'assemblée au moment de sa composition.

5° Les bureaux auront au moins une séance chaque jour, lorsqu'il n'y aura pas d'assemblée générale.

DES ÉLECTIONS.

1° Pour éviter le concours de deux nominations dans la même séance, à la fin de la dernière séance ordinaire de chaque semaine, l'assemblée procédera alternativement à la nomination du président et de l'un des cinq secrétaires.

2° Les époques fixées pour les élections des officiers ne varieront pas, même dans le cas de vacance accidentelle, et le remplacement aura lieu ainsi qu'il a été réglé pour le cas d'absence aux art. 3 du chap. II, et 7 du chap. III.

3° Tous les bureaux procéderont simultanément à chaque élection.

4° Les trois membres dont les noms seront sortis les premiers, lors de la composition de chaque bureau, rempliront les fonctions de scrutateurs de leurs bureaux ; les bulletins seront reçus et vérifiés par eux seuls.

5° Le résultat du scrutin de chaque bureau ne sera annoncé aux membres dont il sera composé, que lorsque la totalité des bulletins aura été remise aux scrutateurs dans tous les bureaux.

6° Les résultats du scrutin de tous les bureaux seront portés aux secrétaires, et ils n'en feront le dépouillement et la vérification que lorsqu'ils les auront réunis.

7° On procédera par scrutin individuel à la nomination du président et de chaque secrétaire, et par scrutin de liste, à la nomination des commissaires, lorsque l'assemblée croira devoir en nommer.

8° Dans ce dernier cas, chaque votant écrira sur sa liste un nombre de noms égal à celui des commissaires qui devront être nommés.

9° Tout bulletin portant un nombre de noms inférieur ou supérieur à celui qui sera fixé, sera annulé ; il en sera de même des bulletins, qui en cas de similitude de noms, ne porteront pas de désignation personnelle.

10° La simple pluralité suffira pour être élu.

11° Les députations seront composées sur la liste des membres de l'assemblée, de manière qu'ils soient députés par tour, et les députés choisiront entre eux celui qui devra porter la parole.

12° Si l'assemblée croit devoir établir, indépendamment des bureaux, des comités particuliers dont les fonctions soient permanentes, les membres en seront choisis dans la forme prescrite par les articles 8 et 9 ci-dessus pour la nomination des commissaires, et personne ne pourra être à la fois membre de deux de ces comités.

Quant aux commissions passagères, la nomination des membres qui devront les composer, sera déférée au président.

13° Les membres d'un comité y auront seuls voix délibérative; mais les autres membres de l'assemblée auront droit à y être admis, sauf le cas où l'assemblée aurait prononcé qu'un comité devrait être secret.

Nous croyons devoir terminer cette histoire de la municipalité de Paris, par quelques actes intéressans à différens titres ; soit parce qu'ils donnent un exemple de procéder de quelques nouveaux pouvoirs, soit parce qu'ils indiquent l'esprit de l'époque.

COMITÉ DES RECHERCHES.

Mercredi, 18 *novembre*. — Le comité, après avoir entendu le rapport de l'un de ses membres, et examiné les pièces qui y sont relatives,

Est d'avis que M. le procureur-syndic de la commune ou ses adjoints doivent, en vertu de la mission qui leur a été donnée, et en continuant les précédentes dénonciations, dénoncer spécialement la conspiration formée contre l'assemblée nationale et la ville de Paris, dans l'intervalle du mois de mai au 15 juillet dernier ; le rassemblement d'un nombre effrayant de troupes, composé principalement d'étrangers ; un train considérable d'artillerie, des bombes, des mortiers, des grils à chauffer les boulets ; l'établissement de tout cet attirail de guerre entre Versailles et Paris ; la communication entre ces deux villes interceptée ; la dernière totalement investie ; l'assemblée nationale chassée du lieu même de ses séances, et ensuite captive dans ce lieu même au milieu des troupes dont elle était environnée ; sa liberté violée, et les lois les plus sacrées de l'État foulées aux pieds dans la séance du 23 juin ; tous les préparatifs faits à la Bastille pour foudroyer la capitale ; une garnison additionnelle, formée de troupes étrangères, introduite dans cette forteresse ; une nouvelle direction donnée aux canons pour attaquer en tous sens les citoyens ; les approvisionnemens destinés à la capitale, qui déjà éprouvait une sorte de disette, interceptés et employés à nourrir les soldats rassemblés contre ses habitans, des ordres de couper les blés avant leur entière maturité, pour servir à la subsistance des troupes ; l'ordre donné au prince de Lambesc d'entrer dans les Tuileries à la tête de son régiment, et d'y poursuivre les bourgeois désarmés ; les promesses perfides, faites aux citoyens, d'armes et de munitions qu'on leur cachait ; l'ordre donné au gouverneur de la Bastille de tenir jusqu'à la dernière extrémité ; l'artillerie de cette forteresse tirée sur la rue et le faubourg Saint-Antoine, où plusieurs citoyens allant et venant pour leurs affaires, ont été tués ou blessés; et, au milieu de ces combats, l'inaction inconcevable des troupes et de leurs commandans, tandis que des brigands armés, profitant du désordre, incendiaient les barrières, pillaient la maison de Saint-Lazare, et enfonçaient les portes de l'hôtel de la Force;

Dénoncer tous lesdits délits, circonstances et dépendances, et livrer à la vengeance des lois le sieur *Barentin*, ci-devant garde-des-sceaux, le *comte de Puységur*, ci-devant ministre de la guerre, le *maréchal de Broglie*, le *baron de Bezenval*, et le *comte d'Autichamp*, comme prévenus desdits crimes, ensemble leurs complices, fauteurs et adhérens.

Signé Agier, Perron, Brissot de Warville, Oudart, et Garan de Coulon.

Le 25 novembre. — Le comité s'est attaché depuis sa création, à rechercher avec un zèle infatigable, les auteurs de la conspiration formée au mois de juillet dernier, contre l'assemblée nationale et la ville de Paris; conspiration dans laquelle, sous prétexte de conciliation et de précautions pour la tranquillité publique, on a si cruellement surpris la religion d'un roi protecteur de la liberté et le premier ami de son peuple.

Le comité s'est également empressé de rechercher les auteurs d'une autre conspiration, dont le but paraît d'avoir été de lever clandestinement des troupes, d'exciter des troubles, et d'en profiter pour entraîner le roi loin de son séjour, et rompre la communication entre lui et l'assemblée nationale.

Le comité se propose aujourd'hui de dénoncer un autre crime, dont la recherche ne l'a pas moins occupé depuis son origine; crime qui paraît appartenir à une source différente, et qui a excité l'indignation et la douleur de tous les bons citoyens; crime déjà constaté par la notoriété publique, et qui serait déféré depuis long-temps, si le comité n'avait pas cru devoir employer d'abord tous les moyens qui sont en son pouvoir pour en rechercher les auteurs.

Ce forfait exécrable qui a souillé le château de Versailles, dans la matinée du mardi, 6 octobre, n'a eu pour instrumens que des bandits, qui, poussés par des manœuvres clandestines, se sont mêlés et confondus parmi les citoyens. Le comité ne rappellera point tous les excès auxquels ces brigands se sont livrés, et qu'ils auraient multipliés sans doute, s'ils n'avaient été arrêtés par les troupes nationales, destinées à réprimer les désordres et à assurer la tranquillité du roi et de l'assemblée nationale. Elles remplirent, à leur arrivée, cet objet sacré dont elles s'étaient fait la loi, par le serment de fidélité et de respect pour le roi, qu'elles avaient renouvelé à leur entrée à Versailles. Placées à l'extérieur du château, dans les postes que le roi avait ordonné de leur confier, elles s'occupèrent à y maintenir le bon ordre. Tout paraissait calme, grâces à leur zèle et aux dispositions sages de leur commandant ; la confiance et l'harmonie régnaient partout : on ne parlait que de reconnaissance, d'amour, de fraternité, lorsque entre cinq et six heures de la matinée du mardi, une troupe de ces bandits armés, accompagnés de quelques femmes, et d'hommes déguisés en femmes, fit, par des passages intérieurs du jardin, une irruption soudaine dans le château ; força les gardes-du-corps en sentinelle dans l'intérieur, enfonça les portes, se précipita vers l'appartement de la reine, massacra quelques-uns des gardes qui veillaient à sa sûreté, et pénétra dans cet appartement que sa majesté avait à peine eu le temps de quitter, pour se retirer auprès du roi. La fureur de ces assassins ne fut réprimée que par les gardes nationales qui, averties de ce carnage, accoururent de leurs postes extérieurs, pour les repousser, et arrachèrent de leurs mains d'autres gardes-du-corps qu'ils allaient immoler.

Le comité considérant que des attentats aussi atroces, s'ils restaient sans poursuite, imprimeraient à l'honneur de la capitale et au nom français une tache ineffaçable :

Estime que M. le procureur-syndic doit, en vertu de la mission qui lui a été donnée par les représentans de la commune, et en continuant les dénonciations précédemment faites d'après les mêmes pouvoirs, dénoncer les attentats ci-dessus mentionnés, ainsi que leurs auteurs, fauteurs et complices, et tous ceux qui, par des promesses ou dons d'argent, ou par d'autres manœuvres, les ont excités et provoqués.

Signé, AGIER, PERRON, OUDART, GARAN DE COULON, BRISSOT DE WARVILLE.

CHATELET DE PARIS.

M. le baron de Bezenval détenu depuis long-temps à Brie, confié dans ce fort à la garde du sieur Bourdon, procureur au parlement, commandant pour la commune un détachement de milice nationale et de volontaires de la basoche du Palais, sur les ordres de M. de la Fayette a été amené au grand Châtelet, le 6 novembre.

Jusques au 18, ses parens, ses amis, son conseil, le Châtelet lui-même, ont fait des démarches auprès de la commune, pour qu'il fût dénoncé au tribunal nommé par l'assemblée nationale.

Ce même jour 18, la dénonciation signée Perron, Brissot de Warville, Oudart, Garan de Coulon et Agier, tous membres du comité des recherches de la ville de Paris, a autorisé M. de la Martinière, procureur-syndic de la commune, à faire cette dénonciation à M. le procureur du roi au Châtelet; ce qu'il a fait le 19.

La plainte du procureur du roi au Châtelet a été reçue le 20, et le même jour M. Boucher d'Argis, conseiller au Châtelet, rapporteur, et commissaire de l'instruction du procès, a fait faire lecture, *portes ouvertes, en présence du public*, à M. de Bezenval de cette dénonciation et de la plainte (Voir page 110).

La présence de ce général, son maintien décent, sa sécurité à cette lecture, ont fait la plus grande et la plus intéressante sensation sur tous les spectateurs attirés par la curiosité.

Les lectures faites, le juge lui a demandé, conformément à la loi, s'il voulait choisir et nommer un conseil, sinon qu'il lui en serait nommé un d'*office*.

M. de Bezenval a dit alors : Je crois devoir protester, comme de fait je proteste contre tout ce qui est fait contre moi par le tribunal devant lequel je suis traduit, autre que celui de ma nation, à raison des traités et alliances entre la France et les cantons suisses : cependant j'offre de répondre à tout ce qui sera demandé et exigé de moi par les juges de ce tribunal, et j'entends que ma présente protestation vaille, encore que j'omette de la réitérer par la suite.

Le rapporteur lui a dit : Je ne puis, monsieur, vous donner acte de votre protestation; le Châtelet n'a pas demandé à être chargé de votre affaire; voulez-vous nommer un conseil?

La protestation que je viens de faire, a répliqué avec beaucoup d'honnêteté M. de Bezenval, a pour objet ma nation, et le maintien de ses droits; si j'avais été le maître de demander des juges, connaissant l'intégrité de ceux du Châtelet, c'est à eux que j'aurais donné la préférence : je nomme pour mon conseil, M. de Bruge, procureur au Châtelet.

Cependant le lendemain il fut passé outre à son interrogatoire.

Adresse des citoyens de la ville de Toulouse à nosseigneurs de l'assemblée nationale.

Nosseigneurs, pendant que les peuples étonnés contemplent l'immensité des travaux que vous consommez avec autant de sagesse que de rapidité, la ville de Toulouse préservée, par la vigilance de ses habitans, des convulsions, devenues trop affligeantes dans quelques parties du royaume, est entachée à vos yeux du crime de rébellion. Quelques nobles, que votre prudence fait rentrer dans la classe des citoyens, ont osé former des vœux pour l'inexécution de vos décrets; ils ont eu la témérité de les publier, malgré la résistance que la commune n'a cessé d'opposer à leurs insinuations; et bientôt l'indignation que devaient exciter de telles entreprises, a enveloppé dans la même proscription, et les coupables et ceux qui ne méritaient que vos éloges.

Cependant, nosseigneurs, les vrais sentimens des citoyens de la ville de Toulouse devaient vous être connus; nous vous avons juré une fidélité inviolable, nous vous avons promis de défendre, au prix de notre sang, ceux de vos décrets que le souverain le plus respectable et le plus cher à nos cœurs aura sanctionnés, ou qui auront passé en force de loi.

Ce serment, que nous avons librement fait dans la maison commune, du 26 juillet dernier, loin d'être démenti, se trouverait fortifié, s'il en avait eu besoin, par nos constans refus, même d'entendre les insidieuses propositions dont quelques mécontens ont multiplié les formes sans ébranler notre persévérance.

Justement révoltés des cris séditieux qu'une déclaration, en date du 16 octobre dernier, sous la qualification d'*ordre de la noblesse de la sénéchaussée de Toulouse*, rendait plus criminels; si notre pitié nous a portés à pardonner leurs égaremens; si nous avons espéré que notre modération les ramenerait à nos principes, pourrait-on nous faire un crime d'avoir attendu de la vérité et de la justice le triomphe que des actes de violence auraient déshonoré?

Ne croyez pas, nosseigneurs, que ce soient seulement les délibérans le 16 octobre qui ont osé blasphémer vos sages décrets; quelques-uns de ceux que l'Eternel a destinés à nous ramener à nos devoirs, à nous prêcher la soumission aux lois, égarés par leur intérêt, n'ont pas craint de rendre leurs écarts plus dangereux, par la publication de leurs maximes (1).

En vous dénonçant les remontrances de quelques membres du clergé, qu'ils ont répandues chargées des prétendues signatures de trois avocats, si nous vous exprimons toute notre indignation contre les manœuvres et les entreprises de ces deux classes, qui devaient assez nous connaître pour ne pas espérer de nous séduire, en les livrant à votre justice, nous les recommandons à votre clémence.

Vous avez déclaré que tous les hommes étaient frères: si quelques-uns de nos concitoyens se sont rendus indignes de ce titre, la très-grande majorité a entretenu le feu sacré qui brûle dans vos cœurs: elle vous réitère le serment qu'elle n'a jamais violé, de ne jamais le laisser éteindre.

Que l'univers détrompé nous rende avec vous la justice qui

---

(1) Délibération du clergé prétendu de la sénéchaussée et du diocèse, publiée le 24 octobre, qui renchérit sur la déclaration séditieuse des nobles, du 16 du même mois.

nous est due ; et sans avoir besoin d'ajouter aux sentimens qui doivent nous assurer votre affection, mal instruits jusqu'à ce jour de ce qui pouvait nous intéresser, les communications que nous nous procurerons à l'avenir nous fourniront les moyens de multiplier les preuves du patriotisme dont vous nous trouverez toujours enflammés.

Adresse au roi.

Sire, il est dans le destin des rois d'être souvent trompés ; mais après tout ce que votre majesté a fait pour le bonheur de ses peuples, il ne peut pas être dans votre cœur de croire facilement aux imputations que la licence peut se permettre contre vos sujets.

Nous devons être comptés dans le nombre de ceux qui portent l'amour de leur souverain jusqu'à l'enthousiasme; et cependant l'on a osé nous imputer de démentir la proclamation de votre majesté lors de sa translation à Paris... de supposer qu'on avait commis des attentats sur votre personne... qu'elle n'était point en liberté.

Comment, Sire, le délire de l'intérêt a-t-il pu égarer quelques-uns de nos concitoyens jusqu'à vous outrager de la sorte ? comme s'il pouvait être quelque partie de vos Etats, dans laquelle votre majesté ne fût pas aimée jusqu'à l'adoration !... comme si l'attachement de vos sujets ne vous donnait pas sur eux un empire plus flatteur et plus étendu que celui que vous tenez de vos ancêtres... comme si l'hommage rendu à vos vertus par les représentans de la nation n'était pas encore un nouveau gage de la satisfaction qu'elle a de vous voir la commander !... Pourrions-nous supporter, Sire, sans nous plaindre, le poids affreux de l'accusation, de ne pas participer à la joie universelle que votre générosité a répandue ?

Agréez, Sire, qu'en offrant à votre majesté l'adresse que nous faisons à nos représentans, nous réitérions en ses mains, sur l'autel de la patrie, l'hommage le plus pur des sentimens les plus vifs et les plus profonds d'amour, de reconnaissance et de fidélité pour votre personne sacrée.

A l'assemblée générale des représentans de la commune de Paris.

Sur la dénonciation faite aux légions de Toulouse de quelques papiers publics, dans lesquels les citoyens de cette ville sont accusés d'avoir participé à la révoltante supposition des attentats commis sur la personne du roi, et de la privation de sa liberté ; les députés généraux desdites légions désirant avoir communication de ce qui peut intéresser la commune, prient instamment Messieurs qui forment celle de Paris, de l'adresser au major-général desdites légions, et d'agréer que pour premier point de correspondance celles-ci leur communiquent copie de l'adresse que les citoyens de Toulouse envoient à l'assemblée nationale, et de la lettre qu'ils écrivent au roi.

N'ayant eu connaissance que par la voie publique de l'adresse de la commune de Paris à toutes les municipalités du royaume, en date du 15 octobre, et ignorant s'il y a été fait quelque réponse de la part de la municipalité, composée de nobles, les légions patriotiques attendent de la justice de la commune de Paris qu'elle ne doutera pas des sentimens d'admiration et d'affection que l'activité de ses mouvemens, la sagesse de ses vues et sa déclaration de fraternité ont inspirés à tous les bons citoyens de Toulouse.

Ceux-ci attendent avec impatience que la commune de Paris réponde à l'invitation de la communication et correspondance que les habitans de Toulouse désirent bien sincèrement rendre agréable aux habitans de Paris.

MUNICIPALITÉ DE PARIS. — *Département de police.*

Un particulier s'adressa, il y a huit jours, au département de la police, pour en obtenir la connaissance des noms des personnes détenues dans les prisons, ainsi que des causes de leur détention et des jugemens prononcés à leur égard ; et cela, afin de rendre publics les uns et les autres par la voie d'un journal intitulé, *Journal de la sûreté*. On conçoit bien que les administrateurs rejetèrent avec mépris cette demande, comme un abus de confiance, et une sorte de violation du droit des prisonniers, qui ne doivent compte qu'à la loi, et non aux journalistes, de leur conduite. Le district des Mathurins, pénétré de ces principes, vient de prendre l'arrêté suivant sur le même objet. Nous croyons devoir le faire connaître, parce qu'il justifie le refus des administrateurs, et contient des notions très-justes sur cette matière.

Extrait des délibérations du district des Mathurins, du 28 novemqre 1789.

L'assemblée générale, après avoir entendu lecture, 1° de la dénonciation faite le jour d'hier, par un des citoyens de ce district, au comité civil, du prospectus d'un journal ayant pour titre : *Journal de la tranquillité publique,* et pour épigraphe : *Le crime seul fait la honte;*

2° De ce prospectus, d'après lequel ce journal aurait pour objet de mettre sous les yeux du public, trois fois par semaine, un relevé des registres des prisons, contenant les noms de toutes les personnes qui s'y trouveront au premier décembre prochain, et seront par la suite arrêtées et constituées prisonnières, avec le motif de leur détention, le précis de leur jugement, et la réprimande plus ou moins forte qui leur sera faite;

3° Et enfin du procès-verbal dressé par MM. du comité civil de ce district, le jour d'hier, suivant lequel, d'après la dénonciation de ce prospectus, ils ont envoyé sur-le-champ deux députés au comité de police pour leur en faire part, et les inviter à prévenir, par des défenses, la distribution de ce journal, et ont reçu réponse que MM. du comité de police donneraient, dès cejourd'hui samedi, des ordres aux prisons pour qu'il ne fût délivré aucun extrait; mais qu'avant de défendre la distribution du journal ils désiraient être informés du vœu de la majorité des districts.

L'assemblée, considérant que ce journal aurait pour objet de donner la plus grande publicité, non-seulement aux crimes, mais encore aux fautes qui ne méritent qu'une détention momentanée ou une simple réprimande;

Qu'il importe sans doute à la tranquillité publique que le crime et le jugement qui le suit soient promptement et généralement connus, et qu'il serait à désirer qu'on pût imprimer sur le front du coupable un signe de réprobation; mais qu'il serait injuste et dangereux de donner aux fautes légères la même publicité qu'aux crimes jugés ;

Que néanmoins le respect dû à la vérité, la pureté des principes, l'intérêt des mœurs et l'honneur de la France, pourraient faire adopter le journal projeté, si dans un moment où la nation se régénère, les mœurs pouvaient se régénérer aussi promptement ; mais que ne pouvant nous flatter d'arriver dans un instant à cet état heureux, où la pratique habituelle des vertus éloignera le citoyen de la faute la plus légère, ce serait exposer la société à perdre un nombre considérable de sujets, que vouer dès à présent à la honte et à l'infamie celui qui ne se serait rendu coupable que d'une faute, et qui n'aurait mérité qu'une détention momentanée, ou même qu'une simple réprimande ;

Qu'annoncer à la France entière, par la voie de l'impression d'un journal, que tel citoyen s'est rendu coupable, ce serait ajouter à la peine infligée par le juge une peine bien plus grave, puisque cette publicité enleverait au coupable d'une simple faute l'estime et la confiance de ses concitoyens ;

Que ces fautes qui ne méritent qu'une détention momentanée, ou même qu'une simple réprimande, ne sont ordinairement que l'effet de l'effervescence, de l'inexpérience et de l'indiscrétion, et que dans une ville immense où abonde la jeunesse de toutes les provinces, et ne peut être suffisamment surveillée, il serait trop dangereux que la publicité de semblables fautes pût former un obstacle invincible à l'établissement et au succès des travaux de ceux qui s'en seraient rendus coupables ;

Que l'auteur du prospectus annonce, article 8, que son journal sera précédé d'un état de toutes les personnes qui se trouveront détenues au premier décembre prochain ; que cet état serait une véritable diffamation ; que tout accusé, tout détenu, peut n'être pas coupable, et que la publicité de sa détention serait une punition anticipée, qui peut-être frapperait sur plus d'un innocent ;

Qu'à l'égard des criminels ce journal est inutile, puisque la publicité de l'instruction, l'impression et l'affiche des jugemens instruisent suffisamment la société des noms et qualités des coupables, des crimes qu'ils ont commis et des peines qu'ils ont méritées ;

Et que, quant aux simples fautes, ce journal serait infiniment plus dangereux qu'utile, puisque, sans prévenir les fautes, qui ne sont presque jamais précédées de la réflexion, il porterait la douleur dans les familles, et le désespoir dans le cœur des citoyens et des bons pères de famille ;

Qu'il est de la prudence de s'opposer à tout ce qui peut tendre à déchirer le voile charitable qui couvre encore les défauts et les faiblesses de l'humanité, et que s'il était permis de publier un tel journal, ce serait étrangement abuser de la liberté de la presse, qui n'a été réclamée et accordée par la patrie, que pour éclairer les citoyens sur la nature et l'étendue de leurs droits, et sur tous les objets d'administration ;

Que ce journal ne pourrait être utile qu'en supposant qu'il pût exister encore des innocens opprimés, ou détenus injustement, ou punis arbitrairement ; mais que dans ce point de vue, le journal ne devrait contenir que les noms de ceux qui auraient demandé ou consenti par écrit qu'on y annonçât leur détention ou leur jugement :

L'assemblée a arrêté d'une voix unanime, que MM. les représentans de la commune au département de la police, seront instamment invités de défendre aux concierges et greffiers de toutes les prisons de cette ville, de délivrer aucuns extraits des écrous des personnes qui ont été ou seront constituées prisonnières desdites prisons, à tous autres qu'aux personnes détenues, ou autres parties intéressées, et à prendre dans leur sagesse toutes les mesures nécessaires, soit pour empêcher la publication du journal projeté, et dont est question, soit pour le restreindre de manière qu'il ne comprenne que les noms et les faits applicables aux personnes qui demanderaient ou consentiraient par écrit qu'ils y fussent compris :

Comme aussi d'inviter tous les présidens, greffiers et secrétaires des comités civils des cinquante-neuf autres districts, à ne délivrer aucuns extraits des procès-verbaux qui auront été dressés dans les comités relativement à l'exercice de la police, sinon aux personnes intéressées, ou sur leur consentement par écrit;

A arrêté pareillement, que l'auteur du journal projeté sera invité, en sa qualité de bon citoyen, à renoncer à son projet, ou le restreindre dans les bornes ci-dessus indiquées ;

Comme aussi que le présent arrêté sera imprimé, et qu'il en sera envoyé un exemplaire à chacun des cinquante-neuf autres districts, avec invitation de faire connaître promptement leur vœu à MM. les représentans de la commune au département de la police. *Signés*, Cornu, président; Regnault, secrétaire-greffier.

Plan de la municipalité de Paris, présenté par le comité des vingt-quatre, adopté provisoirement par les deux cent quatre-vingts, et soumis au comité de constitution de l'assemblée nationale.

Il nous a paru indispensable de mettre ce document sous les yeux de nos lecteurs : ce projet, en effet, est le résultat du travail libre des représentans de la bourgeoisie parisienne, à ce titre, il peut être considéré comme la déclaration des droits municipaux.

TITRE PREMIER.
De la municipalité, de ses droits et fonctions.

Art. I. La municipalité de Paris sera réglée sur les mêmes bases et les mêmes principes que les autres municipalités du royaume, selon les décrets de l'assemblée nationale, autant que l'immense population de Paris et ses localités ne nécessiteront pas de différence.

II. L'ancienne municipalité et tous les offices en dépendant, la municipalité provisoire actuellement subsistante dans toutes ses parties, tant à l'Hôtel-de-ville que dans les districts de Paris, sous quelque titre et qualification que ce soit, sont supprimés et abolis, et cependant les officiers municipaux et toutes autres personnes actuellement en exercice, continueront leurs fonctions jusqu'à ce qu'il ait été procédé à de nouvelles élections.

III. Les finances des offices supprimés seront liquidées et remboursées, savoir : des deniers communs de la ville, s'il est justifié que ces finances aient été versées dans sa caisse ; et par le trésor royal, s'il est justifié qu'elles aient été payées au roi.

IV. La commune de Paris sera administrée par un corps municipal, dont le chef portera le nom de *maire*.

V. Le corps municipal sera divisé en conseil et bureaux.

VI. La commune aura en outre un conseil-général.

VII. Le corps municipal et le conseil-général seront, dans leurs compositions et fonctions, distincts de l'administration du département de Paris.

VIII. Les fonctions du pouvoir municipal, sous la surveillance et l'inspection du département, seront :

1° De régir les biens et revenus communs de la ville ;

2° De régler et d'acquitter les dépenses locales qui doivent être payées des deniers communs.

3° De diriger et faire exécuter les travaux publics qui sont à la charge de la ville, tant dans l'intérieur qu'à l'extérieur de Paris ;

4° D'administrer les établissemens appartenant à la commune, et entretenus de ses deniers ;

5° De faire jouir les habitans d'une bonne police ;

6° D'exercer la surveillance et la police immédiates sur les subsistances et approvisionnemens ; de former ou de conserver les établissemens destinés à les assurer ; de veiller à l'exécution des réglemens y relatifs, faits et à faire ; d'exercer les droits de la ville de Paris, pour raison de ses subsistances et approvisionnemens, tant sur la rivière de Seine, de Marne, rivières et ruisseaux y affluant, ports et canaux en dépendant, que dans les différentes provinces, villes et lieux où la ville de Paris a des subdélégués et substituts ; le tout de la manière et ainsi qu'elle en a joui par le passé.

IX. Le pouvoir municipal aura aussi sous l'autorité du département, 1° la direction de tous les travaux publics dans le ressort de la municipalité.

2° La régie immédiate des établissemens publics de Paris, tant dans l'intérieur qu'à l'extérieur de la ville;

3° La surveillance et l'agence nécessaires à la conservation des propriétés publiques;

4° La voirie et tout ce qui en dépend;

5° L'inspection directe des travaux de réparation ou reconstruction des églises, presbytères et autres objets relatifs au service du culte.

X. Toutes les fonctions de la municipalité seront divisées en plusieurs parties, dont la distribution et les détails seront expliqués au chapitre des *bureaux de la municipalité.*

XI. Le pouvoir judiciaire sera entièrement séparé de l'administration municipale.

XII. Tout le contentieux de la police, des subsistances, approvisionnemens et autres objets de la municipalité, appartiendra au tribunal à ce destiné, et organisé ainsi qu'il sera expliqué au titre du *tribunal de la ville.*

XIII. La commune aura toujours une force militaire en activité, sous la dénomination de *garde nationale parisienne.* Cette force demeurera définitivement composée et organisée, ainsi qu'il sera expliqué au titre de la *garde nationale parisienne.*

Elle sera subordonnée au pouvoir civil de la commune.

XIV. Aucune personne ne pourra exercer les fonctions municipales en même temps que celles de la garde nationale.

TITRE SECOND.

Du ressort et de la division de Paris, par rapport à la municipalité.

ART. I. La commune de Paris et sa municipalité seront renfermées dans l'enceinte de ses barrières actuelles (1).

II. Au-delà des barrières, dans la banlieue et dans les provinces, la municipalité exercera ses fonctions pour les subsistances et approvisionnemens, et pour autres objets relatifs à la

---

(1) Les différens articles de ce titre, à l'exception du second, sont compris dans la première série d'articles, déjà envoyée dans les districts.

sûreté, sous l'autorité du roi et la surveillance du département de Paris, et des départemens ou districts des lieux.

III. La ville de Paris sera divisée, par rapport à sa municipalité, en soixante parties, sous le nom de *sections*.

IV. Les arrondissemens des soixante districts actuels ne seront changés qu'autant qu'il le faut pour leur plus parfaite égalité, à raison des localités et de la population.

V. Il n'y aura aucune assemblée, ni aucun pouvoir intermédiaire entre les soixante sections et le corps municipal de la ville.

TITRE TROISIÈME.
De l'organisation du corps municipal et du conseil-général de la commune.

CHAPITRE PREMIER.
Du maire.

ART, Ier. Le maire sera le chef de la municipalité, président né du corps et du conseil municipal.

II. Il présidera aussi le conseil-général de la commune; il n'y opinera point sur les propositions mises en délibération, et il ne votera que pour départager.

III. Il aura la surveillance et l'inspection sur toutes les parties de l'administration dans chaque bureau; mais il ne pourra faire aucun acte d'exécution d'administration.

IV. Il aura le droit, toutes les fois qu'il le jugera convenable pour les intérêts de la commune, de porter au conseil-général les arrêtés et délibérations, ou réglemens du corps ou du conseil municipal, pour y être revus, confirmés ou réformés, sans néanmoins que cette citation puisse en arrêter l'exécution.

V. Tous réglemens, arrêtés ou délibérations seront intitulés de son nom et du conseil-général, corps ou conseil municipal dont ils seront émanés.

VI. Il signera les réglemens, arrêtés ou délibérations des assemblées qu'il aura présidées, et les autres seront munis de son *visa*, qu'il ne pourra refuser.

VII. Le maire aura le droit de convoquer le conseil et le corps municipal : il pourra aussi convoquer le conseil-général.

VIII. Les convocations ordonnées par le corps ou le conseil municipal, et par le conseil-général, seront faites au nom du maire, et en celui du corps ou conseil qui les aura ordonnées.

IX. Tous brevets ou commissions donnés par le conseil-général, par le corps ou le conseil municipal, seront intitulés du nom du maire et signés de lui ; il ne pourra refuser sa signature pour toutes les nominations qui ne lui seront pas spécialement réservées.

X. Il aura la légalisation de tous actes dans Paris.

XI. Il aura en sa garde les sceaux de la ville, et les fera apposer à tous les actes où ils seront nécessaires.

XII. Il aura également en sa garde les clefs de la ville.

XIII. La première place dans les cérémonies publiques de la ville lui appartiendra ; et il sera à la tête de toutes les députations.

CHAPITRE II.
Du corps municipal.

Art. 1er. Le corps municipal sera composé de soixante-douze membres, non compris le maire.

II. Il sera divisé en conseil et bureaux ; le conseil sera de quarante-huit membres, et les bureaux de vingt-quatre.

III. Les membres du conseil auront le titre de *conseillers*, et ceux des bureaux celui d'*administrateurs*.

IV. Le corps municipal s'assemblera au moins une fois par semaine.

V. Il s'assemblera en outre extraordinairement toutes les fois que les circonstances l'exigeront, et que sa convocation sera demandée, soit par le maire seul, soit par le procureur de la commune, soit par la majorité des administrateurs d'un bureau, soit par le sixième des membres du conseil ; et, en ces différens cas, la convocation sera faite par le maire, qui ne pourra s'y refuser.

VI. Le corps municipal nommera deux présidens, qui seront élus parmi les membres du conseil seulement : leur fonction sera de présider les assemblées en l'absence du maire.

VII. En l'absence du maire et des deux présidens, le doyen

d'âge des membres présens du conseil présidera les assemblées.

VIII. Toutes les délibérations nécessaires à l'exercice des fonctions du corps municipal seront prises dans l'assemblée des membres du conseil et des bureaux réunis, à l'exception des délibérations relatives à l'arrêté des comptes, qui seront prises par le conseil seul.

IX. La présence des deux tiers au moins des membres du conseil sera nécessaire pour recevoir les comptes de la gestion des administrateurs, du maniement des deniers du trésorier et autres personnes comptables; et la présence au moins de la moitié plus un des membres du corps municipal, sera nécessaire pour prendre des délibérations.

X. Lorsque dans les délibérations, arrêtés ou réglemens, soit du conseil, soit du corps municipal, la minorité aura été du tiers au moins des membres de l'assemblée, cette minorité pourra porter au conseil-général l'objet de la délibération ou du réglement, sans cependant que l'exécution en soit suspendue.

XI. Les convocations des assemblées ordinaires de la commune dans les soixante sections, pour les élections, appartiendront au corps municipal, et seront faites au nom du maire et du corps municipal.

XII. Il en sera de même des convocations du conseil général de la commune, dans les cas exprimés au chapitre du conseil-général.

CHAPITRE III.

Des administrateurs.

Art. Ier. Les administrateurs dont les attributions seront expliquées aux titres des bureaux, seront répartis ainsi qu'il sera expliqué en ce titre.

II. Ils seront chargés de tous les soins de l'exécution, et bornés à la simple régie.

III. Ils seront tous égaux en droits et fonctions.

IV. Chaque administrateur des différens bureaux aura une partie des fonctions du bureau qui lui sera attribuée; l'ordre et la signature pour les détails d'exécution dans sa partie lui appartiendront, et il en sera seul responsable.

V. Les bureaux ne pourront, en aucun cas, se réunir entre eux pour former des arrêtés ou réglemens.

VI. Les administrateurs d'un même bureau s'assembleront une fois par semaine, et en outre toutes les fois que l'un d'eux le requerra, pour prendre les délibérations ou arrêtés que l'ensemble et les différentes parties des fonctions du bureau pourront exiger.

VII. Les membres de chaque bureau présideront alternativement les assemblées du bureau.

VIII. Les délibérations seront prises à la pluralité des voix ; et, s'il y a partage, il sera référé de l'objet au corps municipal.

IX. Les seuls administrateurs qui auront signé les délibérations ou arrêtés en seront responsables.

X. Les administrateurs qui ne les auront pas signés, seront tenus de les exécuter provisoirement en ce qui les concerne ; il leur sera réservé d'en référer au corps ou au conseil municipal.

XI. Faute par eux de le faire à la prochaine assemblée du corps ou du conseil municipal, les délibérations ou arrêtés leur deviendront personnels, et ils en répondront comme s'ils les avaient signés.

XII. Les administrateurs n'auront aucun maniement de deniers en recette ni en dépense. Les dépenses seront faites et acquittées par le trésorier.

XIII. Les dépenses courantes de chaque bureau seront ordonnées par les administrateurs du bureau ; les dépenses plus considérables ou extraordinaires seront ordonnées par le conseil municipal, ou même par le conseil-général, dans les cas qui devront lui être soumis.

XIV. Les administrateurs rendront les comptes sommaires de leur administration au conseil municipal tous les trois mois.

XV. Ils rendront aussi au conseil municipal leurs comptes définitifs tous les ans. Ces comptes définitifs seront imprimés, et tout citoyen actif en pourra prendre communication, ainsi que des pièces justificatives, au greffe de la ville, sans déplacer et sans frais.

XVI. Ils seront astreints, en tout temps, à donner connaissance de leurs opérations au maire, au corps ou au conseil municipal, et au conseil-général de la commune lorsqu'ils en seront requis; ils donneront aussi, ou feront donner au procureur de la commune, toutes les instructions qu'il pourra demander.

CHAPITRE IV.
Du conseil-général.

Art. Ier. Le conseil-général de la commune sera composé de 216 membres au moins, compris les membres du corps municipal, et non compris le maire.

II. Les membres du conseil-général, qui ne seront pas du corps municipal seront appelés *notables*.

III. Les assemblées du conseil-général seront présidées par le maire; elles le seront, en son absence, par le président ou le vice-président, élus dans le conseil-général, et choisis parmi les notables seulement; et, en leur absence, par le doyen d'âge des notables présens à l'assemblée.

IV. Le président n'aura point voix délibérative, si ce n'est pour départager.

V. Le conseil-général sera convoqué dans les cas énoncés aux articles 4 du chapitre premier, et 10 du chapitre 2, du titre 3, et toutes les fois que le corps municipal le jugera convenable.

VI. Le corps municipal ne pourra se dispenser de convoquer le conseil-général, lorsqu'il s'agira de délibérer ;

Savoir : sur des acquisitions ou aliénations d'immeubles ;

Sur des impositions extraordinaires pour dépenses locales ;

Sur des emprunts ;

Sur des travaux à entreprendre ;

Sur l'emploi du prix des ventes, des remboursemens ou des recouvremens ;

Sur les procès à intenter ;

Même sur les procès à soutenir dans le cas où le fond du droit serait contesté.

VII. Les délibérations, arrêtés et réglemens sur ces différens objets, qui n'émaneront pas du conseil-général assemblé, seront nuls et ne pourront être exécutés.

VIII. Les membres du conseil-général, réunis au nombre de trente au moins, en pourront requérir la convocation lorsqu'ils le croiront nécessaire; et le corps municipal ni le maire ne pourront s'y refuser.

IX. Les convocations extraordinaires de la commune, dans les soixante sections, appartiendront au conseil-général; elles seront ordonnées par lui, et annoncées au nom du maire et du conseil-général.

CHAPITRE V.

Du procureur de la commune et de ses substituts.

Art. Ier. Il sera nommé, dans la forme expliquée au titre *des Élections*, un procureur de la commune et deux substituts.

II. Le procureur et ses substituts pour lui ou à son défaut seront chargés de défendre les intérêts et de suivre les affaires de la commune.

III. Ils auront séance à toutes les assemblées du corps ou du conseil municipal et du conseil-général: ils n'y auront point voix délibérative; mais nul rapport ne sera fait avant que l'affaire ne leur ait été communiquée; et nulle délibération ne sera prise sur les rapports sans qu'ils aient été entendus.

CHAPITRE VI.

Des secrétaires, garde des archives et des commis.

Art. Ier. Il sera nommé, par le conseil-général de la commune, de la manière expliquée au titre *des élections*, un secrétaire-greffier et deux secrétaires-greffiers-adjoints de la municipalité et du conseil-général.

II. Le secrétaire-greffier et les adjoints tiendront la plume dans les assemblées du corps municipal, du conseil et du conseil-général; ils en rédigeront les procès-verbaux, arrêtés et délibérations; ils en signeront les extraits ou expéditions; ils veilleront aux impressions, affiches et envois; ils délivreront et contre-signeront les brevets et commissions donnés par le conseil-général, par le corps municipal, par le conseil ou par le maire; et ils feront généralement tous autres actes naturellement propres à leurs fonctions.

III. Il sera également nommé, par le conseil-général, un garde des archives.

IV. Le nombre, les qualités, fonctions et appointemens des commis ou employés dans les différens bureaux, au secrétariat et aux archives, seront déterminés et fixés par des délibérations particulières du conseil-général, d'après les renseignemens qui seront fournis par les administrateurs, les secrétaires-greffiers et le garde des archives.

CHAPITRE VII.
Du bureau de renvoi.

ART. Ier. Il sera établi à l'Hôtel-de-ville un bureau de renvoi, sous la direction de commissaires choisis dans le conseil-général, parmi les notables.

II. Tous les paquets, requêtes, placets, mémoires, concernant la municipalité ou la commune, qui ne seront pas adressés ou présentés directement au maire seul, aux présidens des conseils, à un des bureaux ou aux différens membres de ces bureaux, seront portés ou remis au bureau de renvoi.

III. Les commissaires feront, tous les jours, à une heure convenue, l'ouverture des paquets, et le renvoi de ce qui y sera contenu, ainsi que des requêtes, placets et mémoires, à qui il appartiendra.

IV. Il sera tenu registre de ces paquets, requêtes, placets et mémoires, et de leur renvoi.

CHAPITRE VIII.
Du trésorier-général.

ART. Ier. La commune aura un trésorier-général pour ses recettes et dépenses.

II. Il sera nommé, par le conseil-général, de la manière expliquée au titre *des Élections*.

III. Il fournira un cautionnement, dont le montant sera réglé par le conseil-général.

IV. Son traitement et les frais de bureau seront aussi réglés par le conseil-général.

V. Il présentera, tous les mois, au conseil municipal, et plus souvent, si le conseil le demande, un bref état de la situation de sa caisse; il fournira au même conseil, à l'expiration de chaque année, un bordereau général de ses recettes et dépenses; et il présentera aussi au conseil municipal, dans les trois premiers mois de l'année suivante, ses comptes, appuyés de pièces justificatives, pour être arrêtés au plus tard dans la même année.

VI. Ces comptes seront imprimés; et tout citoyen actif pourra en prendre communication, ainsi que des pièces justificatives, au greffe de la ville, sans déplacer et sans frais.

VII. Le conseil-général pourra en tout temps demander au trésorier l'état de la caisse, et revoir ou vérifier ses comptes.

TITRE IV.

Des élections, de la durée des places, des remplacemens, etc.

CHAPITRE Ier.

Des électeurs et des éligibles.

Art. Ier. Ne seront électeurs, pour les places de la municipalité, et, comme tels, admis aux assemblées électives, que les citoyens actifs.

II. Pour être citoyen actif, il faudra réunir les qualités suivantes :

1° Être Français, ou devenu Français;

2° Être majeur de 25 ans accomplis;

3° Être domicilié dans Paris au moins depuis un an;

4° Payer une contribution directe de 3 liv.

III. Les personnes en état de domesticité, c'est-à-dire de service à gages, ne pourront être électeurs, et elles ne pourront le devenir, en cas de changement d'état, qu'un an après qu'elles seront sorties du service.

IV. Seront exclus de la qualité d'électeurs ou citoyens actifs, tous débiteurs insolvables, toute personne en faillite, tout banqueroutier, tout décrété d'ajournement personnel ou de prise-de-corps, et tout homme noté d'infamie par jugement.

V. Seront réputés débiteurs insolvables ceux qui, n'étant ni de commerce, ni de finance, auront fait des arrangemens préjudiciables à leurs créanciers, ou dont les biens seront en direction.

VI. Ne pourront aussi être électeurs, les enfans qui ont reçu et qui retiennent, à quelque titre que ce soit, une portion des biens de leur père mort insolvable, sans avoir payé leur part virile de ses dettes, c'est-à-dire, la portion contributive que chaque enfant aurait été tenu de payer, s'il se fût rendu héritier de son père; et seront exceptés seulement les enfans mariés qui ont reçu des dots avant la faillite ou l'insolvabilité de leur père, notoirement connue.

VII. Tout citoyen, actif électeur, qui paiera une contribution directe de dix livres, sera éligible pour les places de la municipalité, sauf les exceptions qui suivent.

VIII. Les parens et alliés au degré de père et de fils, de beau-père et de gendre, de frère et de beau-frère, d'oncle et de neveu, ne pourront être en même temps membres du corps municipal. Celui qui aura eu le plus grand nombre de voix demeurera élu; et, en cas d'égalité de voix, le plus âgé sera préféré.

IX. Les citoyens pourvus de places de judicature ne pourront être en même temps membres du corps municipal, et seront tenus d'opter : ceux qui sont actuellement en exercice dans les différens tribunaux seront éligibles pour les prochaines élections à faire; mais, en cas qu'ils restent juges dans la nouvelle organisation de l'ordre judiciaire, ils seront tenus d'opter.

X. Ceux qui seront chargés de la perception des impôts indirects, tant que ces impôts subsisteront, ne pourront être admis en même temps aux fonctions municipales, et seront tenus d'opter.

XI. A l'égard des notables pour le conseil-général, les fonctions n'en seront point incompatibles avec les places de judicature, ou celles de la perception des impôts indirects; et les parens, au degré exprimé dans l'article VIII ci-dessus, pourront être notables en même temps.

CHAPITRE II.

Des listes ou tableaux des citoyens actifs.

Art. Ier. Il sera incessamment dressé, si fait n'a été, dans chacune des soixante sections de la commune, des listes ou tableaux des citoyens réunissant les qualités requises pour être citoyens actifs.

II. Les citoyens actifs inscrits prêteront serment publiquement à la première assemblée générale élective de la section, entre les mains de celui qui présidera, de maintenir, de tout leur pouvoir, la constitution du royaume, d'être fidèles à la nation, à la loi, au roi et à la commune, et de remplir avec zèle et fidélité les fonctions civiles et municipales qui leur seront confiées.

III. Ces listes ou tableaux seront renouvelés chaque année; et ceux qui s'y trouveront nouvellement admis prêteront le même serment.

IV. Il sera remis à chaque citoyen inscrit un extrait de son inscription, destiné à faire preuve de sa qualité de citoyen actif-électeur, et à lui servir de titre d'admission aux assemblées électives de la section.

V. Il sera aussi formé, dans chacune des sections de la commune, un tableau particulier, où seront inscrits, chaque année, les noms des jeunes gens domiciliés dans l'arrondissement, qui auront atteint l'âge de 21 ans, à moins qu'il ne s'élève contre leurs mœurs et leur conduite des réclamations qui seront jugées en l'assemblée générale élective de la section, sauf le recours des jeunes gens non admis au conseil-général de la commune; et lorsqu'ils seront admis, ils prêteront serment de fidélité à la nation, à la loi, au roi et à la commune.

VI. Tous les jeunes gens admis à l'inscription et au serment, dans les sections, pendant le cours de l'année, renouvelleront leur serment avec solennité, en l'assemblée du conseil-général de la commune, qui sera tenue à cet effet le 14 juillet de chaque année.

VII. Il leur sera remis, dans leurs sections, un extrait de leur inscription civique; et, sur cet extrait, ils seront admis à prendre séance dans les assemblées des sections, mais sans y avoir voix délibérative ni consultative.

VIII. En cas de translation de domicile d'un citoyen inscrit, d'une section dans une autre, il en sera fait déclaration à la section qu'il quittera et à celle de son nouveau domicile ; son nom sera rayé des listes ou tableaux de la première, et inscrits dans ceux de la seconde.

CHAPITRE III.

Des assemblées électives.

Art. Ier. Les assemblées électives de la commune ne pourront être formées par métiers, professions ou corporations ; elles le seront par chacune des soixante sections de la ville.

II. Les assemblées des soixante sections, pour l'élection des membres de la municipalité, seront convoquées au nom du maire et du corps municipal, huit jours avant celui où elles devront avoir lieu.

III. Le conseil-général s'assemblera et restera en activité pendant les assemblées d'élection.

IV. Ces assemblées auront lieu à la même heure ; on ne s'y occupera d'aucune autre affaire que des élections et des prestations de serment dont il a été question au chapitre précédent ; elles se continueront aussi à la même heure les jours suivans, sans interruption ; mais un scrutin commencé sera terminé sans désemparer.

V. L'ouverture s'en fera en présence d'un citoyen chargé par le corps municipal d'expliquer l'objet de la convocation, et dont les fonctions cesseront immédiatement après la nomination du président et du secrétaire.

VI. L'assemblée procédera à la nomination d'un président et d'un secrétaire *ad hoc* ; il ne faudra, pour cette nomination, que la simple pluralité relative des suffrages en un seul scrutin, recueilli et dépouillé par les trois plus anciens d'âge de l'assemblée.

VII. L'assemblée étant ainsi formée, il sera fait appel nominal des citoyens actifs présens à l'assemblée, sur les titres ou brevets d'inscription qu'ils auront remis aux personnes à ce préposées, en entrant dans le lieu de l'assemblée.

VIII. S'il s'élève des difficultés relativement à l'admission, soit des citoyens actifs, soit des jeunes gens de 21 ans, elles seront réglées par l'assemblée sur-le-champ, sauf le recours des uns ou des autres au conseil-général, sans cependant que l'exercice de ce recours puisse suspendre les opérations de l'assemblée.

IX. L'assemblée nommera ensuite trois scrutateurs, qui seront chargés d'ouvrir les scrutins, de les dépouiller, de compter les voix et d'en proclamer les résultats. Ces trois scrutateurs seront nommés par un seul scrutin, dont les bulletins contiendront trois noms, et qui sera recueilli et dépouillé par les trois plus anciens d'âge de l'assemblée.

X. Les électeurs désigneront, dans leurs bulletins, les personnes, de manière à éviter toute équivoque; et si, faute de désignation suffisante entre le père et le fils, entre les frères et autres personnes de même nom, il y a, au jugement de l'assemblée, incertitude sur la personne désignée, le bulletin sera rejeté.

XI. Les élections faites par acclamation seront nulles, même quoique réitérées, et quoiqu'elles n'aient été suivies d'aucune réclamation.

CHAPITRE IV.
De l'élection du maire.

Art. I*er* Le maire sera élu à la pluralité absolue des voix des citoyens actifs.

II. (*Premier scrutin*). Dans chaque assemblée de section, les électeurs inscriront deux noms de citoyens éligibles sur le même bulletin; les bulletins qui en contiendront plus ou moins seront nuls.

III. (*Suite.*) De deux personnes inscrites sur chaque bulletin, une au moins sera choisie parmi les citoyens éligibles des autres sections; sinon le bulletin sera nul.

IV. (*Idem.*) Les scrutateurs feront le dépouillement du scrutin;

ils distingueront les voix données aux citoyens de leurs sections, de celles données aux citoyens des autres sections; ils désigneront les uns et les autres, autant qu'il sera possible, par leurs qualités et demeures, de manière à éviter toute équivoque; ils marqueront, à chacun des noms, le nombre de fois qu'il aura été appelé; ils feront le calcul particulier des voix de chacun, et le calcul total du nombre des bulletins.

V. (*Idem.*) Les résultats du dépouillement de chaque section seront portés à l'Hôtel-de-ville, dans l'assemblée du corps municipal, tenue le même jour, pour le recensement général des nominations dans les différentes sections.

VI. (*Idem.*) Chaque section pourra envoyer un commissaire, pour être présent à ce recensement général.

VII. (*Idem.*) Le recensement général sera fait par huit personnes tirées au sort, dont quatre seront prises dans les membres du corps municipal, et quatre dans les commissaires des sections.

VIII. *Idem.*) Les commissaires feront le relevé, sur le résultat du scrutin de chaque section, des différens noms qui y seront compris, et du nombre de voix que les personnes nommées auront eues; ils feront aussi le relevé du nombre total des bulletins.

IX. (*Idem.*) Si, par le résultat du recensement, un, deux ou trois citoyens réunissent la pluralité absolue des suffrages, c'est-à-dire, si, sur vingt mille bulletins de deux noms, produisant quarante mille voix, une, deux ou trois personnes en ont au moins dix mille et une, elles auront la pluralité absolue (1), et celle qui en aura le plus sera déclarée maire.

X. (*Idem.*) Si le citoyen élu refuse d'accepter, celui qui, après lui, aura réuni le plus grand nombre de voix, et aura la pluralité sera déclaré maire; s'il refuse, le troisième qui, pourra avoir aussi une pluralité absolue, sera maire; en cas de refus de sa

(1) Les votans étant supposés au nombre de 20,000, et chacun devant écrire deux noms sur son bulletin, aucun citoyen ne peut réunir plus de 20,000 voix; par conséquent 10,001 voix forment la pluralité absolue; et dans 40,000 voix, trois personnes ne peuvent avoir cette pluralité absolue, puisque trois fois 10,001 ne font que 30,000.

part, et si, après le premier ou le second, aucun citoyen n'a obtenu la pluralité absolue, le scrutin sera recommencé de la manière expliquée en l'article XVIII ci-après.

XI. (*Idem.*) Si deux ou trois citoyens réunissent la pluralité absolue en nombre égal, leurs noms seront envoyés dans les sections, pour l'un d'entre eux y être élu au scrutin.

XII. (*Idem.*) Si de trois désignés un refuse de concourir, les noms des deux autres seulement seront envoyés dans les sections.

XIII. (*Idem.*) Si le choix, par les sections, n'est à faire qu'entre deux, les votans n'inscriront qu'un nom sur leur bulletin; s'il est à faire entre trois, ils inscriront deux noms, afin que le scrutin produise nécessairement la pluralité absolue.

XIV. (*Idem.*) Les dépouillemens et les résultats de ce scrutin, dans chaque section, seront faits et envoyés à l'Hôtel-de-ville, de la même manière que ceux du précédent.

XV. (*Idem.*) Le recensement général en sera aussi fait de la même manière à l'Hôtel-de-ville.

XVI. (*Idem.*) Si, par le résultat du recensement, l'un des concurrens réunit la pluralité absolue, il sera déclaré *maire*; s'il y a égalité de voix, le plus âgé sera préféré.

XVII. (*Idem.*) Si l'élu refuse, celui qui suivra dans l'ordre des voix ou de l'âge, sera déclaré *maire*; et si tous refusent, il sera procédé à un nouveau scrutin, de la manière expliquée en l'article qui suit.

XVIII. (*Second scrutin.*) Si, au premier scrutin, aucun des citoyens nommés n'a obtenu la pluralité absolue des voix, ou si ceux qui l'ont obtenue ont refusé, il sera fait une liste des quarante citoyens qui auront eu le plus grand nombre de voix, en réunissant celles qu'ils auront eues dans les différentes sections; et il sera envoyé copie de cette liste dans les soixante sections, pour qu'il y soit procédé à un second scrutin, dans lequel on ne pourra nommer que parmi les citoyens compris dans la liste.

XIX. (*Suite.*) Si un ou plusieurs citoyens ont obtenu un nombre égal de voix à celui du quarantième compris dans la liste, leurs noms seront ajoutés à cette liste, et ils concourront avec les autres, pour le second scrutin.

XX. (*Idem.*) S'il se trouve moins de quarante citoyens nommés dans le premier scrutin, les noms de tous ceux qui l'auront été, seront envoyés dans les soixante sections, pour y concourir dans le second scrutin.

XXI. (*Idem.*) Les votans pour ce second scrutin inscriront sur leurs bulletins deux noms choisis dans ceux qui seront portés sur la liste.

XXII. (*Idem.*) Il en sera usé, pour les dépouillemens et résultats de ce scrutin, leur envoi et leur recensement général à l'Hôtel-de-ville, comme pour ceux du premier scrutin.

XXIII. (*Idem.*) Si, par le résultat du recensement, un des citoyens réunit seul la pluralité absolue des suffrages, ainsi qu'il a été expliqué à l'article 9 ci-dessus, il sera déclaré *maire*.

XXIV. (*Idem.*) Si deux ou trois ont la pluralité absolue, il en sera usé comme il a été expliqué aux articles 11, 13, 14, 15 et 16 ci-dessus.

XXV. (*Idem.*) Dans tous les cas de refus, on se conformera à ce qui est prescrit par les articles 10, 12 et 17.

XXVI. (*Troisème scrutin.*) Si ceux qui auront eu le nombre suffisant de voix pour être maire, ont refusé, ou si aucun des citoyens n'a eu la pluralité absolue, les noms des deux qui auront réuni le plus grand nombre de voix seront envoyés dans les soixante sections.

XXVII. (*Suite.*) Si les deux concurrens, ou l'un d'eux, refusent, les suivans ou le suivant, dans l'ordre des voix ou de l'âge, leur seront substitués pour le concours ; et si plus de deux citoyens avaient réuni la pluralité des voix en nombre égal, les noms des deux plus âgés seraient envoyés dans les sections, pour l'un des deux, y être élu au scrutin.

XXVIII. (*Idem.*) Dans ce dernier scrutin, les électeurs n'inscriront qu'un des deux noms sur leurs bulletins.

XXIX. (*Idem.*) Les dépouillemens, résultats, envois à l'Hôtel-de-ville et recensement général seront faits comme pour les précédens scrutins.

XXX. (*Idem.*) Si, par le résultat du recensement l'un des deux concurrens réunit la pluralité des voix, il sera déclaré maire; s'il y a égalité de voix entre les deux, le plus âgé sera préféré.

XXXI. (*Idem.*) En cas de refus de celui qui a obtenu la pluralité, ou des deux égaux en voix, les deux suivans, dans l'ordre des voix ou de l'âge, s'il y a égalité de voix, leur seront substitués pour un nouveau scrutin, qui sera fait de la même manière que le précédent.

XXXII. Dans tous les cas ci-dessus, où la préférence sera due à l'âge, le concurrent se prétendant le plus âgé, sera tenu d'en justifier, s'il en est requis.

CHAPITRE V.

De l'élection du procureur de la commune et des substituts.

Art. Ier Le procureur de la commune sera élu de la même manière que le maire, et selon les mêmes règles pour tous les cas.

II. Il ne sera procédé à son élection qu'après celle du maire.

III. Les deux substituts seront ensuite élus directement par les soixante sections, mais ensemble, et à la simple pluralité du quart des suffrages.

IV. Les bulletins, pour la nomination de deux substituts, contiendront quatre noms; autrement ils seront nuls.

V. Deux des noms, au moins, seront pris dans les autres sections, sinon le bulletin sera nul.

VI. Si, par le recensement général fait à l'Hôtel-de-ville, comme pour les élections du maire et du procureur de la commune, deux ou plusieurs citoyens ont la pluralité du quart des suffrages, les deux qui auront le plus de voix seront substituts; à l'égalité de voix, les plus âgés seront préférés.

VII. Si le premier scrutin ne donne pas deux personnes qui aient au moins le quart des suffrages, il sera procédé à un nouveau scrutin.

VIII. En cas de refus des nommés, les suivans, dans l'ordre des voix ou de l'âge, seront substituts ; s'ils refusent tous deux, il sera procédé à un nouveau scrutin, comme si personne n'avait eu la pluralité requise ; si l'un d'eux seulement refuse, l'autre restera nommé, et il ne sera procédé à un nouveau scrutin, que pour la nomination d'un seul.

IX. Si, dans un nouveau scrutin, il y a deux substituts à nommer, les bulletins contiendront quatre noms ; s'il n'y en a qu'un à élire, les bulletins contiendront deux noms.

X. Il en sera usé, pour la pluralité, l'égalité des voix et le refus, comme au premier scrutin.

XI. Si, par l'événement du second scrutin, un seul substitut se trouve nommé, les noms des deux citoyens qui, d'après lui, auront eu la pluralité des voix, seront envoyés dans les soixante sections, pour l'un des deux être élu.

XII. Si, dans le même scrutin, aucun n'a eu la pluralité requise les noms des quatre qui auront eu le plus grand nombre des voix, seront envoyés dans les soixante sections, pour deux des quatre être élus, et les bulletins, pour ce dernier scrutin, contiendront deux noms.

XIII. Dans les cas des deux articles précédens, il en sera usé, pour la pluralité, l'égalité des voix et le refus, comme au premier et au second scrutin.

CHAPITRE VI.

De l'élection des membres du corps municipal des notables.

Art. Ier Les administrateurs, les conseillers et notables, formant un nombre de 240 personnes au total, et l'immense population de Paris ne permettant pas que l'élection de ces 240 personnes soit faite conformément au règlement général de l'assemblée nationale sur les municipalités, cette élection se fera de la manière suivante.

II. Après les élections du maire, du procureur de la commune et des deux substituts, chacune des soixante sections assemblées élira, parmi les citoyens actifs de la section seulement, quatre membres qui seront destinés à former le conseil-général de la commune et le corps municipal.

III. L'élection se fera par scrutin individuel, et à la pluralité absolue des suffrages.

IV. Si, au premier scrutin, la pluralité absolue n'est pas acquise, il sera procédé à un second ; et, en cas que celui-ci ne fournisse pas non plus la pluralité absolue, il sera procédé à un troisième scrutin entre les deux citoyens seulement qui auront eu le plus de voix au second.

V. En cas d'égalité de voix au second et au troisième scrutin entre plusieurs citoyens ayant la pluralité des voix, la préférence sera due à l'âge.

VI. Les nominations étant faites dans les soixante sections, il sera envoyé, par chacune d'elles, à l'Hôtel-de-ville, un extrait du procès-verbal, contenant les noms des quatre citoyens élus.

VII. Il sera fait une liste des 240 citoyens élus ; elle sera imprimée et envoyée dans les soixante sections.

VIII. Les sections seront tenues de s'assembler le lendemain de cet envoi, et elles procéderont à la lecture de la liste imprimée, à l'effet d'accepter la nomination des citoyens qui y seront compris, ou de s'y refuser sur les motifs qu'on sera tenu de proposer dans l'assemblée, et sur lesquels il pourra être procédé au scrutin, quand il sera réclamé par six citoyens actifs de la section.

IX. Les résultats de la présentation de la liste, dans chaque section, seront envoyés à l'Hôtel-de-ville, et les citoyens nommés qui auront été refusés par plus de moitié des sections, seront retranchés de la liste, sans autre information.

X. Les sections, dont quelques-uns des citoyens élus auront été retranchés de la liste, procéderont, dès le lendemain de l'avis qui leur en aura été donné par le corps municipal, à l'élection des membres qui devront remplacer ceux qui auront été refusés. Si le citoyen ou les citoyens refusés ne l'ont été que par trente sections, il leur sera accordé huitaine pour se pourvoir dans les sections qui les auront refusés ; les sections dont ils seront membres ne seront tenues de procéder à leur remplacement qu'après cette huitaine, et dans le cas où les sections auraient persisté dans leur refus.

XI. Les noms des nouveaux élus à la place des citoyens refusés, seront envoyés dans les sections pour y être acceptés ou refusés de la même manière que les premiers.

XII. Après que la liste des 240 élus sera définitivement arrêtée, les 60 sections seront assemblées de nouveau, à l'effet de procéder à l'élection des soixante-douze membres du corps municipal, de la manière suivante.

XIII. Chaque section procédera à un scrutin, par bulletins de liste de vingt noms choisis parmi ceux de la liste imprimée.

XIV. Si les bulletins contiennent plus ou moins de vingt noms, ou des noms qui ne seraient pas compris dans la liste imprimée, ils seront nuls.

XV. Le résultat de ce scrutin, dans chaque section, sera envoyé à l'Hôtel-de-ville; et ceux qui, sur le recensement général qui y sera fait, auront la pluralité du quart des suffrages, seront membres du corps municipal.

XVI. Pour le nombre des membres restant à nommer, comme aussi dans le cas où aucun citoyen n'aurait eu la pluralité du quart des suffrages, il sera procédé, dans les soixante sections, à un nouveau scrutin.

XVII. Ce scrutin sera fait, comme le précédent, par bulletins de liste de vingt noms, choisis parmi ceux de la liste imprimée, moins ceux qui se trouveront nommés par le précédent scrutin.

XVIII. Tous ceux qui, par l'événement du scrutin dont il s'agit réuniront la pluralité du quart des suffrages, seront membres du corps municipal.

XIX. Si le nombre de soixante-douze membres ne se trouve pas rempli; comme aussi dans le cas où aucun membre ne se trouverait élu, il sera procédé, dans les soixante sections, à un dernier scrutin.

XX. Ce dernier scrutin sera fait également par liste de vingt noms, choisis dans ceux de la liste imprimée, moins ceux qui auront été élus.

XXI. La simple pluralité des suffrages sera suffisante à ce dernier scrutin ; et ceux qui, par le recensement général, se trouveront l'avoir, seront membres du corps municipal, jusqu'à la concurrence de 72 membres dont il doit être formé.

XXII. En cas d'égalité de voix, pour le dernier ou les derniers des 72 membres, la préférence sera accordée aux plus âgés.

XXIII. Il en sera usé de même, lors du premier ou du second scrutin, dans le cas où ces scrutins présenteraient 72 membres et égalité de voix pour le dernier ou les derniers.

XXIV. En cas de refus d'un ou de plusieurs citoyens élus dans les deux premiers scrutins, il en sera usé comme s'ils n'avaient pas eu la pluralité requise pour l'élection, et leurs noms ne concourront pas dans les scrutins suivans.

XXV. En cas de refus de la part d'un ou de plusieurs citoyens élus au dernier scrutin, ceux qui suivront dans l'ordre des voix ou de l'âge seront élus.

XXVI. Les citoyens compris sur la liste imprimée, qui n'auront pas été élus membres du corps municipal, ou qui auront refusé de l'être, resteront membres du conseil-général, en qualité de notables.

CHAPITRE VII.
De l'élection des administrateurs.

Art. Ier. Le corps municipal élira les 24 administrateurs parmi ses 72 membres.

II. Le maire, chef du corps municipal, président l'assemblée élective, y aura droit de suffrage.

III. L'assemblée, pour l'élection des 24 administrateurs, se tiendra le lendemain de la nomination des 72 membres du corps municipal.

IV. L'assemblée nommera trois scrutateurs à la pluralité relative des suffrages, par bulletin de liste de trois noms; le dépouillement en sera fait par les plus anciens d'âge de l'assemblée.

V. Il sera procédé aux scrutins pour la nomination des 24 administrateurs, en suivant l'ordre des bureaux, et commençant par ceux qui exigent, de la part des administrateurs, un genre de connaissances plus particulier.

VI. Les scrutins seront faits par bulletins de liste, contenant le double des noms des administrateurs à nommer pour chaque bureau.

VII. Si le premier scrutin, pour chaque nomination, ne donne pas le nombre total des administrateurs à la pluralité absolue, ou n'en fournit aucun, il sera procédé à un second scrutin de la même manière ; et si le second ne complète point le nombre, il sera procédé à un troisième et dernier, dans lequel la simple pluralité relative suffira.

VIII. En cas d'égalité de voix dans les trois scrutins, les plus âgés seront préférés ; en cas de refus des nommés aux deux premiers scrutins, les suivans, s'ils ont pluralité absolue, seront administrateurs ; et, au troisième scrutin, les suivans le seront avec la simple pluralité relative.

IX. Les administrateurs d'un bureau étant nommés, le corps municipal procédera, par scrutin individuel et pluralité absolue, au choix de ceux qui administreront les différentes divisions des attributions du bureau.

CHAPITRE VIII.

De l'élection des secrétaires, greffiers-gardes des archives et trésorier-général.

Art. Ier. Le secrétaire-greffier, les deux secrétaires-greffiers-adjoints, le garde des archives et le trésorier-général, seront élus par le conseil-général de la commune ; ils pourront être choisis parmi tous les citoyens actifs éligibles de Paris.

II. Ils seront élus par scrutin individuel, à la pluralité absolue des suffrages, et les bulletins pour chaque élection contiendront deux noms.

III. Si la pluralité absolue n'est acquise à personne au premier scrutin, il sera procédé à un second ; et, si le second ne la donne point, il sera procédé à un troisième, dans lequel les électeurs n'auront à choisir qu'entre les deux personnes qui auront eu le plus de voix au second scrutin.

IV. En cas d'égalité de voix aux différens scrutins, la préférence sera accordée au plus âgé; et en cas de refus, les suivans, dans l'ordre des voix ou de l'âge, ayant la pluralité requise, remplaceront les refusans.

V. Le maire, président l'assemblée, aura droit de suffrage pour les différentes élections.

CHAPITRE IX.
De la durée des places.

ART. Ier. Le maire, le procureur de la commune, ses substituts, les membres du corps municipal, et ceux du conseil-général, resteront en place pendant deux ans.

II. Le maire, le procureur de la commune, et ses substituts, pourront être réélus pour deux autres années; ils ne pourront l'être dans les élections suivantes pour les mêmes places, qu'après l'expiration de deux années.

III. La moitié des membres du corps municipal et des notables sera renouvelée chaque année.

IV. Le sort déterminera ceux qui devront sortir à l'époque de l'élection qui suivra la première; pour cette première fois, les sortans n'auront exercé qu'une année; mais le temps qui aura précédé celui de l'époque fixe des élections ordinaires ne sera pas compté.

V. La sortie de la moitié des membres du corps municipal opérera celle de la moitié des administrateurs qui en font partie; mais dans les bureaux où les administrateurs seront en nombre impair, il en sortira un de moins la première année, et un de plus la seconde; et la première année il sortira des membres du conseil de plus, pour former le nombre de trente-six membres du corps municipal sortant chaque année.

VI. Le procureur de la commune et ses substituts sortiront alternativement, le procureur une année, et les deux substituts une autre année.

VII. L'année de la sortie du procureur de la commune ne sera pas la même que celle de la sortie du maire; à cet effet, le procureur de la commune élu à la première élection, n'exercera que pendant un an, non compris le temps qui s'écoulera avant celui de l'époque fixe des élections ordinaires.

VIII. Le secrétaire-greffier, les secrétaires-greffiers-adjoints, le garde des archives et le trésorier-général, seront à vie; mais ils pourront être changés, lorsque le conseil-général, convoqué à cet effet, le jugera convenable, à la majorité des voix, en assemblée composée de deux tiers au moins des membres de ce conseil.

CHAPITRE X.
De l'incompatibilité des places.

ART. Ier. Les places de maire, de procureur de la commune et de ses substituts, des membres du corps municipal ou du conseil-général, des secrétaires-greffiers et de ses adjoints, de garde des archives et de trésorier-général, seront incompatibles. En conséquence, ceux qui, étant pourvus d'une de ces places seront élus à une autre, seront tenus d'opter.

II. Les membres du corps municipal, durant leur exercice, ne pourront être membres de l'administration du département de Paris ; et s'ils sont élus membres de cette administration, ils seront tenus d'opter.

CHAPITRE XI.
Des remplacemens accidentels.

ART. Ier. En cas de vacance des places de maire, de procureur de la commune ou de ses substituts, par mort, démission ou autrement, le corps municipal sera tenu, dans le délai de trois jours de la vacance, ou à son défaut, après ce délai expiré, le conseil-général, de convoquer les soixante sections, pour élire à la place vacante de la même manière que lors des élections ordinaires.

II. Durant les vacances imprévues de la place de maire, les fonctions en seront dévolues, *par intérim*, au président du corps municipal.

III. Les personnes élues n'exerceront que pendant le temps qui restera à courir pour la durée ordinaire de la place. Ce temps leur sera compté pour un exercice entier, et elles ne pourront être réélues de suite aux mêmes places qu'une fois.

IV. En cas de vacance accidentelle des places d'administrateurs, les membres du conseil municipal qui auront eu le plus de suffrages pour la même administration, rempliront ces places.

V. Les places du conseil municipal, vacantes dans le cas de l'article précédent ou autrement, seront remplies par ceux des notables qui auront eu le plus de suffrages pour être du corps municipal.

VI. Les places de notables qui viendront à vaquer dans les cas exprimés aux articles précédens ou autrement, ne seront remplies qu'à l'époque de l'élection annuelle pour les renouvellemens ordinaires.

VII. En cas d'absence, de maladie, ou autre empêchement momentané du procureur de la commune et de ses substituts, ils seront remplacés, dans l'exercice de leurs fonctions, par un des membres des assemblées où elles seront nécessaires, désigné à cet effet par l'assemblée.

CHAPITRE XII.
Des remplacemens ordinaires.

ART. Ier. Les remplacemens ordinaires se feront à l'expiration du temps fixé pour la durée des places au chapitre VIII.

II. Les élections pour ces remplacemens à l'égard du maire, du procureur de la commune et de ses substituts, se feront de la même manière que les premières élections.

III. Les élections pour le remplacement des membres du corps municipal et des notables sortans, se feront aussi de la même manière que les premières élections; mais y ayant moitié moins de membres à nommer, la liste à former, à imprimer et à envoyer dans les soixante sections, ne comprendra que le double du nombre des personnes à nommer; et les autres dispositions du même chapitre recevront les modifications qui peuvent résulter de cette diminution de moitié.

IV. L'élection des nouveaux administrateurs, chaque année, sera aussi faite de la même manière que la première par le corps municipal; et les nouveaux administrateurs seront choisis par les vingt-quatre conseillers, membres du corps municipal nouvellement élus.

CHAPITRE XIII.
Des époques des élections, de leurs suites et de leurs effets.

Art. Ier Les premières élections seront faites aussitôt après la sanction du réglement général de la municipalité.

II. Les assemblées des soixante sections seront convoquées à cet effet, au nom du maire en exercice et de l'assemblée générale des trois cents représentans de la commune.

III. Les recensemens généraux et toutes autres opérations attribuées au corps municipal pour les élections, appartiendront, pour cette première fois, à l'assemblée générale des représentans de la commune.

IV. L'assemblée députera vers chacune des soixante sections un des représentans de la section, pour y annoncer l'objet de la convocation, et être présent à l'élection qui y sera faite, en la forme indiquée au chapitre III ci-dessus, d'un président et d'un secrétaire *ad hoc*.

V. Le corps municipal, aussitôt après qu'il sera formé, procédera à l'élection des administrateurs, et ensuite à celle de ses deux présidens.

VI. Le conseil-général, aussitôt après sa formation, procédera à l'élection des secrétaires, greffiers et adjoints, garde des archives et trésorier-général; il procédera aussi à l'élection de ses président et vice-président.

VII. Les assemblées pour le renouvellement des élections tous les ans, se tiendront le dimanche d'après la Saint-Martin, et se continueront les jours suivans jusqu'à la consommation des élections. Le premier renouvellement se fera le dimanche d'après la Saint-Martin 1791 et jours suivans.

VIII. Le maire, le procureur de la commune et ses substituts, les membres du corps municipal, et les notables élus aux premières sections, seront proclamés par l'assemblée générale des représentans de la commune; ils prêteront serment dans l'assemblée entre les mains du maire en exercice, ou de celui qui présidera l'assemblée en son absence ou à son défaut.

IX. Les proclamations des élections suivantes seront faites, et les sermens reçus par le corps municipal.

X. Le serment prêté par les élus lors des premières élections et des suivantes, sera de maintenir, de tout leur pouvoir, la constitution du royaume, d'être fidèles à la nation, à la loi, au roi et à la commune, et de bien remplir leurs fonctions.

XI. Après les premières élections, proclamation, prestation de serment et installation, les représentans actuels de la commune, ainsi que tous officiers municipaux en exercice, cesseront leurs fonctions.

XII. Les comptables, soit de gestion, soit de finance, rendront leur compte définitif au nouveau corps municipal, et le conseil-général pourra les revoir et vérifier, s'il le juge convenable.

XIII. Ces comptes définitifs seront imprimés; et tout citoyen actif pourra en prendre communication, ainsi que des pièces justificatives, au greffe de la ville, sans déplacer et sans frais.

XIV. Après les élections mentionnées en ce titre, et celles des membres des comités des sections, qui seront faites immédiatement après, de la manière expliquée au titre des *Comités des sections*, les citoyens actifs de la commune ne pourront ni rester assemblés, ni s'assembler en corps de sections, soit dans une ou plusieurs sections, soit dans toutes, sans une convocation expresse, ordonnée par le conseil-général de la commune.

XV. Le conseil-général ne pourra refuser la convocation générale des sections, lorsqu'elle sera demandée par le sixième des sections, et la convocation d'une section, lorsqu'elle sera demandée par cent citoyens actifs de cette section.

XVI. Les citoyens actifs auront le droit de se réunir paisiblement, et sans armes, en assemblées particulières, pour rédiger des *adresses et pétitions*, soit au corps municipal, ou au conseil-général, soit à l'administration du département, soit au corps-législatif, ou au roi, sous la condition de donner avis aux officiers municipaux du temps et du lieu de ces assemblées, et de ne pouvoir députer que vingt citoyens actifs, pour apporter et présenter les *adresses et pétitions.*

XVII. Les membres du corps municipal, ceux du conseil-général, le procureur de la commune et ses substituts, ne pourront être révoqués que pour forfaiture jugée.

XVIII. Si un citoyen croit être personnellement lésé par quelqu'acte du corps municipal, ou du conseil-général, il pourra exposer ses sujets de plainte à l'administration du département de Paris, qui vérifiera ou fera vérifier les faits et y fera droit.

XIX. Tout citoyen actif pourra signer et présenter, contre les officiers municipaux, la dénonciation des délits d'administration dont il prétendra qu'ils se seraient rendus coupables; mais avant de porter cette dénonciation dans les tribunaux, il sera tenu de la soumettre à l'administration du département, qui, après la vérification des faits, renverra la dénonciation, s'il y a lieu, à ceux qui devront en connaître.

XX. Toute personne qui aura à se plaindre des officiers municipaux pour un délit d'administration qu'elle prétendra commis envers elle personnellement, en portera sa plainte à l'assemblée du corps municipal, qui sera tenu d'y pourvoir à l'assemblée suivante. A défaut par le corps municipal de le faire, comme aussi dans le cas où la partie lésée ne se trouverait pas satisfaite de la décision, elle pourra porter sa plainte dans les tribunaux.

TITRE V.
Divisions des bureaux et détails de leurs attributions.

CHAPITRE Ier.

L'administration de la municipalité sera répartie en six bureaux, dans l'ordre qui suit :

Ier BUREAU. — *Subsistances et approvisionnemens.*

Ce bureau aura les attributions suivantes, et cinq administrateurs, entre lesquels elles seront réparties.

Ire Division. — *Blés et farines, grains et fourrages.*

Les halles, magasins, greniers et dépôts des blés et farines, les moulins; l'inspection et protection sur le commerce des grains pour l'approvisionnement de Paris; les boulangers, les marchés au pain; les grains, grenailles, avoine et fourrages.

IIe Division. — *Boucheries et charcuteries.*

Les bouchers et charcutiers, les boucheries et tueries, les suifs, les marchés aux veaux et aux porcs; les marchés de Sceaux et de Poissy; l'inspection et protection sur le commerce de tout ce qui concerne la boucherie et charcuterie pour l'approvisionnement de Paris.

IIIe Division. — *Menues denrées, poissons, vins.*

Les halles et marchés aux fruits, légumes, volailles et autres comestibles; le poisson frais, sec et salé; les vins et boissons, les eaux de vie et liqueurs.

IVe Division. — *Chauffages et bâtimens.*

Les bois et charbons, les tourbes, pierres, briques, plâtre, chaux, tuiles, ardoises, carreaux, et autres matières nécessaires aux bâtimens; les ports et chantiers aux bois, charbons, pierres, tuiles, etc.

Ve Division. — *Transports et arrivages.*

L'inspection et la police pour les transports et arrivages de tous approvisionnemens de Paris, sur la Seine, la Marne, l'Oise, l'Yonne, rivières et ruisseaux y affluant; sur les quais, ports, rivages et lisières en dépendant; sur les canaux de jonction de la Loire et du Loing, ou autres faits et à faire, et généralement sur tous ouvrages et établissemens destinés aux transports et arrivages des subsistances et approvisionnemens.

IIe BUREAU. — *De la police.*

Les fonctions de la police seront réparties en quatre administrateurs.

Ire Division. — *Ordre public.*

L'inspection et la police des spectacles, vauxhalls, promenades, places, rues et carrefours, jeux et maisons publiques, pour le bon ordre, la sûreté et la tranquillité; les rixes, batteries et attroupemens; les prisons de police et maisons d'arrêt; l'inspection sur le balayage des rues, sur l'enlèvement des boues, sur les arrosemens et sur l'illumination.

IIe Division. — *Habitans.*

Les hôtels garnis, logeurs, cafés, auberges et cabarets ; les lieux ci-devant privilégiés, tels que le Temple et Saint-Jean-de-Latran ; les étrangers qui arrivent à Paris ; les ouvriers et domestiques ; l'inspection des registres de naissance, mariages et sépultures ; le dénombrement des habitans, les instructions sur la population de Paris ; le bureau des nourrices et recommandaresses.

IIIe Division. — *Commerce et finance.*

Les arts et métiers, les fabriques et manufactures, les découvertes relatives aux arts ; les poids et mesures, les visites des marchandises, l'inspection des pharmacies, les empiriques ; l'imprimerie, la librairie, la gravure, les colporteurs ; la bourse, les agens de change et courtiers ; le mont-de-piété, les fripiers ou revendeurs, et les marchés y relatifs ; les loteries.

IVe Division. — *Foires, marchés et voitures.*

Les foires, le marché aux chevaux, les voitures de place de toute espèce les remises, les voitures publiques d'eau et de terre ; les petites et grandes messageries ; les grandes et petites postes, la poste aux chevaux, le roulage de tout genre.

IIIe Bureau. *Des établissemens publics.*

Ce bureau aura les attributions suivantes, et six administrateurs.

Ire Division. — *Education et institution.*

L'inspection et la police des quatre facultés de l'université, des colléges de chirurgie et de pharmacie, des colléges et pensions, des maisons d'éducation ou d'institution des deux sexes ; les petites écoles ; les brevets à donner aux maîtres et maîtresses, et généralement tout ce qui a rapport à l'institution de la jeunesse ; les cours publics, les lycées et autres lieux d'instruction publique ; l'école gratuite de dessin ; les établissemens pour l'instruction des aveugles et des sourds et muets.

IIe Division. *Etablissemens relatifs au culte.*

Les églises, presbytères, couvens, confréries ; l'examen des comptes des fabriques ; les établissemens relatifs aux protestans et autres non-catholiques.

III⁰ Division. — *Monumens publics.*

Les monumens publics, les spectacles, vauxhalls et autres lieux ou édifices publics, pour leur formation ou conservation ; les académies et les bibliothèques publiques ; la surveillance sur le bibliothécaire et le sous-bibliothécaire de la commune.

Nota. Il y a ajournement sur les académies, les bibliothèques publiques, et les jardins.

IV⁰ Division. — *Hôpitaux pour les malades.*

Les hôpitaux, hospices et maisons de charité pour les pauvres malades, savoir : l'Hôtel-Dieu, l'hôpital Saint-Louis, les Incurables, la maison des frères de la charité, les maisons des sœurs hospitalières de la Raquette, de la Place-Royale et de la rue Mouffetard, et autres établissemens de ce genre ; l'examen des comptes des bureaux de leur administration ; les sœurs de Charité, et les secours donnés dans les paroisses aux pauvres malades.

V⁰ Division. — *Hôpitaux pour les pauvres valides.*

Les hôpitaux destinés pour les pauvres valides, savoir : la Salpétrière, Bicêtre, la Pitié, la maison de Scipion, Sainte-Pélagie, le Saint-Esprit, les Enfans-Trouvés du parvis Notre-Dame, ceux du faubourg Saint-Antoine, l'hôpital de Vaugirard, les Petites-Maisons, l'hôtel de la Trinité, l'hôpital des Cent-Filles, l'hôtel Saint-Gervais et celui de Sainte-Catherine, le Nom-de-Jésus, les Quinze-Vingts, et autres établissemens de ce genre, faits ou à faire ; l'examen des comptes des bureaux de leur administration.

VI⁰ Division. *Mendicité, secours et sûreté.*

L'inspection des établissemens faits et à faire pour réprimer les vagabonds et supprimer la mendicité ; les ateliers de charité ; le grand bureau des pauvres ; les aumônes et secours publics ; les instructions sur les maladies qui règnent dans Paris ; la distribution des remèdes gratuits, et des secours aux noyés ; les prisons, maisons d'arrêt et de force, quant à l'administration de l'intérieur,

IVe Bureau. — *Travaux publics.*

Le bureau des travaux publics aura quatre administrateurs, avec les attributions suivantes :

Ire Division. — *Voirie et pavé.*

La voirie et tout ce qui a rapport aux alignemens et à la liberté de la voie publique; les confection, réparation et entretien du pavé; les plans de Paris.

IIe Division. — *Propreté, clarté, salubrité, fêtes.*

L'illumination de Paris; les fêtes publiques; les ateliers publics; les incendies et pompiers; le balayage, le nettoiement, les arrosemens des rues, carrefours, places et promenades; l'enlèvement des boues, gravas et immondices; les cimetières, les vidanges, voiries, fosses vétérinaires; l'inspection de tous autres objets de salubrité du même genre.

IIIe Division. — *Bâtimens.*

Les confection, entretien et réparations de tous bâtimens du domaine de la ville, des prisons, hôpitaux, casernes, et de tous autres bâtimens, édifices et monumens publics, civils, militaires et religieux; des places et promenades publiques, des clôtures et des barrières de Paris; l'inspection et la conservation des carrières.

IVe Division. *Ponts, quais, fontaines, etc.*

Les confection, entretien et réparations des ponts, quais, ports, rivages, travaux sur les rivières, écluses, canaux, fontaines, aqueducs, pompes, machines hydrauliques, et de tous autres objets du même genre, tant dans Paris qu'à l'extérieur et dans les provinces, relativement aux approvisionnemens de Paris.

Ve Bureau.— *Domaines, revenus et dépenses.*

Les attributions de ce bureau seront réparties entre deux administrateurs, ainsi qu'il suit :

Ire Division. — *Biens et revenus.*

Les propriétés foncières et domaniales; les droits et revenus de la ville; les octrois; les impositions, contributions ou emprunts pour les affaires et besoins de la ville.

ANNÉE 1789.

IIe Division. — *Dépenses.*

Le paiement des dépenses fixes et annuelles, et de toutes les dépenses ordinaires ou extraordinaires des différens bureaux; le paiement des rentes et pensions assignées sur le domaine de la ville; la comptabilité du trésorier-général de la ville et des receveurs particuliers; la surveillance journalière des caisses.

VIe BUREAU. — *Force militaire.*

Les fonctions et attributions de ce bureau seront réparties entre trois administrateurs.

Ire Division. — *Habillement et solde.*

L'habillement, l'équipement, l'armement, l'entretien des armes, et le prêt des compagnies soldées de la garde nationale, infanterie, cavalerie, artillerie, et de toutes autres troupes soldées au service de la capitale.

IIe Division. — *Casernement et hôpitaux.*

Les casernes, les corps-de-garde et guérites, les écuries pour la cavalerie, l'hôpital ou les hôpitaux militaires, ou autres établissemens qui en tiendront lieu; le tout pour les emplacemens, acquisitions ou locations; pour l'ordre et l'inspection de l'intérieur; pour les fournitures et pour tous objets autres que les construction, entretien et réparations des édifices et bâtimens.

IIIe Division. — *Formation et réglemens.*

Tout ce qui a rapport aux composition, formation ou réforme, recrutement et complet des troupes soldées; l'inspection sur les recrues faites dans Paris pour les troupes; les soldats en semestre, passans ou émigrans; les réglemens ou ordonnances pour la garde nationale, ou toutes autres parties de la force militaire de Paris; la garde nationale non soldée pour tous ses rapports avec la municipalité et le conseil-général.

CHAPITRE II.

Suite de l'établissement des bureaux.

Art. Ier. Les charges ou offices (autres que ceux de l'ancienne municipalité, supprimés par l'article II du titre Ier) auxquels différentes fonctions, réparties dans les six bureaux de la municipalité, avaient été attribuées, seront supprimés, et les finances en seront remboursées ; savoir, des deniers communs de la ville, s'il est justifié que ces finances aient été versées dans ses caisses, et par le roi, s'il est justifié qu'elles aient été payées au trésor royal.

II. Ceux de ces offices ou charges dont les fonctions mentionnées en l'article précédent ne faisaient que partie de leurs attributions, pourront être conservés ; mais les propriétaires seront indemnisés en raison de la diminution de valeur de leurs charges ou offices.

III. Les commissions, également chargées de fonctions réparties dans les six bureaux de la municipalité, seront révoquées et supprimées.

IV. La distribution des fonctions de la municipalité dans les six bureaux, et leur division entre les administrateurs, pourront être changées par la suite, selon que l'expérience le fera juger convenable.

V. Ces changemens pourront être demandés par le corps municipal, et seront ordonnés par le conseil général.

VI. Le corps municipal statuera sur les difficultés qui pourront s'élever, soit entre différens bureaux, soit entre les administrateurs d'un même bureau, sur leurs fonctions et attributions respectives.

VII. Les réglemens généraux nécessaires pour l'exercice des fonctions des différens bureaux, et pour le régime des différentes parties de la municipalité attribuées à chacun de ces bureaux, seront dressés par le conseil général, et soumis au pouvoir législatif.

VIII. Les dépenses ordinaires des bureaux, pour appointemens et gages, et pour tous menus frais, seront ordonnées par les administrateurs, chacun dans sa partie, visées par l'administrateur du bureau du domaine chargé des dépenses, et acquittées par le trésorier-général.

IX. Toutes autres dépenses seront ordonnées par l'assemblée du corps municipal ou du conseil-général : les mandats en seront délivrés sur les délibérations, par l'administrateur dans la division duquel la dépense sera faite ; ils seront visés par l'administrateur du domaine, pour la partie des dépenses, et acquittés par le trésorier-général.

TITRE VI.
Des honoraires d'indemnité, traitemens et appointemens.

Art. Ier. Le maire de Paris sera logé et meublé aux dépens de la commune.

Il lui sera attribué 60,000 liv. pour dépenses tant ordinaires qu'extraordinaires.

Sa voiture portera les armes de la ville; ses domestiques auront la livrée de la ville.

II. Il sera attribué au procureur de la commune 8,000 liv. par an.

Aux substituts, chacun 4,000 liv.

Aux administrateurs, chacun 4,000 liv.

Au secrétaire-greffier en chef, 6,000 liv.

Aux deux secrétaires-greffiers adjoints, chacun 3,000 liv.

Aux gardes des archives, 3,000 liv.

Au bibliothécaire, 4,000 liv.

Au sous-bibliothécaire, 2,000 liv.

La bibliothèque sera ouverte tous les jours le matin, depuis 9 heures jusqu'à 2.

III. En cas de voyage des administrateurs ou autres personnes ayant un traitement annuel, dans les provinces, pour les affaires de la ville, leurs frais de voyage et de nourriture seulement leur seront remboursés.

IV. En cas de voyages des conseillers et des notables, pour commissions particulières de la ville, leurs frais de voyage et de nourriture leur seront remboursés; et il leur sera en outre alloué une indemnité raisonnable, qui sera fixée par le conseil municipal, et confirmée par le conseil général.

V. Le maire, le procureur de la commune, ses substituts, les secrétaires-greffiers, les administrateurs, les conseillers, les notables et toutes autres personnes attachées au corps municipal ou au conseil général de la commune, ne pourront recevoir, directement ni indirectement, ni étrennes, ni vin de ville, ni présens.

TITRE VII (1).

Des comités permanens des sections.

CHAPITRE PREMIER.

Des fonctions et de l'organisation des comités.

Art. Ier. Il sera établi, dans chacune des soixante sections, un comité permanent pour l'exécution des détails de la police et autres objets, sous l'autorité du corps municipal et du conseil général de la commune.

II. Ces comités correspondront directement avec les administrateurs, avec chaque bureau d'administration, avec le corps ou le conseil municipal, et avec le conseil général, pour en exécuter et faire exécuter les ordonnances, les arrêtés ou réglemens ; ce qu'ils seront tenus de faire sans y apporter aucun obstacle ni retard.

III. Ils donneront aux administrateurs, aux bureaux et aux conseils, ainsi qu'au maire, au procureur de la commune et à ses substituts, tous les éclaircissemens, instructions et avis qui leur seront demandés.

IV. Les membres des comités se réuniront tous les huit jours, et en outre toutes les fois que des circonstances extraordinaires l'exigeront, pour conférer sur les détails dont ils seront chargés.

V. Il y aura, jour et nuit, au lieu ordinaire des séances du comité, au moins un de ses membres de garde et de service, pour veiller à l'exécution de tous les détails, répondre aux demandes et représentations qui pourront être faites, entendre les rapports des contraventions et de tous faits de police.

VI. Le commissaire de service renverra de même devant les juges, magistrats ou commissaires de l'ordre judiciaire, tous prévenus de vols ou autres crimes, avec les effets volés, et toutes les

---

(1) Dans le nouvel ordre des choses, les sections de la capitale doivent être considérées :

1° Par rapport à la police et à la municipalité ;

2° Par rapport à l'ordre judiciaire ;

3° Par rapport au département de Paris, ce qui comprend les impositions, etc.

4° Par rapport à la force militaire, ou garde nationale parisienne.

Il n'est question, dans ce titre, que de leur rapport avec la police et la municipalité.

pièces de conviction; il constatera ce renvoi sur le registre à ce destiné, dont il sera donné connaissance à l'administrateur de la police: es perquisitions et autres instructions relatives à ces crimes, seront faites par les officiers judiciaires.

VII. Le commissaire de service renverra de même devant les juges qui en doivent connaître, tous les objets contentieux entre parties privées.

VIII. Il pourra constater, ou faire constater les contraventions de police, susceptibles d'amende ; mais il renverra le jugement et la prononciation de l'amende au tribunal de la ville, pour le contentieux de la police et de la municipalité.

IX. A l'égard des rixes, batteries, attroupemens, objets de scandale ou de crainte pour la tranquillité publique, le commissaire de service pourra y pourvoir provisoirement, soit par réprimandes, soit en faisant déposer, selon les circonstances, dans la prison de police, les personnes qui troubleront l'ordre public.

X. La durée de l'emprisonnement ne sera point fixée par le commissaire qui l'aura ordonnée, mais par le juge de police chargé de faire tous les jours, assisté de deux notables, la visite de la prison de police.

XI. Les comités seront composés d'un président, de seize commissaires, avec huit commissaires-adjoints, et d'un secrétaire-greffier appointé.

XII. Le président fera, à tour de rôle, le service journalier au comité; il présidera les assemblées; et en cas de maladie, d'absence ou autre empêchement de sa part, les assemblées seront présidées par le premier des commissaires présens dans l'ordre des élections.

XIII. La place de président venant à vaquer par la mort, la démission du président, sa translation de domicile d'une section dans une autre, ou autrement, cette place sera remplie, *par intérim,* jusqu'au temps ordinaire des élections, par le premier des commissaires dans l'ordre du tableau, et la place de celui-ci sera également, jusqu'au temps ordinaire des autres élections, par le premier des commissaires-adjoints, qui ne prendra rang qu'après les autres commissaires.

XIV. L'une des places des commissaires venant à vaquer pour les mêmes causes, le premier des commissaires-adjoints la remplira également *par intérim*, et ne prendra rang qu'après les autres commissaires.

XV. Les commissaires-adjoints pourront exercer, par délégation du comité, les détails d'exécution attribués aux commissaires, même ceux du service journalier, à tour de rôle, au comité, lorsqu'ils en seront requis.

XVI. Le secrétaire-greffier tiendra la plume aux assemblées du comité ; il dressera les procès-verbaux, lorsqu'il en sera requis par les commissaires : il sera chargé d'en faire les expéditions, les extraits et les envois à qui il appartiendra : il sera aussi chargé de la tenue de tous les registres nécessaires aux fonctions du comité et des commissaires.

XVII. Les appointemens des secrétaires-greffiers, et des commis qui pourront leur être accordés, seront réglés par le conseil général de la commune, d'après l'avis du corps municipal ; ils seront acquittés, ainsi que les frais de bureaux, location et ameublement du comité, des deniers communs de la ville.

CHAPITRE II.

Des élections pour le comité ; de la durée des places et des remplacemens.

Art. Ier. Il sera procédé aux élections du président, des commissaires, des commissaires-adjoints et du secrétaire-greffier, par les assemblées des sections, immédiatement après qu'elles auront consommé leurs opérations pour l'élection des membres du corps municipal et du conseil général de la commune.

II. Le président, sera élu par scrutin, à la pluralité absolue des suffrages, et par bulletins de deux noms, choisis parmi ceux de tous les citoyens éligibles de la section. Si le premier ou le second scrutin ne donnent pas la pluralité absolue, il sera procédé à un troisième entre les deux citoyens qui auront eu le plus de voix au second.

III. Après l'élection du président, il sera procédé à celle des commissaires; elle se fera par bulletins de huit noms, également choisis parmi ceux des citoyens éligibles de la section.

IV. Ceux qui, par le dépouillement du scrutin, se trouveront réunir la pluralité absolue des suffrages (1), seront déclarés commissaires.

V. Pour le nombre des commissaires restant à nommer, comme aussi dans le cas où aucun citoyen n'aurait eu la pluralité absolue, il sera procédé à un second scrutin par bulletins de liste de huit noms; et ceux qui, par le dépouillement du scrutin, réuniront la pluralité absolue des suffrages, seront déclarés commissaires.

VI. Si le nombre des seize commissaires ne se trouve pas encore rempli, comme aussi dans le cas où aucun citoyen ne se trouverait élu, il sera procédé à un dernier scrutin, par bulletins de liste de huit noms, et à la simple pluralité relative des suffrages; ceux qui se trouveront l'avoir, seront déclarés élus, jusqu'à concurrence des seize commissaires à nommer.

VII. Les huit citoyens qui auront eu le plus de voix, après le dernier des seize commissaires nommés, seront commissaires-adjoints, s'ils ont réuni au moins le douzième des suffrages : dans le cas contraire, l'assemblée procédera, en un seul scrutin, par bulletins de liste double, à l'élection de huit commissaires-adjoints, ou de ceux qui manqueront pour compléter le nombre de huit : la simple pluralité relative des suffrages sera suffisante pour être élu.

VIII. Les cas d'égalité de voix et de refus d'acceptation seront réglés pour ces élections, comme pour celles énoncées au titre IV.

IX. Les règles sur l'incompatibilité, à raison de parenté, de judicature, ou de perception des impôts indirects, établis au chapitre Iᵉʳ du même titre IV, auront lieu pour les places de

---

(1) Dans les scrutins de liste, plusieurs personnes peuvent avoir la pluralité absolue; parce que c'est le nombre des votans qui est à compter pour cette pluralité, et non le nombre total des voix par eux données.

président, de commissaires et de commissaires-adjoints des comités des sections; l'exercice des fonctions de ces places sera aussi incompatible avec celles de la garde nationale.

X. Le président, les commissaires et les commissaires-adjoints prêteront serment dans les assemblées qui les auront élus, entre les mains du président de ces assemblées, de bien et fidèlement remplir leurs fonctions.

XI. Le président sera en fonctions pendant un an : pour la première élection, le temps qui s'écoulera entre cette élection et l'époque fixe des élections ordinaires, ne sera pas compté. Il ne pourra être élu de nouveau à la même place qu'après un an d'intervalle.

XII. La moitié des commissaires sortira chaque année; et les sortans ne pourront être élus de nouveau à la même place, qu'après deux ans d'intervalle : la première sortie se fera par la voie du sort, et elle n'aura lieu qu'à l'époque des élections ordinaires, en 1791.

XIII. Les nouveaux commissaires à élire ne seront point pris de droit parmi les commissaires-adjoints, même parmi ceux qui auront remplacé des commissaires pour vacance accidentelle; les commissaires-adjoints ne concourront, dans les nouvelles élections, que comme tous autres citoyens éligibles de la section.

XIV. Le secrétaire-greffier sera élu par scrutin à la pluralité absolue des voix, et par bulletin de deux noms.

XV. Le secrétaire-greffier sera à vie; mais il pourra être changé, si la section, assemblée pour les élections, ou extraordinairement convoquée à cet effet, d'autorité du corps municipal, le juge convenable, à la pluralité des voix prises par scrutin.

LES LYONNAIS SAUVEURS DES DAUPHINOIS, ET MASSACRE DES BRIGANDS QUI RAVAGEAIENT LEURS CONTRÉES.

Lyon, 4 août 1789.

..... Presque tous les châteaux du Dauphiné sont pillés; lorsque tous les effets en ont été enlevés, on les a incendiés; des paroisses entières courent de château en château : on n'en épargne point.

M. Coinde, l'un des capitaines de notre milice bourgeoise, partit la semaine dernière pour le Dauphiné, à la tête de cent cinquante de nos jeunes gens. Il arriva au moment où l'on faisait composer de nouveau les Chartreuses de Sallette ; la veille, ces religieuses avaient compté trois cent cinquante louis, et malgré ce paiement on voulait encore piller leur maison (1).

M. Coinde donna la chasse à ces scélérats ; ils furent poursuivis : 80 furent tués, et 60 arrêtés et conduits bien liés par un détachement dans nos prisons. Nos jeunes gens portèrent leurs secours à d'autres endroits qui les réclamaient. Les Dauphinois, nos voisins, appellent les Lyonnais leurs sauveurs.

Vous savez que les habitans de la Guillotière veulent être du Dauphiné. Ils ont trouvé mauvais que la milice bourgeoise de Lyon ait été en Dauphiné ; ils se disposaient à l'assommer à son retour. A cet effet, ils meublèrent leurs appartemens de pierres, ils montèrent sur leurs toits, et l'attendaient avec ces dispositions (2).

Les dragons, les Suisses, et six cents hommes de la milice bourgeoise s'y rendirent. En arrivant, un dragon reçut un coup de pierre ; celui qui l'avait lancée, fut à l'instant abattu d'un coup de fusil ; un second, qui en lança une autre de dessus le couvert de sa maison, eut le même sort. On fit une décharge générale, mais en l'air.

Les consuls et syndics se présentèrent, disant qu'ils allaient apaiser la sédition. On leur déclara que si, dans cinq minutes, les particuliers qui étaient sur les couverts ne les avaient abandonnés, le faubourg serait mis à feu et à sang.

Les consuls et syndics traversèrent le faubourg, suivis d'un

(1) Nous ignorons le but de cette taxation. Mais il est probable que le peuple faisait ce que nous savons qu'il fit ailleurs. Ces contributions étaient quelquefois converties en dons patriotiques ; d'autres fois et plus souvent ils étaient appliqués à la charité publique.

(2) L'écrivain ne voit pas que les pauvres de la Guillotière voulaient venger les pauvres du Dauphiné, que la garde nationale avait poursuivis la baïonnette dans les reins.

fort détachement; ils exhortèrent les habitans à la paix, et les firent rentrer dans l'ordre. Ce faubourg nous avait déjà plusieurs fois donné de l'inquiétude. Les habitans sont nombreux; ils auraient pu porter le désordre dans la ville, s'ils n'avaient été contenus.

Le Beaujolais, le Mâconnais, la Bourgogne sont ravagés : lorsque dans le Mâconnais il n'y a plus eu de châteaux à brûler, on a attaqué les maisons bourgeoises. Alors, quinze cents jeunes gens sont sortis de Mâcon; ils ont parcouru dix lieues à la ronde ; ils ont fait feu sur tout ce qu'ils ont trouvé attroupé, et ont tué sept ou huit cents de ces voleurs incendiaires.

Six paroisses réunies se rendaient chez les moines de Cluny, qui étaient gardés par les habitans de la ville. On les vit venir au nombre d'environ trois mille, armés de toutes sortes d'instrumens; le maire de la ville alla à leur rencontre, à la tête d'un détachement. On leur demande ce qu'ils veulent : ils répondent qu'ils veulent brûler l'abbaye, et jeter les moines dans les flammes. On arrêta les deux chefs; on fit feu sur le reste.

La peur les saisit en voyant tomber plusieurs des leurs. Ils coururent en désordre se jeter dans un bois. Le bois fut investi ; la maréchaussée y entra pour leur donner la chasse : lorsqu'ils sortaient, on faisait feu sur eux. On en tua beaucoup. Si le feu eût été mis chez les Bénédictins, tout Cluny aurait été incendié.

On commença à voler et à brûler aussi les châteaux dans le Lyonnais....

Nous avons beaucoup de peine à contenir le peuple de Lyon ; la ville serait peut-être en cendres sans les précautions que nous prenons, la bonne garde que nous faisons, et le secours des dragons et des Suisses qui nous rendent de grands services.

LETTRE D'ALBERT DE RIONS AU COMTE DE CARAMAN.
Toulon, 29 mars 1789.

..... L'opiniâtreté des seigneurs de fiefs, à soutenir la constitution provençale, en révoltant toute la province, l'ont mise en fermentation..... Dans les assemblées préparatoires à l'élection des députés aux états-généraux, les brouillons ont eu beau jeu à animer les paysans. Des circonstances malheureuses, telles qu'un hiver rigoureux et long, la cherté de toute espèce de consommation, et la diminution de travail ont concouru à rendre le peuple plus susceptible de s'enflammer, et voilà comme presque dans un instant le feu a été mis aux quatre coins de la province. Les paysans une fois soulevés, ceux même qui les ont lancés ne peuvent plus être les maîtres de les arrêter..... On en eût été quitte pour la renonciation aux exemptions pécuniaires. Aujourd'hui c'est la suppression totale des droits seigneuriaux qu'ils demandent ; et cette idée s'est si bien mise dans leur tête, qu'une force majeure peut seule l'en ôter. Ce n'est pas tout ; non contens de former de pareilles prétentions, et de s'y conformer d'avance, en cessant de payer en plusieurs endroits......, ils ont pillé et détruit les châteaux. Cette opération s'est faite à Solliez et au Revest avec un sang-froid qui mérite d'être cité. On y a forcé les consuls à se revêtir de leur chaperon et à donner le premier coup de marteau pour briser les armoiries du seigneur. Les habitans de Revest ont ensuite député les leurs à la communauté de Toulon, pour leur signifier qu'ils détruiraient les moulins, et rompraient le cours des eaux qui prennent source dans leur territoire, si on ne leur accordait pas la franchise de la mouture, ce qu'on n'a eu garde de leur refuser.

...... A Toulon, l'administration de l'Hôtel-de-ville, très-vicieuse en elle-même, était depuis long-temps odieuse..... La bourgeoisie a voulu profiter des circonstances pour secouer le joug. Elle a proscrit les individus dont elle croyait avoir à se plaindre, et elle a osé confier sa vengeance à une populace ameutée, que l'inaction des troupes et l'impunité ont ensuite enhardie à tout oser. Elle se serait portée aux plus grands excès, si les bourgeois alarmés n'avaient eux-mêmes réclamé le secours des troupes, auxquelles ils se sont mêlés et joints.....

La populace, à Toulon, est en grande partie composée de marins et d'ouvriers de l'arsenal ; leurs femmes et enfans y jouent un grand rôle..... Ces gens, qui n'ont que leur travail pour vivre, qui souffrent également et de la rigueur de la saison, et de la cherté des denrées, qui ne sont pas payés de leur travail à terre, et à qui enfin on n'a payé qu'un mois de solde aux désarmemens de l'année dernière, ne se font pas faute de se plaindre et de crier.....

MASSACRE OCCASIONNÉ AU MANS PAR LE RETOUR DES DÉPUTÉS.— PRISE DU DUC DE BRISSAC, GOUVERNEUR DE PARIS.— MORT DU MARÉCHAL DE MAILLY.

Extrait de ce qui s'est passé dans la province du Maine.

Du Mans, 26 juillet 1789.

Le 19, le peuple, qui s'était porté en foule à la place des Jacobins avant l'heure où la troupe s'assemble pour assister à la messe à musique militaire, se jeta sur M. de Guilly, lieutenant de la maréchaussée, qui avait la veille fait emprisonner une vingtaine de personnes pour avoir pris la cocarde, quoique cependant, effrayé des menaces, il eût fait publier le matin, par un trompette, la permission de la porter. Déjà on le huait, on le frappait de coups de bâton, de coups de pieds, lorsque M. de Valence, colonel des dragons (1), dont la conduite et celle de son régiment avaient mérité l'estime du peuple, le prit sous sa protection ; il le conduisit à la messe au milieu de sa troupe : la populace l'assaillit de nouveau en sortant ; il se sauva chez le sieur Chénier, libraire, qui fut obligé de le chasser aux cris du peuple, qui menaçait de mettre le feu à sa maison. MM. de Valence et de Rouillon, officiers, l'emmenèrent chez eux, toujours suivis par la populace, qu'il l'assurait qu'il ne devait son salut qu'à la considération de ses protecteurs : elle ne se retira qu'après avoir obtenu la délivrance de ceux qu'il avait fait enfermer pour la cause publique ; ce que l'on s'empressa d'exécuter sur les trois heures, en faveur de dix-huit à vingt, au moment où l'on se disposait à forcer les prisons.

(1) Lorsque j'ai passé au Mans dans le cours du mois de mai, tout le monde faisait éloge des dragons de Chartres, on voit en effet peu de régimens se conduire avec autant de décence, d'honnêteté et de tranquillité.

Les jeunes gens tinrent le soir même une assemblée, où, après avoir pris la cocarde, quatre cents d'entre eux en portèrent une à M. de Valence, en le priant, dans un joli compliment, d'accepter le commandement de la milice bourgeoise.

Toutes les classes se sont empressées de s'y enrôler ; on a formé quatre compagnies, distinguées par des rubans et des glands de soie au chapeau, et cent hommes montent la garde chaque jour pendant vingt-quatre heures. On s'est procuré des canons, et les fusils de milice ont armé complétement plus de douze mille hommes.

M. de Montesson, et le vidame, M. de Vasse, députés de la noblesse du Mans, et qui s'étaient opposés à la réunion de la minorité à la majorité, se transportèrent à l'assemblée du 20 pour y faire changer leurs pouvoirs en des pouvoirs impératifs. Passant à Savigné (1), ils furent assaillis par le peuple, qui les précipita avec leur voiture dans la rivière ; ils auraient été massacrés, sans un habitant qui les reçut dans sa maison, et les fit esquiver par une porte de derrière. Ils les ont cherchés en vain pendant deux jours, et on ignore encore leur retraite. Au reste, cette terrible catastrophe les a dérobés à la mort certaine qu'ils n'auraient pu éviter au Mans où ils étaient attendus.

On ne s'est pas moins acharné dans cette ville à la poursuite de Bossu-Montesson et son co-député. Son frère et M. Cureau (2) ont été saisis au château de Juigné (3), à deux lieues de Ballon, où ils les conduisirent, en les aiguillonnant avec leurs fourches et leurs épées, après leur avoir coupé les oreilles, le nez, etc. Là ils leur tranchèrent la tête en présence de la justice de Ballon, qu'ils obligèrent d'assister à ce massacre. Il est à remarquer que cette expédition s'est faite le même jour que celle de Foulon et Berthier.

On dit que le marquis de Murat et ses gens ont subi le même

---

(1) Savigné-l'Évêque gros bourg à trois lieues du Mans.
(2) Ce M. de Montesson, frère du député, a épousé la fille de ce M. Cureau, riche négociant du Mans, secrétaire du roi, et sous-maire de la ville.
(3) C'est la patrie du marquis de Juigné et de l'archevêque de Paris.

sort, pour avoir accordé une retraite aux députés dans son château de Montfort.

Toutes les nuits la ville est illuminée (1), et ce sont les religieux effrayés qui en ont fait les frais.

Le peuple ne veut plus souffrir aucun bureau, pas même celui de charité. Toute la famille Montesson est comprise dans la proscription. Ils n'ont pas rougi de menacer un particulier, que l'écrivain oublie de nommer, dans le moment même où il leur distribue le pain de cent boisseaux de blé. Le nommé Le Chat, meunier des environs, accusé d'avoir fait le commerce de grains, s'est dérobé à leur fureur; bien d'autres ont suivi son exemple.

M. de Brissac, gouverneur de Paris, après avoir passé la ville du Mans, a été reconnu et arrêté à Duretal, près de La Flèche, d'où l'on a dépêché vers la capitale un courrier, pour s'informer s'il était coupable, et si on le décollerait provisoirement, ou si on le conduirait à Paris. M. Préval (2), homme de considération, ayant un château près de cette ville, le voit maintenant saccager et démolir, la ville s'étant opposée à ce qu'on y mît le feu.

M. le maréchal de Mailly, dit-on, a été décollé à son château de la Roche-de-Vaux, pour avoir refusé de prendre la cocarde citoyenne, disant que ce n'était pas à près de quatre-vingts ans qu'il voulait changer de principe.

Il ajoute qu'un courrier ayant répandu, en passant par Mamers, que nombre de brigands chassés de Paris dévastaient Nogent et ses environs, la place de cette ville s'était couverte en un instant de plus de douze cents hommes.

TROUBLES, ÉMEUTES ET EXÉCUTIONS SANGLANTES QUI ONT EU LIEU
DANS QUELQUES CANTONS DE LA PROVINCE DU MAINE.

(Extrait d'une lettre de Mamers.)

Le 24 juillet 1789.

Dimanche dernier, le peuple, instruit de ce qui s'était passé

---

(1) Il n'y a point de réverbères dans cette grande ville.
(2) Ou Preuval.

dans la capitale, s'arma, prit la cocarde, et nous força tous d'en faire autant, prêtres, nobles et bourgeois. Un seul officier retiré (M. de Beauvoir), que le peuple n'aime pas, refusa de la prendre, malgré l'exemple des premiers du canton. Son obstination manqua de lui coûter la vie ; et il l'aurait infailliblement perdue au carcan, si, d'après le conseil du premier juge du lieu, son ami, il ne se fût pas enfin décidé à accepter cette cocarde que le peuple en foule retourna lui présenter. Quelques femmes nobles, entre autres mesdames de Bonneval et Desmalé, pour avoir traité de polissons et de canailles le peuple, dont la fureur se bornait seulement à encocarder tout le monde, et à faire répéter ces mots : *vive la nation! vive le roi!* ont été très-maltraitées; on assure même qu'elles ont laissé plusieurs dents sur la place.

Le lundi, jour de marché, tous les paysans prirent la cocarde ; le nommé Aquinet seul, laboureur détesté du peuple, l'ayant refusée, il fut saisi, dépouillé jusqu'à la ceinture, et ainsi promené dans toutes les rues et places publiques : une grêle de coups de poings et de bâton l'avertissait de temps à autre de rendre hommage à la nation et au roi. Après lui avoir fait faire dans cet état le tour de la ville, le peuple se disposait à l'attacher au carcan, et à l'y lapider, lorsque sa femme enceinte, qui l'avait constamment suivi, parvint enfin, à force de pleurs et de gémissemens, à calmer les fureurs de cette multitude, qui lui jeta entre les bras son mari tout défiguré.

Le mardi suivant, les commis aux aides, etc., eurent leur tour. La journée se passa à leur donner les étrivières et la chasse, à aller dans les châteaux et maisons religieuses des environs faire des perquisitions et offrir des cocardes.

M. Noguet, beau-frère de M. de La Borde, qui est dans ce moment-ci dans son château, à quelque distance d'ici, est dans les transes les plus cruelles; il craint une descente, surtout depuis que les paysans, qu'il priait de le garder, lui ont répondu fièrement : *Prenez les armes, et suivez-nous.*

A ces agitations succédèrent bientôt des alarmes générales,

Le mercredi, deux courriers, arrivés successivement, répandent, avec le ton de l'effroi, l'arrivée de cinq à six mille brigands dans le canton.

A les entendre, Nogent et la Ferté-Bernard venaient d'être pillés et mis à feu et à sang. On les avait vus dans la forêt de Bonnetable; déjà ils n'étaient plus qu'à deux milles au plus, bientôt les voilà aux portes de Mamers. Le trouble et la terreur s'emparent de tous les citoyens : le tumulte devient affreux ; les cris et les gémissemens se font entendre ; on sonne le tocsin; des femmes, au nombre de six à sept cents, prennent la fuite avec leurs enfans, vont se cacher dans les grains; une d'entre elles, accouchée depuis huit à dix heures au plus, quitte son lit, prend son petit trésor, et s'enfuit jusque dans la forêt de Clinchamp, à deux à trois milles de là.

Cependant les hommes s'assemblent, quoiqu'en petit nombre ; ils s'arment à la hâte de fusils, de sabres, d'épées, de haches et de piques, et s'excitant au combat, ils attendent nos brigands de pied ferme.

On ne perd pas la tête: on envoie en poste, à Alençon, demander des secours à l'intendant; l'intendant refuse net. On jure sa perte.

On fait sonner le tocsin dans toutes les campagnes voisines ; et l'armée, déjà soutenue d'un petit détachement de dragons, en quartier dans cette ville, se vit sous peu augmentée et soutenue de quinze à seize mille paysans, tous armés de faulx, de fourches, de broches, de piques et de pieux. On avait envoyé, en outre, demander des secours à Mortagne, Bellesme, Trenay et Ballon.

C'est aux environs de cette dernière petite ville, qui n'est qu'à trois à quatre lieues de Mamers, que la scène s'est ensanglantée. Le peuple furieux s'est rendu au château de La Davière, en a forcé les portes, et s'est emparé de M. Curo, seigneur de Roullée, et de M. de Montesson, leur a tranché la tête à l'un et à l'autre, et promené leurs têtes sanglantes au bout d'une pique, après avoir criblé leurs corps de coups de fusil : l'un était accusé d'accaparement ; l'autre, d'être d'intelligence avec le comte D....

Quant aux préparatifs qui se faisaient à Mamers, ils ont été heureusement inutiles ; les brigands n'ont point paru : la présence des alliés, qui se seraient montés dans peu à plus de soixante mille, devenant à charge aux Mamertins, faute de munitions, chacun s'en est retourné chez soi, en promettant de revenir au premier signal.

On n'en demeure pas moins ici sous les armes ; les bourgeois et les paysans font patrouille d'une ville à l'autre, de village à village, de bourg à bourg : on craint les brigands, mais on commence à s'aviser, à se dire et à croire que les courriers qui ont annoncé leur arrivée, pourraient bien n'être que des émissaires payés par des gens intéressés à faire diversion à la fureur du peuple, qui est plus décidé que jamais à faire la guerre aux accapareurs de grains.

Mamers seul, dans toute la province, avait été tranquille jusqu'à ce jour, et assez abondamment approvisionné.

Du 26 juillet.—On nous mande de la même ville, que le massacre de MM. Curo et de Montesson n'est malheureusement que trop vrai, et qu'on a voulu faire subir le même sort à madame la comtesse de Courches ; mais elle a pris, dit-on, la fuite, et s'étant réfugiée à Bonnetable, où personne n'a voulu la recevoir, on ignore le parti qu'elle a pris.

On nous mande encore que le 25, sur les onze heures du soir, on a tranché la tête à l'intendant d'Alençon, et qu'on attend ici la confirmation de cette nouvelle avec la plus grande impatience.

Tous les nobles de nos cantons, nous ajoute-t-on, se sont réfugiés chez notre premier magistrat, M. Pelisson de Gênes.

Elle s'y croit en sûreté et à l'abri des fureurs du peuple, parce que ce même peuple, qui craint ce magistrat patriote, a en même temps la plus grande confiance en lui ; on assure qu'il la mérite, et qu'on lui doit la tranquillité et l'abondance qui a régné ici depuis qu'on manque de blé partout ailleurs.

Correspondance inédite de Bailly et de Necker.

LETTRE DE M. NECKER. — 6 *août* 1789.

« M. de Garelle vient de me prévenir, Messieurs, qu'à moins de précautions extraordinaires, il ne pourrait, pour samedi et les jours suivans, coopérer à l'approvisionnement de Paris dans la proportion dans laquelle il espérait d'y fournir ; mais qu'il a dans ce moment-ci une certaine quantité de farines à Rouen, dont il serait possible d'accélérer assez l'expédition pour subvenir aux besoins de la capitale. Il me paraît très-important d'employer tous les moyens que l'activité de M. de Garelle peut procurer ; mais elle serait infructueuse si elle n'était pas secondée par quelques-uns des membres du comité. Je crois devoir en conséquence vous proposer, Messieurs, d'en nommer un pour le seconder dans ses opérations : les dispositions à faire à cet égard ne peuvent être trop promptes.

» J'ai l'honneur, etc.

» *P.S.* M. de Leutre, dont vous connaissez tout le zèle et toute l'activité, ne vous paraîtrait-il pas bien propre à la mission qu'il s'agit d'exécuter ? »

LETTRE DU MÊME. — 15 *août* 1789.

« M. Duteil, premier secrétaire de l'intendance de Paris, m'a fait passer, Monsieur, la copie d'une lettre qu'il a reçue de M. Boucher, par laquelle il lui marque que les deniers qui avaient été déposés dans les mains du trésorier de cette intendance, ont été versés dans celles du trésorier de la ville, d'après les ordres que le comité lui en avait donnés, et que ces deniers seront transférés au trésor royal dès que je le demanderai, ainsi que d'autres sommes que le trésorier de la ville a également reçues du directeur des coches d'eau, et qui proviennent de recouvremens faits par divers subdélégués. M. Boucher ajoute que la ville, craignant la fuite de quelques-uns de ces subdélégués et le pillage de leurs maisons, a autorisé le trésorier de l'intendance à leur écrire pour presser la rentrée du produit des grains qu'ils ont fait vendre pour garnir les marchés qui en avaient besoin, et pour en modérer le prix.

» Je ne puis, Monsieur, que remercier l'administration de la ville de Paris des mesures sages qu'elle a prises pour prévenir les risques auxquels ces fonds étaient exposés. Je vous prie de vouloir bien donner des ordres pour qu'ils soient portés au trésor royal, tant par le trésorier de la ville que par le sieur Joly, qui a été chargé de recueillir les deniers des diverses subdélégations : il est bien juste de faire rentrer dans la caisse publique le produit de ces ventes, puisqu'elle a fourni à la dépense de tous les achats.

» J'ai l'honneur, etc. »

LETTRE DE M. VIRION. — 21 *août* 1789.

« Je n'ai pas perdu un instant pour me rendre à Saint-Germain, et y attendre l'arrivée du petit convoi de Pontoise, qu'il avait été arrêté que je ferais filer à Paris. Je suis parti de Versailles aussitôt après avoir quitté MM. de Leutre et Buffault chez M. le directeur-général des finances : il était alors minuit. En chemin faisant, j'ai rencontré deux voitures de farines venant de Mantes, et qui avaient destination pour Versailles : j'ai fait changer la route; elles seront à Paris pour 5 heures du matin. Arrivé au haut de la montagne Saint-Germain, j'ai trouvé sept autres petites voitures chargées de farines venant aussi de Mantes; j'ai fait éveiller les voituriers qui s'étaient couchés, dans la confiance qu'ils n'iraient qu'à Versailles. Ce petit convoi ne partira pas avant quatre heures; on le recevra à la halle à huit heures ou à neuf heures au plus tard : restait d'après cela le convoi de Pontoise qui m'inquiétait, et je craignais bien de ne pas le recevoir assez promptement pour suffire à des besoins que je sais être si pressans. Heureusement, comme je descendais au Pecq, j'ai rencontré ce convoi, composé au total de sept voitures chargées de farines, que j'ai fait arrêter sur-le-champ, et auxquelles j'ai fait prendre à l'instant la route de Paris. Elles partent à trois heures et seront rendues à la halle à huit heures au plus tard. J'ai donné les ordres nécessaires pour que la marche fût faite avec la plus grande activité : le total de ce dernier convoi est de 100 sacs, au poids de 21 kil. chacun, qui, ajoutés aux 100 autres sacs qui doivent partir de la halle de Versailles, ainsi qu'il a été arrêté hier chez M. le directeur-général des finances, combleront le déficit du convoi de Vernon, qui, mal à propos, avait été conduit à Versailles : outre cela nous avons eu un petit secours auquel nous ne nous attendions pas ; c'est celui des neuf voitures venant de Mantes, que j'ai rencontrées sur ma route, et auxquelles j'ai fait prendre route pour Paris ; je désire bien que cela puisse contribuer à calmer un peu les justes inquiétudes que donne la position actuelle de la halle au blé de Paris. Soyez persuadés, Messieurs, que je continuerai de faire tous mes efforts pour calmer ces inquiétudes.

» Je ne puis vous exprimer combien m'a fait souffrir l'état dans lequel j'ai trouvé M. le maire lors de mon arrivée à Paris, en lui apprenant la mauvaise nouvelle du malentendu d'hier, dont je n'ai eu connaissance que beaucoup trop tard : il faut espérer que pareille erreur n'arrivera plus désormais, du moins je ferai mon possible pour l'éviter.

» J'ai l'honneur, etc. »

BILLET DE M. NECKER. — 20 *août* 1789.

« M. Necker étant dans son lit, indisposé, a l'honneur de faire ses complimens à M. Bailly, et de lui recommander M. Virion, commandant des volontaires de la Bazoche, du zèle et des soins de qui il a été extrêmement content dans l'affaire de l'approvisionnement des grains ; il serait charmé que M. Bailly voulût bien lui donner des moyens de bonté et d'intérêt dans les élections qui vont se faire. »

LETTRE DE M. NECKER. — 29 *août* 1789.

« Je viens de voir, Monsieur, M. Dumouset, à son passage pour Paris. Il est très-essentiel que le comité des subsistances écoute avec attention le rapport qu'il vous fera, et qui se trouve parfaitement d'accord avec les informations qui vous ont été données depuis quelque temps. Il paraît qu'il ne reste plus à Rouen que 10,000 à 12,000 setiers, et la municipalité de cette ville ne les laissera pas passer. Il reste peu de chose au Havre, et quoique les secours attendus encore de la mer s'élèvent à cent mille setiers, comme ils arriveront successivement, et que les besoins de la Normandie en consommeront une grande partie, il devient urgent que le comité des subsistances se pourvoie de blé dans la généralité de Paris ou celles qui l'avoisinent. L'étranger est absolument épuisé et ne fournira presque rien jusqu'à l'époque des secours que produira la nouvelle récolte : ainsi ce n'est point une ressource prochaine.

» J'espère, Monsieur, que vous trouverez bon que je mette ces objets sous vos yeux, quoique je ne doute pas qu'ils ne soient présens à l'esprit de l'administration des subsistances de Paris.

LETTRE DE M. BAILLY. — 5 *septembre* 1789.

« La caisse de la ville, Monsieur, est épuisée. Indépendamment des dépenses innombrables qui se font journellement, le caissier de la ville a été obligé d'accepter pour 226,974 liv. 15 s. 6 den. de lettres de change pour prix de subsistances. L'état des recettes et dépenses que j'ai l'honneur de vous adresser, vous prouvera aussi que sur la caisse des secours, établie à l'Hôtel-de-ville, le caissier est en avance de 176,591 liv. 18 s. 5 deniers, et que cette avance a encore été prise dans la caisse de la ville. Enfin, j'ai l'honneur de vous envoyer l'état de situation de la caisse au 14 août 1789, relativement à l'emprunt de trente millions, et vous serez à portée de reconnaître que l'excédant des dépenses est de 722,073 liv. 18 sous, qui ont encore été payés des deniers de la ville.

» A ces différens états, j'en joins un dernier qui annonce que le roi doit à la ville 1,153,005 liv. 13 sous 10 deniers, y compris les 722,073 liv.

» Notre situation, Monsieur, ne me permet pas de ne pas solliciter de votre justice le secours le plus prompt ; et je vous supplie de vouloir bien donner des ordres pour que l'on fasse à l'Hôtel-de-ville un payement bien prompt de 150,000 liv., et que toutes les semaines il y soit versé 100,000 liv. Je ne dissimule pas, Monsieur, que vos embarras peuvent être grands ; mais nos besoins sont pressans, et la nécessité est bien impérieuse.

LETTRE DE M. BAILLY. — 13 *septembre* 1789.

Le maire de Paris, Monsieur, n'est pas seulement chargé des subsistances de la capitale, l'approvisionnement des bois lui est aussi confié; et si cette espèce d'approvisionnement n'a rien dans ce moment d'aussi inquiétant que le premier, au moins un administrateur sage doit-il prendre toutes les précautions pour prévenir le danger d'une disette future. Je viens d'apprendre, Monsieur, sur la réclamation des habitans de Troyes, que les officiers municipaux de cette ville paraissent dans l'intention de démolir la vanne Saint-Julien, et les travaux faits pour le flottage sur la Seine et l'Ourse des bois destinés pour Paris.

Il résulterait, Monsieur, de cette destruction que Paris serait privé de 40,000 voies de bois.

Vainement, pour justifier cette prétention des habitans de Troyes, la municipalité exciperait-elle des contestations élevées, en différens temps, entre ces habitans et les marchands de bois pour la provision de Paris; vainement, les officiers municipaux diraient-ils qu'ils sont, ainsi que le bureau de la ville, intervenus dans ces contestations qui ont donné lieu à des réglemens du parlement et du conseil, où il subsiste encore une instance qui a pour objet de déterminer le temps et la manière de flotter au passage de Saint-Julien? Toutes ces raisons, ou plutôt tous ces prétextes seront toujours écartés par le rapport des procès-verbaux judiciairement faits, et qui tous établissent que ce flottage ne nuit en aucune façon aux moutures, papeteries, blanchisseries et autres usines.

Je viens, Monsieur, d'écrire à la municipalité de Troyes la lettre la plus pressante; si vous voulez joindre vos sollicitations aux miennes, je ne doute pas que la confiance que vous avez, à si juste titre, obtenue sur toute la France, ne déterminât les officiers municipaux à abandonner leurs prétentions.

Il s'agit ici d'approvisionnemens, et par conséquent de la chose la plus faite pour intéresser. Vous savez, Monsieur, mieux que personne ce que ce genre d'administration entraîne après lui d'inquiétudes et d'embarras, et lorsque tous les jours il faut inventer de nouvelles ressources, vous jugerez qu'il est bien précieux de conserver des moyens établis avec succès. J'ai l'honneur, etc., etc. »

LETTRE DE M. NECKER. — 14 *septembre* 1789.

« J'ai reçu, Monsieur, la lettre que vous m'avez fait l'honneur de m'écrire le 13 de ce mois, pour me faire part de la crainte que vous avez de voir la ville de Paris privée d'un approvisionnement annuel de 40,000 voies de bois, si les officiers municipaux de la ville de Troyes persistent dans le projet qu'ils ont formé de démolir la vanne de Saint-Julien, et les ouvrages faits sur la Seine et l'Ourse pour le flottage des bois. J'écris en conséquence à la municipalité de cette ville, pour la presser de renoncer à ses projets et de satisfaire votre réquisition, qui me paraît de toute justice, si ces ouvrages ne portent aucun préjudice aux manufactures de la ville de Troyes. Je pense comme vous, qu'il est bien important de conserver les ressources établies pour vos approvisionnemens, et je serai toujours bien empressé de concourir à les assurer par tous les moyens qui pourront dépendre de moi. J'ai l'honneur d'être, etc. »

LETTRE DE M. BAILLY. — 14 *septembre* 1789.

« Je vous ai parlé, Monsieur, la dernière fois que j'ai eu l'honneur de vous voir, des deniers que les facteurs de la halle étaient disposés à verser entre les mains des personnes que vous voudriez bien m'indiquer. Le lendemain de cette visite, j'ai eu l'honneur de vous écrire pour vous prier de m'annoncer, d'une manière positive, les noms des caissiers qui devaient recevoir ces deniers. Ma lettre, Monsieur, avait un second objet; je vous peignais l'état des finances de la ville, et ses besoins pressans de payer des subsistances acquises et d'en acquérir de nouvelles : ma lettre est restée sans réponse. Je crois cependant me rappeler qu'un de MM. les représentans de la commune m'a rapporté que vous lui aviez dit qu'il pouvait m'être permis de disposer de 250,000 liv., étant entre les mains de la dame Dupont, factrice à la halle; mais cette approbation tacite ne peut pas me suffire. J'ai eu l'honneur de vous l'écrire plusieurs fois, il est absolument impossible que la caisse de l'Hôtel-de-ville fournisse ce qu'elle devra payer, si le gouvernement ne vient point à son secours. Il faut envoyer très-promptement de l'argent dans le Soissonnais, dans la Beauce, à Provins, partout enfin où il y a des acquisitions à faire; il faut payer des négocians de Dieppe; il faut ordonner de nombreux détachemens, pour assurer le transport des convois; et la seule idée des dépenses que nécessitent ces dispositions doit vous prouver, Monsieur, que ma demande de 250,000 livres ne peut jamais paraître exagérée. Je vous prie donc de me permettre de sortir de l'inquiétude où je suis placé, en me mandant très-promptement que vous agréez ce prélèvement de 250,000 liv., commandé par la plus étroite nécessité, et dans quelle caisse seront versés les fonds. J'ai l'honneur d'être, etc., etc. »

LETTRE DE M. NECKER. — *14 septembre* 1789.

« J'avais non-seulement dit, Monsieur, à M. de la Croisière que j'approuvais le versement de 250,000 liv. que vous souhaitez; mais j'avais demandé à M. Dufresne, qui était présent, de s'entretenir avec vous, et de vous indiquer la caisse où les 500,000 l. devaient être payés. J'ai des remercîmens à vous faire de votre circonspection, et je vous confirme, Monsieur, ce que je viens de vous dire. Je vous prie aussi, pour votre commodité, de correspondre avec M. Dufresne, directeur du trésor-royal, de tous les objets momentanés d'argent qui intéressent la ville. J'ai l'honneur d'être, etc. »

LETTRE DE M. BAILLY. — *16 septembre* 1789.

« Je ne vois pas, Monsieur, sans une sorte d'effroi les approches de l'hiver. Si l'on a de la peine à assurer la subsistance de Paris, dans un temps où les journées sont longues, où les routes sur lesquelles passent les convois peuvent être fréquentées sans danger, où les moutures sont faciles, que sera-ce donc, Monsieur, lorsque les nuits auront pris la place des jours, les chemins seront devenus impraticables, et que les glaces auront pu rendre les moutures impossibles? Quand je pense que dans deux mois peut-être nous touchons à ce terme fatal, je sens redoubler mon effroi. Vous éprouviez avant moi, Monsieur, les peines qu'entraîne après lui l'approvisionnement des subsistances de Paris; vous partagiez mes inquiétudes, et mieux que moi, vous avez jugé de la nécessité de parer au malheur dont nous pourrions être menacés sans votre secours. Je vous avais parlé de la possibilité d'acheter des grains en Italie. Vous paraissez avoir fixé à 20,000 setiers, les achats par vous commandés. J'ai vu le nonce, et il m'a assuré non-seulement que sa sainteté se prêterait à venir à notre secours; mais encore que les achats pouvaient être doublés, et que nous avions le droit de compter sur les 40,000 setiers de froment. Il m'a observé que le port où les grains pouvaient être conduits, étant peu fréquentés, il serait bon et utile de s'assurer des transports, en y envoyant des navires; il a cru enfin qu'il serait de votre sagesse d'envoyer sur les lieux un homme sur l'intelligence duquel on pût compter, et qui pût présider au chargement et départ des navires.

» Les États du pape, Monsieur, ne sont pas, dans ce moment de précaution, la seule ressource que nous puissions employer. M. le nonce du pape m'a assuré que nous pouvions tirer de Naples une quantité assez considérable de grains.

» J'avais eu l'honneur, Monsieur, de vous parler de la Sicile, de la Sardaigne. Vous pouvez vous rappeler qu'à cet égard M. le comte de Saint-Priest avait offert de vous servir. Oserais-je, Monsieur, vous demander si votre vigilance infatigable vous a porté à donner des ordres nécessaires pour tirer des subsistances de ces contrées? Aux approches de l'hiver, il doit importer à votre tranquillité, comme à la mienne, de savoir quelle est la quantité de grains sur laquelle il peut être permis de compter, quelles seront les époques des différens arrivages, et si Paris a le droit d'espérer de sortir bientôt de l'état de détresse qui l'assiége depuis long-temps.

» Je ne dirai pas, Monsieur, qu'il m'a été fait des offres considérables de grains, que l'on ne m'a parlé de rien moins que de 300,000 setiers. Je me réserve de vous entretenir de cet objet important au premier moment que je pourrai saisir pour aller à

Versailles, chercher dans votre patriotisme et dans les vues sages qui dirigent votre ministère, des moyens de faire cesser mes alarmes. J'ai l'honneur d'être, etc. »

RÉPONSE DE M. NECKER. — 18 *septembre* 1789.

« J'ai reçu, Monsieur, la lettre que vous m'avez fait l'honneur de m'écrire le 16 de ce mois. Sentant, ainsi que vous, qu'il est nécessaire de prendre dès à présent des précautions pour l'approvisionnement de la capitale, j'ai prié M. de Montmorin de recommander aux ministres du roi dans les cours de Rome, de Naples et de Turin, de faire des démarches pour obtenir l'extraction d'une certaine quantité de grains; et dans l'espoir qu'elles ne seront pas infructueuses, j'ai chargé d'avance un négociant très-intelligent de Marseille de faire toutes les dispositions nécessaires pour extraire de celui de ces pays qui paraîtra le plus en état d'y fournir promptement, la quantité de 20,000 setiers; et je m'en suis rapporté à ses connaissances sur le choix du pays dont il ferait cette extraction, attendu que, suivant les détails qui nous ont été donnés, il me paraît que la récolte n'a pas été abondante dans les États du pape, et que l'exportation est, dit-on, fermée dans le royaume de Naples. J'ai en outre commis, tant à Hambourg qu'à Amsterdam, l'achat de 40,000 setiers de froment: enfin, j'ai établi une correspondance en Angleterre pour extraire 30,000 barriques de farine de l'Amérique septentrionale. J'espère que les provinces de l'intérieur se suffiront à elles-mêmes, et que je pourrai disposer de tous ces grains pour l'approvisionnement de Paris et de Versailles. Au surplus, d'après les renseignemens qui, suivant l'usage, me parviendront exactement sur leurs situations, je ferai les dispositions ultérieures qu'elles me paraîtront exiger.

» Quant aux époques auxquelles ces grains pourront être arrivés en France, il est assez difficile de les fixer; je présume cependant que ceux demandés à Amsterdam pourront arriver sur la fin d'octobre ou dans le commencement de novembre : quant à ceux de Hambourg et d'Italie, ainsi que quant aux farines de l'Amérique, je n'ai encore que des espérances; et si elles se réalisent, les premiers arrivages ne pourront avoir lieu que vers la fin de décembre.

» Il me paraîtrait, Monsieur, que vous désireriez que tous ces grains arrivassent de préférence à Saint-Valery. A cet égard, je crois devoir vous observer que les arrivées dans ce port sont fréquemment très-difficiles, à cause des barres qui se trouvent à l'entrée de la Somme; que les magasins y sont en petit nombre; qu'il ne serait point aisé de s'y procurer un négociant assez actif et assez intelligent pour suivre une grande opération; qu'enfin les transports pour la capitale, ne pouvant se faire pour la plus grande partie que par terre, deviendraient très-dispendieux. D'après cela, je pense que les destinations pour le Havre et pour Rouen sont beaucoup plus convenables, d'autant que l'on connaît déjà l'exactitude des employés dans ces deux ports, et qu'ils ont donné des preuves, cette année, de leur intelligence et de leur activité.

» Les détails que j'ai l'honneur de vous donner, Monsieur, des mesures et des précautions que je prends pour l'approvisionnement de Paris et de Versailles ne doivent pas ralentir vos soins sur les dispositions que vous ferez pour assurer d'autant plus l'approvisionnement de la capitale. Je ne puis que m'en rapporter à cet égard à votre prudence; mais afin que les dispositions que je pourrai avoir faites ou faire par la suite ne contrarient pas celles que vous feriez de votre côté, je vous serais obligé de me donner avis de vos projets d'achats chez l'étranger avant que de les effectuer, et de me désigner les personnes que vous aurez l'intention de commissionner. Je désirerais même que vous me donnassiez ces renseignemens relativement aux ordres que vous avez déjà pu expédier. Cette précaution me paraît nécessaire pour éviter beaucoup d'inconvéniens, et particulièrement le renchérissement du prix de la denrée, qui ne manquerait pas d'avoir lieu si, dans le même lieu et aux mêmes époques, nous commettons respectivement des achats.

» Je préviendrai les commissionnaires dans l'étranger de faire eurs expéditions sous le nom et pour le compte de la ville de

Paris, afin qu'elles soient plus respectées par les municipalités de Normandie. J'ai l'honneur d'être, etc. »

LETTRE A M. BAILLY. — 26 *septembre* 1789.

« Je vous avais prié, Monsieur, de vouloir bien correspondre et vous concerter avec le directeur-général du trésor royal, au sujet des fonds qu'exigent les achats de grains nécessaires pour la subsistance de Paris, et de ceux que produisent les ventes de la halle. M. Dufresne vous a observé la nécessité d'établir quelques règles d'ordre pour prévenir la confusion dans cette comptabilité. En conséquence, vous étiez convenus ensemble que tout le produit des ventes, sans distraction, serait versé au trésor royal, et que vous demanderiez à M. Dufresne les sommes qu'exigeaient absolument les achats ou les transports des nouvelles parties de grains ou de farines à tirer des provinces. Cependant, monsieur, sur plus de 1,500,000 fr. qu'ont dû produire les ventes faites à la halle depuis trois semaines, les facteurs n'ont versé au trésor royal que 625,000 fr.; *et M. Dufresne va en être prévenu.* Vous sentez combien de pareils retards sont pénibles.

» Les 20,000 fr. dont vous avez disposé sur le produit des ventes pour payer les grains que la ville de Provins a fournis, vont jeter du désordre dans les comptes du trésor royal. Il est important, Monsieur, que vous veuillez laisser les facteurs et les factrices porter tous leurs fonds au trésor royal, d'après l'ordre que vous leur en avez déjà donné : il serait irrégulier de fournir des fonds sans en connaître les objets, et sans les déterminer d'une manière positive. Si le directeur du trésor royal ne sait point à l'avance à quoi il doit pourvoir, il serait exposé à manquer à ce qui est le plus nécessaire.

» Encore une fois, Monsieur, veuillez, je vous en prie, concerter avec M. Dufresne, ce qui vous paraîtra devoir être pris sur le trésor royal. Il m'en rendra compte et j'approuverai certainement tout ce qui sera convenable et possible dans ces circonstances. »

LETTRE DE M. BAILLY. — 28 *septembre* 1789.

« Hier, Monsieur, on a arrêté à Paris les sieurs Agasse frères, dont l'un est courtier de change, et même se dit associé du sieur Gaujac, agent de change; ils ont été trouvés saisis d'une quantité considérable de fausses actions de la caisse d'escompte et de faux billets de l'emprunt de 1787. Ils ont avoué qu'ils les avaient fait imprimer à Londres et qu'ils en avaient contrefait les signatures. On a trouvé dans leur domicile, en manuscrit, un projet de destruction de la caisse d'escompte. Je dois, Monsieur, à l'ordre public de prendre tous les moyens qui, par un grand exemple, préviennent les atteintes que l'on pourrait porter au trésor de l'État; je ne doute pas que vous ne soyez, Monsieur, dans la même opinion. Cependant les faussaires sont encore dans les prisons de l'hôtel-de-ville, et avant de les remettre entre les mains des juges ordinaires, j'attendrai que vous m'ayez fait part de vos réflexions particulières.

» Je vous observe, Monsieur, que si la crainte de l'alarme que ces faux billets pourraient répandre dans le public, vous faisait penser qu'il y aurait du danger à les laisser à la justice ordinaire; cependant il serait impossible de les laisser libres, et que ne pouvant user d'ordres arbitraires, il faudrait laisser le crime impuni ou en faire justice et d'une manière éclatante. Je vous avoue que ce dernier avis est entièrement le mien. Je n'ai pas dû non plus me dispenser de vous référer d'une affaire aussi importante pour les fonds publics. J'ai l'honneur, etc. »

RÉPONSE DE M. NECKER. — 29 *septembre* 1789.

« L'affaire de cette falsification, Monsieur, étant en ce moment répandue, ce serait inutilement qu'on chercherait à l'éteindre; et je pense comme vous, Monsieur, que l'ordre public exige qu'elle soit remise aux juges ordinaires. Je suis très-reconnaissant de la marque d'attention que vous avez bien voulu me donner en cette occasion, et je vous prie d'agréer les assurances du très-sincère et très-parfait attachement avec lequel j'ai, etc. »

LETTRE DE M. BAILLY. — 29 *septembre* 1789.

« Il n'a pas tenu qu'à moi, Monsieur, que les arrangemens pris avec M. Dufresne ne fussent ponctuellement exécutés. J'ai donné aux facteurs les ordres les plus précis pour que les versemens fussent intégrals; et si le comité des subsistances a tiré quelques sommes sur les fonds de la halle, cela a été fait sans ma participation, comme sans ma signature. Je vais, au surplus, Monsieur, prendre de nouvelles précautions pour que le comité des subsistances ne fasse plus de ces sortes de prélèvemens, faits pour déranger l'ordre de la comptabilité.

» Je ne peux pas cependant m'empêcher, Monsieur, de vous observer que la caisse de la ville est épuisée, et que si les deniers étant entre les mains des facteurs doivent être respectés, au moins faudrait-il qu'il fût pris des arrangemens tels, que le trésor vînt d'une manière sûre au secours de la municipalité, à qui le gouvernement doit une somme assez considérable. Les facteurs verseront donc tout ce qu'ils auront; mais ce doit être à condition que vous voudrez bien m'instruire des moyens que vous aurez pris pour assurer à la ville les rentrées de fonds dont elle a le besoin le plus urgent. J'ai l'honneur d'être, etc. »

LETTRE DE M. DUFRESNE. — 1er *octobre* 1789.

« J'ai l'honneur de vous prévenir, Monsieur, que pour soulager la monnaie de Paris de l'encombrement de vaisselle dont elle serait inutilement surchargée pour le moment, M. le premier ministre des finances a jugé nécessaire de commettre secrètement M. Auguste, orfèvre du roi, pour acheter des particuliers toute la vaisselle qui lui serait offerte, afin de la fondre et d'en faire l'envoi dans les monnaies les plus voisines de Paris. J'ai cru devoir, Monsieur, vous prévenir de cet arrangement, et vous prier de donner les ordres les plus précis et les plus prompts pour que ces matières sortent librement, tant de la maison de M. Auguste que de l'affinage de Paris dont il est le fermier, afin qu'elles parviennent promptement à leur destination. J'ai, au surplus, l'honneur de vous assurer que M. Auguste est effectivement la personne choisie par le ministre pour cette opération; qu'il n'y a aucun intérêt personnel, et que le seul motif qui le fait agir dans ce moment, n'est que le désir qu'il a de répondre à la confiance qu'on lui accorde et qu'il mérite.

» Ces mesures n'ont été adoptées que pour empêcher, du moins en partie, les manœuvres qui furent faites, en 1759, par plusieurs orfèvres, qui achetèrent une quantité immense de vaisselle qu'ils réduisirent en lingots, et firent passer ensuite à l'étranger.

Il est nécessaire, Monsieur, que la mission donnée à M. Auguste reste secrète, afin que les personnes qui lui apportent leur vaisselle ne se détournent point de lui. J'ai l'honneur d'être, etc. »

LETTRE DE M. NECKER. — 1er *octobre* 1789.

« Je suis instruit, Monsieur, que certains boulangers de la ville de Paris, ont profité de quelques momens de trouble pour enlever et s'approprier, à leur passage dans les rues, des farines appartenant à l'administration, qui étaient transportées à la halle pour y être vendues, et que d'autres ont employé et emploient encore quelquefois des moyens de force pour en enlever des places des facteurs sans les payer. Il est on ne peut pas plus urgent, Monsieur, de remédier à des abus aussi crians, et de faire restituer par les boulangers qui s'en sont rendus coupables, la valeur des matières qu'ils se sont indûment appropriées. Je vous prie en conséquence de faire faire par les facteurs les déclarations de ceux de ces enlèvemens frauduleux dont ils ont connaissance, de tâcher de vous procurer des renseignemens sur ceux qui ont été faits dans les rues, et d'exciter sur ces deux objets la vigilance de M. le procureur du roi au Châtelet de Paris.

» Il ne serait pas moins nécessaire que vous voulussiez bien faire donner une garde suffisante pour la halle, de façon que les pillages qui ont été faits cessent d'avoir lieu. J'ai l'honneur d'être, etc. »

LETTRE DE M. BAILLY. — 1er *octobre* 1789.

« J'ai déjà eu, Monsieur, bien des fois occasion de vous entretenir de la nécessité de s'assurer des moyens de subsistance pour l'hiver prochain. Déjà, Monsieur, vous m'avez annoncé que vous aviez eu la bonté de prendre à cet égard quelques précautions. De mon côté, je pense qu'il serait utile aussi de commander des achats; mais dans la crainte que les différentes personnes chargées d'acquérir ne se nuisent pas en se croisant, je vous prierai, Monsieur, de vouloir bien m'écrire précisément le nom des pays où vous avez fait des commandes, ceux des personnes auxquelles vous vous êtes adressé et le nom de celles que vous pouvez savoir qui ont été préposées pour les achats. Ces renseignemens me sont promptement nécessaires, pour marcher d'une manière tant soit peu sûre dans une route, hélas! bien difficile à pratiquer. J'ai l'honneur, etc. »

LETTRE DE M. BAILLY. — 1er *octobre* 1789.

« Je ne peux pas vous peindre, Monsieur, le nombre étonnant des malheureux qui nous assiégent. Tout est à Paris dans un état de langueur qui fait frémir, surtout quand on pense qu'il doit en résulter que la majeure partie des ouvriers de cette grande ville est réduite à une inactivité absolue. Que présage l'hiver dans lequel nous allons entrer? Une détresse d'autant plus effrayante qu'elle frappe sur la classe la plus indigente et la plus prompte à s'enflammer. Vous avez eu la bonté de préparer l'établissement d'ateliers de charité; mais le nombre des malheureux qui y sont employés n'est porté qu'à quatre mille, il serait bien à désirer que le nombre fût augmenté, qu'il fût même porté jusqu'à huit mille, en prenant la précaution de les diviser et de les éloigner les uns des autres. Je vous parle, Monsieur, au nom de la commune; c'est elle qui m'a chargé de cette réclamation. Je vous prie de me mettre promptement en état de lui rendre compte du succès de mes démarches. J'ai l'honneur d'être, etc. »

LETTRE DE M. NECKER. — 15 *octobre* 1789.

« J'ai reçu, Monsieur, la lettre que vous m'avez fait l'honneur de m'écrire le 1er de ce mois, au sujet du grand nombre d'ouvriers qui sont dans un état d'inactivité inquiétant. Vous me proposez au nom de la commune de porter à huit mille le nombre de quatre mille personnes actuellement employées aux ateliers de charité. Je ne puis, Monsieur, que déférer au désir qu'elle témoigne, et je prendrai des mesures pour assurer le paiement de cette augmentation de dépense. Je vous invite seulement, Monsieur, à faire diviser les ateliers autant qu'il sera possible, à les éloigner les uns des autres, et à prendre des précautions pour que le nombre des ouvriers ne revienne pas au point où il était ci-devant. Je me repose sur votre sagesse et vos ménagemens à cet égard. J'ai l'honneur, d'être, etc. »

LETTRE DE M. NECKER. — 3 *octobre* 1789.

« Vous me demandez, Monsieur, quelques détails sur les commissions que le roi a fait donner dans l'étranger, pour le secours de la ville de Paris. Voici ce qu'il y a de fait jusqu'à présent.

» On a demandé à Hambourg 20,000 setiers par l'entremise du ministre de France, homme de beaucoup de mérite, et qui s'assurera de la maison de commerce en état d'exécuter cette commission; et après l'intervalle nécessaire pour espérer que cette commission aura pu être exécutée, on a demandé dans le même lieu 20,000 autres setiers. Je désire fort que ces ordres puissent être remplis, et surtout que l'expédition entière puisse être faite avant les glaces qui interrompent le cours de la navigation; mais il est impossible de les garantir.

» MM. Hoggner, Hand et compagnie ont mandé, il y a quinze jours qu'il était indispensable, vu l'état de détresse où se trouvait le marché d'Amsterdam, d'interrompre les achats qu'ils n'ont cessé de faire; j'espère qu'ils vont les reprendre successivement, et ils auront toujours des ordres en main. Mais les besoins commencent à se manifester de partout : ainsi, même en se soumettant à de grands sacrifices, on ne peut savoir encore ce qui pourra être destiné pour Paris. Mais ces Messieurs d'Amsterdam ont montré jusqu'à présent un zèle et une intelligence qui ne laissent rien à désirer. Je vais leur mander d'entrer en correspondance directe avec le comité de subsistances de Paris, et de l'informer exactement de ce qu'ils feront.

« On a donné un ordre de 20,000 setiers dans la Méditerranée, en sollicitant des permissions d'extraction au nom du roi de Sardaigne et de Sicile; mais la province a des besoins éminens, et ce qu'on pourra destiner pour Paris en blés blancs me paraît encore incertain, et ne pourrait jamais arriver à Paris qu'en février; et les prix reviendraient à près de 50 liv. le setier, si la hausse déjà éprouvée et celle qu'on annonce ont lieu : en général, la ressource par la Méditerranée est très-bornée, très-précaire.

» On ne veut rien laisser sortir de la Flandre autrichienne, et l'on m'assure qu'on y a donné des primes pour l'importation.

» La meilleure et la plus prochaine ressource sera l'Angleterre et l'Irlande, si l'exportation depuis long-temps prohibée devient permise. On m'annonce le départ pour Paris, de Lyon, des associés de la maison Bourdieu et Millet, qui a servi jusqu'à présent le gouvernement de France avec un dévouement sans égal ; je saurai de l'un positivement ce qu'on peut espérer, et après m'être entretenu avec lui, je l'engagerai à vous voir immédiatement.

» Je dois ajouter que cette maison de Bourdieu et Millet a demandé en Amérique, d'après mes ordres, et avec leur garantie, 50,000 barriques de farine.

Je dois vous informer que la Guyenne annonce les plus grands besoins, et que plusieurs parties de la Normandie montrent de l'inquiétude.

» J'avais donné une commission considérable en Bretagne, dans l'espoir que l'exportation enfin n'y éprouvera point d'obstacles ; mais on ne me donne jusqu'à présent aucune espérance, et en Poitou de même.

» Voilà, Monsieur, toutes les instructions que je puis vous donner. Si vous croyez maintenant que d'autres précautions puissent être prises, je vous prie de me les indiquer, et de m'indiquer en même temps si la ville de Paris a donné ou donnera des commissions directes dans les mêmes lieux.

» Il est très-important que des commissionnaires différens ne rivalisent pas ensemble.

» Le pays Messin et la Lorraine n'ont pas une récolte suffisante, et ces deux provinces commencent à chercher des secours en Allemagne.

» La ville de Paris a besoin plus que jamais de tirer tout le parti possible des blés qui de tout temps ont servi à son approvisionnement.

» Voici la note qu'on vient de me donner de tout ce qui reste à venir des anciennes commissions exécutées. Vous savez ce que la Normandie prend d'elle-même sur tout ce qui passe sous ses yeux, et la petite part nécessaire à Versailles.

» Il y a une certaine quantité de seigles en grains et en farines à Pontoise, provenant des achats de M. Harel. J'ai l'honneur d'être, etc. »

LETTRE DE M. NECKER, *sans date.*

« J'écris, Monsieur, ce que vous souhaitez à M. Tirion. Il n'y a cependant que 200 sacs de farine au poids le Roi de Versailles ; mais ce que vous me dites de votre détresse doit l'emporter sur tout ; et j'espère que M. Tirion sera diligent à vous faire passer la première destination pour Versailles qui lui arrivera. Votre situation à l'égard des subsistances m'afflige infiniment ; on m'en avait parlé bien différemment il y a quelques jours. J'ai l'honneur d'être, etc. »

LETTRE DE M. BAILLY. — *21 octobre* 1789.

« L'embarras continuel dans lequel l'administration de la ville s'est trouvée, relativement aux subsistances, lui a fait prendre, il y a quelque temps, un arrêté par lequel il a été décidé qu'il serait fait aux boulangers, dont les facultés ne seraient pas fort étendues, une avance de 100,000 écus au total. Cet arrêté, Monsieur, n'a pas encore reçu d'exécution, et la halle est appauvrie par les achats des boulangers, lorsque leurs achats en droiture n'atteignent pas le degré d'étendue auquel on pourrait espérer de les voir parvenir. C'est encore à vous, Monsieur, que j'ai recours pour nous préparer les moyens d'exécution. Je dois vous observer que la somme totale ne sera pas sur-le-champ avancée : le paiement en sera progressif. Le nombre des boulangers qui réclament l'exécution de l'arrêté n'est encore que de douze, et je pense que 24 ou 30,000 fr. suffiraient pour faire cette première avance, qui, en définitive, sera remboursée.

Je vous prie, Monsieur, de vouloir bien faire l'attention la plus sérieuse à mes représentations, dans les momens de crise qui se renouvellent à la journée ; elles sont de la plus grande importance. J'ai l'honneur d'être, etc. »

LETTRE DE M. NECKER. — 22 *octobre* 1789.

« Je viens, Monsieur, de renvoyer à M. Dufresne la lettre que vous m'avez fait l'honneur de m'écrire, relativement au secours d'argent que vous me demandez en faveur des boulangers les moins aisés; en conséquence de l'arrêté pris par l'administration de la ville, je l'ai prié de faire faire l'avance que vous désirez. Vous voudrez bien vous concerter avec lui à ce sujet. J'ai l'honneur d'être, etc. »

LETTRE DE M. NECKER. — 23 *octobre* 1789.

« M. Necker reçoit enfin dans l'instant les états qu'il avait demandés à M. Vauvilliers, et il les trouve très-inquiétans. Il pense qu'il serait très-nécessaire d'inviter MM. du comité des subsistances de se trouver à la conférence qui doit avoir lieu chez lui à une heure, et il prie M. Bailly de vouloir bien les y engager. »

LETTRE DE M. BAILLY. — 25 *octobre* 1789.

« M. Monneron, Monsieur, m'a proposé, de la part d'un négociant de Lorient, 4,000 quintaux de riz au prix de 20 liv. le quintal. Notre situation actuelle, et plus encore les inquiétudes qu'il est possible de concevoir sur notre situation future, ne nous permet pas de dédaigner l'acquisition d'une denrée, qui, dans un moment de crise, peut être pour nous de la plus grande ressource. Cependant, comme le prix de ces 4,000 quintaux ne laisse pas d'être important, je vous demanderai la permission de me servir du nom et du crédit du gouvernement pour acquérir. Je dois vous observer que le négociant accordera toujours trois mois de crédit. J'ai l'honneur d'être, etc. »

LETTRE DE M. NECKER. — 26 *octobre* 1789.

« Je reçois, Monsieur, la lettre que vous m'avez fait l'honneur de m'écrire au sujet de la proposition qui vous a été faite pour l'acquisition de 4,000 quintaux de riz, à 20 liv. le quintal. J'avais déjà dit à M. de Monneron que vous pouviez accepter l'offre du négociant de Lorient à ce sujet, et je m'empresse de vous autoriser à vous servir du nom et du crédit du gouvernement pour conclure ce marché, en vous priant de me faire donner avis des moyens que vous aurez employés et des traites que l'on tirera à trois mois de crédit.

» J'ai l'honneur d'être, etc. »

LETTRE DE M. BAILLY. — 6 *novembre* 1789.

« M. Monneron m'a écrit, Monsieur, que le retard mis à la réponse qu'il me demandait relativement à l'achat de 400,000 de riz, avait empêché qu'il ne fût fait, et que dans l'intervalle il avait été acheté par des maisons de Paris.

» Je désirerais, Monsieur, savoir si cet achat a été fait par vos ordres et pour le gouvernement, ou si, au contraire, ce sont des particuliers qui ont fait une spéculation sur cette marchandise : il est, je crois, très-essentiel de veiller sur tout ce qui sert à la subsistance et d'en empêcher l'accaparement.

» J'ai l'honneur d'être, etc. »

LETTRE DE M. NECKER. — 8 *novembre* 1789.

« Je m'empresse de vous prévenir, Monsieur, que je n'ai donné aucun ordre pour l'achat des riz qui ont été proposés par M. Monneron, et je suis fort étonné qu'il ne les ait pas réservés pour le gouvernement, puisque du moment où il m'en a parlé, je lui ai dit qu'on les prendrait : j'ignore les personnes qui les ont achetés.

» J'ai l'honneur d'être, etc. »

LETTRE DE M. NECKER. — 10 *décembre* 1789.

« J'ai reçu, Monsieur, une lettre de MM. les lieutenant de maire et administrateurs au département du domaine de la ville, qui m'annoncent, 1° que la dépense des trois cents nouveaux moulins à bras de M. Perrier, et celle du bâtiment dans lequel on placera les douze meules que doit faire agir la pompe à feu, s'élèveront à 750,000 liv., conformément à un devis fixé par le traité du 26 septembre dernier ; 2° que cette somme doit être payée à M. Perrier en assignations sur la caisse de la ville, aux échéances ci-après :

200,000 liv. en avril
200,000 en août } 1790.
350,000 en déc.

» Ces Messieurs proposent de délivrer tout à l'heure la première partie, la seconde le mois prochain, et de différer la dernière jusqu'après la reconnaissance exacte et complète de toute la fourniture de M. Perrier; mais avant de fournir ces assignations, ils demandent que je m'engage formellement à leur en faire donner les fonds aux échéances des deniers du trésor royal.

» Je ne sais, Messieurs, si trois cents moulins à bras sont préférables à une seconde pompe à feu, et si même cette quantité de trois cents moulins est indispensablement nécessaire pour assurer, dans des temps difficiles, la mouture des grains qu'exige la subsistance de Paris. Je dois m'en rapporter à votre témoignage, persuadé que vous en aurez fait faire l'examen avec une attention toute particulière. En conséquence, je ne puis que déférer au désir de la commune.

» Je vous prie donc, monsieur, après que vous vous serez assuré de la nécessité des travaux commandés à M. Perrier, d'ordonner l'exécution de son traité. Je ferai ce qui me sera possible, pour procurer les fonds demandés aux époques indiquées. J'ai l'honneur d'être, etc.

» P. S. Les dépenses pour Paris sont immenses, mettez-y, je vous prie, Monsieur, toute la modération et toute la réserve possibles.

LETTRE DE M. NECKER. — 19 décembre 1789.

« La lettre que vous m'avez fait, Monsieur, l'honneur de m'écrire relativement à l'administration des hôpitaux de Paris, et à celle des dépôts de mendicité, présentait des objets sur lesquels il m'a paru convenable de conférer préalablement à M. de la Millière, chargé des départemens des hôpitaux et de la mendicité, et d'après les éclaircissemens que m'a donnés ce magistrat; je saisis le premier moment dont je peux disposer pour avoir celui de vous répondre. Je pense comme vous, Monsieur, que pour que la municipalité de Paris puisse se livrer avec fruit à l'administration des hôpitaux de cette capitale, il est indispensable qu'elle ait sous les yeux les pièces qui constituent cette administration et toutes celles qui sont relatives aux différens détails qu'elle embrasse; mais ces pièces ne sont pas, comme vous le présumiez, entre les mains de M. de la Millière et même elles ne peuvent pas y être. Le département des hôpitaux ne doit conserver que les résidus des affaires qui se portent au conseil, telles que les demandes formées par des établissemens d'octrois, prorogation, emprunts, etc.; et si l'on joint à ces demandes des pièces originales, elles sont rendues lorsque l'objet est décidé; chaque hôpital a, en sa possession, les pièces et titres qui concernent sa constitution, ses revenus et ses charges; et l'Hôtel-Dieu de Paris ainsi que l'hôpital général ont leurs archives qui sont sous les mains de leurs administrateurs; en conséquence, vous reconnaîtrez sûrement, Monsieur, que c'est avec les administrateurs de ces établissemens ou leurs préposés qu'il convient que la municipalité s'entende pour obtenir la remise ou la communication des pièces qu'elle sollicite.

»Je passe à la partie de votre lettre où vous me faites l'honneur de me marquer que dans ce moment de stagnation totale, la ville de Paris ayant plus que jamais à redouter tous les malheurs que la mendicité entraîne après elle, il serait nécessaire de réunir aux hôpitaux les dépôts de mendicité qui sont aux portes de Paris, et d'en confier l'administration à la municipalité. J'aurai à cet égard plusieurs observations à vous faire; il n'y a qu'un seul dépôt de mendicité dans les environs de Paris, celui établi dans la ville de Saint-Denis, et conséquemment hors de la banlieue de la capitale; ensuite le dépôt le plus prochain est situé dans une autre généralité.

»Le dépôt de St.-Denis n'est pas réservé pour la ville de Paris, qui ne contribue en rien à sa dépense, c'est le dépôt de toute la généralité, laquelle supporte à cet effet les trois deniers pour livre qui s'imposent en sus de la taille, pour subvenir aux frais de la mendicité; les droits de l'ancienne police se bornaient à faire arrêter dans la ville, les gens qui mendiaient, et ils étaient envoyés dans les prisons, d'où on les transférait ensuite au dépôt de St.-Denis. De ce moment, ils étaient sous la juridiction du commissaire départi qui ordonnait de la durée de leur détention et de leur mise en liberté; une grande partie de ces mendians n'était même ni de la ville ni de la généralité, et M. l'intendant les faisait alors transférer dans les dépôts de leurs provinces. Ces détails vous mettront en état de juger, Monsieur, des difficultés qui naissent de la chose même; mais il y a de plus une considération particulière qui vous frappera sûrement autant que moi ; lors de la formation des assemblées de département, celle qui aura la ville de St.-Denis dans son arrondissement ne manquera pas de réclamer l'administration du dépôt, et il sera difficile de se refuser à son vœu; il me paraîtrait donc convenable sous tous les rapports d'attendre l'organisation de ces assemblées pour déterminer avec celle que l'objet concernerait, les mesures qu'exigerait l'exécution des vues que peut avoir la municipalité sur cette branche d'administration. Jusque-là, il me semble qu'on ne devrait rien innover et qu'il n'y aurait aucun inconvénient à laisser le dépôt de St.-Denis entre les mains du délégué général en l'intendance de Paris, avec lequel les membres du comité de police pourraient provisoirement concerter ce qui intéresserait essentiellement cette partie du service public dans la ville de Paris.

»Je finirai, Monsieur, par un article bien intéressant : celui de débarrasser les prisons de la capitale qui se trouvent dans ce moment fort engorgées. Le dépôt de St.-Denis, où il n'y a actuellement qu'environ 400 renfermés, quoiqu'il puisse en contenir 7 à 800, vous paraîtrait propre à remplir ce but, et vous jugeriez convenable qu'on y fît passer un certain nombre de prisonniers. Il est sans doute très essentiel de pourvoir à ce que les prisonniers ne soient pas entassés dans les lieux qui les renferment, mais aussi, il serait à désirer qu'on pût trouver pour cela un autre local que le dépôt de St.-Denis. On doit craindre de confondre ainsi des gens détenus seulement pour faits de mendicité, avec des individus capables de filouteries, escroqueries, et autres délits du même genre. Indépendamment du mal qui peut résulter d'un semblable mélange, il deviendra très-difficile de maintenir la règle et le bon ordre dans le dépôt, et de continuer à assujétir au travail ceux qui y seront détenus; d'ailleurs on s'interdit la possibilité d'y renfermer de nouveaux mendians qu'on serait dans le cas de faire arrêter et dont le nombre est aujourd'hui fort considérable. Je vous prie, Monsieur, de vouloir bien peser ces différentes réflexions et de me faire part de l'opinion que vous en aurez prise; dans le cas où vous persisteriez dans votre première idée à ce sujet, j'en préviendrai alors M. Dhauteloir, qui conviendra avec vous des arrangemens à faire pour que la translation dont il s'agit s'opère de la manière qui aura le moins d'inconvéniens. J'ai l'honneur, etc.

P. S. Il est important seulement sous le rapport respectable de la bonté et de l'humanité, de pourvoir momentanément à l'état affreux où l'on m'assure que sont les prisonniers du Châtelet, par le nombre excessif qui est retenu dans un trop petit espace.

Extraits d'un ouvrage intitulé : LE CHATEAU DES TUILERIES, OU Récit de ce qui s'est passé dans l'intérieur de ce palais, depuis sa construction jusqu'au 18 brumaire de l'an VIII; par P. J. A. R. D*E. Ces fausses initiales cachent le nom de ROUSSEL, homme de loi. (BARBIER, *Dictionnaire des Anonymes*.)

Ce livre est, en grande partie, un dialogue entre l'auteur, lord Béfort, qui visite le château après le 10 août 1792, et le commissaire qui lui a été donné pour l'accompagner. Cette forme a permis de mêler dans le récit des événemens de diverses époques, de telle sorte qu'on trouve à la fin du second volume des faits qui appartiennent à l'année 1789, et même aux années précédentes. Nous avons jugé nécessaire de régler notre analyse sur un départ chronologique, qui rapportât à sa date chaque détail historique. En conséquence, nous placerons ici tous ceux antérieurs à janvier 1790.

Ce livre était important à analyser, parce qu'il a été fait sur des pièces originales, parce qu'il contient des renseignemens précieux sur l'intérieur de la cour, sur le roi, la reine, les princes, sur les intrigues ministérielles, etc., renseignemens puisés à des sources incontestables. La nature de notre histoire ne nous a pas permis d'intercaler cette analyse dans notre texte. Dès-lors nous avons dû la rejeter parmi les documens complémentaires par lesquels nous fermons l'année 1789. — Il ne faudra pas oublier que l'auteur est royaliste, qu'il cite souvent, et que son opinion et son but apologétique donnent une grande valeur à toutes les circonstances de son récit, dont peut s'emparer contre la cour l'opinion contraire. A l'authenticité, à l'importance des griefs échappés à un écrivain partial, s'ajoute encore l'intérêt qui s'attache à des choses très-curieuses qu'on chercherait vainement ailleurs.

— « Je ne décrirai pas les détails de ce voyage précipité de la famille royale (journées d'octobre 1789); il me suffira de dire qu'après huit heures d'une marche qu'on peut comparer à celle des Sauvages ramenant de la guerre les prisonniers qu'ils ont faits pendant le combat, elle descendit au château des Tuileries, pour y fixer son habitation. Mais rien n'y était préparé pour la recevoir; tout y manquait : lits, tables, chaises, et jusqu'aux objets les plus nécessaires à la vie. On dressa des lits de sangle, et l'on passa une mauvaise nuit.

» Cet édifice, que l'on dit être le plus beau de l'Europe à l'extérieur, ne présentait aucune commodité en dedans. Les deux ailes seules étaient habitables; le reste offrait de ces grands appartemens ornés de quelques meubles antiques que l'œil apercevait à peine, et qui semblent placés là pour attendre leur destruction.

» Dès le matin du lendemain, on demanda à Louis et à Antoinette de désigner leurs appartemens, celui de leur famille et de tous leurs serviteurs. Le premier mot du roi fut : *Que chacun se loge comme il pourra; pour moi, je suis bien*. Mais ce mouvement d'humeur passé, il visita lui-même le château avec son épouse. Tous deux marquèrent les logemens de chacun, et ordonnèrent les changemens et les réparations à faire. On démeublait pendant ce temps Versailles, et ce ne fut pendant plusieurs jours qu'un convoi de voitures, chargées de l'immense mobilier entassé dans ce château pendant trois règnes. La reine fit venir sa bibliothèque; mais le roi ne tira de la sienne que les livres de dévotion, les révolutions des différens Etats, et l'histoire particulière du malheureux Charles Ier, roi d'Angleterre. Pendant les presque trois années qu'il demeura aux Tuileries, s'il avait besoin de quelques livres, il les envoyait chercher à la bibliothèque nationale.

» Disons un mot sur la distribution des logemens. Le roi prit, au rez-de-chaussée, sur le jardin, à côté de la galerie qui est à gauche en entrant dans ce jardin, trois pièces pour lui : on entrait par cette galerie et par le vestibule. A l'entresol, il mit son cabinet de géographie; et au premier, toujours dans l'angle de cette galerie, était sa chambre à coucher. A côté de cette pièce, était la chambre du conseil.

» La reine avait ses appartemens près de ceux du roi. En bas, son cabinet de toilette, sa chambre à coucher, ensuite le salon de compagnie. A l'entresol, sa bibliothèque; au-dessus de la bibliothèque était l'appartement de Madame, qui se trouvait séparé de la chambre à coucher du roi par celle où couchait le dauphin.

» En sortant du salon de compagnie, se trouvait la salle de billard. Le surplus était des antichambres. Ce corps-de-logis, du côté du jardin, était occupé, au rez-de-chaussée par la gouvernante des enfans de France, messieurs Chatelux, d'Hervilly, Roquelaure, etc.; l'entresol, par des valets de chambre et autres serviteurs de la famille royale. Le premier était composé de la salle des gardes, du lit de parade, et des appartemens servant à l'usage de la galerie de Versailles.

» Madame de Lamballe occupait le rez-de-chaussée du pavillon de Flore, et madame Elisabeth tenait le premier. Au-dessus logeaient mesdames Mackau, Grammont, d'Ohun; MM. Lemonnier, Bonnefoi, et cent trente-deux autres personnes attachées à la cour.

» De l'autre côté du pavillon du milieu étaient d'abord la chapelle et l'emplacement de l'ancienne salle de spectacle. Les tantes du roi occupaient, avec leurs gens, le pavillon de Marsan. Ce côté était moins garni que l'autre, vu qu'il se trouvait dans un trop grand désordre.

» Les trois cours, séparées entre elles par de petits bâtimens, servaient à loger les troupes de service, les chevaux et quelques personnes. Du côté de la place du Carrousel, le château était défendu par un mur percé de trois portes, qui donnaient entrée à chacune des cours. Le côté du jardin offrait à peu près la même clôture qu'il présente aujourd'hui, si l'on en excepte le pont-tournant qui n'existe plus, et l'élargissement des grilles. Dans le château et son enceinte on comptait, sans parler des troupes, 677 habitans de tout âge et de tout sexe.

» La première humiliation que reçut Louis XVI en arrivant dans sa capitale, lui fut donnée par la foule importune qui entoura le château des Tuileries pendant plusieurs jours, sous prétexte de voir son roi. Il eut la prudence de se tenir au fond de ses appartemens sans oser s'approcher des croisées. La reine en fit de même. Mais enfin les curieux diminuant insensiblement leur permirent de respirer et de circuler librement. La famille royale obtint de pouvoir se promener seule dans le jardin: elle en profita pour amuser ses enfans.

» Arrivé aux Tuileries, le roi fut forcé de changer ses habitudes et de se former d'autres occupations. Après avoir donné les premiers instans de son lever à des actes de dévotion, il descendait dans ses appartemens du rez-de-chaussée, visitait son thermomètre, écrivait l'état où il le trouvait. A cette heure il recevait le bonjour de sa femme et de ses enfans. Ce moment qui devait être si doux pour son cœur était troublé quelquefois par des observations de la reine sur leur situation, et par les sinistres réflexions du roi sur l'avenir. Parfois l'humeur, plus souvent un épanchement de tendresse, terminaient ces visites. Le monarque déjeunait ensuite, et s'informait à celui qui le servait de ce qui se passait au-dehors, de la situation et de la disposition des esprits. Souvent il se servait de ces rapports pour contredire les ministres et la reine même.

» Après son déjeuner, le roi remplissait son temps, jusqu'à l'heure de la messe, par le travail des affaires, les lettres à écrire, et quelques coups de lime. Depuis que la chasse lui était interdite, et comme l'exercice était nécessaire à sa santé, il en prenait en marchant dans ses appartemens, jusqu'à ce qu'une transpiration bienfaisante l'obligeât de s'arrêter. Après la messe il s'entretenait quelque temps avec ses fidèles sujets, puis rentrait dans ses appartemens jusqu'à l'heure du dîner. Il mangeait vite et avec appétit, buvait peu, malgré qu'on lui ait supposé de le faire avec excès : le plus souvent il ne vidait pas une bouteille, qu'il trempait de beaucoup d'eau. Au dessert il prenait un demi-verre de vin de liqueur et finissait ainsi son repas.

» Son après-midi était rempli par la lecture, par des amusemens avec ses enfans, particulièrement avec le dauphin. Le soir, il allait au salon de compagnie, regardait jouer, entrait à la salle de billard, faisait quelques parties, tantôt avec l'un, souvent avec la reine. Il était mauvais joueur et très-sensible à la perte : il a cassé plus d'une queue de billard. Telle fut la vie ordinaire que mena le roi tant qu'il fut aux Tuileries.

» Si les travaux de l'assemblée nationale lui causaient souvent du chagrin, quelquefois il voyait de ses lois avec plaisir. Telle fut celle qui partagea la France en quatre-vingt-trois départemens. Il dressa lui-même une carte du nouveau système, y marqua les parties prises d'une province, et placées dans une autre sous de nouvelles dénominations. Ce tableau que j'ai vu est si parfait qu'on y apprend en même temps l'ancienne et la nouvelle géographie de France. On peut se convaincre de la vérité que j'avance, car ce travail a été placé dans le temps dans le dépôt de cartes géographiques, avec la nombreuse et rare collection du roi en ce genre. » (Chap. iii, de la p. 49 à la p. 61.)

Dans le quatrième chapitre l'auteur jette un coup d'œil sur le caractère de toutes les classes de la société avant la révolution. L'extrait suivant servira donc de complément à notre esquisse *des causes immédiates*. — « La cour, depuis long-temps, ne réfléchissait plus cet éclat que le prestige qui l'entourait autrefois, rendait imposant et respectable au peuple. Le dernier roi s'était avili aux yeux de ses sujets, en faisant asseoir publiquement sur les marches du trône une courtisane de basse extraction et de mœurs impures. La faiblesse de son successeur laissa la reine son épouse enlever ce qui restait encore d'imposant à la majesté du trône, et la suppression de l'étiquette en n'offrant plus d'appareil, montra les maîtres de l'empire à nu, et chacun oublia le roi pour ne plus voir que l'homme. Ajoutez à cela l'affaire du collier, les plaisirs d'Antoinette, la parcimonieuse économie du roi, les prodigalités des courtisanes, les divisions des grands et vous aurez une idée complète des vices et des fautes de la cour.

» La noblesse s'était tellement multipliée en France depuis un siècle, qu'on ne tenait plus à honneur d'en faire partie ; on comptait quatre-vingt mille familles nobles ; quatre mille offices civils donnaient la noblesse et la transmettaient. Le roi accordait encore chaque jour des lettres d'anoblissement : elles se vendaient 2,000 écus lors de la guerre de la succession. Les mésalliances d'ailleurs avaient rendu les nobles les commensaux des plus petits bourgeois, et il n'était pas rare d'entendre un savetier parler de son cousin le chevalier. Cependant la noblesse d'ancienne race s'était conservée dans sa pureté : comme les barons allemands elle préférait vivre dans le malaise plutôt que de ternir l'éclat de son nom : aussi la plupart ne vivaient que de pensions ou de places lucratives. Cette trop grande abondance de nobles surchargeait l'État par leur nombreux priviléges et leur exemption de tous les impôts. C'est cette surcharge contre laquelle on criait, qui fut une des causes des persécutions qu'ils ont essuyées. Ajoutez-y l'orgueil des pauvres anoblis, l'irritation de la noblesse de province contre les distinctions accordées à la noblesse de cour, et vous trouverez la cause de la démarcation qui se fit parmi la noblesse au moment de la révolution.

» Le clergé distingué par le *haut* et le *bas* paraissait ne pas suivre la même doctrine. Le bas clergé, composé des curés donnait autant qu'il le pouvait l'exemple des vertus chrétiennes. Dans les campagnes, il était encore le consolateur des malheureux, et dans les villes il offrait la décence dans sa conduite et la régularité dans ses mœurs. Le haut clergé, concentré dans les archevêques et évêques, affichait, pour la plupart, un luxe scandaleux. Se reposant sur leurs vicaires ou leurs secrétaires du soin de la doctrine, ils couvraient le scandale de leur conduite (1) par une représentation de grand seigneur. Sans cesse à la cour ou dans la capitale, on ne les voyait dans leur diocèse que pour conférer le sacrement de la confirmation et vexer les curés qu'ils traitaient en valets. Ils étaient les descendans de ce digne cardinal d'Auvergne, qui disait un jour à l'académicien Duclos : *J'ai trouvé tous mes domestiques malades, excepté le curé de*.... Si parfois ces prélats paraissaient à l'autel, on les voyait parés comme Adonis ; les parfums dont ils étaient couverts embaumaient l'enceinte sacrée, au point qu'on avait peine à sentir l'encens qu'on brûlait pour l'Éternel. Depuis long-temps ils avaient oublié de se faire entendre dans la chaire de vérité; ils laissaient aux modestes pasteurs le soin de prêcher le vulgaire. Aussi leurs périodiques mandemens n'en imposaient pas même à la classe la plus grossière ; et sans quelques respectables curés de campagne, on aurait vu le peuple briser de lui-même ce frein religieux si nécessaire à l'ordre social. Le mot de J.-J. était passé en proverbe. Publiait-on un mandement, on se demandait : Monseigneur l'a-t-il lu?

» Si vous jetez un coup d'œil sur le militaire, vous n'y verrez plus l'esprit de cette noble émulation qui animait jadis les paladins français. Un ridicule point d'honneur avait remplacé la vraie gloire. Au lieu de s'instruire dans l'art de la guerre, l'officier ne pensait qu'à répandre dans les garnisons l'immoralité qu'il puisait pendant ses semestres dans la capitale ; ne pouvant se glorifier de ses exploits guerriers, il s'enorgueillissait d'avoir séduit de jeunes innocentes. Si vous examinez maintenant l'esprit qui

---

(1) L***, l'un de ces prélats, rivalisait de déréglement avec ce que l'on nommait les roués de la cour. Il avait réuni dans son palais épiscopal de jeunes beautés avec lesquelles il oubliait l'ennui de résider quelques mois dans une petite ville de province. Faisait-il la tournée dans son diocèse pour y conférer le sacrement de la confirmation; toujours il était accompagné d'une de ces odalisques, déguisée en homme. Il trouvait plaisant, en traversant les villages, de la faire passer pour lui ; dans cette idée, il montait à cheval, et la laissait seule dans la voiture épiscopale, recevant les hommages des habitans des campagnes qui la prenaient pour l'évêque.

animait le soldat, vous le verrez murmurant chaque fois qu'il fallait apprendre le métier de la guerre ; l'exercice, le manége, étaient pour lui un fardeau. Presque toute l'armée, et surtout les troupes légères, n'était composée que de jeunes étourdis qui s'étaient enrôlés par libertinage, et que les parens rachetaient au bout de deux ou trois années. Le jeune campagnard que l'astuce d'un recruteur peu délicat avait enrôlé, passait patiemment ses huit années de service, mais ne recommençait presque jamais un second engagement. Ainsi l'on peut dire que chaque huit années les dix-neuf vingtièmes de l'armée se trouvaient renouvelés. L'officier, improprement appelé de *fortune*, et le sous-officier, faisaient seuls le fond de l'armée. Voilà au vrai l'état du militaire à la révolution. Avouons cependant que cet état n'était pas ancien dans l'armée. Avant le ministère de Saint-Germain, l'émulation et l'esprit guerrier s'y étaient constamment maintenus ; mais le régime germanique que cet homme avait introduit dans nos troupes, avait abreuvé le soldat de dégoûts, rendu son état insupportable, et divisé l'armée entre ceux qui voulaient exécuter les ordonnances du ministre, et ceux qui refusaient d'y obéir.

» Dans la bourgeoisie des villes, se trouvaient presque exclusivement concentrés les sciences et les arts, ce qui lui donnait cet orgueil tant censuré par les premières classes de l'État. L'estime que les étrangers portaient au bourgeois savant, assurait celui-ci de son mérite. De là, l'irritation qu'il ne cessait de manifester contre l'exclusive admission des nobles aux premiers emplois de l'État ; de là ses efforts continus pour aplanir cet obstacle, et détruire les priviléges. Outre la science, les arts et l'instruction, on trouvait encore l'industrie dans la classe bourgeoise. Depuis long-temps elle était toute propriétaire, et rapportait au royaume la moitié au moins de son numéraire. Tant d'avantages rendaient le bourgeois jaloux, intolérant ; il se voyait froissé, vexé et privé de droits et de distinctions auxquels il croyait pouvoir prétendre ; il s'irritait, se réunissait et finit par former ce corps si redoutable, d'où il sortit cette doctrine à laquelle s'attacha la grande masse de la nation, et même jusqu'à une partie du haut clergé et de la noblesse.

» L'habitant des campagnes souffrait impatiemment le joug des corvées, les surcharges des impôts, et les entraves de la gabelle et des aides. Ce n'était plus ce serf grossier, indifférent aux dons de la nature. Depuis qu'il pouvait thésauriser, l'émulation, l'aspect d'une fortune, lui avaient en quelque sorte recréé une âme. L'amour-propre et l'intérêt l'animaient depuis long-temps, et ces deux mobiles de la plupart des actions des hommes, lui avaient donné le courage de lutter avec son seigneur. L'homme des champs avait-il amassé quelque argent, il envoyait son fils au collége, dans l'intention d'en faire un prêtre, un avocat ou un médecin; de la masse de ces enfans de cultivateurs qui peuplaient les colléges, les trois quarts rentraient dans leurs foyers avant d'avoir parcouru les huit années consacrées aux études, préférant guider le soc de la charrue, au défrichement des langues mortes. Mais le peu de temps qu'ils avaient donné à ce travail avait suffi pour leur inculquer quelque teinture de l'histoire et des sciences. A la veillée, les contes de fées étaient remplacés par des récits de fragmens de l'histoire grecque et romaine. Enfin, il n'était pas un village où l'on n'entendît confondre les noms de Vesta, d'Alcibiade, d'Auguste et de Néron. Cette confusion que le voyageur ne pouvait entendre sans sourire, a cependant été une des causes du peu d'étonnement et de la soumission que l'habitant des campagnes a montrés à la révolution. Vous sentez bien que dans cette situation des esprits, dont les pores ouverts de l'entendement, si l'on peut s'exprimer ainsi, étaient disposés à pomper toutes les idées nouvelles, quelque gigantesques qu'elles pussent être, rien ne fut plus facile que de surprendre la confiance et les suffrages de cette nombreuse portion de la société et d'établir ainsi cette chaîne secrète de communication entre les esprits les plus élevés et les moins instruits.

» Il nous reste à examiner cette dernière classe de la société qui se trouve dans l'État, sans en quelque sorte en faire partie.

Sans asyle fixe, sans métier particulier, on la trouve partout, elle s'occupe de tout; elle est enfin à l'ordre social ce que l'écume est à la mer. Dans les calmes, retirée sous les roseaux et dans le creux des rochers qui bordent ce réservoir du globe, elle couvre tout à coup sa surface, se répand au loin, et trouble ses eaux lorsque les vents et la tempête viennent agiter et élever les vagues; ou semblable au requin vorace, qui se cache au fond des eaux lorsque la santé et la salubrité règnent sur les vaisseaux, les suit, les entoure, lorsque les miasmes pestilentiels qui s'en exhalent avertissent son odorat qu'il engloutira bientôt quelque proie. Telle est la populace : toujours disposée à troubler l'ordre, elle guette l'instant des troubles politiques, s'attache à celui qui les fait naître, dans la seule vue de s'approprier quelques dépouilles. Le sang, le feu, rien ne l'effraie; au contraire, elle provoque ces fléaux et ne vit que de destruction. Cette masse vagabonde est à la disposition de celui qui lui offre le plus de crimes à commettre. Telle nous l'avons vue détruire les superbes établissemens de Réveillon en 1788; incendier les barrières et les corps-de-garde en 1789; violer et ensanglanter l'asile des monarques à Versailles.

» Cette masse destructive et ennemie de tout ordre social, qui se trouve dans tous les empires, et contre laquelle on n'a jamais pris assez de précautions pour diminuer son nombre et empêcher ses débordemens, s'était depuis quelques années augmentée dans la capitale d'une manière effrayante. S'élevait-il dans une rue quelconque une rixe légère, soudain les querelleurs se trouvaient entourés de ces hommes qui, au lieu de pacifier, excitaient au combat et cherchaient à fomenter un trouble général. Lorsqu'il fut question d'états-généraux, personne ne parla plus haut que ces vagabonds auxquels tout régime est indifférent. Couverts de haillons, ils s'intitulaient Tiers-État : en tendant la main, ils criaient contre les priviléges et se plaignaient de la surcharge des impôts. La police, faible et presque muette, n'osa sévir contre eux et en purger la capitale. C'est cependant avec cette portion de la population qu'on a fait notre révolution. Mais ce qui m'a prouvé qu'elle n'agissait pas pour elle, c'est qu'au lieu de détruire Bicêtre, toujours encombré de ses semblables, elle a forcé la Bastille, où jamais l'on n'enfermait un individu du bas peuple.

» Pour ne rien omettre dans le tableau de l'état de la France, je dois encore vous esquisser quelques états de la société, qui, sans être précisément comptés, n'en formaient pas moins des corps distincts et très-influens lors de la révolution.

» Le premier et le plus nombreux était l'homme à gages, depuis le valet de chambre jusqu'au jockei, depuis la cuisinière jusqu'à la femme de chambre, depuis l'intendant jusqu'au portier. On sait, et notre révolution l'a prouvé que pour un domestique fidèle et attaché à son maître, mille le trahissent, le ruinent, et le sacrifient au besoin. A qui la faute? Au maître qui, loin de conserver sans morgue les distances qui le séparent de son domestique, l'adopte dans sa familiarité, lui montre à nu ses défauts, ses passions, et lui fait supporter son humeur et ses caprices. Qu'est-il arrivé de là? que comme on l'a dit, personne n'est héros pour son valet de chambre; que celui-ci n'a vu dans son maître qu'un homme comme lui, pétri des mêmes vices, et dont quelques légères connaissances et la fortune faisaient la seule différence. Lorsque son maître le ravalait à son véritable état, après l'avoir adopté à sa familiarité, le valet l'imitait intérieurement, perdait le peu d'attachement qu'il lui portait, et cherchait l'instant de s'en venger. La révolution lui a marqué cet instant; et vous avez vu combien de domestiques ont trahi leurs maîtres!

» Le second se trouvait presque tout concentré dans la capitale, et ne formait pas une petite plaie dans l'État. Il était composé de ces hommes qui ont abjuré tout sentiment de la nature : je veux parler du lâche, du paresseux et de l'égoïste rentier. Ces êtres inutiles privaient l'Etat de leur industrie, en vivant tranquilles à l'abri d'un argent qu'ils prêtaient à fonds perdu. On peut les considérer comme mauvais parens, puisque par cette manière d'augmenter les revenus, ils privent leurs héritiers d'une succession à laquelle ils avaient droit de prétendre. N'a-t-on pas même vu des pères de famille assez dénaturés pour placer leurs capitaux sur leurs seules têtes, sans s'embarrasser de ce que deviendraient leurs femmes et leurs enfans après leur mort? Ces hommes sont encore mauvais citoyens; car ils ne s'occupent de la prospérité du pays qu'ils habitent qu'autant qu'elle est relative à la sûreté de leur rente. Je voudrais que tout homme qui place son bien en viager, s'il n'est bâtard ou enfant abandonné, fût privé des droits de citoyen.

» Ce sont cependant ces hommes qui ont les premiers jeté les cris de sédition. L'œil constamment ouvert et fixé sur les opérations de finances, on les entendait dans les promenades et les jardins publics tonner contre Calonne et Loménie. A les entendre, la France s'anéantissait sous ces deux ministres: eux seuls provoquèrent le rappel de l'emprunteur Necker. Sans calculer que si l'impôt conduit à la gêne, l'emprunt amène le déficit, ils ne voyaient dans le hardi Genevois que l'homme qui les faisait payer exactement; car toute l'adresse du ministre fut celle du médecin appelé près d'un malade désespéré : ne pouvant le sauver, il cherche à le soulager par des palliatifs. Ce fut la science de M. Necker.

» Enfin, il existait dans la France un corps d'autant plus dangereux qu'il avait essuyé de longues persécutions. Réprimé sous François 1ᵉʳ, sous Henri II, sous Charles IX, sous Louis XIII, il avait fini par être abattu sous Louis XIV. Ce corps est celui des Calvinistes, celui qui sous le règne de Louis XIII, eut la hardiesse de faire ce fameux réglement qui transformait la monarchie française en plusieurs républiques confédérées.... »

Après cet examen critique que l'auteur suppose avoir fait devant lord Béfort, il dit quelques mots des finances : Voici quelques-uns des détails dans lesquels il entre sur cette question.

« En 1780, pendant la guerre d'Amérique, sous le premier ministère de M. Necker, le roi était fort embarrassé pour faire face aux dépenses. Les secours qu'il donnait aux Américains, tant en argent qu'en munitions, l'entretien de ses flottes avaient épuisé les coffres de l'État, et on ne voyait aucune ressource pour se soutenir. Eh bien! c'est dans ce même moment que pour sauver l'honneur d'un individu, et ne pas compromettre son frère aîné, le roi ordonne de payer vingt millions à M. de Saint-James. Vous allez me demander ce que c'est que cette affaire. Je vous avoue que je n'en sais rien : tout ce que je puis vous dire, c'est que Saint-James était attaché à Monsieur, qu'il lui fut permis de tirer sur l'État pour quatre millions de lettres de change, et qu'abusant de cette permission, il en tira pour vingt millions, que le roi ordonna d'acquitter le plus secrètement possible. Ce fait paraît si extraordinaire, qu'il a besoin de preuves pour être cru. Lisez le passage d'une lettre du roi à Maurepas, et vous le trouverez. — A l'instant, je tire de ma poche une copie de cette lettre, et je fais lire à l'Anglais et au commissaire ce qui suit : *Extrait d'une lettre du roi à M. de Maurepas.* Choisy, 3 octobre 1780. « Vous devez avoir vu M. Necker depuis que je ne l'ai vu ; il vous aura rendu compte de notre conversation ; mais je veux vous la transmettre moi-même. Il a d'abord parlé de l'embarras où le mettaient *les vingt millions de M. de Saint-James, payables à de courtes échéances ; que c'était avec bien de la peine qu'il avait fait payer six millions la semaine dernière.* »

— Lord Béfort. Et votre roi si économe, si probe, n'a pas fait punir Saint-James? — Peut-être craignait-il de compromettre Monsieur. D'ailleurs, s'il eût voulu faire punir tous les gentilshommes qui manquaient à la probité, la Bastille n'aurait pas été assez grande pour y placer les barons d'Entrechaux, les comte et vicomte de Gamache, de Rochechouart, les Frauville, Genlis, Fénélon, Palun, etc., etc., et tous les nobles qui paient leurs créanciers à coups de bâton. Il s'est contenté d'appesantir le bras de sa justice sur les Guémenée ; encore en eut-il pitié quelque temps après. — Lorsque j'ai été instruit de leur désastre, j'ai d'abord pensé qu'ils avaient essuyé quelque revers de commerce, puisqu'ils annonçaient une banqueroute, car ce mot ne convient qu'au négoce. — On s'est servi de ce moyen pour couvrir en partie l'odieux de leur conduite. — C'est en laissant impunis tous ces débordemens que Louis XVI s'est perdu. — Cela est vrai. A son avénement au trône, il montra quelque fermeté, ce qui fit bien augurer de lui. D'abord il se montra l'ennemi des survivances. Lorsque le duc de Fronsac lui demanda son fils pour son survivancier, il le refusa, en disant que son fils avait une trop mauvaise conduite. Il refusa également à M. de Castries la survivance de la place de colonel des gardes-françaises occupée par Biron. Mais il se relâcha bientôt de sa sévérité. Son caractère était connu ; on savait que sa première réponse à une demande injuste ou inconsidérée était dure et malhonnête : c'était ce que Maurepas avait nommé insolemment son premier coup de boutoir, mot qui avait fait fortune à la cour. Il suffisait de ne pas lui répliquer ; et bientôt on obtenait tout, souvent même les choses les plus injustes, sous les dénominations les plus odieuses. En voici un exemple :

« La conduite sage et réglée qu'a toujours menée Louis XVI lui faisait regarder avec mépris les libertins de la cour qui s'honoraient du nom infâme de *Roués*. Eh bien ! croiriez-vous que ce roi si sévère consulta Maurepas pour savoir s'il devait donner la direction des finances à un roué ? — Ceci me paraît bien fort. — Un moment. En 1780, l'embarras des finances était on ne peut pas plus grand. Necker, qui les dirigeait, ne voyait de ressources que pour gagner l'année suivante. La guerre d'Amérique, dans laquelle une fausse politique nous entraîna, avait tout épuisé. La marine seule avait coûté, en 1779, 180,000,000. — Je vous interromps un moment. Savez-vous ce que cette guerre, qui nous a tant humiliés, nous a coûté ? — Non. — A dater de 1776, jusqu'en 1782, l'Angleterre a dépensé deux milliards deux cent soixante-dix millions et demi. — C'est plus qu'à nous. Elle nous a coûté, depuis 1778 jusqu'en 1782, 692,937,340 livres, pour la marine seulement ; et pour la partie de la guerre, 531,651,518 livres. — C'est près de moitié moins, sans compter la perte de nos plus belles possessions. — Je vous disais donc que l'embarras de nos finances fit craindre à Necker de perdre sa popularité. Pour éviter ce désagrément, il résolut de demander sa retraite. Avant de le faire, il demanda un entretien secret au roi. Après lui avoir peint, sous des couleurs fortes, notre position critique, et lui avoir dit qu'il n'était plus aucun moyen de faire des économies, il ajouta que peut-être un homme nouveau ou qu'un *roué* trouverait des *moyens violens ou extraordinaires* qui y suppléeraient, et donneraient pour un moment un crédit *factice* qui soutiendrait la machine.—Comment, si Necker a fait une telle proposition au roi, ne l'a-t-il pas fait jeter par les fenêtres, ou fait mettre dans un cul de basse fosse? — Au contraire, le roi entra avec lui dans tous les détails du ministère, et l'engagea à ne pas quitter sa place. Le ministre fut même jusqu'à lui demander de renvoyer Sartines, qu'il n'aimait pas, et de le remplacer par Castries, qui était son ami : à cette seule condition il promit de ne pas se retirer. Remontez à cette époque, et vous verrez que ces conditions furent remplies. Le roi renvoya Sartines, qu'il estimait pour sa probité, et nomma Castries, qu'il n'aimait pas, par la raison qu'il le voyait trop entouré de femmes.

» —Permettez-moi, Monsieur, de vous soumettre mes doutes. Vous nous avez annoncé que tout ceci se passa dans un entretien secret entre Louis XVI et Necker : comment le détail en est-il venu jusqu'à vous? Si c'est par l'indiscrétion du ministre, je ne puis croire à sa véracité ; son orgueilleuse forfanterie s'y oppose. —Je vais vous mettre à même de croire cette curieuse anecdote. Louis XVI ne terminait jamais rien sans avoir consulté Maurepas, que la flatterie a nommé si improprement le *Nestor* de la France. Le vieux mentor était alors travaillé de la goutte dans sa campagne ; le roi lui écrivit son entretien détaillé avec le Genevois. A la mort de Maurepas, sa veuve rendit au roi sa correspondance avec son mari, qui a été trouvée au château des Tuileries après le dix août. — Mais êtes-vous bien sûr que le mot *roué* soit écrit par le roi? — Très-sûr. — Cela est incompréhensible.

» Mes deux auditeurs demeurèrent interdits... Le commissaire rompit le premier le silence, et dit : Je ne sais si je dois être plus étonné de l'effronterie des propositions du ministre, que de la tranquillité du roi à les entendre, et des conseils qu'il demande à son mentor pour les accepter ou les refuser.—Et moi, reprit le lord, j'admire la hardiesse du Genevois : quant au monarque, cette lettre me montre tellement sa nullité à gouverner, que je ne suis plus surpris de toutes les fautes qui l'ont conduit à sa chute. Ainsi n'en parlons que pour accuser le destin qui l'a si mal placé sur ce globe: de tous les états qui règlent l'ordre social, celui qu'il remplissait lui convenait le moins. » (*Extrait du chapitre cinquième.*)

« .... Nous allons visiter le rez-de-chaussée qui donne sur le jardin; commençons par le cabinet du roi : il est pris dans l'angle du pavillon intermédiaire, entre celui du centre et celui de Flore. Une seule croisée lui donne jour sur le jardin: c'est ici que l'infortuné monarque descendait chaque matin pour déjeuner, travailler et réfléchir aux soins de son gouvernement. Souvent la reine profitait du moment de son déjeuner pour venir causer d'affaires avec lui: elle arrivait par cette porte, qui communique à son cabinet de toilette, que nous allons visiter. Quelquefois le roi aigri par les chagrins, la recevait fort durement: si ces jours d'humeur elle voulait causer politique, il lui répondait sèchement: « Mes affaires ne vous regardent pas, madame; mêlez-vous seulement d'avoir soin de vos enfans. » Et il ne lui parlait plus, ce qui l'obligeait à sortir.

» Voici la liste des aumônes secrètes du roi ; ce registre est le seul de ce genre qui se soit trouvé ici : le plus fort de ses dons ne passe pas trois louis d'or, et il écrivait une aumône de six livres. Le total de cette dépense ne passe pas 400 liv. par mois.

» Voici un autre cahier de ses dépenses journalières en tout genre.—Voyons; mais il était en compte ouvert avec la reine, comme un fabricant avec les marchands.

Le 21 janvier 1786, donné à la reine 300 louis, ci.   7,200 liv.
Le 1er avril 1786, donné à la reine............   3,000
Le 13 août 1786, *idem*, pour solde de bureau...   18,696

» Cela est fort plaisant, pour frais de bureau : pouvez-vous m'expliquer ce que cela signifie? — Vous savez sûrement que l'acquisition du château de Saint-Cloud, que la reine fit sans avoir consulté son époux, et les dépenses énormes pour l'arrangement de Trianon, firent ouvrir les yeux au roi. De ce moment, il défendit de rien payer sur les bons de la reine, et la mit à portion congrue, en lui fixant une somme pour sa dépense. Voilà pourquoi vous ne trouvez sur ce registre aucun article antérieur à 1786, concernant la reine.—Fort bien ; mais je sais qu'elle trouva moyen de tirer de l'argent des coffres sans que le roi s'en doutât. — Calonne a pu vous en dire quelque chose.

» Voici un autre registre beaucoup plus volumineux que ceux que vous venez de voir. Il est commencé depuis 1768, et est écrit jusqu'au 9 août 1792. Il y a 8,392 articles, que j'ai eu la constante patience de lire. — Cela doit être curieux ; donnez. — Le voilà. — Mais vous riez. — Vous allez faire de même. Pendant que l'Anglais lisait, le commissaire me dit : ce recueil n'a rien de piquant que le titre ; c'est un registre de ce que le roi a fait, jour par jour, depuis l'âge de 14 ans. On dit communément qu'il y a peu d'hommes qui ne voudraient retrancher de leur vie le quart de leur jeunesse, et qu'il n'y en a aucun qui n'ait besoin de déchirer quelques feuillets de leur roman. Je vous jure que, d'après ce registre, il n'y a pas une seule ligne à effacer du roman de Louis XVI. — *Lord Befort* : Quelle pitoyable corruption ! je dévorais ce livre d'après son titre ; je le jetterais au feu si j'en étais le maître, pour la gloire de celui qui l'a écrit. Lisez un article, vous aurez lu les huit mille trois cent quatre-vingt-douze. C'est le thermomètre du lever et du coucher du roi, et voilà tout. *Tel jour levé à huit heures, couché à dix heures* ; c'est toujours la même chose : pas un trait, pas une particularité dont la vie des monarque est si remplie.

» *Le commissaire* : A propos de thermomètre, voulez-vous voir celui de Louis XVI ? Entrez dans ce cabinet ; mais l'un après l'autre, car il n'y a place que pour une personne. Ce cabinet, pratiqué dans l'angle droit de la chambre, n'avait, à la vérité, que cinq pieds de long sur une largeur d'un pied et demi. Dans un enfoncement pratiqué au fond, était une petite bergère ; et dans celui fait dans le mur de la fenêtre, se trouvaient deux chaises que l'on ne pouvait déplacer faute d'espace. Deux petites croisées, toujours couvertes de jalousies, éclairaient ce petit local, orné avec goût. C'est là que le roi venait l'après-dîner faire une heure de sommeil, et plus souvent examiner, sans être vu, ce qui se passait au jardin, et écouter ce que disaient ceux qui passaient sous ses fenêtres. Les méchans, lorsqu'ils surent que la curiosité attirait le monarque dans ce réduit, y envoyaient des hommes du peuple s'y grouper, et débiter mille horreurs et hurler d'infâmes chansons. Louis les écoutait en soupirant, et finissait toujours par se retirer. Sur le carreau de la fenêtre, en face de la porte, était attaché un thermomètre circulaire, qu'il visitait tous les jours, et dont il inscrivait les variations. Le commissaire nous montra le livret qui servait à cet usage.

» — *Lord Béfort :* Quels sont les livres placés sur cette layette?
— Ils servaient de consolation au roi : ce sont tous les livres de dévotion. Voici un volume à ses armes, relié en maroquin rouge, intitulé : *Exercice de piété.* C'est un recueil d'actes pieux. Ce qui le fait remarquer, sont des prières que le roi a composées et écrites sur ce livre, partout où il a trouvé du papier blanc. Les feuilles, qu'en terme de librairie on nomme *gardes*, en sont couvertes. Voyez, en voilà cinq pages d'une écriture extrêmement menue et serrée, qui contiennent onze actes : d'*offrande*, *de bons propos*, *de foi*, *d'humilité*, *de contrition*, *d'espérance*, *de désir*, *d'adoration*, *d'amour*, *de remerciement et de demande.* L'un de ces quatre volumes du Missel que vous voyez, renferme également sept pages de prières écrites aussi par le roi.

» Nous passâmes, en sortant du cabinet du roi, dans une espèce de couloir, prenant vue par une croisée sur le jardin. De l'autre côté, une cloison vitrée, et recouverte en dedans de rideaux de mousseline, cachait une chambre sombre, dont le commissaire nous ouvrit la porte. — C'est ici l'atelier de serrurerie de Louis XVI, nous dit le commissaire. Nous l'examinâmes. Un établi garni d'un étau, des limes, marteaux, tenaille et autres outils propres au métier formaient tout l'ameublement : point de forges, point d'enclume, pas même de fourneau, ni de cheminée.
— Il ne forgeait donc pas, dit l'Anglais. — *Le commissaire.* Depuis son séjour à Paris, il se contentait de limer, encore cela lui arrivait-il rarement. — Pourriez-vous nous montrer quelques ou-

vrages en serrurerie qu'il ait travaillés lui-même? Il passait pour exceller dans ce métier. — Comme votre roi Georges à faire des boutons. — Il les faisait très-mal; mais la flatterie faisait passer son ouvrage pour des chefs-d'œuvre. — Il en est de même de la serrurerie de Louis XVI. Durey m'a dit qu'à Versailles, où il avait un atelier des mieux montés, il s'avisa de démonter plusieurs serrures de portes et d'armoires pour en changer les gardes, et qu'il les gâta toutes, à l'exception d'une seule. Le serrurier Germain, qui lui donnait des leçons, fut obligé de les raccommoder.

» La partie des finances vous est sûrement indifférente; ainsi, passons ces trois cartons qui en parlent. Je veux cependant vous montrer deux anecdotes, qui vous prouveront un genre de dilapidation que sûrement vous ne connaissez pas. Rousseau acheta l'office de trésorier de la ville de Paris, moyennant un million. Cette somme devait être employée à rembourser des rentes constituées sur la ville. Rousseau géra jusqu'à sa mort, sans débourser le million, duquel on lui payait la rente très-exactement : à sa mort, on fit 4,000 liv. de rente à sa veuve. Calonne, en faisant un travail sur l'office du trésorier de la ville, en 1785, découvrit cette fraude; mais il se garda bien de l'ébruiter : Breteuil et le prévôt des marchands se seraient trouvés inculpés, et il était trop adroit pour se faire des ennemis aussi puissans.

» Le second trait, à peu près dans le même genre, regarde le président d'Aligre, ami intime de Calonne. Lors des emprunts faits par Necker, le président s'empressa de souscrire pour une quantité considérable d'actions. Mais il se contenta de signer une soumission, et ne versa aucun fonds. Cependant il touchait très-exactement le revenu de l'argent qu'il n'avait pas fourni. Ajoutez qu'il acheta une charge à son fils, et que, comme Rousseau, ce fils géra, toucha les rentes sans avoir déboursé une obole. Cette fois, ce ne fut pas Calonne qui éventa la mèche; mais bien le ministre Miroménil, qui en instruisit le roi. Furieux de cette improbité dans le chef de la magistrature, Louis XVI chargea son ministre de demander la démission du président. Comme ceci se passait en 1786, Miroménil fit entendre au roi qu'il ne fallait pas brusquer d'abord, dans la crainte que le parlement, uni alors avec Breteuil pour perdre Calonne, ne se servît de cette circonstance pour réussir plus sûrement. Il fut convenu qu'il aurait un entretien particulier avec d'Aligre, dans lequel on lui dirait que la démision de sa place pouvait seule empêcher le roi de rendre sa conduite publique. La conférence eut lieu en effet, mais le résultat n'en fut pas celui que le ministre espérait. D'Aligre, démasqué, n'en montra que plus de hardiesse. Il dit que l'oubli seul était la faute qu'il avait commise, qu'il n'avait touché les rentes que dans la persuasion où il était d'avoir fait les fonds, et qu'en rendant ces mêmes rentes, qui pouvaient se monter à environ 80,000 liv., tout était effacé; mais qu'il n'entendait pas donner sa démission pour cela. Au récit de cette imprudente réponse, le roi voulait éclater; mais Miroménil l'arrêta encore. Il parla de nouveau au président, à qui il dit, que, s'il ne donnait sa démission, le roi allait le faire arrêter et poursuivre. La peur saisit d'Aligre qui consentit à se démettre, et demanda seulement quelques mois de délai, qu'on lui accorda. Tel fut le véritable motif de la retraite de d'Aligre.

« Le carton qui suit, concerne le cérémonial et les disputes sur cet objet. Il vous importe peu sans doute de savoir que les princes du sang, à cause de leurs droits éventuels à la couronne prétendirent en 1775 que l'archiduc Maximilien leur devait la première visite lors de son voyage à Paris; qu'en 1789, M. de la Luzerne fit tous ses efforts pour avoir l'honneur de monter dans les carrosses du roi. Mais, ce que vous noterez probablement, c'est qu'au mois d'octobre même année, par un contraste frappant, la municipalité de Paris secoua le gênant usage de s'agenouiller lorsqu'elle paraissait devant la famille royale. Le roi, tout étourdi qu'il était de sa translation dans la capitale, et malgré les vexations et les humiliations qu'il avait essuyées depuis deux jours, témoigna de l'humeur pour cette nouveauté. Je tiens du maire Bailly que, quelques jours après, le roi lui dit avec chagrin : « Ce n'est sûrement pas vous, M. Bailly, qui avez proposé d'abolir le cérémonial. » Le maire lui répondit : « C'est une délibération de la municipalité. »

» Voilà le registre des deuils portés par la cour, depuis 1757 jusqu'en 1791.... Le roi portait le deuil en violet, par le droit de la couronne qui lui donne le titre de premier chanoine héréditaire des églises de Saint-Hilaire de Poitiers, de Saint-Julien du Mans, de Saint-Martin de Tours, d'Angers, de Lyon et de Châlons. Lorsqu'il fait ses entrées dans ces églises, on lui présente l'aumusse et le surplis.

» La fameuse affaire du collier nous arrêta quelque temps ; nous en feuilletâmes toutes les pièces, dans l'espérance d'y trouver la vérité qu'on y a déguisée avec tant de soin : mais nous n'y trouvâmes que des choses connues et deux interrogatoires secrets, subis par l'intrigante Lamotte et la dépravé cardinal, qui ne nous apprirent rien de nouveau. Deux lettres, l'une de Vaudreuil, l'autre de l'abbé de Vermond, déchirent une partie du voile qui couvre cette ténébreuse affaire, et servent à soupçonner violemment, s'ils ne prouvent pas, que la reine n'était pas aussi étrangère à cette intrigue qu'elle a voulu le faire croire. Vaudreuil lui écrit : « Il est temps que votre majesté frappe les grands coups et use de tout son pouvoir. Le public commence à jaser : c'est par des coups d'éclat qu'on en impose au vulgaire. Le cardinal dit hautement qu'il a remis le bijou à votre majesté. Je suis certain qu'il a donné sa parole au bijoutier, que ce serait vous qui le payeriez. Ce sont les premières impressions qui restent. Prévenez le roi, n'arrêtez pas l'effet de son premier mouvement : il n'y a qu'une punition exemplaire qui puisse empêcher que le soupçon ne plane sur vous. Madame Jules de Polignac vous mettra plus au fait que ma lettre. » L'abbé de Vermond écrit à la reine en décembre 1785. « Tout Paris est en mouvement pour le procès et attend avec une sorte d'impatience l'issue. L'on cause sourdement ; toute la famille du cardinal obstrue les avenues de la grand'chambre ; ils inspirent beaucoup d'intérêt, surtout la vieille comtesse, que trente années d'une vie exemplaire rendent recommandable. Je suis de plus en plus convaincu que votre majesté aurait dû suivre mon conseil, et s'opposer à ce que ce procès s'entamât. Quel que soit le jugement que le public aura prononcé, c'est une bien mauvaise politique de faire beaucoup de bruit pour étourdir. La police remplit les ordres que je lui ai donnés de la part de votre majesté, elle impose silence en arrêtant les faiseurs de pamphlets. Mais telle diligence qu'on mette, il en circule beaucoup trop. Eloignez du roi l'homme qui veut passer pour véridique; il finira par vous perdre dans son esprit. Le baron (Breteuil) est votre homme; mais il n'est pas l'ami de l'homme véridique qui dit hautement qu'il n'aurait jamais dû se permettre d'arrêter le cardinal, eût-il encouru votre disgrâce. Il est encore d'autres personnages qu'il est important d'éloigner du roi. Votre majesté a trop de confiance dans son pouvoir; elle ne devrait pas oublier que ses beaux-frères et ses belles-sœurs la voient avec envie, et qu'ils n'épargneront aucune occasion de la perdre : que votre majesté se défie surtout du prince philosophe (Monsieur, depuis Louis XVIII.) — Ma foi, dit l'Anglais, la connaissance de ces lettres aurait fait grand plaisir à madame Lamotte, pour ses mémoires, dont la reine a fait acheter fort chèrement l'édition et le manuscrit à Londres, — et qu'elle a fait brûler l'année dernière à la manufacture de Sèvres, par le nommé Riston. (*Extrait du chapitre VIII.*)

» Lorsque l'ouverture des états-généraux fut déterminément fixée, ce qui occupa beaucoup le roi, fut le discours d'ouverture qu'il devait y prononcer. Se méfiant toujours de ses propres lumières dans les momens difficiles, il pria en particulier chaque membre de son conseil de lui en faire le modèle. Travaillant ensuite sur toutes ces données, il composa un discours qu'il montra à la reine qui y trouva à redire. « Eh bien! faites-en un vous même, lui dit le roi. » La reine accepta la proposition et lui présenta le lendemain son travail. Le roi le goûta tellement, qu'il y retoucha très-peu de chose. Voilà comme le discours qui l'inquiétait tant, fut fait; en voilà les minutes. Celui-ci est de l'écriture de la reine.

—...Turgot quittant le ministère tira l'horoscope de Louis XVI. Non content de lui avoir dit avec courage : « La destinée des princes conduits par des courtisans, est celle de Charles Ier ou de Charles IX; il lui écrivit : « Je conjure votre majesté de se tenir en garde contre la faiblesse; elle est la cause principale de la misère des peuples et du malheur des rois. C'est la faiblesse, sire, qui a conduit Charles Ier à l'échafaud. » (*Extrait du chapitre IX.*)

« Nous étions dans la grande chambre à coucher de la reine et nous l'examinâmes. Deux croisées lui donnaient jour sur le jardin. En face et au fond se voyait le lit de la reine, enfermé dans une espèce d'alcove, formée par quatre grosses colonnes creuses et propres à cacher chacune une personne. D'un côté de l'alcove une porte communiquait à une entrée particulière, de l'autre, était une porte de garde robe. Tout est curieux dans ce château, dit le commissaire, examinez cette chaise-percée : après en avoir enlevé une enveloppe de coton garnie de mousseline, nous découvrîmes différentes manivelles, l'une faisait mouvoir une seringue dont la canule venait pour ainsi dire d'elle-même se placer au centre de la lunette; une autre amenait précisément dans la même place, un tuyau percé de mille trous, par lesquels mille petits jets d'eau venaient laver et rafraîchir : de sorte que cette chaise avait le double avantage de vous offrir des bains, des lavemens et des injections, sans changer de posture et sans se mouiller les mains. » (*Chapitre XI.*)

Nous terminerons ces extraits par deux notes, l'une du chapitre X, l'autre du chapitre XII.

« L'assemblée nationale constituante était composée savoir :

Clergé. Quarante-huit évêques, trente-cinq abbés ou chanoines, deux cent cinq curés, trois moines. Total.   291

Noblesse. Deux cent quarante-deux gentilshommes, dont un prince du sang, et vingt-huit magistrats des cours supérieures. Total.   270

Tiers-état. Deux prêtres, douze gentilshommes, dix-huit maires ou consuls, cent soixante-deux magistrats, deux cent douze avocats, seize médecins, cent soixante-seize négocians ou cultivateurs. Total.   598

« Avant la révolution nos économistes assuraient que la France contenait 230 lieues sur 220 ; ce qui donne 50,600 lieues carrées, qui produisent 236,744,000 arpens de terre et plus. Divisant ces arpens entre ving-cinq millions d'habitans, il en serait revenu à chacun 9 arpens 42 à 44 perches ; mais ils ajoutaient qu'il n'y avait que 120 millions d'arpens de terre en culture, lesquels donnaient pour chaque habitant, quatre arpens quatre cinquièmes d'arpent.

Les 25 millions d'habitans étaient répandus dans 400 villes et 43,000 bourgs et villages. On y comptait :

Treize parlemens, quatre cours souveraines, quarante gouvernemens.

Dix-huit archevêchés } rapportant 5,000,000 liv.
Cent onze évêchés }

Quarante mille paroisses, huit cents abbayes d'hommes, trois cent vingt abbayes ou prieurés de filles, six cent soixante-dix chapitres de chanoines, vingt-quatre chapitres de chanoinesses ou filles nobles, seize maisons chefs d'ordre, quinze mille couvens ordinaires, six grands prieurés de Malte, jouissant d'un revenu de 1,074,996 liv., quatre bailliages, deux cent cinquante commanderies, quatre couvens de religieuses chevalières, cinq cent mille ecclésiastiques environ, possédant un revenu de cent trente millions.

Le revenu productif de la France était évalué de deux milliards, établissant un capital d'au moins quarante milliards.

La contribution moyenne était de vingt-cinq livres par tête.

Le roi devait trois milliards six cents millions, dont il payait deux cent soixante-dix millions d'intérêt.

Ses revenus montaient à .... 490 millions.
Il lui restait donc libre 220
Mais il dépensait........................ 340
Par conséquent le déficit était de............ 120

ANNÉE 1790.

Il y a quelque chose d'étrange, pour nous spectateurs uniquement attentifs à la continuité du mouvement révolutionnaire, et qui en attendons le développement, de le voir interrompu un instant par les cérémonies de la vie ordinaire, par les petitesses du jour de l'an.

Cette fois, cependant, ce cérémonial est chose assez importante à noter. Il ne sera pas sans intérêt de comparer les discours de 1790 et ceux de 1791; il ne sera pas sans intérêt de comparer les réflexions de la presse en 1790, aux complimens officiels du jour actuel, et plus encore à ceux qui seront prononcés l'année suivante.

Le 1er janvier, le président de l'assemblée nationale se rendit aux Tuileries avec une députation de soixante membres: il fut introduit selon le cérémonial établi par l'étiquette auprès du roi.

« Sire, dit-il, l'assemblée nationale vient offrir à votre majesté le tribut d'amour et de respect qu'elle lui offrira dans tous les temps. Le restaurateur de la liberté publique, le roi qui, dans des circonstances difficiles, n'a écouté que son amour pour la fidèle nation dont il est le chef, mérite tous nos hommages, et nous les présentons avec un dévoûment parfait.

» Les sollicitudes paternelles de votre majesté auront un terme prochain: les représentans de la nation osent l'en assurer. Cette considération ajoute au zèle qu'ils mettent dans leurs travaux : pour se consoler des peines de leur longue carrière, ils songent à cet heureux jour, où, paraissant en corps devant un prince ami du peuple, ils lui présenteront un recueil de lois calculées pour son bonheur et pour celui de tous les Français; où leur tendresse respectueuse suppliera un roi chéri d'oublier les désordres d'une époque orageuse, de ne plus se souvenir que de la prospérité et du contentement qu'il aura répandu sur le plus beau royaume de l'Europe ; où votre majesté reconnaîtra, par l'expérience, que sur le trône, ainsi que dans les rangs les plus obscurs, les mouvemens d'un cœur généreux sont la source des véritables plaisirs.

» Alors on connaîtra toute la loyauté des Français, alors on sera bien convaincu qu'ils abhorrent et savent réprimer la licence ; qu'au moment où leur énergie a causé des alarmes, ils ne voulaient qu'affermir l'autorité légitime ; et que si la liberté est devenue pour eux un bien nécessaire, ils la méritent par leur respect pour les lois et pour le vertueux monarque qui doit les maintenir. »

Le roi fit cette réponse :

« Je suis fort sensible aux nouveaux témoignages d'affection que vous me présentez au nom de l'assemblée nationale. Je ne veux que le bonheur de mes sujets, et j'espère comme vous, que l'année que nous allons commencer sera, pour toute la France, une époque de bonheur et de prospérité. »

La députation s'étant ensuite présentée chez la reine, adressa à S. M. le discours suivant :

« Madame,

» Le tribut de respect que viennent offrir les représentans de la nation, n'est plus un vain cérémonial. Vous partagez la gloire et les inquiétudes d'un roi dont les vertus sont chéries dans les deux mondes. Vous veillez sans cesse au bonheur d'un prince digne à jamais de l'amour de tous les Français. Tous les citoyens savent avec quel soin vous élevez ces aimables enfans (M. le dauphin et madame royale étaient aux côtés de la reine), qui nous inspirent un si grand intérêt ; et c'est au nom des Français, toujours sensibles et toujours fidèles, que nous vous présentons, madame, les hommages d'un respectueux dévoûment. »

La reine répondit :

« Je reçois avec beaucoup de sensibilité les vœux de la députation. Je vous prie d'en assurer tous les membres de l'assemblée nationale. »

Après la députation de l'assemblée nationale, vint le maire de

Paris, suivi des 300 représentans. M. Bailly prononça, à genoux, un discours qui ne fut point rendu public.

L'assemblée nationale ne borna pas ses gracieusetés à ces démarches d'étiquette; elle voulut donner des étrennes à la cour: le 5 janvier, le président, à la tête d'une nouvelle députation, se rendit auprès du roi.

« Sire, dit-il, l'assemblée nationale nous a députés vers votre majesté, pour vouloir bien fixer elle-même la portion des revenus publics que la nation désire consacrer à l'entretien de votre maison, à celle de votre auguste famille et à vos jouissances personnelles. Mais en demandant à votre majesté cette marque de bonté, l'assemblée nationale n'a pu se défendre d'un sentiment d'inquiétude que vos vertus ont fait naître. Nous connaissons, Sire, cette économie sévère qui prend sa source dans l'amour de vos peuples, et dans la crainte d'ajouter à leurs besoins; mais qu'il serait déchirant pour vos sujets, le sentiment qui vous empêcherait de recevoir le témoignage de leur amour! Vous avez cherché votre bonheur dans celui de vos peuples; permettez qu'à leur tour ils placent leurs premières jouissances dans celles qu'ils viennent vous offrir. Mais si nous ne pouvons vaincre par nos désirs la touchante sévérité de vos mœurs, vous daignerez du moins accorder à la dignité de votre couronne l'éclat et la pompe qui, en ajoutant à la majesté des lois, devient pour vos peuples un moyen de bonheur. Vous le savez, sire, ils ne peuvent être heureux que par le respect des lois, et la majesté du trône en est inséparable. La classe la plus infortunée jouira surtout de la majesté du trône; car la plus voisine de l'oppression est la plus intéressée au maintien des lois. Ainsi, c'est pour le bonheur de vos peuples que nous venons contrarier ces goûts simples et ces mœurs patriarchales, qui vous ont mérité leur amour, et qui montrent aux nations l'homme le plus vertueux dans le meilleur des rois. »

Réponse du roi.

« Je suis sensiblement touché de la délibération de l'assemblée nationale, et des sentimens que vous me témoignez de sa part. Je n'abuserai point de sa confiance, et j'attendrai, pour m'expliquer à cet égard, que par le résultat des travaux de l'assemblée il y ait des fonds assurés pour le paiement des intérêts dus aux créanciers de l'État, et pour suffire aux dépenses nécessaires à l'ordre public et à la défense du royaume. Ce qui me regarde personnellement est, dans la circonstance présente, la moindre inquiétude. »

Pendant que l'assemblée accomplissait ainsi les devoirs d'étiquette, elle-même recevait une multitude d'hommages populaires ; c'était vers elle que se dirigeaient toutes les félicitations des municipalités. Elle seule donc, avec la commune de Paris et les courtisans, reconnaissait la suprématie royale.

« A l'occasion du renouvellement de l'année, il est venu à l'assemblée nationale une foule d'adresses, toutes plus édifiantes les unes que les autres. M. le président a observé qu'il y avait maintenant à Paris plus de huit cents députés des provinces pour complimenter l'auguste sénat, lui apporter les témoignages de respect et de vénération, et les sermens des peuples de défendre ses décrets jusqu'au dernier soupir. O Paris ! c'est maintenant que tu es la reine des cités ! Vois toutes les tribus accourir à ce temple que la nation vient de bâtir : *Lève, Jérusalem, lève ta tête altière.*

» L'adresse des deux cents électeurs des communes de la sénéchaussée de Bordeaux a fixé particulièrement l'attention : ces généreux citoyens votent l'institution d'une fête civique qui consacre le jour de la liberté française, et que l'année, commençant au 14 juillet 1789, jour de la prise de la Bastille, soit la première d'une ère nouvelle, l'ère de la liberté. Je suis ravi de voir que mes idées aient germé dans ce pays. Voilà précisément ce que je croyais crier en vain depuis six mois, *l'an premier de la liberté, présidence de Chapelier, présidence de Freteau, présidence de Desmeuniers.* Je ne sème donc pas partout sur des pierres, comme tant d'apôtres de l'aristocratie, qui s'épuisent en prédications inutiles, gémissant sans cesse de la solitude de leur auditoire, et qui peuvent s'appliquer ces paroles du psaume : *Euntes ibant, et flebant mittentes semina sua.*

» La commune de Paris n'avait garde de manquer d'aller présenter ses vœux et ses hommages à nos pères conscripts. A la séance du lundi 4 janvier, MM. Bailly et la Fayette, nos deux consuls, suivis d'un cortége des représentans des deux pouvoirs, sont montés au Capitole, et M. Bailly, portant la parole, a dit, entre autres choses :

« Une espérance qui s'accroît sans cesse, fortifie notre courage ; la loi commencée s'achève chaque jour entre vos mains, et lorsque la loi entière existera, la France sera sauvée, et nous commencerons à vivre. Cette loi, dont une partie n'est pas encore dictée, dont une partie est renfermée dans votre sagesse, nous la respectons avant même que votre génie l'ait produite. Nous inspirerons ce respect au peuple de la capitale qui a conquis la liberté par sa résolution : c'est à la soumission à achever l'ouvrage de notre bonheur, et à terminer la révolution. Avec quelle joie le maire de Paris, formé par vous, qui a commencé chez vous son *éducation nationale*, se montrera le premier pour donner cet exemple ! »

« Paris est fort content de ce discours de son maire, et, suivant la *comparaison* que sa modestie a dictée, lui applique, au renouvellement de l'année, ces paroles de l'Évangile: L'enfant croissait en âge et en sagesse, et son éducation nationale se perfectionnait.

» Le roi méritait *aussi* des ménagemens et des étrennes..... La haine que je professe pour les rois ne m'aveugle pas. Les républicains eux-mêmes pardonneront au prince de n'avoir pas toujours été au-devant de sacrifices si pénibles ; ils lui pardonneront de ne pas y avoir résisté davantage....

» Aussi l'assemblée nationale a députe soixante de ses membres pour aller le complimenter. Nous n'avons point encore parlé de cet hommage, parce qu'il convenait d'abord de saluer l'assemblée nationale: maintenant allons chez le premier citoyen.

» La députation, présidée par M. de Brézé, grand-maître des révérences, M. Nantouillet, maître des révérences, et M. Vatrouville, sous-maître des révérences, a été ensuite chez la femme du roi.

» Cependant une chose tenait tous les courtisans en haleine : le § 1ᵉʳ du n° 5 de ce journal avait fait jeter les hauts cris. On sentait bien qu'il était plus facile de crier que de répondre rien de raisonnable, et les paris étaient ouverts, si la députation saluerait Marie-Antoinette du nom de Reine (1).

» Soit galanterie, soit que la présence du Dauphin, ce rejeton de tant de rois, et dont la destinée dans l'avenir est couverte d'un voile impénétrable, agît sur l'imagination du président, on

---

(1) Voici cet article :
« Si jamais deux mots ont dû s'étonner de se trouver ensemble, ce sont ceux-ci : Reine des Français. La Russie, l'Angleterre, la Hongrie, la Suède peuvent avoir des reines ; mais ce qui a toujours distingué les Francs, c'est qu'ils n'en ont point. Il ne peut pas y avoir de reine des Français : la loi salique est formelle. Marie-Antoinette est la femme du roi, et rien de plus. Je me souviens d'avoir entendu dire à l'assemblée nationale : *Il n'y a qu'une majesté en France.*

» Depuis que l'assemblée nationale l'a décrété, j'ai reconnu, comme les autres, Louis XVI pour roi des Français ; en conséquence, j'ôte mon chapeau quand il passe, et si je suis de garde, je lui présente les armes : mais vous m'avouerez, mes chers concitoyens, que pour des philosophes, pour des amis de la liberté et de l'égalité des conditions, c'est bien assez d'une majesté.... Je sais que ce mot est purement de style et comme en bas d'une lettre, ce protocole, votre serviteur. Mais c'est avec des mots qu'on gouverne les hommes. Peut-on douter que ce ne soit ce mot qui ait mis dans la tête à toutes ces femmes qu'elles étaient le pouvoir législatif, et non simplement le pouvoir génératif ? Ma pensée n'est point de proscrire de la langue le mot *reine*. *Ma reine* est un mot charmant ; c'est un mot vraiment magique.... Il faut que chacun ait une reine ; il faut que M. le curé ait la sienne. Je compte bien aussi avoir la mienne un jour ; mais, dans tout autre sens, ce mot, dans la bouche d'un Franc, est le dernier degré de l'abjection et de la servitude. Laissons autour de la femme du roi, cette foule se partager en trois classes, et les uns sur des tabourets, les autres sur des pliants, et le reste debout, graduer ainsi leur bassesse, et l'appeler leur reine. Pour nous, *non habemus regem nisi Cæsarem.* Je fais donc la motion qu'il soit défendu dans les actes publics d'user de ce mot, *reine des Français*, comme contraire à la loi salique, mal sonnant à l'oreille des patriotes, et sentant la servitude. Comme je n'ai point l'avantage d'être de l'illustre district des Cordeliers, je lui adresse cette motion par la voie de ce journal. Je supplie son digne président, M. Danton, de la proposer aux honorables membres, pour la discuter dans leur sagesse, et l'adresser aux 59 autres ; je laisse ma motion sur leur bureau et je la signe.... *Un Français.* »

m'assure qu'il lui échappa de dire *votre majesté*. Ce mot épanouit tous les visages, l'épouse du roi respira, et lui, à qui à l'instant on en porta la nouvelle, en fut enchanté. C'était le jour de l'an ; et je pardonne à M. Desmeuniers de l'avoir laissé échapper. Cependant on ne trouve point ce mot dans le discours imprimé, et cela vaut encore mieux.

» Pour mettre le comble à la joie du prince, M. le marquis de Montesquiou a proposé de lui accorder pour lui, sa femme, ses hoirs et leurs maisons, un revenu de vingt millions, ce qu'il a appelé la liste civile... On trouvera que cette pension accordée au premier bourgeois du royaume, est un peu forte, qu'on ne pouvait rien faire de plus civil que cette liste, et qu'on a mauvaise grâce de nous appeler des enragés. » (*C. Desmoulins. Révolutions.*)

Cependant, en ce moment même où l'assemblée nationale cherchait à reporter au roi le pouvoir de confiance dont l'opinion publique l'avait elle-même investie, on remarquait qu'elle empiétait sur les attributions du pouvoir exécutif. Après une discussion assez longue qui durait depuis le 31 décembre, elle arrêtait, le 4 janvier, qu'une commission de douze membres prise dans son sein était chargée de la révision des pensions pour 1790, et que, jusqu'à ce qu'elle eût décidé, toutes les pensions étaient suspendues, sauf celles de d'*Assas* et de *Chamborn*. Elle ordonnait que le séquestre serait mis sur les biens et revenus des ecclésiastiques émigrés. Cela eut lieu à l'occasion de la fuite de l'archevêque de Paris, qui avait cru sa vie menacée, probablement à la suite d'un trouble assez violent qui avait été provoqué dans l'église Chaillot par la lecture d'un sermon écrit dans l'ancien style de servilité pour le pouvoir temporel.

Au reste, pendant tout le mois de janvier, l'assemblée poursuivit un travail d'application aussi fastidieux que difficile, celui de la division du territoire français en quatre-vingt-trois départemens. L'uniformité des séances ne fut interrompue que par quelques incidens, venant tantôt du dehors, tantôt des nombreuses commissions que l'assemblée avait nommées, et qui lui apportaient les résultats de leur travail ; encore la plupart de ces interruptions offrent peu d'intérêt ; quoique, d'ailleurs, souvent il arrivât dans l'assemblée ce que l'on observe dans la vie particulière ; les plus violentes disputes eurent lieu sur les petites choses; là l'amour-propre se trouvait à nu, préoccupé seulement de lui, son attention n'étant pas détournée par la gravité de son sujet. Ainsi l'affaire de *Toulon* fut terminée par un *il n'y a lieu*, après plusieurs séances orageuses. On s'occupa des affaires de finances, mais on ne traita que la partie administrative et en quelque sorte actuelle, sans rien terminer. Cependant, sur ce sujet si froid, où revenait, il est vrai, la question des pensions, il y eut encore quelques orageux débats. Mirabeau déclara que toutes les mesures prises n'étaient que déception. L'abbé Maury se fit censurer. Toutes ces disputes aboutirent à décréter la formation d'un nouveau comité sous le nom de *comité d'impositions*, chargé de chercher un nouveau système d'impôts.

L'assemblée s'occupa irrégulièrement de la question militaire, de justice, de la rédaction d'un serment national, de diplomatie. Sur la question militaire, elle entendit un rapport de son comité sur la réorganisation de l'armée ; elle ne lui donna aucune suite et peu d'attention. Les journaux l'imitèrent ; ils ne nous ont point conservé ce rapport. En outre, elle rédigea une lettre à l'armée, qui, lui disait-on, était irritée des discussions du mois précédent, et surtout du discours de Dubois-Crancé. — Dans une autre séance, elle décréta un des articles sur la justice proposés par Guillotin, celui qui déclare personnelle et non reversible, l'infamie qui suit le crime. Elle fut provoquée en cela, par les démarches d'un district de Paris, qui venait de prendre un arrêté dans ce sens, à l'occasion d'un fait particulier. — L'assemblée fut appelée à s'occuper de diplomatie, par une lettre du marquis de Spinola, au nom de la république de Gênes, qui réclamait contre le décret qui réunissait la Corse à la France. On décida qu'il n'y avait lieu à délibérer. — Quant au serment, elle décréta cette formule : *Fidélité à la nation, à la loi, et au roi*, sur la proposition de son comité de constitution. — Une adresse de la ville de Troyes vint, le 15, mettre l'assemblée en demeure de décider le montant de contribution représentant les trois journées de travail exigées pour donner le droit de *citoyen actif*. Elle décréta le prix de la journée à 20 sols. —Ainsi, on le voit, la plupart de ces incidens n'avaient qu'un intérêt de moment ; nous n'avons dû choisir que les séances qui nous ont paru traiter de matières ayant soit une valeur historique, soit une valeur d'avenir.

SÉANCE DU JEUDI AU SOIR, 14 DÉCEMBRE.

[Les députés des six corps de Paris ont présenté à l'assemblée nationale une adresse concernant l'extrême rareté du numéraire, et les précautions à prendre pour y remédier. Il est à observer que tous les négocians et fournisseurs qui envoient à Paris des denrées ou des marchandises, se plaignent de ce que leurs paiemens ne s'y réalisent qu'en billets de caisse ; que ces billets n'ayant point un cours *forcé* hors de la capitale, ne peuvent être pour le commerce des provinces des effets négociables ; que par conséquent ces négocians ne peuvent plus acheter ni rapporter à Paris de nouvelles denrées, n'ayant reçu en paiement que des billets, avec lesquels on ne peut solder le laboureur, ni le fournisseur, ni le manufacturier ; que bientôt Paris, dans cette disette absolue d'espèces, manquerait de subsistances ; que, par un contre-coup très-fâcheux, le négociant de province, n'ayant que des crédits sur Paris dans son actif, serait, au milieu même de son opulence, obligé de suspendre le cours de ses paiemens, ce qui bouleverserait le commerce et causerait des maux incalculables ; qu'il était nécessaire d'imposer aux grandes villes la même obligation qu'à la capitale, de prendre pour comptant les billets de caisse ; que, par un heureux effet, ces billets, répandus sur une plus grande surface, seraient moins sensibles dans la circulation, et forceraient par leur plus grande rareté, les capitalistes à faire en nature l'émission de leurs deniers.

Les députés ont proposé le projet de décret suivant :

« ART. I. Que la caisse d'escompte sera tenue de convertir en écus, par chaque jour, jusqu'au 1ᵉʳ juillet 1790, une quantité de billets montant au moins à 300 mille liv., sous l'inspection de quatre commissaires nommés à cet effet, et pris dans la classe des citoyens, autres que des financiers ou banquiers.

» II. Que toutes personnes convaincues d'avoir vendu à un bénéfice quelconque le numéraire, en échange des billets de caisse, seront condamnées en 600 liv. d'amende, dont un tiers applicable au dénonciateur, et le reste au profit des pauvres du domicile du coupable.

» III. Qu'à compter du jour du présent décret, jusqu'au 1ᵉʳ juillet 1790, tous les billets de caisse d'escompte seront pris et reçus dans toutes les caisses *publiques* des principales villes du royaume, conformément au vœu déjà manifesté de quelques grandes villes. »

On a demandé la question préalable : l'assemblée a renvoyé l'adresse et le projet de décret au comité des finances et du commerce.

L'assemblée a pareillement arrêté que le pouvoir exécutif serait chargé de faire traduire dans tous les idiomes de la France les décrets de l'assemblée nationale. Cette traduction utile les rendra notoires ; le Basque et le bas-Breton pourront plus facilement les connaître.]

SÉANCE DU 8 JANVIER.

Affaire du parlement de Rennes.

[Avant l'introduction de la chambre des vacations de Rennes, M. le président a réclamé la loi par laquelle l'assemblée s'est interdit les signes d'approbation ou d'improbation.

La députation est aussitôt introduite.

« Messieurs, dit l'abbé Montesquiou, président, l'assemblée nationale a ordonné à tous les tribunaux du royaume de transcrire sur leurs registres, sans retard et sans remontrances, toutes les lois qui leur seraient adressées ; cependant vous avez refusé l'enregistrement du décret qui prolonge les vacances de votre parlement. L'assemblée nationale, étonnée de ce refus, vous a mandés pour en savoir les motifs. Comment les lois se trouvent-elles arrêtées dans leur exécution ? comment des magistrats ont-ils cessé de donner l'exemple de l'obéissance ? Parlez : l'assemblée, juste dans les moindres détails, comme sur les plus grands objets, veut vous entendre; et si la présence du corps législateur vous rappelle l'inflexibilité de ses principes, n'oubliez pas que vous paraissez aussi devant les pères de la patrie, toujours heureux de pouvoir en excuser les enfans, et de ne trouver dans leurs torts que les égaremens de leur esprit et de simples erreurs. »

M. de la Houssaye, au nom du parlement :

« Messieurs, impassibles comme la loi dont nous sommes les organes, nous nous félicitons de pouvoir donner en ce moment au plus juste des rois une grande preuve de notre soumission, en exposant aux représentans de la nation les motifs et les titres qui ne nous ont pas permis d'enregistrer les lettres-patentes du 30 novembre 1789, portant continuation des vacances de tous les parlemens du royaume. Il n'est point de sacrifices qui paraissent pénibles à de fidèles sujets, lorsque, commandés par un monarque vertueux, ils ne sont réprouvés, ni par les devoirs sacrés de la conscience, ni par les lois impérieuses de l'honneur.

» Les lettres-patentes du 3 novembre étaient adressées au parlement de Rennes, et nous n'en étions que quelques membres isolés ; nous ne formions même plus la chambre des vacations ; le terme fixé pour la tenue de ses séances était expiré le 17 octobre précédent : elle n'existait plus ; et s'il fallait en créer une nouvelle, le parlement en corps pouvait seul enregistrer le titre de son établissement.

«Nous étions dispersés dans la province, et nous donnions à nos affaires personnelles le peu de temps qui devait s'écouler jusqu'à la rentrée du parlement, lorsque chacun de nous a reçu une lettre close qui lui enjoignait de se rendre à Rennes pour y attendre les ordres du roi.

» Malgré la distance des lieux, nous nous sommes assemblés le 23 novembre. Le substitut du procureur-général nous a présenté les lettres-patentes du 3 de ce mois ; mais nous n'aurions pu les enregistrer que par un arrêt, et nous étions sans caractère pour le rendre.

» Un motif plus impérieux encore s'opposait à l'enregistrement de cette loi et de toutes celles qui renversent également les droits de la province, droits au maintien desquels notre serment nous oblige de veiller, et dont il n'est pas en notre pouvoir de consentir l'anéantissement.

» Lorsque Anne de Bretagne épousa successivement les rois Charles VIII et Louis XII ; lorsque les Bretons, assemblés à Vannes en 1532, consentirent à l'union de leur duché à la couronne de France, le maintien de leur antique constitution fut garanti par des contrats solennels, renouvelés tous les deux ans, toujours enregistrés au parlement de Rennes, en vertu de lettres-patentes, dont les dernières sont du mois de mars 1789.

» Ces contrats que des ministres audacieux ont quelquefois enfreints, mais dont la justice de nos rois a toujours rétabli l'exécution, portent unanimement que non-seulement les *impôts*, mais encore *tout changement dans l'ordre public* de Bretagne, doivent être consentis par les États de cette province.

» La nécessité de ce consentement fut la principale et en quelque sorte la seule barrière que les Bretons opposèrent si courageusement aux édits du mois de mai 1788, et notamment à celui qui mettait tous les parlemens du royaume en vacances. Cinquante-quatre députés des trois ordres, envoyés à la cour de toutes les parties de la province, les commissions intermédiaires des États et les corporations réclamèrent unanimement cette loi constitutionnelle. Tous les avocats de Rennes, dont plusieurs siègent dans cette assemblée, disaient alors au roi : « Vous ne laisserez pas subsister des projets qui, quand *ils n'offriraient que des avantages, ne pourraient être exécutés sans le consentement des États* : nos franchises sont des droits et non pas des privilèges, comme on a persuadé à votre majesté de les nommer, pour la moins rendre scrupuleuse à les enfreindre : les corps ont des privilèges, les nations ont des droits. »

» Pour autoriser le parlement de Rennes à enregistrer sans le consentement des Etats de la province, les lois qui sanctionnent vos décrets, il faudrait, Messieurs, qu'elle ait renoncé à ses franchises et libertés, et vous savez que dans les assemblées qui ont précédé la vôtre, tous les suffrages se sont réunis pour le maintien de ces droits inviolables, que nos pères ont défendus, et que nous avons nous-mêmes réclamés avec un zèle si persévérant.

» Vous connaissez le vœu des deux premiers ordres rassemblés à Saint-Brieuc. Les ecclésiastiques des neuf diocèses qui vous ont envoyé des députés, leur ont enjoint de s'opposer à toutes les atteintes que l'on pourrait porter aux prérogatives de la Bretagne. Les communes de Rennes, Nantes, Dol, Dinan, Guerande, Fougères, Quimperlay, Carhaix et Châteaulin, qui forment plus des deux tiers de la province, se sont exprimées plus impérativement encore dans leurs cahiers. « L'assemblée a arrêté, dit la sénéchaussée de Rennes, que ses députés aux états-généraux seront nommés, à la charge d'y présenter le cahier des griefs de la sénéchaussée, et de s'y conformer, *surtout aux articles constitutionnels*, de conserver soigneusement les droits et franchises de la Bretagne, notamment son droit de consentir, dans ses Etats, *la loi, l'impôt et tout changement dans l'ordre public de cette province.* »

» Tous ces cahiers, Messieurs, dont vous êtes les dépositaires, nous ont tracé la route que nous avons suivie; et nous ne craignons pas de le dire aux représentans d'une nation loyale et généreuse, ils fixent immuablement les bornes de votre pouvoir, jusqu'à ce que les états de la Bretagne, légalement assemblés, aient renoncé expressément au droit de consentir les lois nouvelles; vouloir les contraindre à les accepter, ce serait une infraction de la foi publique.

» Telle a donc été, Messieurs, notre position. Le parlement en corps pouvait seul enregistrer les lettres-patentes qui lui étaient adressées, et nous ne composions même plus une chambre de vacations.

» Cette loi, et toutes celles qui ont été rendues sur vos décrets, ne peuvent être publiées en Bretagne sans le consentement de la province. Les trois ordres avaient réclamé ce droit inhérent à la constitution; leur intention connue était pour nous une loi inviolable, nous devions éviter tout éclat; nous avons fidèlement rempli cette obligation; mais comptables à nos concitoyens du dépôt de leurs droits, franchises et libertés, nous n'avons pas dû les sacrifier à des considérations pusillanimes.

» De vrais magistrats ne sont accessibles qu'à une crainte, celle de trahir leur devoir; lorsqu'il devient impossible de le remplir, se dépouiller du caractère dont ils sons revêtus est un sacrifice nécessaire. Deux fois nous l'avons offert; deux fois nous avons supplié Sa Majesté de nous permettre de reporter dans la vie privée le serment à jamais inviolable de notre fidélité au monarque et aux lois.

» Vous approuverez, messieurs, ce sentiment et lorsque vous examinerez les titres dont nous venons de vous présenter le tableau, vous reconnaîtrez, nous n'en doutons point, que les deux nations sont également liées par les contrats qui les ont unies; que ces contrats forment des engagemens mutuels, consentis librement, et que la France peut d'autant moins s'y soustraire, qu'elle leur doit une de ses plus précieuses possessions. »

Le président de l'assemblée nationale « Messieurs, l'assemblée nationale pesera dans sa sagesse les observations que vous avez cru devoir lui proposer. Je prendrai ses ordres, et j'aurai soin qu'ils vous soient transmis. »

Séance du samedi 9 janvier.

L'ordre du jour est l'affaire de Rennes.

[*M. le vicomte de Mirabeau.* « Vous avez entendu le langage de l'honneur et de la loyauté; vous avez admiré, comme moi, le maintien ferme et noble de l'innocence accusée. Examinez maintenant la conduite de ces magistrats, que l'on a présentés comme criminels.... MM. les magistrats mandés ont d'abord justifié le refus d'enregistrement par la preuve de leur incompétence personnelle. Ce premier compte rendu repose sur une base incontestable. Ils étaient sans caractère pour rendre cet arrêt; ils ne l'ont pas rendu, ils n'ont pas dû le rendre. Examinons les moyens dont ils se servent pour établir l'impossibilité où aurait été le parlement lui-même de consentir à l'exécution de votre décret du 3 novembre. Vous établissiez treize magistrats, au lieu de cent douze, pour rendre la justice à une grande province; tandis que, d'après les traités, aucun changement ne pouvait être fait aux cours de justice en Bretagne, qu'il n'eût été consenti par les Etats. Ce droit est incontestable. Aucune assemblée particulière n'a pu l'anéantir. Les magistrats ont fait serment de le défendre; le roi a renouvelé tous les deux ans le serment de le maintenir. Ce droit ne pouvait donc être violé par les membres de la chambre des vacations du parlement de Bretagne.

Jusqu'à ce moment les contrats de nation à nation ont été considérés comme des échanges de conventions réciproques, qui ne pouvaient être annihilées que par le concours des parties contractantes. Les députés bretons ont si bien senti ce principe, qu'à l'époque du 4 août, dans cette nuit où des sacrifices multipliés ont été plutôt le résultat de l'ivresse du patriotisme, que du calcul et du raisonnement, un seul député de Bretagne, qui n'était pas lié par ses cahiers, a consenti à abandonner les privilèges de ceux qu'il représentait. Le procès-verbal prouve que ses collégues ont cru devoir attendre le consentement de leurs commettans, et que leurs cahiers leur ont paru une loi qu'ils ne pouvaient enfreindre. Je lis dans une lettre de M. le Chapelier, en date du 12 septembre, la preuve certaine que ce député croyait aux mandats impératifs; il s'exprime ainsi : « Tout ce qui n'est pas impératif dans un cahier, doit être considéré comme instruction. »

L'assemblée a donc reconnu les droits de la Bretagne; elle a reconnu qu'ils existaient jusqu'à ce que l'adhésion formelle aux sacrifices des privilèges les eût anéantis. Voyons donc si cette adhésion a été donnée. Je vois beaucoup d'adresses des municipalités des villes; mais les villes représentent-elles la province? Mais n'est-il pas possible que ces adresses aient été rédigées ailleurs que sur les lieux? mais l'adhésion qu'elles contiennent peut-elle être considérée comme celle du peuple breton? J'ai entre les mains, et je suis chargé de déposer sur le bureau une adresse bien différente. Une communauté de Bretagne, composée de 8,000 citoyens, refuse de reconnaître les lois qui lui ont été envoyées par l'intendant; elle donne les mêmes motifs que le parlement. Ces paysans généreux ne veulent pas changer le despotisme ministériel contre le despotisme des villes.... On regrettera sans doute le décret que nous avons rendu contre la chambre des vacations de Rennes; ces regrets seront surtout sentis par quelques députés actuellement en instance avec les magistrats mandés....

Je propose de rendre le décret suivant :

»L'assemblée nationale, ayant reconnu la pureté des motifs qui ont déterminé la conduite des officiers de la chambre des vacations du parlement de Bretagne, a décrété que cette conduite n'a donné lieu à aucune inculpation; que la délicatesse des magistrats ne peut souffrir du mandat qui les a amenés près de l'assemblée nationale, et qu'ils sont sous la sauvegarde de la loi. »

M. Chapelier. La chambre des vacations du parlement de Rennes vous a fait son apologie, et elle trouve aujourd'hui des défenseurs. Elle croit pouvoir excuser son mépris pour vos décrets, pour les lettres de jussion envoyées par le monarque, et pour le serment par lequel chacun des magistrats qui la composent, s'est engagé à rendre la justice. Elle réclame des droits qu'elle n'a jamais défendus contre les droits plus avantageux qui sont rendus à tous les Français....

C'est un délit que de refuser la justice; c'est un délit majeur que de se montrer dans une assemblée nationale, quand les pouvoirs sont séparés, comme encore au-dessus de toute autorité; c'est insulter à l'opinion du peuple, sous le prétexte qu'on connaît mieux que lui ses intérêts; cependant on ne réclame des priviléges effacés, que parce qu'ils servent à son oppresssion, et l'on prêche l'insurrection contre la force publique.... J'éprouve quelque embarras, en me voyant forcé de condamner la conduite d'une cour composée de concitoyens dont j'ai reçu des marques d'estime; mais la reconnaissance, mais les liaisons particulières doivent céder à l'intérêt de la justice et de la vérité....

Je ne parlerai pas long-temps de la raison de forme qui a été alléguée. La chambre des vacations, séparée le 18 octobre, a reçu, comme les autres, l'ordre de reprendre ses fonctions. Si la nation et le roi n'ont pas le droit d'intimer des ordres semblables, quelle est donc leur autorité? Je regrette d'avoir employé ce peu de mots à une aussi déplorable minutie.

La Bretagne avait des franchises, nous les avons soutenues, chéries, défendues, tant que les Français ont été endormis sous les chaînes du despotisme; nous espérions qu'un jour ils secoueraient avec indignation un joug aussi odieux.... Nos espérances sont remplies.... Dans cette scène glorieuse, que l'histoire consacrera comme un témoignage du patriotisme des Français, nous avons devancé le vœu de nos commettans, parce que nous voyons la liberté préparer à la France le bonheur que nous étions venus réclamer pour eux. Un grand nombre de villes, de bourgs, de paroisses, ont adhéré avec empressement à notre démarche. Si une ville a fait entendre des réclamations, c'est en se soumettant d'avance à la justice de cette assemblée; le raisonnement sur la loi convient à des hommes libres, et n'est point désobéissance. Le peuple de Bretagne a donc renoncé à des franchises qui, seulement utiles contre le ministère, étayaient le despotisme des nobles. Quand le peuple abandonne ses priviléges, est-ce aux parlemens à les réclamer?

C'est à la fois insulter à la raison, et fronder le vœu du peuple, que de demander une assemblée des anciens États de Bretagne. A-t-on donc cru que nous ne dirions pas ce que c'est que ces États? Huit ou neuf cents nobles, des Évêques, des députés de chapitres les composent. Voyez-y quarante-deux hommes représentant deux millions d'individus sous le nom modeste, j'ai presque dit avili de tiers-état. Chaque Chambre a un *veto*.... Voilà par qui l'on veut que la constitution soit jugée.... Imaginez ce que les abus ont de plus odieux, l'aristocratie de plus absurde, la féodalité de plus barbare, les *veto* de plus tyrannique, et vous aurez une idée de l'assemblée à laquelle on veut confier le droit de juger les institutions immuables qui doivent faire le bonheur de tous. Vous avez détruit les ordres, proscrit les *veto*, nous avons coopéré à une constitution, et nous n'en jouirions pas, et ces nobles diraient *veto* sur la félicité publique! Une telle demande est scandaleuse et coupable.

Le peuple breton ne souffrira pas que ces états se rassemblent au mois de septembre prochain, une assemblée de toutes les communes a exprimé ce vœu. Le parlement se croit donc toujours supérieur à la nation, et le représentant du peuple, dont il doit juger les procès! Personne n'était trop représenté; tout le monde se disait représentant : les nobles, de leurs vassaux; le clergé, des curés; un maire, nommé par les ministres, et le plus souvent par un intendant, des citoyens; les députés des villes, des habitans de la campagne; le parlement, de toute la province.... Ce parlement, qui se prétend conservateur des franchises, a violé ces franchises; il enregistrait, sans le consentement des états, presque toutes les lois des ministres, enregistrait des impôts, malgré le refus des états; nous connaissons 10,000,000 d'impôts non consentis, et cependant enregistrés et perçus. Il a refusé aux États la communication des lois. Il a dit qu'un impôt, pour être enregistré, devait être consenti par les États, et il a prouvé que l'enregistrement seul liait le peuple malgré lui. On l'a vu défendre dans le siècle dernier, d'assembler les États, prétendre que les commissaires de ces États ne devaient être reçus devant lui qu'à la barre et debout.... Ainsi il s'est toujours mis au-dessus de la nation... Au milieu de ce siècle, par des arrêts secrets, il a résolu de ne recevoir que des nobles parmi ses membres.... Je dois dire que les mains de ces magistrats ont toujours été pures, comme la justice.... Mais ils ont désobéi, après avoir oublié, abandonné nos Chartes; ils réclament nos franchises, parce qu'ils regrettent leur ancien pouvoir; ils ne reconnaissent pas le consentement du peuple, parce qu'ils ne voient le peuple Breton que dans la noblesse.... On vous a parlé d'une adresse d'opposition; je la dépose, je la dénonce. Le marquis de Lintiniac qui l'a suggérée à des citoyens trompés et séduits....

La chambre des vacations s'est rendue coupable d'une désobéissance qui ne peut avoir pour but que de procurer de grands désordres, afin de conserver de grands abus. Elle a dit qu'elle voulait défendre nos franchises; mais sont-elles attaquées? sont-elles perdues? Elles sont augmentées. Nous n'avions stipulé ni avec la nation, ni contre elle, mais avec le roi et contre le despotisme. Les Bretons ont renouvelé leur union à la France, en nous envoyant vers vous. Ils ont adhéré à ce que vous avez fait, et par leurs adresses, et en montrant leur allégresse, et en déployant leurs forces pour soutenir vos opérations.......... Ces magistrats veulent composer nos chaînes de ces priviléges mêmes dont ils regrettent la perte. Ils ont établi, ils ont soutenu la violence de ceux qui se disent les défenseurs de ces priviléges et qui en étaient les propriétaires exclusifs. Qui oserait conseiller à une province de s'isoler de la France, de préférer à la liberté des chartes qui ne font que placer le peuple sous le joug de quelques privilégiés? Les nobles et les ecclésiastiques, dit-on, n'ont pas consenti.... Où est donc la nation bretonne? Dans quinze cents gentilshommes et quelques ecclésiastiques, ou dans deux millions d'hommes. Si les magistrats n'avaient pas voulu que la robe sénatoriale ne couvrît qu'un noble, feraient-ils d'aussi aveugles réclamations? Ce sont des magistrats nobles qui défendent des nobles pour opprimer le peuple. Voilà ce qu'ils appellent nos franchises et leurs devoirs.

Par le décret du 3 novembre, leur constitution n'est point changée. Pour les délier du serment qui pèse sur leur conscience, il leur fallait de fortes raisons, ils ne se défendent qu'en appelant l'anarchie et le despotisme. Mais vous proposerons-nous une juste sévérité? Les attentats de ces hommes contre la chose publique ont été oubliés par le peuple, qui les a protégés contre leur imprudente conduite et contre lui-même. Leur raison a cédé au désespoir de voir échapper leur empire. Je ne vous en donnerai pour preuve que les derniers mots du discours prononcé hier devant vous. On est plus insensé que coupable quand on croit dans un crime voir l'honneur et la vertu. Mais ce n'est pas seulement le crime de quelques particuliers qui doit attirer votre attention ; un gentilhomme breton trompe et soulève les habitans des campagnes ; trois parlemens méconnaissent vos lois et l'autorité la plus sacrée, la plus légitime... Tout annonce des projets qu'une sévérité prudente doit prévenir.

Comme député breton, j'ai dû vous présenter des détails nécessaires pour éclairer la discussion. Je me borne à remplir ce devoir, et je ne propose pas de décret ; mais je demande que, par une réserve expresse, ceux qui ont souffert d'un déni de justice, aient leurs recours contre les magistrats coupables.

M. de Custine demande l'impression de ce discours.

D'autres membres demandent l'impression de l'opinion de M. le vicomte de Mirabeau.

M. Dupont représente à l'assemblée que ces deux opinions doivent être imprimées dans le même cahier, pour éviter l'effet que produirait infailliblement l'envoi de l'une sans l'autre dans quelques provinces.

L'assemblée adopte cette proposition.

M. le président de Frondeville : Les membres du parlement de Bretagne ne viennent pas se mettre à la place de leurs concitoyens qu'ils ne représentent point, et réclamer en leur nom des priviléges que la province seule doit réclamer. Ces magistrats vertueux, en se rendant ici, obéissent aux ordres du roi.... Les ordres de l'assemblée leur ont été donnés par le roi.... Ils viennent vous dire qu'ils se sont trouvés dans la situation difficile de ne pouvoir enregistrer vos décrets, sans être parjures à leur serment. Les Bretons possèdent des franchises qui ont été solennellement jurées, et qui ne peuvent être anéanties que par l'universalité du peuple breton. Les cours souveraines de Bretagne tiennent à ces franchises. Il est dit dans les Chartes, qu'il ne sera rien changé à leur composition. Elles ne peuvent enregistrer que les lois consenties par les états. S'il y a douze millions d'impôts enregistrés et perçus sans ce consentement; on conviendra que c'est la faute des états et non celle du parlement.

Tel était l'état des choses, lorsque le 4 du mois d'août, malgré des mandats positifs, les députés de Bretagne firent l'abandon des priviléges de cette province, sous la réserve d'une adhésion qu'ils n'ont point encore obtenue. Elle n'existe pas en effet dans les adresses émanées à peine du vingtième des citoyens qui ont donné les mandats. Cependant ces mandats impératifs ont pu être réformés d'après un arrêt du conseil, qui a autorisé pour cet objet l'assemblée de différens électeurs. La Bretagne n'a pas usé de cette faculté, et l'on n'a reçu que des adresses de communes isolées. Le contrat solennel est donc resté tout entier. Les magistrats ont donc dû rester impassibles devant le décret qui anéantissait ce pacte constitutionnel, que les magistrats avaient prêté serment de protéger et de défendre. Vous avez donc à juger entre votre décret et la foi jurée. Ces magistrats vertueux sont accusés de respect pour leur serment, et de fidélité inviolable pour leur pays… Je ne demande pas si la liberté a été prononcée pour tous les citoyens, excepté pour les magistrats; je ne demande pas si l'exercice des fonctions de magistrature doit être éternel; je ne demande pas si ces officiers sont devenus coupables, en voulant remettre leurs charges au roi, et se vouer à l'obscurité et à la solitude, pour toute récompense de leur courage; mais je demande si le décret qui ordonnait à quelques magistrats de remplacer le parlement, devait anéantir leur serment….. Il n'en coûte rien pour accuser la vertu, et c'est ainsi qu'avec des mots et la dissimulation des choses, on a pu quelques momens vous faire croire coupables, des citoyens irréprochables et vertueux.

Je pense, d'après tous les motifs que j'ai développés, qu'il n'y a pas lieu à délibérer, et que les magistrats de la chambre des vacations de Rennes doivent être invités à retourner dans leur patrie, et mis sous la sauvegarde de la loi.

M. Barnave a soutenu que « la Bretagne est partie intégrante du royaume, qu'elle n'a d'autres représentans que ceux qui sont dans l'assemblée nationale, et que ces États de Bretagne, si souvent invoqués par les magistrats de cette province, sont incapables de la représenter; qu'elle les a méconnus, et qu'elle ne veut pas les faire renaître.

» En envoyant ses députés à l'assemblée, la Bretagne s'est soumise au résultat d'un corps délibérant. Si l'on n'admet pas ce principe, il n'y a plus de lois, il n'existe plus de puissance publique. Les magistrats bretons ont désobéi aux lois : il demande qu'ils soient déclarés incapables d'exercer aucune fonction publique. Si leur procès est instruit, ils seront jugés sévèrement; l'instruction sera longue : il vaut mieux user d'indulgence à leur égard et les punir promptement. Cette punition en imposera aux ennemis de la liberté, qui font en ce moment tous leurs efforts pour empêcher l'heureuse révolution de cet empire. Tout annonce qu'il y a une coalition formée entre plusieurs parlemens; que l'on a employé des moyens artificieux pour animer le peuple. Les ennemis de la révolution ne rempliront pas leurs vues, mais ils peuvent faire répandre beaucoup de sang. Si la guerre civile s'allume, ils en seront les premières victimes. Il faut les préserver de leur propre fureur. Soyons sages pour eux : punissons, afin de ne pas encourager par l'impunité. Préservons-les des calamités qu'ils veulent faire naître pour conserver les priviléges qui font le malheur du peuple. »

— Le début de M. *d'Esprémenil*, qui a parlé après Barnave, a annoncé quelles étaient ses intentions, en se chargeant de justifier la conduite du parlement de Rennes. « Je vous dois, a-t-il dit, la vérité; je vous la dirai tout entière; je ne me sens pas le courage d'abandonner mes confrères dans le malheur, et je ne puis me dissimuler que je partage avec eux les mêmes principes. Je dois surtout la vérité au peuple, à ce peuple que je voudrais consulter pour savoir s'il est heureux, à ce peuple à qui l'on offre la licence sous le nom de liberté; à ce peuple......... à ce peuple....... »

Après cette apostrophe long-temps soutenue, et dont tout le monde a reconnu le motif, M. d'Esprémenil a passé à l'établissement de la question; il a fait sentir la nécessité d'être clair, et il n'a acquis ce mérite que par une excessive prolixité. Il a demandé d'abord quelle était la qualité de ceux qui ont été traduits devant l'assemblée? Ce sont les membres de la chambre des vacations. Qu'est-ce qu'une chambre des vacations? quel est son titre? quel est son devoir? quel est le terme où expirent les fonctions du parlement?

Ici l'orateur s'est jeté dans une longue et fastidieuse discussion, dont le résultat a été que la chambre des vacations du parlement de Rennes ayant cessé ses fonctions, les lettres-patentes ne se trouvaient adressées qu'à des individus qui n'avaient aucun pouvoir et jouissaient de toute leur liberté. Il a fait une distinction fort subtile sur l'usage de cette liberté. Les magistrats, a-t-il dit, sont esclaves de la loi existante, mais non d'une loi nouvelle; et de ce principe singulier dans la bouche d'un magistrat, il en a tiré la conséquence que la chambre des vacations de Rennes avait fort bien pu méconnaître les lois de l'assemblée, sanctionnées par le roi, parce qu'elles n'existaient point encore; comme s'il ne fallait pas que l'existence d'une loi précédât son exécution! comme si, sous ce prétexte, il était une seule loi que les parlemens se crussent en droit de rejeter à leur volonté!

M. d'Esprémenil a ensuite abordé la question au fond; il l'a fait consister dans le point de savoir si la chambre des vacations a pu ou non s'écarter du contrat qui a uni la Bretagne à la France, et dont la garde était confiée aux Etats de cette province et au parlement. Or, un des privilèges inséré dans le pacte, c'est qu'aucune loi, aucun impôt, aucun changement ne pourra avoir lieu sans le consentement des Etats et la vérification du parlement.

M. le comte de Mirabeau lui rappelle une loi qui déclare coupables de forfaiture les magistrats qui auront donné une démission combinée. Revenant ensuite à la question du droit des gens, il dit que ses oreilles sont frappées de ces mots *d'ordres et de priviléges;* que lorsqu'il voit les magistrats du parlement de Rennes déclarer que leur conscience et leur honneur leur défendent d'obéir aux lois, il se demande si ce sont des souverains détrônés qui réclament leurs anciennes usurpations,

C'est une poignée de magistrats sans titre et sans caractère, qui viennent dire au souverain, nous avons désobéi, et la postérité nous admirera. Il n'y aura que leur démence qui passera à la postérité, si toutefois elle peut y être transmise; mais ils n'empêcheront pas cette grande révolution qui va changer la face du globe et le sort de l'espèce humaine.

D'où vient l'audace de ces magistrats? quelle puissance auxiliaire leur inspire tant de confiance? Ils viennent demander que des priviléges oppressifs soient rétablis. La Bretagne a soixante-six représentans dans cette assemblée, et l'on vous dit qu'elle n'est pas représentée! Onze magistrats bretons viennent vous dire qu'ils ne peuvent pas consentir que vous soyez les régénérateurs de cet empire! Ce n'est pas dans de vieilles Chartes, où la ruse, combinée avec la force, a trouvé les moyens d'opprimer le peuple, qu'il faut chercher les droits de la nation; c'est dans la raison : ses droits sont anciens comme le temps, et sacrés comme la nature.

Le discours qui a été prononcé cache des desseins coupables : on cherche à rallier tout ce qui peut y avoir d'espérances odieuses. Leur fierté sénatoriale veut empêcher les Bretons d'être libres. Ils voudraient que les abus fussent éternels, et que le régime féodal fût immuable. Qu'ils apprennent qu'il n'y a d'immuable que la raison, et qu'elle détruira bientôt toutes les institutions vicieuses. Vainement on cherche à séparer le monarque de sa nation; il sera toujours uni avec elle; il triomphera de ceux qui veulent faire de lui un instrument d'oppression. Les magistrats ne réclament les anciens priviléges que pour asservir leur province. Ils parlent de leur conscience! elle est le résultat de leurs anciennes habitudes, elle les porte à conserver leurs usurpations.

M. le comte de Mirabeau est d'avis de ne point exercer le pouvoir judiciaire, mais d'avoir la police qui appartient à toute assemblée active, et qui lui donne le droit de punir les délits commis dans son sein.

Quant au refus de rendre la justice, il demande que ces magistrats soient envoyés aux tribunaux qui en doivent connaître. En conséquence, il a proposé le décret suivant :

« Arrêté que les citoyens chargés des fonctions publiques, qui déclarent que leur conscience et leur honneur leur défendent d'obéir à la loi, se reconnaissent par-là même incapables d'exercer aucunes fonctions publiques.

» En conséquence, l'assemblée nationale déclare les magistrats de la chambre des vacations de Rennes, par le fait de la déclaration même qu'ils ont proférée en sa présence, inhabiles à exercer aucune fonction publique, jusqu'à ce qu'ils aient reconnu leur faute et juré l'obéissance à la constitution.

» Quant au crime de lèse-nation dont ils sont prévenus relativement à leur désobéissance au décret sanctionné par le roi, l'assemblée en renvoie la connaissance au tribunal déjà chargé provisoirement de connaître les délits de cette nature ; ordonne que lesdits magistrats soient incessamment traduits devant ledit tribunal, pour leur procès leur être fait jusqu'à jugement définitif.

» Arrêté, de plus, que l'assemblée nommera quatre de ses membres pour assister le procureur du siége du Châtelet dans l'instruction et la poursuite de cette affaire. »

La décision a été renvoyée à lundi.]

Séance du 11 janvier.

[Il a été fait lecture du procès-verbal de la séance de samedi, et d'un très-grand nombre d'adresses, dont quelques-unes contiennent des offres de dons patriotiques, et toutes renferment l'adhésion la plus formelle aux décrets de l'assemblée nationale.

M. de Beveley, négociant à Constance, en Suisse, a offert 6,000 livres en don patriotique, et a demandé acte de la déclaration qu'il fait, ainsi que sa femme, de se faire naturaliser en France avec leurs six enfans. C'est M. le Couteulx de Canteleu qui a été l'interprète des sentimens de cette famille.

M. Bouche a représenté qu'il était à craindre que les 6,000 livres, jointes à la demande, ne parussent le prix du consentement accordé ; qu'il fallait naturaliser ce généreux étranger, et refuser son argent.

M. Dumez a proposé de naturaliser sur-le-champ cet étranger par un décret, sans qu'il fût besoin d'observer les anciennes formalités ; il n'a pas vu non plus d'inconvénient à accepter le don patriotique qu'il propose.

M. Desmeuniers et M. Mougins sont d'avis de donner, quant à présent, acte à M. de Beveley de sa demande en naturalisation, et d'accepter le don.

L'assemblée adopte chaque partie de cet avis par deux décrets successifs.

M. le président rappelle l'ordre du jour.

M. Regnaud propose de décréter que l'assemblée ne se séparera pas avant d'avoir prononcé sur l'affaire du parlement de Rennes.

M. de Vrigny s'élève contre cette motion. Un autre membre ecclésiastique soutient qu'il n'est pas séant d'adopter une pareille proposition, parce que l'assemblée ne peut jamais décider à quelle époque elle sera assez instruite ; parce que, quand bien même elle le déciderait, nous ne pouvons pas savoir si nos forces physiques tiendront jusqu'au moment où les personnes qui voudront parler pour l'un ou l'autre parti auront exposé toutes leurs raisons. Nous serons toujours libres de déclarer que la discussion est terminée, et que nous sommes assez instruits ; mais avant d'être instruits, nous ne pouvons pas dire que nous sommes assez instruits ; car pour être assez instruits, il faut d'abord s'instruire.

Je pense qu'il n'y a pas lieu à délibérer.

L'assemblée décide le contraire à une grande majorité, et décrète la proposition de M. Regnaud.

M. de Cazalès. Je ne réponds ni aux diatribes, ni aux violentes déclamations que s'est permises M. le comte de Mirabeau. Je n'oublie pas que je discute les intérêts d'un grand peuple en présence des législateurs d'une grande nation. Je prendrai le seul ton digne d'un honnête homme (il se fait quelques murmures, et l'opinant est rappelé à l'ordre). Il est impossible de contester que le ton de la modération et de la justice convient uniquement, quand on délibère sur le sort de ses concitoyens, et qu'on est leur juge. Qu'il me soit permis de relever trois faits que M. de Mirabeau a altérés. Il a dit qu'il reste toujours, après la levée de la chambre des vacations, un nombre de magistrats devant lesquels on juge un référé; tandis qu'il est certain qu'après l'expiration de la chambre des vacations, il s'écoule jusqu'à la rentrée huit jours, pendant lesquels aucun magistrat n'est revêtu de fonctions publiques. M. de Mirabeau a nié que les membres de la chambre des vacations eussent offert le sacrifice de leur état; cependant cette offre est consignée dans deux lettres au roi, et a été rappelée par M. de la Houssaye en présence de l'assemblée. M. de Mirabeau a dit que ces magistrats ont avancé, dans leur discours, que la noblesse et le clergé forment les deux tiers de la Bretagne: ce discours ne renferme rien de semblable. Je ne me permettrai pas d'exposer mes réflexions sur cette conduite; l'assemblée jugera le degré de confiance qu'elle doit à un orateur qui emploie ainsi son éloquence.

Je n'examine qu'un seul principe. Cet opinant prétend qu'il s'agit ici d'un fait de police; que l'assemblée a sa police, et que sans contredit elle peut juger ce fait; c'est-à-dire, que l'assemblée ne peut juger que quand elle est juge et partie....

J'examine ensuite le fond de cette affaire.

Le parlement de Rennes a reçu en dépôt des franchises; il a juré de les conserver; il croyait qu'elles étaient attaquées, il a voulu remplir son serment. Vos décrets n'ont obtenu que des adhésions isolées. Les députés bretons n'ont renoncé aux franchises de leur province, que sous la réserve d'une adhésion; cette adhésion n'existe pas, les franchises existent donc encore....

La Bretagne a toujours été indépendante de l'empire français. Ses droits sont établis sur des traités solennels; l'assemblée n'a donc pu les détruire sans le consentement du peuple breton. Elle a été emportée au-delà de ses droits, au-delà de ses devoirs par des circonstances extraordinaires. Ses décrets ne seront véritablement obligatoires, pour la nation, que lorsqu'ils auront été consentis par une adhésion formelle ou tacite des peuples. Alors on ne pourra, sans crime, désobéir à ces décrets.

Il est donc certain que les magistrats de Rennes ont pu croire de bonne foi que les franchises de la Bretagne ne pouvaient être abolies qu'au milieu d'une assemblée du peuple breton; c'en est assez pour que cette erreur ne soit pas considérée comme un crime. Si cependant l'assemblée croyait qu'il est important à ses décrets que des magistrats, qui n'ont pas obéi, ne remplissent plus leurs fonctions, il serait généreux et juste d'accepter leur démission.

Je proposerais en conséquence un décret en ces termes : L'assemblée nationale, après avoir entendu la justification des magistrats composant la chambre des vacations du parlement de Rennes, décrète qu'ils seront renvoyés au pouvoir exécutif, pour que l'offre qu'ils ont faite du sacrifice de leur état soit réalisée.

Quel que soit le jugement que vous allez prononcer, permettez-moi d'observer que dans des temps d'effervescence, où des hommes présumés innocens, puisqu'ils n'étaient pas déclarés coupables, ont été livrés à la fureur du peuple. Condamner les magistrats bretons, ce serait les priver de la sauvegarde de la loi : qu'il me soit permis de représenter que c'est sur les membres d'un parlement, d'un parlement noble que vous allez statuer; c'est-à-dire sur des citoyens qui, dans les divisions dont le royaume est travaillé, sont l'objet de toutes les haines. N'oubliez pas que c'est sur ce jugement que la France et l'Europe entière vous jugeront.

M. Barrère de Vieuzac. Des hommes revêtus d'une magistrature publique, ont paru devant vous; ils ont rendu malgré eux un hommage solennel à la puissance de la nation.... Vous avez vu se former des opinions bien opposées : les uns donnaient des éloges aux magistrats, d'autres voulaient leur infliger des peines; ici on leur préparait des lauriers, là une procédure criminelle.... Ils sont accusés devant la nation ; il existe donc un grand délit.

Cherchons à le caractériser ; déterminons la peine, désignons le tribunal.

Il n'y avait, dit-on, ni parlement, ni chambre des vacations ; si cette assertion était vraie, ce serait encore un délit à punir. Là où finit la chambre des vacations, le parlement doit commencer, sinon les peuples sont sans justice, le pouvoir exécutif est sans tribunal où il puisse faire enregistrer les lois.

Cependant ces magistrats ne formaient plus une chambre des vacations quand il fallait obéir, et ils redevenaient magistrats pour défendre des droits gothiques et un système d'oppression. Ils représentent des traités.... Ils offrent une démission contraire à l'édit de 1774, qui défend les démissions combinées. Ainsi ils sont infracteurs des lois anciennes, et contempteurs des lois nouvelles.

Ils continuent leurs délits devant vous ; ils parlent de lois particulières, qui leur défendent d'enregistrer vos décrets ; comme si vos décrets n'étaient pas les lois de tout l'empire ! Ils parlent de nation bretonne, comme s'il y avait deux nations en France ; comme si la Bretagne, dans le temps de la féodalité, n'était pas un arrière-fief de la couronne !... Accusés de désobéissance, ils seraient honorés par cette désobéissance même. Ils disent qu'un jour les Bretons désabusés béniront leur courage. Ils conviennent donc que les Bretons sont abusés, que les Bretons ont adhéré à vos décrets.... Onze magistrats croient mieux penser, mieux délibérer que les représentans de la nation. Si c'est là du courage, c'est celui du fanatisme ; s'ils obtiennent de la célébrité, ce sera celle d'Erostrate. Ils ont commis un délit en Bretagne, ils l'ont continué devant vous ; c'est un véritable délit contre l'autorité nationale.

Peut-il être atténué par l'attachement des magistrats à la constitution de leur province ? Cet attachement était un beau motif, quand un grand royaume n'offrait point de patrie ; quand un grand peuple ne renfermait point de citoyens. Lorsque le despotisme régnait, il fallait que les parlemens résistassent ; ce mal certain défendait d'un mal plus grand. Mais à présent qu'il existe une constitution libre, toute résistance est une désobéissance à la nation...

Quels seront les juges de ce délit? Le Châtelet? Oui, si ces magistrats n'étaient pas venus à vos yeux même insulter aux législateurs de la France. Mais, dit-on, les législateurs ne peuvent retenir les pouvoirs qu'ils doivent distribuer. Une convention nationale doit les reprendre quand l'intérêt de la nation l'exige....

Quelle sera la peine? Une seule observation de M. de Mirabeau qui l'a offerte... En adoptant le principe, je n'adopte pas toute sa motion; j'en demande la division, parce qu'elle renferme deux parties incompatibles. Si les législateurs punissent, ils ne peuvent renvoyer au tribunal des peines; c'est une maxime sacrée qu'on ne punit pas deux fois le même crime. Vous ne renverrez donc pas au Châtelet.

Je propose avec M. de Mirabeau, de décréter que des magistrats à qui leur honneur et leur conscience défendent d'obéir à vos décrets, sont inhabiles à exercer des fonctions publiques résultantes de vos décrets.

M. l'abbé Maury a commencé par dire que de tous les spectacles que l'histoire de notre siècle prépare à la postérité, le plus étonnant peut-être est celui que nous donnent les parlemens de France. «Chargés, a-t-il dit, pendant plusieurs siècles, d'arrêter les progrès du despotisme, ils se voient menacés, à l'instant même où ils remettent à la nation le dépôt de sa liberté et de ses droits, d'un prochain anéantissement. L'Europe entière se demande : Quel est donc le crime de cette magistrature, à laquelle on fait perdre son état? Grande question, que les représentans de la nation vont agiter incessamment, et que l'on va aujourd'hui entamer à l'occasion de la chambre des vacations de Rennes. Vous avez entendu des discours éloquens sur cette question. Pour moi, simple citoyen, persuadé qu'il s'agit aujourd'hui d'un bien plus grand intérêt que celui d'être éloquent, je réduirai la question qui nous occupe à trois objets : le premier, quels sont les droits de la province de Bretagne; le second, quelle a dû être la conduite de la chambre des vacations de Rennes ; et le troisième sera relatif aux réflexions qui vous ont été faites sur ce sujet.

M. Maury a donc commencé par développer, non les priviléges de la Bretagne, mais ses droits; et après avoir observé que la France n'était pas le seul État de l'Europe qui offrît de l'inégalité dans l'administration de ses provinces, il a ouvert les fastes de ce royaume, pour démontrer que la province de Bretagne avait été séparée de la France pendant mille ans ; que depuis Clovis jusqu'en 1491, cette province, la douzième de la France, avait eu ses souverains particuliers; et que Charles VIII opéra cette réunion à la couronne, à la condition que ses priviléges lui seraient conservés. Ce fut au même titre que Louis XII, qui épousa sa veuve, la princesse Anne., après avoir répudié sa femme, fut reconnu souverain de Bretagne. Ce dernier y ajouta même la condition expresse de donner pour chef aux Bretons, son fils puîné, s'il lui en naissait de son mariage avec leur souveraine.

Nous ne suivrons point M. l'abbé Maury dans tous les détails de son discours, qui a duré une heure et demie. Quelques inexactitudes dans les faits, de fréquentes apostrophes, de violentes réclamations contre les précédens décrets de l'assemblée nationale, lui ont attiré plusieurs interruptions, et M. le président y a quelquefois ajouté de sages leçons à l'opinant, pour le prier d'être un peu plus circonspect. En un mot, l'opinion de M. Maury était que la Bretagne a des droits dont le parlement est dépositaire ; que ces droits là demeurent tout entiers, jusqu'à ce que la province assemblée y ait consenti ; que Louis XIV lui-même, tout despote qu'il fût, n'avait osé les attaquer; que ce prince, à l'instant où il supprimait toutes les amirautés particulières du royaume, pour en former une charge éminente pour son fils, le comte de Toulouse, avait été obligé de ménager celle de Bretagne ; que les magistrats bretons, en n'enregistrant pas le décret de l'Assemblée, ont tout au plus désobéi à des lettres-de-cachet, proscrites par elle-même, et qu'en venant à la barre, ils sont venus avec d'autant plus de confiance, qu'ils étaient persuadés que l'opinion publique s'accordait avec les mouvemens de leur conscience, parce qu'il n'appartient qu'au scélérat de distinguer l'opinion d'autrui de sa propre conscience. M. Maury a conclu, comme M. Cazalès, à ce que les onze magistrats fussent renvoyés au pouvoir exécutif, lequel serait supplié de faire en sorte que l'exercice de la justice soit incessamment rétabli en Bretagne.

M. Fermont, qui a succédé à M. l'abbé Maury, a rappelé à l'assemblée tout ce qui s'est passé en Bretagne depuis deux ans, à l'occasion des réclamations des communes, sur l'inégalité de leur représentation aux états de la province, sur la résistance de ces états à admettre leurs justes plaintes, et sur la conduite peu populaire tenue par le parlement à ce sujet. Les troubles arrivés à Rennes au mois de juillet dernier, et les violences attribuées aux valets de quelques magistrats, n'ont point été oubliés; et M. Fermont, sans avoir rien négligé pour rendre le tableau plus frappant, n'a cependant pris aucune conclusion.

M. Lanjuinais a demandé ensuite à instruire l'assemblée d'un fait qui lui paraissait capital ; c'est que le parlement de Rennes n'a jamais reconnu le pouvoir législatif dans les états de la province, et que dernièrement à la barre de l'assemblée, il l'a avancé pour la première fois. M. de Sérent, qui est monté après lui dans la tribune, n'a parlé que pour justifier les nobles de Bretagne, ses compatriotes ; mais ses efforts n'ont pas produit un grand effet. Il n'en pas été ainsi de M. de Clermont-Tonnerre : l'honorable membre n'a rien omis pour démontrer la gravité du délit commis par les magistrats bretons. Oubli de leurs devoirs, mépris pour la loi, pour le corps-législatif, pour le pouvoir exécutif, pour la puissance publique, tous ces grands moyens ont été développés avec autant de force que d'énergie. Ces vives déclamations se sont terminées par un décret benin, qui se bornait à charger le président à mander les magistrats à la barre, pour leur dire que l'assemblée les déclarait inhabiles à remplir les fonctions qu'ils avaient refusé d'exercer.

C'est là que s'est fermée la discussion. Le projet de décret proposé par M. de Clermont a plu au quartier des prêtres et des nobles. On en a réclamé la priorité, qui a été accordée; mais on ne s'y est point laissé surprendre. M. de Mirabeau a observé que ce décret ne cadrait point avec la sévérité du discours de son auteur. M. Camus y a proposé pour amendement de déclarer les coupables inhabiles à toutes fonctions de citoyens actifs; et M. le Chapelier a demandé qu'on y ajoutât : jusqu'à ce que, à la suite d'une requête présentée au corps-législatif, ils fussent reçus à prêter serment d'obéir à la constitution. Beaucoup d'autres amendemens ont été proposés et écartés par la question préalable. Enfin, après avoir décrété ceux de MM. Camus et Chapelier, la motion principale l'a été aussi ; et le tout réuni a formé le décret suivant :

« L'assemblée nationale, improuvant la conduite des magistrats de la chambre des vacations du parlement de Rennes, et les motifs qu'ils ont allégués pour leur justification, déclare que leur résistance à la loi les rend inhabiles à remplir aucunes fonctions de citoyens actifs, jusqu'à ce que, sur leur requête, présentée au corps-législatif, ils aient été admis à prêter le serment de fidélité à la constitution décrétée par l'assemblée nationale, et acceptée par le roi ; et en exécution du présent décret, l'assemblée ordonne que les magistrats de la chambre des vacations du parlement de Rennes seront mandés à la barre de l'assemblée, pour entendre le présent décret par l'organe de M. le président. »

La majorité des voix était assurément évidente à ce dernier décret. Cependant MM. d'Esprémenil et Maury, faisant cause commune, réclamaient l'appel nominal; on était même sur le point de le commencer, lorsque les partisans même de l'opinion de M. d'Esprémenil ont avoué de bonne foi qu'il n'y avait aucun doute sur la majorité, et qu'il fallait lever la séance : il était alors huit heures du soir.]

SÉANCE DU MARDI 12 JANVIER.

[Lecture du procès-verbal, de quelques actes d'adhésion, et de quelques adresses portant soumission aux décrets de l'assemblée, promesse de verser jusqu'à la dernière goutte de son sang pour le maintien de la constitution, et annonce de dons patriotiques.

M. le président a remis sous les yeux de l'assemblée la note que M. le garde-des-sceaux communiqua, il y a quelques jours, relativement à l'embarras qu'éprouvaient les juges sur la conduite qu'ils auraient à tenir envers les prévenus du crime de lèse-nation; dans l'incertitude où ils se trouveraient de garder le procès ou d'en saisir le Châtelet de Paris. L'assemblée a délibéré sur cette affaire, et a porté le décret suivant:

«Tous juges pourront informer, décréter et même interroger, quelles que soient la nature des crimes et la qualité des accusés ou des prévenus, sauf à renvoyer ensuite au Châtelet la connaissance des délits qui lui sont attribués. »]

SÉANCE DU 16 JANVIER.

[M. l'évêque de Clermont a exposé que les ecclésiastiques du royaume n'avaient pas eu un délai suffisant pour faire la déclaration de leurs biens, ordonnée par décret du 13 novembre dernier, et qu'il était juste d'accorder une prorogation. M. l'abbé Maury a appuyé cette motion et l'assemblée a prononcé le décret suivant :

« L'assemblée nationale décrète que le délai de deux mois pour la déclaration des biens ecclésiastiques, prescrite par le décret du 13 novembre dernier, sera prorogé jusqu'au 1er mars prochain, et que, même les ecclésiastiques membres de l'assemblée, seront tenus de satisfaire à ce décret dans le même délai.

M. *Nourrissart*, au nom du comité des finances, a fait un rapport sur le projet de fabriquer pour vingt-cinq millions de monnaie de billon. Voici l'extrait presque textuel de ce rapport intéressant :

Monnaie de billon.

D'anciens préjugés, et la ressemblance dans la couleur, ont fait croire que la matière qui compose les cloches était la même que celle des pièces de billon ou *sous marqués*. Il faut n'avoir aucune connaissance métallurgique et monétaire, pour soutenir ce système.

Le métal des cloches est composé de cinq sixièmes de cuivre et d'un sixième d'étain, mêlés avec un peu d'antimoine. Ce mélange rend ce métal très-cassant, et jusqu'à présent aucun artiste n'a pu trouver un moyen de le rendre ductile et malléable.

La monnaie de billon est composée d'environ quatre cinquièmes de cuivre et d'un cinquième d'argent; ce qui donne à ce métal une valeur intrinsèque d'environ 11 liv. 10 sous le marc, tandis que celle du métal des cloches n'est que de dix sous. On ne peut donc fabriquer du billon avec la matière des cloches.

En vendant toutes les cloches inutiles du royaume, comme métal à vingt sous la livre, on en tirerait 184 millions de poids et de valeur.

D'autres systèmes de fabrication ont été présentés et reconnus inadmissibles.

Le nouveau billon sera composé d'un sixième d'argent et de cinq sixièmes de cuivre, c'est-à-dire à deux deniers de fin, valant au prix du tarif........................ 9 liv. 18 s. 4 d.
Les 5/6 de cuivre à 25 sous la liv........... 10   2

Total de la valeur intrinsèque....... 10   8   6

Frais de fabrication....... 1 l. « s. « d.
Déchets à 6 pour %........ 12   6   } 2   1   6
Bénéfice p. le trésor public.   9

Total de la valeur numéraire, pour le marc 12   10

Les remèdes dont il sera fait mention dans le décret sont une marge indispensablement nécessaire aux directeurs des monnaies pour la fabrication de toutes sortes d'espèces, et sont toutes réversibles au profit du trésor public, dans la proportion de l'usage qu'en ont fait les directeurs, comme dans le tableau suivant. La fabrication sera fixée à vingt-cinq millions. Ces vingt-cinq millions formeront un poids de deux millions de marcs. Le bénéfice sera pour le trésor public, à neuf sous comme ci-dessus,

fait................................... 900,000 liv.
 Le remède d'aloi peut être évalué à..... 4 s.
 Le remède de poids à............... 4 s.
 Total 8 sous, ce qui fait sur deux millions de marcs, un bénéfice sur les remèdes, de....... 800,000
 Total des bénéfices de fabrication........... 1,700,000

Cette nouvelle monnaie sera frappée d'une empreinte plus durable que l'ancienne; on lui donnera moins de diamètre et plus d'épaisseur. Elle sera marquée d'un cordon sur la tranche. Rien ne soutient et ne donne plus de grâce à l'espèce que ce refoulement de la matière dans la partie circulaire de la pièce, l'altération et la contrefaction sont beaucoup plus difficiles.

Le rapporteur a proposé le décret suivant.

Décret sur la monnaie de billon.

« L'assemblée nationale, considérant les diverses demandes qui lui ont été adressées, pour qu'il lui plût d'ordonner incessamment la fabrication d'une monnaie de billon ;

» Considérant qu'il est convenable de donner au roi, sur une monnaie nouvelle, le titre glorieux de *roi des Français*, a décrété et décrète :

Art. 1er. Qu'il sera incessamment fabriqué, dans les divers hôtels des monnaies du royaume, la quantité de deux millions de marcs de monnaie de billon, du poids et du titre ci-après.

Art. 2. Le susdit billon sera fabriqué au titre de deux deniers de fin, au remède trois grains.

Art. 3. Il sera fabriqué dans chaque monnaie un tiers de pièces valant *cinq sous*; un tiers de pièces valant *deux sous* et l'autre tiers de pièces valant *dix-huit deniers*. Les pièces de cinq sous seront à la taille de cinquante au marc, au remède de trois pièces au marc; les pièces de deux sous à la taille de cent vingt-cinq au marc, au remède du poids de huit pièces au marc; et les pièces de dix-huit deniers à la taille de cent soixante-six deux troisièmes au marc, au remède de douze pièces au marc, sans aucun recours de la pièce au marc.

Art. 4. Lesdites pièces de billon porteront d'un côté, pour légende : Louis XVI, Roi des Français, et de l'autre, leur valeur numéraire, conformément aux empreintes figurées au bas du présent décret; et seront lesdites pièces marquées sur la tranche d'une simple hachure.

Art. 5. Lesdites pièces de billon auront cours dans toute l'étendue du royaume pour les susdites valeurs; mais on ne pourra être contraint dans aucun paiement, d'en recevoir pour plus de six livres.

Art. 6. Les pièces de billon fabriquées en France, actuellement en circulation, de la valeur de deux sous et de dix-huit deniers, continueront d'avoir cours jusqu'à ce qu'il en ait été autrement ordonné.

Art. 7. Les déchets sur cette fabrication seront alloués aux directeurs des monnaies, à raison de six pour cent, et tous les frais de fabrication seront fixés à vingt sous par marc, dont la répartition sera faite par le roi entre tous les officiers et ouvriers des monnaies.

Art. 8. L'assemblée nationale fait très-expresses inhibitions et défenses de recevoir et donner dans les payemens aucune pièce de billon de fabrication étrangère.

M. Lapoule a proposé à ce sujet d'autoriser la ville de Besançon à fabriquer pour cent cinquante mille livres de pièces de cuivre; il a offert une remise au trésor public, de 15 pour cent pour la contribution patriotique de Besançon.

Sa motion a été ajournée, ainsi que le mémoire et le projet du comité des finances, dont l'impression a été ordonnée.]

SÉANCE DU 25 JANVIER.
Présidence de M. Target.

Le commencement de la séance fut encore occupé de discussions sur la division du territoire. Ouverture fut donnée aux interrupteurs par un rapport sur une petite affaire locale, sur un secours demandé par la ville de Valenciennes. Ces demandes n'étaient pas rares; car, ainsi que nous l'avons dit, la misère qui avait commencé à Paris avait gagné les provinces.

M. de Robespierre. Nous venons soumettre à votre délibération un objet infiniment plus intéressant pour plusieurs provinces du royaume... Il tient à la liberté générale....... Il est d'une telle nature, que vous nous accuseriez d'une malversation odieuse, si nous ne soutenions pas avec force la cause qui nous est en ce moment confiée. Parmi les décrets qui fixent la quotité d'impositions nécessaires pour exercer les droits de citoyen actif, et pour être électeur et éligible, il en est qui ont donné lieu à une demande d'explication....

Des contributions directes, personnelles et réelles, sont établies dans une grande partie du royaume. Dans l'Artois et dans les provinces qui l'avoisinent, on paie peu de contributions directes; la corvée n'y existe pas; la taille et la capitation y sont converties en impositions indirectes. Il en est de même des contributions par les propriétaires de fonds : les centièmes établis depuis deux siècles étaient bien loin de produire une imposition proportionnée à la valeur des fonds : ils ont été abolis par les soins des états d'Artois. Ainsi, cette province ne contiendrait qu'un très-petit nombre de citoyens actifs; ainsi une partie considérable des habitans de la France seraient frappés de l'exhérédation politique....

Si vous considérez maintenant que presque la totalité du territoire des provinces belgiques est possédée par des ecclésiastiques, par des nobles et par quelques bourgeois aisés, que dans une communauté de 1,000 âmes, il y a à peine quatre citoyens actifs....

(M. de Montlausier interrompt et demande la preuve de ces assertions.)

J'ai l'honneur d'observer que la cause que je défends touche de si près aux intérêts du peuple, que j'ai droit à toute votre attention.

Dans l'état actuel, l'égalité politique est détruite... Prononcez sur cette importante réclamation. Nous la soumettons à votre justice, à la raison qui vous a dicté la déclaration des droits de l'homme. Jetez vos yeux sur cette classe intéressante, qu'on désigne avec mépris par le nom sacré de peuple..... Voulez-vous qu'un citoyen soit parmi nous un être rare, par cela seul que les propriétés appartiennent à des moines, à des bénéficiers, et que les contributions directes ne sont pas en usage dans nos provinces? Voulez-vous que nous portions à ceux qui nous ont confié leurs droits, des droits moindres que ceux dont ils jouissaient? Que répondre quand ils nous diront : vous parlez de liberté et de constitution, il n'en existe plus pour nous. La liberté consiste, dites-vous, dans la volonté générale, et notre voix ne sera pas comptée dans le recensement général des voix de la nation. La liberté consiste dans la nomination libre des magistrats auxquels on doit obéir, et nous ne choisissons plus nos magistrats. Autrefois nous les nommions, nous pouvions parvenir aux fonctions publiques; nous ne le pourrons plus, tant que les anciennes contributions subsisteront..... Dans la France esclave, nous étions distingués par quelques restes de liberté; dans la France devenue libre, nous serons distingués par l'esclavage.

» Si nous pouvons vous proposer un parti qui, loin de compromettre vos décrets et vos principes, les cimente et les consacre; s'il n'a d'autre effet que de fortifier vos décrets, et de vous assurer de plus en plus la confiance et l'amour de la nation, quelle objection pourrez-vous faire?

» L'assemblée nationale considérant que les contributions maintenant établies dans diverses parties du royaume, ne sont ni assez uniformes, ni assez sagement combinées pour permettre une application juste et universelle des décrets relatifs aux conditions d'éligibilité, voulant maintenir l'égalité politique entre toutes les parties du royaume, déclare l'exécution des dispositions concernant la nature et la quotité des contributions nécessaires pour être citoyen actif, électeur et éligible, différée jusqu'à l'époque où un nouveau mode d'imposition sera établi; que jusqu'à cette époque, tous les Français, c'est-à-dire, tous les citoyens domiciliés, nés Français ou naturalisés Français, seront admissibles à tous les emplois publics, sans autre distinction que celle des vertus et des talens; sans qu'il soit dérogé toutefois aux motifs d'incompatibilité décrétés par l'assemblée nationale. »

MM. d'Estourmel, de Bouville, d'Ambly et quelques autres, demandent avec chaleur la question préalable.

Après une longue et tumultueuse agitation, dans une partie de l'assemblée, M. Duquesnoy parvient à se faire entendre. « Sans doute, dit-il, vous n'avez pas eu l'intention d'exclure du rang de citoyens actifs les Français qui habitent dans des villes autrefois privilégiées.

(MM. Digoine, d'Esprémenil, Pison du Galland, de Rochebrune, interrompent. On demande qu'ils soient rappelés à l'ordre.)

« Les trois plus grandes villes de ma province sont dans cette position. Des citoyens qui ont une grande propriété industrielle, qui jouissent d'un revenu très-considérable....

(Nouvelle interruption.)

» Des privilégiés qui doivent payer et qui ne payent pas d'impositions en ce moment, parce que les rôles ne sont pas faits encore.....

(On interrompt de nouveau.)

» Mon opinion n'est pas équivoque; j'ai voté pour le marc d'argent, je voterai toujours de même.

(Il se fait un grand silence.)

» Je propose d'arrêter que jusqu'à ce que l'assemblée ait décrété un mode général d'imposition dans les villes, bourgs et villages où les contributions directes ne sont pas en usage, il suffira, pour être citoyen actif, de n'être pas à la charge de la commune.

» Si ce décret ne vous convient pas, j'en propose un autre.

» Que les officiers municipaux, avec un certain nombre de notables, fassent un rôle des citoyens qui, dans un autre ordre de choses, pourront, conformément à vos décrets, exercer les droits de citoyens actifs.

» Ce décret présente encore des inconvéniens. Je préférerais le premier. »

M. *Charles de Lameth* dit « qu'il reconnaît, dans la motion de M. de Robespierre, le courage et le zèle qui l'ont toujours caractérisé, et avec lesquels il a défendu les intérêts des classes les moins heureuses de la société; que cette question est sans doute la plus importante de toutes celles sur lesquelles l'assemblée a pu et pourra délibérer....

On interrompt. M. le président propose de lever la séance.

Une partie de l'assemblée quitte les bancs et se répand dans la salle : l'autre partie, le côté gauche, est immobile et calme.

M. le président dit : « Vous avez ordonné, pour la ville de Saint-Quentin, que l'imposition pour la garde soldée serait considérée comme contribution directe. En cela, vous avez fait une exception à vos décrets; il n'y a donc rien qui puisse s'opposer à ce que vous preniez en considération l'exception nouvelle qui vous est présentée. Cette discussion, qui doit être longue, commençait à trois heures un quart; j'ai, non levé la séance, mais proposé de mettre aux voix si elle serait levée. J'entends demander en ce moment que la motion de M. Robespierre soit renvoyée au comité de constitution, pour le rapport en être fait demain à une heure. »

M. *Charles de Lameth* reprend : J'avais la parole; M. le président ne pouvait pas proposer de lever la séance. Je voulais engager à ajourner la question et à appuyer cette opinion sur l'importance de la matière et sur l'heure qui commençait à être avancée; mais je demandais l'ajournement pour une séance entière, authentique, solennelle. On a accordé deux séances à la misérable aventure de quelques magistrats, et on en refuserait une seule, quand il s'agit des droits et de la liberté de plusieurs millions de citoyens français! »

M. d'Estourmel soutient qu'il ne faut renvoyer au comité de constitution que les exceptions proposées, et non la partie générale de la motion sur laquelle il croit qu'il n'y a pas lieu à délibérer.

Sur la proposition de M. Dumetz, la motion entière sera renvoyée au comité de constitution.

La séance a été levée à près de cinq heures.

SÉANCE DU MARDI 26 JANVIER, AU MATIN.

[La séance commence toujours par l'affaire de la division départementale. On venait de terminer l'organisation de celui de la Nièvre.

M. *Goupil de Préfeln* est monté à la tribune, et a dit:

« Dans une des séances du 7 de ce mois, M. le président fit lecture d'une lettre par laquelle M. le Couteulx de Canteleu demandait l'agrément de l'assemblée pour occuper la place de caissier de l'extraordinaire, qui lui avait été accordée par le roi. L'assemblée décida qu'il n'y avait pas lieu à délibérer. M. de Canteleu a délibéré pour son compte, et les papiers publics nous ont appris sa réception à cet emploi. Nous savons également par l'opinion publique, que deux députés ont accepté des commissions : l'un pour la fourniture des vivres et des fourrages de l'armée, l'autre, pour surveiller et inspecter le commerce de l'île de Corse.

» Je suis bien éloigné de croire qu'aucun membre s'écarte de cette austérité de principes que vous avez toujours déployée; je ne veux pas penser que les ministres, distributeurs des emplois et des grâces, cherchent en ce moment à gagner des suffrages ; mais dans une mission aussi importante et aussi délicate que celle de membre de l'assemblée législative d'une grande nation, il faut être exempt non-seulement de blâme, mais encore de soupçon. Depuis quelques jours, trois de nos collègues se trouvent les objets des faveurs du gouvernement. Ce nombre peut augmenter progressivement. Nos commettans, inquiets sur leurs propres intérêts, diront peut-être: Nos représentans ne s'occupent pas seulement de nos affaires, ils s'occupent encore de leurs arrangemens personnels.... L'assemblée des législateurs doit obtenir la confiance générale : de cette confiance dépend le sort de la nation.

» On dira peut-être que cette assemblée, par sa nature, peut renfermer des hommes utiles aux opérations du gouvernement, et que ce serait un grand mal public que de les écarter de l'administration. Je me garderai bien de faire une proposition qui pourrait mériter ce reproche; mais il est naturel qu'on n'accepte aucune place sans l'agrément de l'assemblée. M. de Canteleu vous a consultés; il a interprété votre décret. Il a pu se tromper; mais il n'a pas eu l'intention de faire une démarche contraire aux vues de l'assemblée. Je propose de rendre un décret dont voici le projet.

« L'assemblée nationale décrète, comme article constitutionnel, qu'aucun membre, tant de l'assemblée nationale actuelle, que des assemblées nationales futures, ne pourra, pendant tout le temps qu'il sera revêtu du titre de député, accepter, de la part du gouvernement, soit directement par lui-même, soit indirectement par ses enfans, aucun bénéfice, don, pension, gratification, charge, place, emploi, et autre faveur, si ce n'est que, par délibération expresse de l'assemblée nationale, il ait été autorisé à l'accepter. »

J'ai rédigé une autre clause: elle prononce un effet rétroactif. Vous jugerez, si, dans vos principes, il vous est possible de l'accueillir; elle est ainsi conçue:

« L'assemblée nationale ordonne que le présent décret sera exécuté à l'égard des bénéfices, dons, pensions, emplois, etc., qui, depuis le premier novembre dernier, auraient été donnés par le gouvernement à quelques représentans de la nation et acceptés par eux sans le consentement de l'assemblée. »

M. le comte de Mirabeau a répondu: Si le préopinant se fût contenté d'établir un principe général, je n'aurais pas demandé la parole pour lui répondre; mais il a fait des applications qui concernent un de mes collègues, et je ne puis garder le silence. M. Nourrissart a obtenu une place dans la direction des vivres de l'armée. Ses commettans en ont été instruits; ils lui ont fait écrire par la municipalité de Limoges, qu'ils voyaient avec plaisir que le gouvernement honorait de sa confiance un homme auquel ils avaient donné la leur. Je défie qu'un député ait rempli plus exactement ses devoirs que M. Nourrissart, actuellement absent, et qu'on cite une seule séance à laquelle il ait manqué; il était donc inutile que le préopinant se permît deux assertions inexactes.

M. le Couteulx de Canteleu a rappelé d'abord les faits qui ont accompagné et suivi sa nomination à la place de caissier de l'extraordinaire.

Je vous ai déclaré, a-t-il ajouté, que, si vous prononciez l'incompatibilité, je ne balancerais pas à renoncer à tout autre titre, plutôt qu'à celui de votre collègue. En décidant qu'il n'y avait pas lieu à délibérer, vous m'avez laissé la liberté d'accepter. J'ai envisagé qu'il se présentait une occasion de servir ma patrie; j'ai pensé à mes moyens personnels, à ceux que pouvait me fournir un nom, qui depuis long-temps a mérité la confiance; et j'ai cru, non-seulement pouvoir, mais devoir accepter. Je l'ai fait; j'ai prêté serment, et je ne puis maintenant renoncer à une place que j'ai promis de remplir, en usant de la liberté que vous m'aviez laissée par votre décret.

La motion qui vous a été proposée ne peut être discutée comme objet de circonstance ou d'intérêt particulier. D'après tous vos principes, elle ne doit point avoir d'effet rétroactif, et je crois qu'il est de votre sagesse de la convertir en motion générale.

M. le duc de la Rochefoucauld a parlé avec beaucoup de sagesse : Le décret qu'on vous propose a deux parties très-distinctes : la seconde consiste à lui donner un effet rétroactif. Vous avez annoncé votre vœu à ce sujet; vous l'avez consacré dans la déclaration des droits; c'est le vœu de la raison, c'est celui de la justice : il repousse loin de vous la disposition qui vous est présentée. Je ne m'arrête pas davantage sur cet objet.

Quant à la première partie, c'est un point de droit public très-intéressant, et que sans doute vous ne déciderez pas sans un mûr examen. En Angleterre, tout membre du pouvoir législatif et pourvu d'une place, laisse sa place vacante à l'instant de son élection. S'il est pourvu de quelque emploi pendant le temps de la session, il doit être réélu. Lorsque des électeurs ont choisi tel homme pour occuper tel poste, ils l'ont choisi dans la position où il était alors. Il est juste qu'il retourne à eux, qu'il leur dise:

vous m'avez donné votre confiance lorsque mes intérêts étaient tels ; ils sont changés, voulez-vous me la rendre ? Ce n'est pas l'assemblée législative qui peut juger en ce cas.

La clause qui concerne les enfans est de toute injustice : je ne m'occuperai point à le prouver.

Je conclus que sur la deuxième partie du décret, il n'y a pas lieu à délibérer, et que la première doit être renvoyée au comité de constitution.

M. Duport a déployé une grande rigueur dans les principes : Vous avez décrété, le 3 novembre dernier, qu'aucun membre de l'assemblée nationale ne pourra occuper des places dans le ministère. Vous n'avez pas voulu avoir des ministres, voulez-vous avoir des commis ? Quand nous allons régler les départemens, un homme subordonné au ministre de tel ou tel département pourra-t-il opiner avec nous ? Vous avez décrété la responsabilité des agens ; il faudra juger ici l'agent responsable ; il serait membre de cette assemblée. Développons, raffermissons notre décret du 3 novembre. Les ennemis de la révolution sont prêts à calomnier nos intentions. Un député appartient à la France entière ; il faut qu'il n'y ait pas dans la France entière un individu qui puisse le soupçonner.

Votre décret ne peut avoir un effet rétroactif. Vous avez donné à un de vos membres une grande marque de confiance, en le laissant libre d'accepter ou de refuser une faveur du souverain ; laissons-lui encore cette liberté.

M. de la Cour d'Ambésieux a dit ce peu de mots : Nous ne devons accepter aucune grâce : rentrons dans nos provinces tels que nous en sommes sortis. — Des applaudissemens réitérés partent de tous les coins de la salle.

M. Pétion de Villeneuve a repris : Vous avez, par un décret, défendu à tout député d'accepter des places dans le ministère ; vous n'avez pas laissé la liberté de choisir entre de nouvelles fonctions, et les fonctions honorables que la nation vous a confiées : votre décret est positif. De quoi s'agit-il aujourd'hui ? de savoir si des membres de cette assemblée peuvent accepter des commissions subordonnées et révocables à volonté. S'ils ne peuvent remplir des places dans le ministère, à plus forte raison ils ne peuvent accepter des missions données par les ministres. La conséquence est forcée : un député ne peut rester dans cette assemblée, s'il a accepté une commission.

M. Fréteau a professé les mêmes principes : Je suis loin d'interpréter le décret que vous avez rendu le 7 de ce mois, en le considérant sous ses rapports avec le membre qui y a donné lieu. Il faut l'interpréter par vos propres décrets. En décrétant les conditions d'éligibilité, vous avez exclu les juges par incompatibilité ; vous avez craint l'espèce de crédit attaché à leurs fonctions ; vous avez redouté jusqu'à la vertu ; et après avoir porté ce décret rigoureux, vous pourriez balancer à vous opposer à ce que la liberté soit opprimée par la séduction ministérielle !.... Je stipule ici pour la liberté publique, pour l'honneur et l'intégrité de l'assemblée nationale : il n'y a qu'un moyen d'assurer l'inviolabilité : c'est de mettre les députés le plus loin possible des recettes, des caisses et de la cour.

On applaudit de toutes parts avec transport.

M. Rœderer a représenté que la grande universalité des cahiers défend aux députés d'accepter du gouvernement, des places, emplois, etc., etc. ; que, sur un pareil point, les cahiers peuvent être considérés comme l'expression du vœu général.

M. de Volney a observé que la situation où il se trouve est sans doute fâcheuse, puisqu'il faut qu'il parle de lui. Il ne s'oppose point au décret qui est présenté ; il aurait mauvaise grâce à le faire, parce qu'il est un de ceux auxquels on a accordé des places. Le parti qu'il prendra est fondé sur cette opinion, qu'on ne peut être législateur et subordonné.... Il y a long-temps que, par des événemens particuliers, il a l'intention de borner son travail dans cette assemblée. Il déclare que dans peu il donnera sa démission. Il croit être obligé de faire cette déclaration dès ce moment, afin que, quelle que soit la décision, on ne puisse l'accuser de récrimination....

M. le duc de Biron s'est fait remarquer par son laconisme patriotique : Il m'aurait été bien flatteur de porter vos décrets chez un peuple que vous rendez libre; mais en ce moment je me trouve trop heureux de vous témoigner à quel point j'applaudis au décret qu'on vous a proposé, et de tout sacrifier pour rester dans le sein de cette assemblée.

L'assemblée, les tribunes, tout retentit d'applaudissemens.

M. le baron de Menou a demandé qu'on mentionnât dans le procès-verbal, et le fait et la manière dont il a été accueilli.

M. Salicetti a présenté à l'assemblée les considérations suivantes :

« On attend M. de Biron en Corse; on le désire impatiemment : la nouvelle de sa nomination dans cette île y a porté la joie. Tous, dans cette assemblée, nous avons senti combien il était intéressant que ce fût par lui que vos décrets fussent transmis à ma patrie. Au nom de mes compatriotes, je supplie l'assemblée de nous donner M. de Biron.

L'assemblée a décrété que, conformément à son décret du 3 novembre, aucun de ses membres ne peut accepter aucune place, emploi, traitement ou pension en faveur du gouvernement, même en donnant sa démission.]

SÉANCE DU MARDI 26 JANVIER, AU SOIR.

[Cette séance, quoique très-longue, ne peut comporter de longs détails; elle a été entièrement remplie par le discours de M. Mirabeau dans l'affaire du prévôt de Marseille. Voici quelques idées éparses qui serviront de suite à ce que nous en avons dit dans nos feuilles précédentes.

« La majeure partie des troubles de Marseille a pris sa source dans la composition irrégulière de la garde nationale, où il se trouvait presque autant d'officiers que de soldats. C'est surtout dans une assemblée de la commune, du 23 juillet 1789, que le prévôt a puisé cette procédure monstrueuse, qui répand aujourd'hui la consternation parmi les citoyens. Cependant cette assemblée fut tenue sous l'agrément du commandant de la province. La commune voulait réformer cette milice informe, et suivre l'exemple de toutes les autres villes du royaume ; alors on projeta de se soustraire aux violences du parlement d'Aix, et nous fûmes les premiers à solliciter une attribution à tout autre juge, afin d'arrêter la suite des vexations.

« Qui pouvait prévoir que ce choix rendrait ces citoyens encore plus infortunés ! Le 19 août, cette garde nationale tua, sur la place de la Tourette, un habitant, sous le prétexte frivole d'un attroupement. Elle fut huée par le peuple, et obligée de cacher en fuyant la honte de cet horrible attentat. Le corps du malheureux assassiné fut promené par le peuple le lendemain dans les rues de la ville. Au milieu de ce spectacle, si capable de causer l'effervescence, la maison de E. Laflèche, consul, fut pillée, ses meubles incendiés. La troupe soldée entra alors dans la ville, et saisit vingt-trois brigands flétris, dans la maison même du consul. Le prévôt ne les a point encore jugés, tandis qu'il poursuit avec une rigueur inouïe une multitude de citoyens qui n'ont fait d'autre crime que de déplaire au parlement et à l'intendant de la province, dont ce juge cruel s'est déclaré bassement le vengeur. » M. de Mirabeau a détaillé ensuite les différens chefs d'accusation contre le prévôt de Marseille.

Premier chef. D'avoir pris pour lieutenant et assesseur, dans sa procédure criminelle, MM. Laget et Miolix, qui étaient dans le bataillon de la garde nationale qui assassina le nommé Garsin, le 19 août, lorsque cette procédure avait pour principal objet de rechercher les auteurs de cet assassinat. Cependant le prévôt perdant de vue le motif de la plainte, n'a informé que contre ceux qui, dans son système, avaient insulté *à toute autorité légitime*, et notamment à la garde nationale. Il avoue dans sa lettre à l'assemblée, *qu'il n'est aucun décret qui n'ait été provoqué par la violation de l'un de ces principes.*

Deuxième chef. D'avoir informé uniquement sur des faits antérieurs à l'amnistie accordée par le roi au mois d'août ; entre autres, contre M. Chompré, absent depuis quatre mois lors de l'événement du 19 août.

Troisième chef. D'avoir informé pour des faits peu graves, pour des discours, de simples conversations; d'avoir interrogé les accusés avec une barbare curiosité.

Quatrième chef. D'avoir opéré par les voies les plus vicieuses, et d'après les plus dangereux principes, notamment en se servant, contre M. Chompré, des lettres écrites à sa femme, comme d'un titre d'accusation.

Cinquième chef. D'avoir montré dans ses mémoires contre les accusés, la plus odieuse prévention, et jugé rigoureusement jusqu'à leurs intentions les plus secrètes.

Sixième chef. D'avoir violé les décrets de l'assemblée par ses ordonnances des 20 et 28 novembre dernier, et par la suite d'une procédure qu'on peut regarder comme un code d'injustice et de férocité.

Cette affaire a été remise à jeudi prochain. Ce jour elle fut renvoyée à une nouvelle commission.]

Presse. — La question de la presse fut amenée devant l'assemblée nationale par un incident. On était occupé à discuter encore un point du travail de la division territoriale, lorsqu'une dénonciation faite par les citoyens de Lille y donna lieu dans la séance du 12. Cette séance, au reste, est encore intéressante à d'autres titres, en ce qu'elle donne une idée des difficultés que rencontrait la pensée de l'organisation départementale.

SÉANCE DU 12 JANVIER.

[Le pays de Soule et le pays de Labour témoignent une grande répugnance à se réunir au Béarn. La différence des langues est le principal motif qu'ils présentent; mais le pays de Labour et de Soule n'ont que 140 lieues de superficie, le Béarn 200. Ces contrées ont le même diocèse, les mêmes coutumes, la même cour supérieure.

Le comité n'a pas cru que la différence du langage fût un motif suffisant pour oublier les convenances et s'écarter de l'exécution de vos décrets.

M. Garat l'aîné. Je réclame contre l'avis du comité; ma réclamation n'intéresse que des peuples pauvres, peu nombreux : mais n'ont-ils pas, par-là même, des droits sacrés à votre justice éclairée? La différence des langues est un obstacle insurmontable. L'assemblage qu'on vous propose est physiquement et moralement impossible. Réunissez des hommes dont les uns parlent une langue, les autres une autre ; que voulez-vous qu'ils se disent? Ils finiront par se séparer comme les hommes de la tour de Babel. Ces obstacles ne sont pas levés par les légères et très-légères raisons du comité. Les Béarnais et les Basques ont le même évêque ; mais de tous les administrateurs, ceux qui voient le moins en détail sont les évêques. Le même parlement : c'était un vice de l'ancien ordre judiciaire, et vous ne le consacrerez pas. Je ne sais si, quand un peuple a conservé pendant des siècles un caractère excellent et des mœurs patriarcales, il peut être bon, et en morale et en politique, de le mêler avec des peuples policés. »

Un membre représente que beaucoup de Basques entendent le français et le béarnais, et que ces peuples s'unissent par des rapports journaliers de commerce ; que la différence de l'idiome peut être présentée comme une considération, mais non comme un moyen ; qu'elle est au contraire une raison politique de réunir les deux peuples.

M. Garat le jeune répond ainsi au préopinant : « Je ne vous présenterais pas d'observations, s'il était possible de suivre l'avis du comité ; mais je dois vous en offrir, quand il y a une impossibilité absolue, quand on veut faire le malheur de cent et quelques mille individus. Un des membres du comité de constitution, M. Target, a parcouru ce pays ; il vous dira si l'on y parle une autre langue que celle des Basques. »

M. Target l'interrompt pour dire : « Les Basques ne m'entendaient pas, je n'entendais pas les Basques ; mais je ne puis en conclure que les Béarnais ne s'entendent pas entre eux. »

M. Garat le jeune continue : « C'est une vérité connue dans les pays gascons et français, voisins de cette contrée, qu'il est impossible d'apprendre le basque si l'on n'habite très-jeune avec les habitans de cette province. Aussi, dit-on proverbialement que le diable est venu chez les Basques pour apprendre leur langue, et qu'il n'a pu en venir à bout....

» Ce proverbe vient de vous faire rire : cependant il renferme une vérité profonde. Les proverbes sont la sagesse des hommes. Aucunes langues ne présentent entre elles autant de difficultés que le basque et le béarnais.

» L'italien, l'allemand et l'anglais ont leur source commune dans le latin et dans les langues du Nord. Le basque est la véritable langue antique.... Les Basques n'ont pas de métayers, pas de valets ; ils cultivent eux-mêmes. S'ils allaient ailleurs faire leurs affaires, ils ruineraient leurs affaires. Le vingtième de leur pays est cultivé ; le reste n'est pas cultivable : ils sont très-forts, et ne pourraient vivre ailleurs.... A peine trouvera-t-on dans cette contrée des familles assez aisées pour fournir des éligibles à l'assemblée nationale. Le Béarn, par cette réunion, nommera tous les représentans ; le pays des Basques n'en aura jamais. »

M. de Rochebrune, député du Béarn, assure que « les Basques ont une très-grande facilité naturelle pour l'étude des langues ; que beaucoup d'entre eux savent le béarnais et le français, et que c'est surtout en Béarn qu'ils vendent leurs laines ; que le Béarn n'a ni demandé ni désiré que les Basques lui fussent réunis ; que l'intention que lui suppose le préopinant n'est donc pas juste....»

Un député du pays des Basques fait cette courte observation : « Tout ce que vous ont dit MM. Garat, mes collègues, est très-juste ; l'impossibilité résultante de la différence d'idiome est évidente. Voulez-vous en juger? Ordonnez des conférences entre les députés basques et béarnais; qu'ils parlent chacun leur langage : qui rédigera le procès-verbal de ces conférences?... »

L'assemblée, en suivant l'avis du comité, décrète la réunion du pays des Basques et du Béarn.

M. Garat le jeune a dit encore, après le décret : « Il me reste un devoir à remplir; il m'est prescrit par mes commettans, par ma raison, par ma conscience : nulle chose au monde ne pourrait me [le faire oublier. Dans une délibération unanime, ma province proteste... »

On interrompt l'opinant, en le rappelant à l'ordre.

M. *Desmeuniers* prend la parole : «J'ai, dit-il, à vous dénoncer une manœuvre coupable, mais si ridicule, que mes conclusions seront très-modérées. Les volontaires nationaux de Lille ont adressé à M. le président une lettre et deux libelles qui ont quelque rapport avec moi, puisqu'on m'en dit l'auteur. L'un est intitulé : *Le Génie des Belgico-Flamands aux provinces belgico-françaises*. L'autre porte ce titre : *Adresse aux provinces sur les opérations de l'assemblée nationale, par M. Desmeuniers, président de cette assemblée. A Paris, chez Baudouin, imprimeur de l'assemblée nationale.*

» Je demande seulement que sur le procès-verbal on fasse mention de ma réclamation contre cette calomnie. Si l'on avait mis par M. Desmeuniers, député, je n'aurais rien dit ; mais je n'ai pas cru devoir passer sous silence un fait qui compromet l'assemblée, par la qualité qui m'est donnée.

M. *Charles de Lameth* ajoute : « On connaît mon opinion sur les libelles, quand ils ne concernent que des particuliers. Lorsqu'ils tiennent à l'ordre public, ils ont vraiment quelque importance. Un libraire de Paris est venu s'accuser à moi que, ne gagnant rien à imprimer de bons ouvrages, il s'était déterminé à publier des libelles, et qu'il en sortait de ses presses vingt mille exemplaires par semaine. Il y a très-peu d'imprimeurs à Paris qui n'en fassent autant. Ces libelles sont envoyés dans les provinces belgiques et frontières. Le libraire dont je viens de parler m'a dit que ces vingt mille exemplaires étaient pour l'Alsace et pour la Lorraine. Metz est un entrepôt considérable de ce commerce atroce. Je n'ai préparé aucun décret qui puisse concilier la liberté de la pensée avec la liberté nationale ; mais j'ai cru devoir indiquer un objet intéressant pour les amis de la révolution. »

Un membre observe que depuis long-temps on cherche à ébranler la fidélité des provinces belgiques. Des libelles, revêtus de signatures authentiques, ont été remis au comité des recherches. M. Emeri a été chargé d'en prendre connaissance sur la dénonciation de 2,000 citoyens, les plus notables de la ville de Lille. On n'en a cependant point fait de rapport, et on dit que ces pièces sont perdues. L'assemblée doit prendre connaissance de ces faits....

M. le Clerc représente que le préopinant, qui a dit que beaucoup d'imprimeurs de Paris publiaient des libelles, aurait pu restreindre son assertion aux particuliers très-nombreux qui viennent de lever des imprimeries. Il a assuré que pas un des 36 imprimeurs de Paris n'imprime des libelles.

M. Emeri a ainsi expliqué le fait des libelles : « Voici, a-t-il dit, ce qui est à ma connaissance. On a envoyé au comité des recherches, un ouvrage contre les décrets de l'assemblée, signé, Lefèvre, avocat, à Lille. Un autre libelle a été arrêté à Ypres, ainsi qu'une délibération du bureau renforcé du Cambrésis. Une autre pièce, de la même orthographe que l'écrit de l'avocat de Lille, m'a aussi été remise. Elle contient une protestation contre les pouvoirs des députés qui ont concouru à vos décrets, et elle est signée des commissaires nobles et ecclésiastiques du Cambrésis. J'ai fait le rapport de ces pièces au comité des recherches; je n'ai eu que mon opinion particulière, et je ne dois pas m'occuper ici de celle de ce comité. On a dit ensuite que ces pièces étaient perdues. Les membres du nouveau comité m'ont appelé, et ces pièces se sont retrouvées dans le carton où elles avaient été placées. J'ai fait part à ces messieurs d'une lettre originale, écrite par un homme de Villeneuve-de-Berg, au comité municipal de Metz, pour demander un nouvel envoi des libelles, dont cette dernière ville est l'entrepôt. Ce particulier croyait que le comité des recherches vous ferait bientôt sans doute un rapport au sujet de toutes ces pièces.

Mais je crois qu'il importe au salut public de prendre des précautions efficaces, et je demande que le comité de constitution soit chargé de présenter incessamment une loi sur la liberté de la presse.

M. d'Estourmel a appuyé cette motion ; ses cahiers lui ordonnent d'exiger la garantie des auteurs, libraires et imprimeurs.

M. de Montlausier dit que l'assemblée ne peut se dispenser de prendre un parti sur la réclamation faite par le régiment du Maine.

M. Salicetti demande « que l'assemblée prenne le parti de renvoyer cette affaire au comité des recherches. Si les faits énoncés par les citoyens de Bastia sont faux, les calomniateurs doivent être punis. S'ils sont vrais, le régiment du Maine ne doit pas rester sans punition. »

M. Duport représente la nécessité de faire une adresse aux commettans, dans laquelle serait développé l'esprit des décrets, afin de les prémunir contre les suggestions perfides des ennemis de la patrie et de la liberté.

Deux députés annoncent que l'adresse aux provinces a été condamnée au feu par les officiers municipaux de Romans et de Nantes.

M. Dufraisse-Duchey dénonce le journal de Paris, le journal des Révolutions, et le journal de M. Marat, intitulé l'*Ami du Peuple*, et demande qu'il soit défendu à tout membre de l'assemblée de faire un journal.

L'assemblée délibère et décide successivement :

1° Que le récit de M. Desmeuniers sera inséré dans le procès-verbal ;

2° Que le comité de constitution sera chargé de présenter incessamment un projet de règlement sur la liberté de la presse ;

3° Qu'il sera rédigé une adresse aux commettans, conformément à la motion de M. Duport.

On a fait lecture d'un projet de décret porté au bureau, conçu en ces termes : « L'assemblée décrète qu'il sera nommé un comité de quatre personnes chargées d'examiner tous les journaux, nommément l'*Ami du peuple*, les *Révolutions* et le *journal de Paris*. Il fera à l'assemblée le rapport de ces écrits, qui seront envoyés au procureur du roi du Châtelet. »

On demande de toutes parts le nom de l'auteur de cette motion.

M. de Laborde propose de lui faire lire la déclaration des droits.

La question préalable est invoquée.

Après la première partie de l'épreuve, M. Dufraisse-Duchey demande à retirer le projet de décret dont il est l'auteur.

L'épreuve est continuée, et l'assemblée décide qu'il n'y a pas lieu à délibérer.

Lettre de MM. les volontaires nationaux de Lille, énoncée par M. Desmeuniers dans son opinion ci-dessus.

Dunkerque, le 9 janvier 1790.

« Monseigneur, les volontaires de la ville de Dunkerque se sont empressés de témoigner leur respect, leur adhésion, leur obéissance aux décrets de votre auguste assemblée. Ils persistent plus que jamais dans ces sentimens. Ils vous promettent de nouveau, ils jurent qu'ils sont prêts à soutenir, au péril de leur vie, une constitution qui convient vraiment à des hommes libres.

» Ils vous remettent, monseigneur, deux libelles qui se répandent dans nos provinces, et dont vous avez peut-être intérêt de rechercher les vils auteurs. N'en concevez cependant nulle alarme, nous ne doutons pas de la fidélité d'un peuple qui s'estime heureux de faire partie de la nation française; nous vous conjurons du moins d'être persuadé que rien n'égale la nôtre, et qu'on ne peut être avec des sentimens plus respectueux.

» *Signé* nominativement par les membres du conseil d'administration de la garde bourgeoise de Dunkerque, pour ses volontaires.

» *P. S.* Le libelle a été adressé à notre comité, sous le timbre de la ville de Cambrai, et nombre d'exemplaires ont été répandus avec profusion dans cette province. »]

SÉANCE DU 20 JANVIER.

[L'assemblée était encore occupée de l'organisation départementale, lorsque l'abbé Siéyès demanda la parole au nom du comité de constitution, et lut le projet et les considérans qui suivent :

« Le public s'exprime mal lorsqu'il demande une loi pour accorder ou autoriser la liberté de la presse. Ce n'est pas en vertu d'une loi que les citoyens pensent, parlent, écrivent et publient leurs pensées : c'est en vertu de leurs droits naturels; droits que les hommes ont apportés dans l'association, et pour le maintien desquels ils ont établi la loi elle-même et tous les moyens publics qui la servent.

» L'imprimerie n'a pu naître que dans l'état social, il est vrai ; mais si l'état social, en facilitant à l'homme l'invention des instrumens utiles, étend l'usage de sa liberté, ce n'est pas que tel ou tel usage puisse jamais être regardé comme un don de la loi. La loi n'est pas un maître qui accorderait gratuitement ses bienfaits; d'elle-même, la liberté embrasse tout ce qui n'est pas à autrui ; la loi n'est là que pour empêcher qu'elle ne s'égare : elle est seulement une institution protectrice, formée par cette même liberté antérieure à tout, et pour laquelle tout existe dans l'ordre social.

» Mais en même temps, si l'on veut que la loi protège en effet la liberté du citoyen, il faut qu'elle sache réprimer les atteintes qui peuvent lui être portées. Elle doit donc marquer dans les actions naturellement libres de chaque individu, le point au-delà duquel elles deviendraient nuisibles aux droits d'autrui ; là, elle doit placer des signaux, poser des bornes, défendre de les passer, et punir le téméraire qui oserait désobéir. Telles sont les fonctions propres et tutélaires de la loi.

» La liberté de la presse, comme toutes les libertés, doit donc avoir ses bornes légales. Munis de ce principe, nous sommes entrés avec courage dans le travail auquel vous nous avez ordonné de nous livrer.

» Nous avons dû commencer d'abord par examiner en quoi les écrits imprimés pouvaient blesser les droits d'autrui.

» Nous avons dû spécifier ces cas, leur imprimer la qualité de délit légal, et à chacun d'eux appliquer sa peine.

» Enfin, après avoir caractérisé les délits, réglé les peines et atteint les accusés, nous avons déterminé l'instruction et le jugement par lesquels ils doivent être condamnés ou absous.

» Telle est la marche que nous avons adoptée dans le projet de loi que nous vous offrons en ce moment. Son vrai nom est : *Point de loi contre les délits qui peuvent se commettre par la voie de l'impression et par la publication des écrits, des gravures, etc.*

» Beaucoup de personnes pensent que c'est en balançant les avantages et les inconvéniens de la liberté de la presse, qu'on doit tracer la juste ligne de démarcation entre ce qui peut être défendu en ce genre, et ce qui ne doit pas l'être. Ces personnes se trompent; le véritable rôle d'un législateur n'est pas de négocier comme un conciliateur habile; le législateur, toujours placé devant les principes, au lieu d'écouter une politique adresse, doit être sévère et immuable comme la justice; ainsi il ne s'occupera pas à comparer le bien et le mal, pour compenser l'un par l'autre dans une loi de pure conciliation. Si on lui demande, non de favoriser, mais de limiter l'exercice d'une liberté quelconque, il saura que le mal seul est de son ressort, que n'y eût-il même aucun avantage public résultant de cette liberté, il suffit qu'elle n'ait rien de nuisible pour qu'il doive la respecter; et qu'en ce genre, en un mot, l'indifférent est sacré pour lui comme l'utile.

» Au surplus, en rappelant ici la rigueur des principes, nous devons remarquer que nous avons plutôt obéi à une considération de circonstances, qu'à un besoin réel d'invoquer au secours de notre sujet des forces dont il peut facilement se passer; car vous ne regardez sans doute pas, Messieurs, l'usage de la presse comme une chose indifférente : qui pourra, au contraire calculer tous les avantages dont nous lui sommes redevables? et quel législateur, quel que soit l'esprit qui le conduise, oserait, à cette vue, vouloir suspendre ou gêner l'action d'une cause aussi puissamment utile, à moins de la plus absolue nécessité, celle de faire justice à tout le monde?

» Voyez les effets de l'imprimerie dans ses rapports avec le simple citoyen ; elle a su fertiliser son travail, son industrie, multiplier ses richesses, faciliter et embellir ses échanges, ses consommations, ses relations de société, améliorer de plus en plus ses facultés intellectuelles et physiques, l'aider dans tous ses projets, s'allier à toutes ses actions, à toutes ses pensées, servir enfin l'homme même le plus isolé, en lui révélant dans sa solitude, mille et mille moyens de jouissance et de bonheur.

» Dans ses rapports politiques, la même cause se change en une source féconde de prospérité nationale : elle devient la sentinelle et la véritable sauvegarde de la liberté publique. C'est bien la faute des gouvernemens s'ils n'ont pas su, s'ils n'ont pas voulu en tirer tout le fruit qu'elle leur promettait. Voulez-vous réformer des abus ? Elle vous préparera les voies, balayera, pour ainsi dire, devant vous, cette multitude d'obstacles que l'ignorance, l'intérêt personnel et la mauvaise foi s'efforcent d'élever sur votre route. Au flambeau de l'opinion publique, tous les ennemis de la nation et de l'égalité, qui doivent l'être aussi des lumières, se hâtent de retirer leurs honteux desseins. Avez-vous besoin d'une bonne institution ? Laissez la presse vous servir de précurseur, laissez les écrits des citoyens éclairés disposer les esprits à sentir le besoin du bien que vous voulez leur faire. Et, qu'on y fasse attention, c'est ainsi qu'on prépare les bonnes lois ; c'est ainsi qu'elles produisent tout leur effet, et que l'on épargne aux hommes, qui, hélas ! ne jouissent jamais trop tôt, le long apprentissage des siècles.

» L'imprimerie a changé le sort de l'Europe ; elle changera la face du monde. Je la considère comme une nouvelle faculté ajoutée aux plus belles facultés de l'homme ; par elle, la liberté cesse d'être resserrée dans de petites agrégations républicaines ; elle se répand sur les royaumes, sur les empires. L'imprimerie est, pour l'immensité de l'espace, ce qu'était la voix de l'orateur sur la place publique d'Athènes et de Rome ; par elle, la pensée de l'homme de génie se porte à la fois dans tous les lieux, elle frappe pour ainsi dire, l'oreille de l'espèce humaine entière. Partout le désir secret de la liberté, qui jamais ne s'éteint entièrement dans le cœur de l'homme, la recueille, cette pensée, avec amour, et l'embrasse quelquefois avec fureur; elle se mêle, elle se confond dans tous les sentimens. Et que ne peut pas un tel mobile agissant à la fois sur des millions d'âmes! Les philosophes et les publicistes se sont trop hâtés de nous décourager, en prononçant que la liberté ne pouvait appartenir qu'à de petits peuples. Ils n'ont su lire l'avenir que dans le passé, et lorsqu'une nouvelle cause de perfectibilité, jetée sur la terre, leur présageait des changemens prodigieux parmi les hommes, ce n'est jamais que dans ce qui a été, qu'ils ont voulu regarder ce qui pouvait être, ce qui devait être. Elevons-nous à de plus hautes espérances, sachons que le territoire le plus vaste, que la plus nombreuse population, que tout se prête à la liberté. Pourquoi, en effet, un instrument qui saura mettre le genre humain en communauté d'opinion, l'émouvoir et l'animer d'un sentiment, l'unir du lien d'une constitution vraiment sociale, ne serait-il pas appelé à agrandir indéfiniment le domaine de la liberté, et à prêter un jour à la nature même, des moyens plus sûrs pour remplir son véritable dessein? Car, sans doute, la nature entend que tous les hommes soient également libres et heureux.

» Vous ne réduirez donc pas, Messieurs, les moyens de communication entre les hommes : l'instruction et les vérités nouvelles ressemblent à tous les genres de produits; elles sont dues au travail. Or, on sait que, dans toute espèce de travail, c'est la liberté de faire, et la facilité du débit qui soutiennent, excitent et multiplient la production : ainsi, gêner mal à propos la liberté de la presse, ce serait attaquer le fruit du génie jusque dans son germe, ce serait anéantir une partie des lumières qui doivent faire la gloire et les richesses de votre postérité.

» Combien il serait plus naturel, au contraire, surtout lorsqu'on montre, avec raison, beaucoup d'intérêt aux progrès du commerce, de favoriser de toutes ses forces celui qui vous importe le plus, le commerce de la pensée! Mais il ne s'agit pas en ce moment d'une loi pour encourager l'usage utile, mais d'une loi pour réprimer les abus de la presse.

» Votre comité aurait désiré vous présenter, dans un développement préliminaire, l'esprit des principales parties de celle qu'il vous propose et les motifs même particuliers qui ont dirigé la rédaction de la plupart des articles. Le temps nous a manqué, et même cette entreprise nous eût engagés dans un ouvrage trop volumineux. Vous connaissez déjà le plan général et la marche de notre travail; quant aux détails, la discussion les fera ressortir et les expliquera beaucoup mieux que nous n'aurions pu faire d'avance.

» Nous nous contentons ici de vous prévenir, Messieurs, que nous n'avons pas entendu faire une loi pour un autre ordre de choses que celui qui existe maintenant; car c'est pour le moment que vous la demandez. Cet état présent des choses n'est ni l'ancien, ni le nouveau; c'est-à-dire, que votre nouvelle constitution a déjà nécessairement amené des réformes partielles dans votre législation; et que d'autre part, il est impossible que cette législation ne reçoive bientôt dans presque toutes ses parties, et surtout dans son ensemble, des changemens et des améliorations très-considérables : cette double considération a dû nous frapper et nous guider. Nous avons cru en conséquence devoir mettre pour premier article, que la présente loi n'aura d'effet que pendant deux ans ; à cette époque, il sera bien aisé au corps-législatif d'en décréter une plus longue durée, si le nouveau code n'est pas encore achevé ou promulgué; mais si les Français ont reçu le grand bienfait d'une législation uniforme et simple, et d'une procédure prompte et précise, il est évident que votre loi particulière sur la presse ne doit pas rester en arrière, qu'elle doit profiter, comme toutes les autres, de ces progrès de l'art social.

» Quant à présent, nous nous sommes permis tout ce que les changemens déjà opérés parmi nous, pouvaient nous permettre de tenter. Ainsi, par exemple, nous avons produit dans notre loi un commencement de procédure et de jugement par jurés. Cette institution est le véritable garant de la liberté individuelle et publique contre le despotisme du plus redoutable des pouvoirs.

Il sera essentiel d'employer tôt ou tard le ministère des jurés pour la décision de tous les faits en matière judiciaire : cette vérité vous est déjà familière, vous craignez seulement que son exécution ne fût prématurée en ce moment : mais cette inquiétude ne peut vous arrêter, lorsqu'il s'agit des délits de la presse, c'est-à-dire, de cette partie de l'ordre judiciaire qui se prête le plus aisément à l'institution des jurés, et qui échappe à tous les inconvéniens qui pourraient en résulter en toute autre matière. En effet, nous vous prions d'observer d'abord que ce n'est guère que dans les principales villes du royaume que sont les imprimeries; et où se fait le commerce de livres, et que par conséquent il ne sera pas difficile d'y trouver des jurés instruits et propres à bien décider du fait des délits de la presse. En second lieu, il s'agit ici d'une loi qui ne peut guère intéresser que la plus petite partie du peuple, c'est-à-dire cette classe de citoyens que leurs lumières accoutumeront bientôt à un changement dont ils sentent et reconnaissent déjà l'utilité. Enfin, nous vous prions de considérer que la plupart des délits de la presse sont, de leur nature, de vrais délits de police, qu'ils s'accommodent fort bien de l'instruction sommaire; et vous ne serez point étonnés, d'une part, que nous les fassions juger définitivement au premier tribunal; et de l'autre, que nous en écartions la procédure par écrit, du moins à dater de l'époque où l'instruction pourra être publique et où les jurés seront appelés.

» Si toutes ces raisons ne suffisaient pas pour enrichir, dès aujourd'hui, cette partie de notre procédure de la belle institution des jurés, il est fort à craindre qu'il ne fallût y renoncer pour toujours; et en la perdant, nous ne pouvons trop le répéter, il faudrait renoncer aussi à nous précautionner jamais contre l'arbitraire du pouvoir judiciaire.

» La décision du fait par un jury est aussi la meilleure réponse que nous puissions faire à ceux qui trouveraient qu'il reste encore du vague dans quelques-uns des premiers articles. La loi que nous vous proposons n'est pas parfaite, elle n'est pas même aussi bonne qu'il sera facile de la faire dans deux ans; vous en savez la raison : il a fallu la lier à l'ordre actuel des choses ; en même temps nous cacherions mal à propos la moitié de notre pensée, en ne disant point que dans son état d'imperfection, cette loi nous paraît, en ce genre, la meilleure qui existe en aucun pays du monde. »

Projet de loi contre les délits qui peuvent se commettre par la voie de l'impression et par la publication des écrits et des gravures, etc.

Art. Ier. La présente loi n'aura d'effet que pendant deux ans, à compter du jour de sa promulgation.

TITRE PREMIER.

Des délits et des peines.

II. Si un ouvrage imprimé excite les citoyens à s'opposer par la force à l'exécution des lois, à exercer des violences, à prendre pour le redressement de leurs griefs, fondés ou non fondés, d'autres moyens que ceux qui sont conformes à la loi, les personnes responsables de cet ouvrage seront punies comme coupables de sédition.

III. Si un écrit imprimé, publié dans l'espace de huit jours avant une sédition ou une émeute accompagnée de violences, se trouve, même sans exciter directement les citoyens à ces crimes, renfermer des allégations fausses, ou des faits controuvés propres à les inspirer, ceux qui sont responsables de cet écrit pourront être poursuivis et punis comme séditieux, s'il est prouvé que ces allégations ou ces faits controuvés ont contribué à porter les citoyens à cette sédition ou à ces violences.

IV. Si un ouvrage imprimé renferme des imputations injurieuses à la personne du roi, déclarée inviolable et sacrée par la loi constitutionnelle de l'Etat, ceux qui sont responsables de cet ouvrage encourront les peines graduelles portées par les lois contre les calomnies faites dans des actes juridiques.

V. Si un ouvrage imprimé paraît aux juges du fait, dont il sera parlé ci-après, avoir été évidemment écrit dans l'intention de blesser les bonnes mœurs, celui ou ceux qui en sont responsables seront dénoncés et poursuivis par le procureur du roi, et punis, soit par la privation du droit de cité pendant un intervalle plus ou moins long, qui ne passera pas quatre ans, soit par une amende égale à la valeur de la moitié de leurs revenus, gages ou salaires, soit aussi par la détention dans une maison de correction, légalement établie, pendant un terme qui ne pourra excéder deux années.

VI. Si un ouvrage invite directement les citoyens à commettre un crime, ou si, ayant été publié huit jours avant que le crime soit commis, il est jugé avoir excité à le commettre, ceux qui sont responsables de cet ouvrage pourront être poursuivis et punis comme complices de ce crime.

VII. Toute imputation imprimée d'une action mise par la loi au nombre des délits, et punie d'une peine quelconque, sera traitée comme dénonciation juridique, si ce délit est de telle nature que les personnes qui l'imputent eussent été admises à faire cette dénonciation; et ceux qui seront responsables de l'ouvrage qui renferme cette imputation, seront punis, si l'accusation n'est pas prouvée, comme auteurs d'une dénonciation fausse et téméraire; et comme calomniateurs, si l'accusation est prouvée calomnieuse.

VIII. Si une imputation renfermée dans un ouvrage imprimé, quoique relative à des actions mises par la loi au nombre des délits, est néanmoins de telle nature que les personnes qui la font n'eussent pas été admises à dénoncer ces actions, ceux qui sont responsables de l'ouvrage ne seront point admis à la preuve des faits imputés, ni à la preuve des faits tendans à justifier l'imputation, et ils seront punis par des dommages et intérêts qui ne pourront excéder la moitié d'une année de leurs revenus, gages ou salaires, une fois payés; en outre, ils pourront être condamnés à une privation du droit de cité, qui ne pourra excéder le terme de deux ans, et même à être détenus dans une maison de correction, légalement établie, pendant un intervalle qui ne pourra excéder une année.

IX. Quoiqu'une imputation imprimée ne porte pas sur une action mise par la loi au nombre des délits, si d'ailleurs elle est regardée comme déshonorante, ceux qui sont responsables de l'ouvrage qui renferme cette imputation, seront traités comme dans l'article précédent, tant pour la non-admission à la preuve, que pour les peines qui y sont portées.

X. Pourront néanmoins, les personnes qui croiraient leur honneur compromis par les imputations mentionnées dans les deux articles précédens, demander que leurs auteurs soient tenus d'en faire preuve. Lorsque cette demande leur sera accordée, ceux qui sont responsables de l'ouvrage seront déchargés de l'accusation, si la preuve est jugée acquise; si au contraire la preuve n'est pas acquise, ils seront punis suivant les articles VIII et IX, dans les cas mentionnés auxdits articles; mais la peine sera aggravée; c'est-à-dire, la privation du droit de cité pourra être portée jusqu'à quatre ans, et la peine de détention jusqu'à deux ans.

XI. Les mêmes lois seront exécutées à l'égard des imputations contre les personnes chargées de fonctions publiques, si elles ont pour objet leur personne individuelle, ou des prévarications personnelles dans l'exercice de ces fonctions. Mais si ces imputations ne sont relatives qu'à leurs opérations publiques, ou à leurs principes politiques, elles ne pourront être traitées que comme dans l'article suivant.

XII. Les accusations imprimées, qui auront pour objet des abus ou des usurpations de pouvoir, des atteintes à la liberté, des machinations contre l'Etat, en un mot, des délits quelconques à l'égard de la nation, ou d'une portion de la nation, si elles sont portées contre des personnes chargées de fonctions publiques, ne donneront lieu à aucune punition; mais seulement les juges pourront, si les accusations ne sont pas prouvées, les déclarer, ou fausses, ou téméraires, ou calomnieuses.

XIII. Les mêmes lois s'appliqueront à la publication des gravures diffamatoires ou séditieuses. Elles s'appliqueront aussi à la publication par la voie du théâtre, c'est-à-dire aux représentations théâtrales, lors même que les pièces qu'on joue ne seraient pas imprimées.

XIV. Le progrès des lumières, et par conséquent l'utilité publique se réunissent aux idées de justice distributive, pour exiger que la propriété d'un ouvrage soit assurée à l'auteur par la loi. En conséquence, toute personne convaincue d'avoir imprimé un livre pendant la vie d'un auteur, ou moins de dix ans après sa mort, sans son consentement exprès et par écrit, ou celui de ses ayans-cause, sera déclaré contrefacteur; et comme tel, il sera condamné à des dommages et intérêts, qui n'excederont pas la valeur de mille exemplaires de l'ouvrage contrefait : de plus, les exemplaires contrefaits qui pourront être saisis seront remis à l'auteur, et payés à ceux qui les auraient acquis de bonne foi, aux dépens de celui qui sera jugé responsable de l'édition furtive; enfin, les presses mêmes du contrefacteur pourront être confisquées et vendues au profit du bureau des pauvres.

XV. L'article précédent ne s'étend pas aux éditions faites en France, des ouvrages imprimés originairement en pays étrangers. Quant aux éditions étrangères des ouvrages originairement imprimés en France, et dont l'auteur ou ses ayans-cause conservent encore la propriété, elles seront traitées comme contrefaçons, et ceux qui les vendront comme contrefacteurs, conformément à l'article XIV.

XVI. Seront néanmoins exceptés de cette loi, pendant deux ans, les libraires qui ont en ce moment en leurs magasins des éditions anciennes, furtives ou étrangères d'ouvrages dont les auteurs doivent être regardés comme propriétaires en France, pourvu que ces libraires fassent, dans l'espace de quinze jours, leur déclaration à la police de leur municipalité, de la quantité d'exemplaires contrefaits, ou d'édition étrangère qu'ils ont encore à vendre, et qu'ils se soumettent à payer à l'auteur une rétribution proportionnée au nombre et à la valeur de ces exemplaires et déterminée par la municipalité.

XVII. Dans le cas où il serait prouvé que la contrefaçon a été faite par l'infidélité, soit de l'imprimeur chargé de la première impression, soit de quelques autres agens de confiance, cet imprimeur et ces agens seront punis comme dans l'article précédent, et en outre par des dommages et intérêts qui n'excéderont pas une demi-année de leurs revenus, gages ou salaires.

XVIII. Les pièces de théâtre, soit imprimées, soit manuscrites, ne pourront être jouées sur aucun théâtre public, pendant la vie de l'auteur, ou moins de cinq ans après sa mort, sans son consentement exprès et par écrit, ou celui de ses ayans-cause. Chaque infraction à la présente loi sera punie par des dommages-intérêts d'une valeur égale à la recette totale de la représentation. Mais, cinq ans après la mort de l'auteur, toutes ses pièces seront censées un bien commun à tous les théâtres.

XIX. Les articles 14, 15, 16 et 17, regardent aussi la musique imprimée, et l'article 18 est commun à la musique du théâtre, imprimée ou manuscrite.

XX. Les comédiens qui sont en possession de jouer des ouvrages de musique et des pièces de théâtre, composés par des auteurs vivans et sans leur consentement, seront obligés d'obtenir ce consentement; sinon ils seront tenus de payer à l'auteur une rétribution qui sera réglée par la municipalité; et dans ce dernier cas, le caissier du théâtre, ou toute autre personne indiquée par l'auteur, sera le dépositaire de cette rétribution, pour en rendre compte à l'auteur.

XXI. Toute cession de privilége faite par l'auteur avant la présente époque, subsistera jusqu'à son expiration; après laquelle l'auteur, s'il vit encore, ou ses ayans-cause, si l'auteur n'est pas mort depuis dix ans, reprendront la propriété de leur ouvrage pour en jouir aux termes de cette loi. De plus, les libraires ou autres qui se trouvent au moment présent avoir acquis, pour un ouvrage quelconque en particulier, un privilége à terme fixe, continueront d'en jouir pendant toute sa durée, même dans le cas où les dix ans de survivance, accordés par l'art. 14, n'auront pas suffi pour épuiser ce privilége.

XXII. Ceux qui imprimeront, joueront, vendront ou distribueront des éditions, des ouvrages ou des gravures déjà condamnés, en vertu de l'un ou l'autre des articles précédens, encourront des peines doubles de celles qui ont déjà été infligées par le jugement qu'ils bravent.

Titre II.
De la responsabilité.

Art. XXIII. Tout homme qui vendra un ouvrage portant une fausse indication du nom ou du domicile de l'imprimeur, sera puni, s'il ne peut prouver de qui il a reçu l'ouvrage, par une amende de 36 liv., et sera, de plus, responsable des délits résultans de la publication de l'ouvrage.

XXIV. Tout imprimeur qui sera convaincu d'avoir mis à un ouvrage un autre nom que le sien, sera puni par une amende de 1,200 liv., et sera réputé complice des délits résultans de la publication de l'ouvrage.

XXV. Tout imprimeur qui mettra un ouvrage sous un autre nom que celui du véritable auteur, sera puni par une amende de cent louis, et de plus, sera responsable des délits résultans de la publication de l'ouvrage, s'il ne peut prouver que la fausse indication n'est pas de son fait.

XXVI. Aucun citoyen ne pourra être puni pour avoir composé, imprimé, publié ou vendu un ouvrage ou une gravure, si cet ouvrage n'est pas jugé être dans un des cas déterminés par les articles précédens; toutes les lois antérieures sont abrogées à cet égard. Le présent article regarde aussi les comédiens pour cause de représentations théâtrales, sauf la surveillance de police que les administrations de districts et municipales doivent exercer sur les salles de spectacles, comme lieux publics; toutes lois et usages contraires étant pareillement abrogés à cet égard.

XXVII. Tout homme qui sera convaincu d'avoir vendu ou distribué un ouvrage en sera responsable, s'il ne peut prouver de qui il l'a reçu.

XXVIII. Tout homme convaincu d'avoir imprimé un ouvrage en sera responsable, s'il ne peut prouver de qui il a reçu le manuscrit.

XXIX. Tout homme qui a remis un manuscrit pour être imprimé en sera responsable, s'il ne prouve pas que l'auteur le lui a remis pour le faire imprimer ; et pour cette preuve, il suffira, soit dans le cas de cet article, soit dans celui de l'article précédent, de représenter un billet signé de l'auteur, ou de celui qui a remis le manuscrit, si c'est un citoyen domicilié dans le lieu de l'impression ; sinon, de représenter ce même billet garanti par un citoyen domicilié, qui se rendra civilement responsable des suites ; et néanmoins dans le cas où cette garantie serait illusoire, et où il serait prouvé qu'elle a dû paraître telle à celui qui la présente, il demeurera responsable solidairement avec la personne dont il a reçu ladite garantie.

XXX. L'auteur d'un ouvrage ne sera responsable de son impression que dans le cas où elle aura été faite par sa volonté ou de son consentement.

XXXI. Ceux qui ont vendu ou distribué un ouvrage, celui qui l'a imprimé, celui qui l'a remis à l'imprimeur, seront déchargés de toute responsabilité sitôt que, conformément aux articles précédens, ils auront fait connaître l'auteur, ou celui de qui ils tiennent l'ouvrage, en exceptant toutefois le cas où ils pourraient être convaincus d'avoir été volontairement et sciemment complices du délit. Il faut excepter aussi les comédiens et musiciens, pour le fait seulement des représentations publiques ; leur délit et leur responsabilité étant à part du délit et de la responsabilité de l'auteur ou de l'imprimeur.

XXXII. La forme de responsabilité indiquée dans les articles ci-dessus, aura lieu également pour les délits qui peuvent être commis par la publication des gravures, par la contrefaçon des ouvrages, ou par la fausse indication, soit de l'imprimeur, soit de l'auteur.

XXXIII. Nul individu n'ayant le droit de disposer, pour un usage particulier, des rues, des places, des jardins publics, et l'intérêt commun exigeant que rien ne trouble les proclamations des actes émanés des pouvoirs établis par la loi, et qu'aucune autre proclamation ne puisse se confondre avec elles, il est défendu, sous peine d'une amende de 24 liv., et même d'un emprisonnement en maison de correction, dont la durée ne pourra excéder huit jours, de crier publiquement aucun livre, papier, journal, etc., à l'exception de ces mêmes actes publics, et dans le seul cas où la publication en aurait été ordonnée par le pouvoir dont ils émanent; et cette peine pourra être imposée sous forme de police.

Titre III.
De l'instruction et du jugement.

Art. XXXIV. L'instruction pour les délits commis par la voie de l'impression, sera faite par les juges ordinaires; et du moment où elle devra commencer à être publique, elle sera continuée en présence de dix notables-adjoints ou jurés, qui feront les fonctions de juges du fait, décideront souverainement en conséquence toutes les questions de fait, de la manière qui sera fixée ci-après; et les juges seront tenus de prononcer conformément à ces décisions.

XXXV. Du moment que les notables-adjoints ou jurés auront été appelés à l'instruction, la suite de la procédure ne pourra plus être que verbale. Les jurés pourront seulement prendre des notes de tout ce qu'ils entendront.

XXXVI. Les jurés seront choisis par le procureur-syndic du département, ou, à son défaut, par celui du district, ou si ni l'un ni l'autre ne sont sur les lieux, par le procureur-syndic de la municipalité.

XXXVII. Les jurés seront pris, autant qu'il sera possible, parmi les auteurs, et à leur défaut, parmi les personnes dont la possession suppose l'étude des sciences et des lettres.

XXXVIII. Ils seront désignés au nombre de vingt; et l'accusé ou les accusés, en commun, choisiront, sur ce nombre, les dix qui doivent exercer les fonctions de juges du fait dans leur cause.

XXXIX. Avant de procéder au jugement des personnes accusées, comme responsables d'écrits, ou autres ouvrages imprimés, ou de gravures, ou de représentations de théâtre, il leur sera déclaré auquel des cas mentionnés en la loi se rapporte l'accusation portée contre elles ; alors elles seront admises à soutenir qu'elle doit se rapporter à un cas plus favorable, ou qu'elle n'est dans aucun. L'examen de cette question sera remis aux jurés, qui la décideront séparément, et le jugement rendu d'après cette décision ne pourra être porté contre l'accusé, que s'il a été rendu à la pluralité de huit contre deux au moins.

XL. Dans le cas où la personne injuriée ne serait pas nommée, mais seulement individuellement désignée, et où les accusés soutiendraient que la désignation individuelle qui leur est imputée n'est pas réelle, cette question sera de même décidée par les jurés, en exigeant la même pluralité.

XLI. Dans le cas où la personne injuriée demanderait que ceux qui sont responsables de l'ouvrage, soient tenus de faire preuve, comme il est dit à l'article 10, les jurés prononceront sur cette demande à la simple pluralité.

XLII. Dans le cas où celui qui est accusé de contrefaçon alléguerait que l'ouvrage n'est pas le même, parce qu'il s'y trouve des changemens, des additions, des commentaires qui en font véritablement un autre ouvrage, dont il serait injuste que le droit du premier auteur privât le public, la question relative à l'identité de l'ouvrage sera jugée séparément par les jurés, et à la simple pluralité.

XLIII. La valeur des dommages et intérêts, la durée de la privation du droit de cité, et celle de la détention, le fait des billets de garantie, et généralement tous les faits, seront déterminés séparément par une décision des jurés, à la simple pluralité, excepté dans les cas où la loi exige une pluralité plus forte.

XLIV. Les jurés prononceront que l'accusé est *coupable* ou *non coupable*, et il faudra la pluralité de sept voix au moins contre trois, pour qu'il soit déclaré coupable.

―――

Telles furent les occupations de l'assemblée dans le mois de janvier. Maintenant il faut porter les yeux sur ce qui se passait sur la place publique.

Dans la première semaine de janvier, Versailles fut le théâtre d'une violente émeute. La cherté du pain en fut la cause positive, car elle cessa aussitôt que le maire, pris à l'improviste par la multitude, et cédant à des réclamations qui auraient pu dégénérer en violence, eut taxé le pain commun à deux sous la livre. Ainsi, il semblait que l'abondance eût quitté Versailles avec la cour, et se fût transportée avec elle à Paris. Les journaux patriotes se partagèrent en deux partis dans le jugement qu'ils portèrent de cet événement. Les uns y accusèrent le résultat d'une manœuvre aristocratique; les autres y virent un effet naturel de la misère et de la faim. Parmi les premiers est le journal de Condorcet, *la Chronique de Paris*, celui de Carra et Mercier, *les Annales politiques*; *le Moniteur*, Desmoulins, *les Révolutions*, de Loustalot, etc. A la tête des seconds est l'*Ami du peuple*. Au reste, les procès-verbaux manuscrits de la commune, que nous avons sous les yeux, ne mettent pas en doute l'opinion de Marat. Le résultat conquis par cette émeute n'eut qu'un instant de durée; le lendemain la taxe fut changée, et la municipalité était sur ses gardes de manière à empêcher que les troubles ne pussent recommencer.

A Paris, le procès de Bezenval se poursuivait : il était évident déjà qu'il prenait une tournure très-favorable pour l'accusé. La question qui s'agitait dans cette procédure, était des plus irritantes pour toute la portion de la population qui s'était battue en juillet. Avait-elle eu raison, avait-elle eu tort de croire à une conspiration contre Paris, et de prendre les armes pour le défendre? Telle paraissait être à ses yeux la question qui s'agitait au Châtelet. Il lui semblait que sa conduite dût être condamnée par l'acquittement de Bezenval. C'est dans ce sens que quelques journaux discutaient la défense de ce militaire.

Ainsi, le Châtelet était devenu le rendez-vous de groupes de plus en plus nombreux. Le 11, le 12, la foule était considérable et menaçante. La garde nationale prit les armes, balaya les quais et ferma les rues qui aboutissaient à ce tribunal. L'alarme fut vive, car on amena jusqu'à du canon pour en défendre les abords, et la garde nationale fut sur pied toute la nuit. Tous les journaux, celui de Marat excepté, s'accordèrent à considérer ces attroupemens comme provoqués par l'opposition. Ils faisaient remarquer leur concordance avec divers autres faits, avec l'émission d'une multitude de brochures rédigées dans le sens aristocratique, et dont quelques-unes étaient écrites dans un style sale et grossier, que ces Messieurs prenaient pour populaire; avec l'apparition du parlement de Rennes à la barre de l'assemblée nationale; et ce furent en effet ces bruits de rue qui lui firent prendre une décision avec une promptitude qui ne lui était point habituelle. On racontait qu'en poussant le peuple contre Bezenval, et en lui faisant forcer les portes du Châtelet, on voulait profiter du tumulte pour le sauver, et surtout pour sauver Favras. On ajoutait qu'on avait arrêté un homme du peuple qui distribuait des cartes sur lesquelles était écrit : *demander la tête de Bezenval*.

Le 12, quelques centaines d'hommes de la garde soldée s'assemblaient aux Champs-Elysées. M. la Fayette dirigea contre eux un gros corps de cavalerie et d'infanterie, et fit de telles dispositions qu'ils se trouvèrent tous enveloppés. On en arrêta deux cent quatre qui furent conduits au dépôt de Saint-Denis. Ce rassemblement devint un prétexte de plus à tous les bruits qu'on faisait courir. Ce qui est remarquable, c'est que pendant que les journaux expliquaient ces rassemblemens par des manœuvres du parti opposé, eux-mêmes ne s'abstenaient d'aucune des paroles qui pouvaient colérer le peuple contre le Châtelet. Au reste la vigueur déployée par la garde nationale ramena le calme.

En même temps que la force armée sévissait dans les rues, le Châtelet décernait un mandat d'amener contre Marat qui l'avait attaqué plusieurs fois comme indigne de juger les crimes de lèse-nation, et qui, de plus, dans ces derniers temps, s'était fait l'avocat de l'émeute de Versailles. Quant à nous, lecteurs impartiaux, nous déclarons que si nous avons remarqué quelque chose dans les numéros de l'*Ami du peuple*, qui servirent de sujet au tribunal, c'est de la modération comparativement surtout à la violence et à l'âcreté de ceux qu'il rédigeait avant et pendant sa fuite. Laissons-le raconter lui-même sa déconvenue.

« Un bon citoyen vint m'avertir qu'on allait m'enlever. Je passai chez un voisin, et vingt minutes après, je vis d'une croisée toute l'expédition.

» À onze heures et demie s'avancèrent au petit pas, dans la rue de l'Ancienne-Comédie, par celle Saint-André, plusieurs détachemens de huit hommes très-peu éloignés. Après le mot d'ordre donné à l'officier qui commandait le corps-de-garde qui est à ma porte, ces détachemens s'y rassemblèrent, et lorsque le dernier fut arrivé, ils en sortirent, se firent ouvrir la porte cochère, se répandirent dans la cour, silencieusement et sur la pointe du pied, et se présentèrent à la porte de mon appartement qu'ils trouvèrent fermée, puis ils descendirent à mon imprimerie, demandèrent à mes ouvriers où j'étais, prirent des renseignemens sur ma personne, sur les endroits où je pouvais me trouver, et enlevèrent plusieurs exemplaires de mon journal et d'une *Dénonciation en règle contre le ministre des finances* (1), prête à paraître. Ils avaient certainement à leur tête quelque espion bien au fait des personnes qui sont à mon service, et des chambres qu'elles habitent. En montant l'escalier jusqu'au grenier, ils arrivèrent à la porte de ma retraite, et je les aperçus par le trou de la serrure. Ensuite, ils entrèrent dans plusieurs pièces, firent d'exactes, mais d'inutiles recherches et redescendirent dans la cour. Une demoiselle qui se trouvait chez le portier, leur dit que j'étais sans doute dans mon ancien appartement rue du Vieux-Colombier. Ils s'y rendirent tous à la fois sans laisser un seul homme en arrière. Dès qu'ils furent éloignés, je descendis dans la cour, et j'appris qu'ils avaient présenté au corps-de-garde, un décret du Châtelet, portant l'ordre de m'enlever partout où je serais. Cet ordre était écrit sur un chiffon de papier non timbré. Je quittai la maison et j'allai chercher un asyle chez un ami de cœur. Le lendemain matin, plusieurs témoins dignes de foi vinrent m'avertir de ce qui s'était passé rue du Vieux-Colombier. Ils avaient forcé la por-

(1) Dénonciation faite au tribunal du public, par M. Marat, l'ami du peuple, contre M. Necker, premier ministre des finances, brochure de 69 pages.

tière de leur ouvrir mon appartement. Fâchés de ne rien trouver, on les a entendus dire : *Ce b..., nous l'aurons mort ou vif.*

Réclamation de l'Ami du peuple.

« Je n'ai jamais reconnu le Châtelet de Paris pour tribunal d'État, et je ne le reconnaîtrai de ma vie, composé, comme il l'est, d'hommes en qui les bons citoyens ne peuvent prendre aucune confiance. Ce qui se passe sous nos yeux, dans l'instruction des procédures des criminels de lèse-nation, en est une preuve bien frappante. Mais, quand ces raisons victorieuses n'existeraient pas, j'ai le droit de le récuser pour juge, par cela seul qu'il ne peut point être juge dans sa propre cause ; car j'ai attaqué et j'attaque sans cesse les abus crians de la manière dont il administre la justice, faisant même la réserve formelle de le dénoncer comme indigne d'exercer les nobles fonctions de juge. Ainsi, tout ce qu'il pourrait entreprendre contre moi, ne peut être considéré que comme des actes de vengeance personnelle, des coups d'autorité arbitraire, des actes de tyrannie. En conséquence, je proteste contre ses iniques décrets ; j'en appelle à la nation, à l'assemblée nationale, et à mon district dont l'énergie est bien connue. Il ne souffrira point qu'un citoyen intègre soit immolé dans un cachot pour prix de son zèle à défendre les droits du peuple, la cause des innocens opprimés.

» Sur ma réclamation, ce district patriote va prendre un arrêté portant qu'aucun décret du Châtelet, ou de quelque autre branche du pouvoir exécutif, ne pourra être exécuté, sans avoir été communiqué au président, assisté de quatre commissaires ; ce qui enlèvera aux agens tyranniques du pouvoir, la commodité de profiter de la nuit pour consommer leurs œuvres. Espérons que les autres districts se feront un devoir d'imiter cet exemple. »

Avertissement.

» Le pauvre *Ami du peuple* est si excédé de fatigues, de soucis et de veilles, qu'il n'a pas la force de soigner son travail. Il demande grâce à ses lecteurs s'il leur présente aujourd'hui un numéro qui n'est digne de leur être offert, que par la pureté de son zèle et l'intégrité de ses sentimens. » (*L'Ami du peuple*, n° xcIII, 10 janvier.)

En effet, le lendemain 11 janvier, le district des Cordeliers prit l'arrêté annoncé par Marat. Cette démarche vigoureuse suspendit momentanément les poursuites. D'ailleurs, Marat adressa une requête à l'assemblée nationale; il écrivit à M. la Fayette. Aussi est-il probable que l'on eût laissé tomber en oubli le décret de prise de corps lancé contre lui, s'il n'avait pas attiré l'attention du tribunal, en continuant à l'attaquer, soit comme corps, soit dans les individus qui le composaient.

« Anathème, disait-il, n° xcvII, anathème sur ces tribunaux de sang, d'où le puissant échappe toujours impuni, et où le coupable est expédié clandestinement lorsqu'il a des complices d'un rang élevé. »]

Le Châtelet cependant n'osa se commettre avec le district des Cordeliers; il recourut à la commune. Boucher d'Argis, l'un de ses conseillers, et en même temps l'un des trois cents représentans de Paris, qui, de plus, était un de ceux nommément attaqués dans la feuille poursuivie, dénonça Marat, le 15 janvier, en assemblée générale. Celle-ci ordonna aussitôt à son procureur-syndic de poursuivre l'*Ami du peuple* par-devant le tribunal qui devait en connaître, c'est-à-dire par-devant le Châtelet.

La nouvelle de ce qui venait de se passer à l'Hôtel-de-ville fut mal accueillie de l'opinion publique. Le district des Cordeliers confirma son premier arrêté. Il y a peut-être quelque utilité, pour la suite de cette histoire, à consigner ici cette seconde pièce.

« Le district des Cordeliers persévérant dans les principes de son arrêté du 11 du présent mois, et ayant délibéré de nouveau sur la matière qui a donné lieu à cet arrêté; considérant que, dans ces temps d'orages que produisent nécessairement les efforts du patriotisme, luttant contre les ennemis de la constitution naissante, il est du devoir des bons citoyens, et par conséquent, de tous les districts de Paris, qui se sont déjà signalés si glorieusement dans la révolution, de veiller à ce qu'aucun individu de la capitale ne soit privé de sa liberté, sans que le décret ou l'ordre en vertu duquel on voudrait se saisir de sa personne, n'ait acquis un caractère extraordinaire de vérité capable d'écarter tout soupçon de vexation ou d'autorité arbitraire;

» Considérant encore que, sous quelque rapport qu'on envisage, soit les décrets émanés du Châtelet (qui n'a été que *précairement* constitué juge des crimes de lèse-nation), soit tous ordres émanés du pouvoir municipal établi *provisoirement* dans la ville de Paris, on ne doit qu'applaudir aux districts qui soutiennent que ces décrets ou ordres ne doivent être exécutés qu'après avoir été visés par des commissaires honorés à cet effet du choix de *la véritable commune* jusqu'à ce que le grand œuvre de la régénération française soit tellement accompli, qu'on n'ait plus à craindre de voir les hommes attachés aux principes de l'ancien régime, et imbus des préjugés et des fausses maximes de la magistrature à finance, tenter d'étouffer la voix des écrivains patriotes, dont le zèle, en le supposant même exagéré, ne peut que contribuer au triomphe de la vérité, et à l'affermissement d'une constitution qui deviendra supérieure à celle de quelques peuples que nous ne regardions comme véritablement libres, que parce que nous étions plongés dans le plus honteux esclavage.

» A arrêté qu'il serait nommé cinq commissaires *conservateurs de la liberté*, au nombre desquels le président se trouverait de droit, et que nul décret ou ordre, quelle qu'en soit la nature, tendant à priver un citoyen de sa liberté, ne serait mis à exécution dans le territoire du district, sans qu'il n'eût été revêtu du *visa* des cinq commissaires qui seront convoqués par le président et dont les noms seront affichés dans le corps-de-garde. »

Cet arrêté fut adressé à l'Hôtel-de-ville, et autres districts. Quelques-uns de ceux-ci attendirent les suites de cette démarche. Elle fut d'ailleurs bien vue du public, et le journal de Loustalot en prit la défense. Les Cordeliers posèrent deux sentinelles à la porte de Marat pour veiller plus efficacement à sa sûreté.

Cependant, le 22, une petite armée composée du bataillon du district des Barnabites, et de 400 hommes de cavalerie, précédée d'un huissier, se présenta sur le terrain du district des Cordeliers. Mais laissons parler le *Moniteur*.

[Un nombreux cortége de la garde nationale s'est présenté hier à la porte de M. Marat, auteur de la feuille de *l'Ami du peuple*, à l'effet de mettre à exécution un décret de prise de corps décerné contre ce particulier par le tribunal du Châtelet. Le comité civil du district des Cordeliers s'est fortement opposé à l'exécution de ce décret, sous le prétexte qu'il était rendu suivant les anciennes formes ; et ils ont posé pour principe, qu'à compter du moment du décret de l'assemblée nationale sur les matières criminelles, tout accusé décrété suivant les anciennes formes, devait l'être de nouveau. L'huissier porteur du décret leur a observé qu'il était en règle ; que les décisions de l'assemblée nationale voulaient qu'un décret de prise de corps fût signé par trois juges au moins, et qu'il avait vu la minute de celui qu'il venait mettre à exécution, signé de neuf ou dix juges. Malgré ces représentations, le comité s'est constamment refusé à l'exécution du décret. Il a déclaré qu'il prenait M. Marat sous sa protection, et a député quatre de ses membres à l'assemblée nationale.]

On nous a assuré qu'un des chefs de ce comité avait été jusqu'à dire qu'il voyait bien qu'il fallait se battre, et qu'il y aurait du sang de répandu ; que bien certainement le bataillon du district s'opposerait de toutes ses forces à l'enlèvement de M. Marat.

[*Extrait de la séance du 22 janvier, de l'assemblée nationale.* — Le district des Cordeliers a envoyé, par une députation qui n'a pas été admise à la barre, une adresse et le procès-verbal de ce qui s'est passé au sujet du décret de prise de corps, décerné par le Châtelet, le 8 octobre, contre M. Marat, auteur de *l'Ami du peuple*.

Le district a empêché l'exécution de ce décret par un pur zèle pour le maintien des décrets de l'assemblée.

Mais l'assemblée nationale désapprouvant la conduite de ce

district, en rendant hommage à son patriotisme, a rendu le décret qui suit :

« L'assemblée nationale décrète que son président écrira au district des Cordeliers, pour l'avertir qu'il se méprend sur les principes qui intéressent la société ; que les jugemens rendus par les tribunaux doivent être exécutés ; que personne ne peut y porter obstacle, et qu'ainsi la délibération que le district a prise de mettre un *visa* sur les jugemens portant décret de prise de corps, qui doivent s'exécuter dans l'étendue de son territoire, a, contre son intention, l'effet de blesser l'ordre public, et de renverser les principes.

» L'assemblée nationale attend du patriotisme du district des Cordeliers, qu'il aidera l'exécution de ses décrets, loin d'y porter obstacle. »

Pendant que la députation des Cordeliers attendait la décision de l'assemblée nationale, l'armée de la commune, commandée par un sieur Carle, occupait le territoire du district ; la cavalerie, divisée en plusieurs corps, stationnait sur la place du Théâtre-Français et dans les rues aboutissantes ; l'infanterie occupait le carrefour de Bussy, et toute la rue des Fossés-Saint-Germain-des-Prés ; il y avait une réserve de cavalerie sur le quai de la Monnaie ; d'un autre côté, tous les membres du district étaient réunis en assemblée générale : l'animation était grande de part et d'autre ; et un attroupement menaçant s'amassait autour de la force armée, immobile dans les rues. D'ailleurs, le district ne voulut pas se conformer de suite à l'arrêté de l'assemblée nationale : il envoya une députation à la Fayette.

Alors les huissiers « considérant qu'il était impossible de vaincre la prétention des Cordeliers, sans exposer les troupes nationales envoyées des différens districts, en vertu des ordres du général, à avoir des voies de fait avec celles du district des Cordeliers, et même les habitans de ce district ;

« Considérant aussi que le peuple était rassemblé en quantité ; que toutes les têtes étaient fort échauffées ; qu'on se permettait de tenir des propos séditieux, au point que nous avons entendu une femme du peuple dire hautement: *Que si son mari, qui était grenadier, était assez lâche pour vouloir arrêter l'*Ami du peuple, *elle lui brûlerait la cervelle elle-même;* nous avons pensé qu'il était prudent de nous retirer.....» (*Procès-verbal du commissaire Fontaine.*)

Il paraît que ce ne fut que le 23 que le district laissa faire; car c'est de ce jour que date une interruption du journal l'*Ami du Peuple*, qui dura quatre mois. Mais Marat s'était échappé; et les scellés seulement furent mis sur ses presses.

Cette affaire fit beaucoup de bruit dans Paris, et excita une indignation presque générale. On s'intéressait moins à Marat qu'on ne s'irritait contre l'emploi des moyens brutaux qui avaient manqué d'amener la guerre civile dans Paris. Elle fut le sujet des débats de la presse; le journal de Brissot, la *Chronique de Paris*, le *Moniteur*, la défendirent, mais timidement: le journal de Carra n'en dit pas un mot. Ainsi deux partis se montraient parmi les patriotes: celui des autorités communales, et celui des principes.

On se demandait pourquoi de si grands mouvemens pour un seul homme, et une si faible faute; pourquoi l'on ne sévissait pas en même temps contre d'autres journalistes, auteurs des mêmes accusations, et accusateurs mille fois plus redoutables par leur talent et le nombre de lecteurs? Alors on répondait que les violences avaient pour raison secrète la colère de M. Necker, nommément accusé par Marat: on voulait ainsi fermer la bouche à cet écrivain; les retards apportés par la résistance des Cordeliers empêchèrent que l'on ne réussît. La dénonciation parut, et fut même l'objet d'une multitude de contrefaçons. C'est une pièce curieuse à lire, mais trop longue pour être insérée ici.

L'accusation était dirigée contre le ministre comme homme politique, contre le ministre comme financier, contre le ministre comme administrateur des subsistances: comme homme politique, elle rappelait la mauvaise volonté avec laquelle Necker avait accueilli les premières tentatives du Tiers-État ; comme financier, elle lui imputait d'avoir favorisé l'agiotage, laissant entendre qu'il y avait pris part ; comme administrateur des subsistances, elle mettait en évidence les autorisations données à des accapareurs reconnus, entre autres, aux sieurs Leleu : elle le flétrissait des soupçons d'avoir participé au bénéfice des accaparemens, et d'avoir, par ses indignes spéculations, porté sa fortune à quinze millions. Elle se terminait ainsi :

« J'ai fait ma tâche ; qu'il fasse la sienne.... M. l'administrateur des finances, justifiez-vous sans délai aux yeux de la nation... Garder le silence sur un seul point, ce serait passer condamnation.

» Ne donnez pas non plus le change au public, en soudoyant des plumes vénales pour me diffamer : il ne s'agit pas ici de moi ; mais de votre justification.... Je vous traduis, devant la nation, comme un écrivain public ; il faut vous laver complétement, ou encourir les suites de sa juste indignation.

» Les faits que j'ai allégués contre vous sont de notoriété publique : ils forment la preuve de vos attentats. Si cette preuve est jugée illusoire, j'ai tort sans doute de m'être abusé ; et si pour expier ma faute il faut que je périsse, je périrai.

» Si elle est jugée victorieuse, je périrai encore par les nuées d'ennemis publics attachés à votre char : j'en ai trop dit pour pouvoir échapper....

»Peuple ingrat et frivole ! qui accuses les tyrans, et abandonnes tes défenseurs. Je me suis dévoué pour toi ; je t'ai sacrifié mes veilles, mon repos, ma santé, ma liberté...... Et aujourd'hui tu me vois en silence poursuivi par tes ennemis, et forcé de fuir pour échapper à leur fureur. Mais non, je ne te fais point de reproches : ma vertu serait-elle pure si j'avais compté sur ton amour ! »

Parce que ces bruits couraient dans Paris, Rutledge, qui venait d'être mis en liberté, et qui voulait aussi écrire contre M. Necker et traiter la question des accaparemens, Rutledge recourut à la protection du club des Cordeliers. Voici sa réponse :

Sur la demande de M. Rutledge, requérant la protection du district des Cordeliers, l'assemblée générale a unanimement arrêté que, comme citoyen, M. de Rutledge était sous la sauvegarde de la loi, et qu'en conséquence il n'y avait lieu à délibérer.

Ce 22 janvier.

Signé, Paré, président ; Fabre d'Églantine, vice-président ; Duplain, Oudotte, cordeliers, secrétaires.

En lisant le récit précédent, on a dû remarquer que déjà deux partis existaient dans la presse patriote : l'un voulait immobiliser le mouvement de la pensée révolutionnaire dans le cercle des conquêtes faites en 1789 ; l'autre s'en rendait l'interprète. Cependant ils ne s'attaquaient pas encore entre eux ; les hostilités n'avaient pas commencé. En général, les stationnaires se bornaient à garder le silence sur certains faits, et à louer les mesures prises par les corps constitués par la révolution. Les autres, au contraire, avaient entrepris contre ceux-ci une guerre de chicane et de principes dont nous avons déjà donné de nombreux exemples, et qui continua pendant le mois de janvier. Ce fut surtout le projet de loi sur la presse qui excita de vives réclamations..... Nous épargnerons à nos lecteurs cette discussion qui, d'ailleurs, se représenta plus tard. Il suffit de dire que le projet d'un réglement sur cette liberté, fut reçu comme celui d'un attentat. D'ailleurs, les journaux qui avaient commencé à discuter les actes de la commune et du corps-législatif, continuèrent leur critique avec les argumens et dans l'esprit qu'on a pu remarquer dans les extraits précédens. Nous ne les répéterons pas.

Dans l'assemblée nationale, il existait aussi, ainsi que nous l'avons dit, deux partis extrêmes et un milieu, qui, se portant tantôt d'un côté, tantôt d'un autre, rendaient la majorité mobile et douteuse toutes les fois qu'il ne s'agissait pas de voter contre un privilége de la noblesse ou du clergé. Depuis long-temps le côté gauche s'était formé en assemblée particulière, afin de s'assurer l'unité d'action; il se réunissait au couvent des Jacobins, rue Saint-Honoré. Afin d'augmenter ses forces intellectuelles et son influence, il admettait dans son sein même les citoyens qui ne faisaient point partie de l'assemblée: pour la première fois, au commencement de cette année, on donna le nom de *Jacobins* aux membres de ce club. Nous voudrions pouvoir donner la liste des hommes qui composaient cette réunion; mais nous n'avons pas encore pu nous la procurer.

Jusqu'à cette époque, le côté droit ne s'était pas donné de centre hors de l'assemblée. Il se constitua en club à l'imitation des Jacobins et choisit pour lieu de réunion la maison des Grands-Augustins. Comme on voulait se donner un faux semblant de patriotisme (nous écrivons d'après le dire des journalistes du côté gauche), on ne reçut pas tout le monde. On laissa en-dehors les hommes signalés par leur opposition à la révolution, Maury, d'Esprémenil, le vicomte de Mirabeau. Au contraire, les meneurs de cette réunion furent Malouet, Virieu, l'évêque de Nancy, Huteau, député de Paris, Boufflers, Rhedon, etc. A leur première réunion, on remarqua, qu'à l'exception de membres trop connus, tout le côté droit s'y trouvait; on fit l'observation qu'ils s'occupèrent des moyens d'assurer la conservation de ce qui resterait des biens ecclésiastiques, après le prélèvement des 400 millions ordonnés par l'assemblée nationale: on nota aussi avec plaisir les échecs qu'ils éprouvèrent. Ils avaient appelé le cardinal de Rohan; celui-ci se retira en déclarant qu'il ne voulait point faire partie d'une réunion instituée dans le but unique de faire de l'opposition. Il arriva encore que le district de l'Abbaye Saint-Germain, sur le territoire duquel le couvent des Grands-Augustins était situé, s'assembla et qu'il déclara que cette réunion ne pouvant être considérée que comme un attroupement, elle serait dissipée par la force à moins qu'elle ne consentit à délibérer en présence des quatre commissaires nommés par le district. Cependant les réunions continuèrent, mais dans un autre local, rue de la Michodière. M. Malouet fut nommé président; et de là on appela les impartiaux *Malouétistes.*

Cette réunion excita une vive irritation dans le parti contraire; à tel point que les journaux discutèrent contre elles. Les Malouétistes faisaient d'ailleurs tout ce qu'il fallait pour l'accroître. Ainsi ils firent afficher le placard suivant :

AVIS AU PUBLIC.
Changement de domicile.

« Les ci-devant enragés de l'assemblée préviennent Messieurs et Dames de la Nation, qu'ils s'assembleront dorénavant au couvent des Jacobins, à la salle des anciens Ligueurs, près la cellule de saint Jacques Clément, leur patron ; et quittant le nom d'enragés, ils s'appelleront désormais Jacobistes; ils ne répondront qu'aux adresses qui leur parviendront sous ce nom.

» *Nota.* Le cabinet du président est dans la cellule de feu Jacques Clément. »

Les impartiaux publièrent en outre plusieurs brochures contre les Jacobins, en les désignant sous le nom de Jacobistes. La seule chose qu'il y ait à recueillir dans ces écrits, c'est que les membres du club attaqué étaient accusés d'avoir des correspondans dans les provinces. Quoi qu'il en soit, voici la déclaration des principes des impartiaux :

Principes des impartiaux.

« Nous, membres de l'assemblée nationale, ennemis de toutes mesures violentes et exagérées, séparées de tout intérêt personnel, réunis par le patriotisme, et dévoués entièrement à la cause de la liberté nationale et du salut public; professons et déclarons les principes suivans :

ARTICLE PREMIER.

» Fidèles à notre devoir, et invariablement attachés aux véritables intérêts du peuple, nous ne cesserons de nous opposer, jusqu'à la fin, à tout projet qui tendrait à l'égarer ou à compromettre ses droits; soit en excitant insidieusement sa défiance et en l'invitant au désordre, soit en le portant au mépris de la constitution et de l'autorité légitime.

II.

» Tout citoyen doit se soumettre à la constitution. Ce qu'elle pourrait avoir de défectueux, le temps et l'expérience le manifesteront à la nation qui le changera ou le modifiera à son gré.

III.

» Il est plus que temps de ramener l'ordre, la paix et la sécurité : c'est le seul moyen de sauver la patrie, de garder la foi promise et due aux créanciers de l'état, de ranimer le commerce, et de rétablir la perception des revenus publics, sans lesquels on verrait bientôt périr la constitution elle-même et la liberté.

IV.

» Le maintien de la constitution et de la liberté, dépend essentiellement de l'observation des lois, et l'observation des lois ne peut être garantie que par une puissance active, protectrice de tous les droits. Il faut donc se hâter de rendre au roi l'exercice du *pouvoir exécutif suprême*, conformément au vœu solennel de la nation et aux principes monarchiques, reconnus et consacrés par la constitution.

V.

» Nous défendrons de tout notre pouvoir, sans acception de rang ni de personne, les droits de l'homme et du citoyen, trop souvent violés aujourd'hui avec impunité.

VI.

» La constitution ayant aboli la distinction politique des ordres, un même titre doit réunir tous les Français, celui de citoyens.

VII.

» Il est d'une saine politique d'attacher tous les cœurs à la constitution. Si son complément commandait encore de grandes réformes, il est indispensable d'éviter dans l'exécution tous moyens violens ; ils alarment les citoyens, aigrissent les esprits, menacent les propriétés, multiplient les malheureux, et ne peuvent qu'accroître la détresse du peuple.

VIII.

» Nul sans doute ne doit être inquiété pour ses opinions religieuses, ni pour le culte rendu en commun à la divinité; mais l'expérience des siècles passés n'a que trop appris combien la tranquillité et l'intérêt même de l'état exigent que la religion catholique continue à jouir seule, dans le royaume, à titre de religion nationale, de la solennité du culte public.

IX.

» Pour assurer dans tous les cas et contre tous les événemens, la dépense du culte public, l'entretien de ses ministres, et les secours dus aux pauvres, et fondés pour eux, il est essentiel de conserver aux églises une dotation territoriale. En conséquence, jusqu'à ce que la dotation nécessaire ait été déterminée et solidement assurée, il ne doit pas être fait d'autre aliénation des biens de l'église que celle décrétée le 19 décembre dernier comme secours extraordinaire.

X.

» Conformément au décret du 2 novembre précédent, aucune *disposition* relative soit à l'aliénation, soit à la répartition des biens ecclésiastiques, ne doit avoir lieu que *d'après les instructions et sous la surveillance des provinces* respectivement intéressées.

XI.

» Une nouvelle constitution veut un autre ordre judiciaire dans lequel les nouveaux tribunaux soient restreints au seul pouvoir de juger. Mais on doit prendre tous les tempéramens convenables pour concilier, à l'égard des anciens magistrats, ce que la nécessité commande et ce que l'équité réclame.

XII.

« Chez un peuple libre, et qui veut continuer de l'être, la liberté de la presse doit être constamment protégée; mais l'ordre public, l'honneur et la sûreté de chaque citoyen demandent que la licence de la presse soit réprimée. Rien n'est donc plus instant que de provoquer et faire rendre sur cet objet une loi sage et prudemment motivée.

XIII.

» Toute force armée deviendrait redoutable à la liberté publique, et serait le fléau des particuliers, si elle n'était contenue par la constitution et toujours dépendante du pouvoir exécutif, conservateur de l'ordre. Il faut donc que, subordonnément à l'ordre établi par les principes constitutionnels, l'armée et les gardes nationales soient soumises au monarque, comme le monarque lui-même doit être soumis à la loi.

XIV.

» Nous réunirons tous nos efforts pour obtenir la plus prompte expédition des affaires ; accélérer la conclusion si désirable de nos travaux, et surtout pour maintenir l'union entre toutes les parties de ce vaste empire dont l'intérêt est si essentiellement de former un seul et même corps, sous la protection et la dépendance de la loi et du roi.

XV.

» Pour parvenir au but que nous nous proposons, nos moyens sont la justice, la vérité, la constance. »

Cet *ultimatum* est signé seulement LES IMPARTIAUX. Nous l'avons extrait du 1er numéro d'un journal ayant pour titre : *Journal des Impartiaux*, *rédigé par M. Salles de la Salle,* avec cette épigraphe : *justice, vérité, constance* (1). Nous y trouvons aussi le réglement de la société. On y voit que, seront, de droit, membres du club, tous les représentans qui signeront la déclaration de principes ; que l'on recevra *membre adjoint*, ayant droit de proposer des motions, et voix consultative, toute autre personne présentée par un membre de la société, et agréée par le *Directoire*, qui signera la déclaration de principes ; qu'il y aura un directoire chargé de l'organisation du travail de la société, et composé du bureau et de sept membres qui se renouvelleront par moitié tous les quinze jours ; qu'il y aura une garde constamment présente au club, composée d'adjoints désignés par le directoire, etc.

(1) M. Deschiens, dans sa bibliographie des journaux, inscrit celui-là à la date de février 1791. Le 1er numéro que nous avons sous les yeux porte expressément : *du 4 février* 1790. D'ailleurs, il renferme l'analyse de la séance royale du 4 février 1790, relative au serment civique, ce qui ne laisse aucun doute sur sa vrai date. Quant à la déclaration des impartiaux que nous en avons extraite, elle avait été imprimée seule quelque temps auparavant.

Ce réglement des impartiaux, le manifeste surtout, furent violemment attaqués, particulièrement par Loustalot; et il est très-remarquable que les journaux de Carra, Condorcet, Brissot ne parlèrent de cette démarche qu'à titre de nouvelle. Cependant les brochures de l'opposition continuaient à être très-nombreuses. C'était un vrai scandale aux yeux des patriotes. L'aristocratie (style de l'époque) imagina de mettre en couplets les séances de l'assemblée.

AIR : *Paris est au roi.*

Monsieur Guillotin,
Ce grand médecin,
Que l'amour du prochain
Occupe sans fin,
S'avance soudain,
Prend la parole enfin,
Et d'un air benin,
Il propose
Peu de chose
Qu'il expose
En peu de mots;
Mais l'emphase
De sa phrase
Obtient les bravos
De cinq ou six sots.
Monsieur Guillotin, etc.

AIR : *En amour c'est au village.*

Messieurs, dans votre sagesse,
Si vous avez décrété
Pour toute humaine faiblesse
La loi de l'égalité :
Pour peu qu'on daigne m'entendre,
On sera bien convaincu
Que s'il est cruel de pendre,
Il est dur d'être pendu.

AIR : *De la Baronne.*

Comment donc faire
Quand un honnête citoyen,
Dans un mouvement de colère
Assassinera son prochain?
Comment donc faire?

En rêvant à la sourdine
Pour vous tirer d'embarras,
J'ai fait faire une machine
Qui met les têtes à bas.

AIR : *Quand la mer rouge apparut.*
C'est un coup que l'on reçoit
Avant qu'on s'en doute ;
A peine on s'en aperçoit,
Car on n'y voit goutte.
Un certain ressort caché,
Tout à coup étant lâché,
Fait tomber, ber, ber,
Fait sauter, ter, ter,
Fait tomber,
Fait sauter,
Fait voler la tête ;
C'est bien plus honnête.

« Malgré la prodigieuse gaîté des aristocrates chantans, dit à cette occasion Desmoulins, je doute qu'ils fassent rire les aristocrates pleurans. On assure que ce journal est le recueil facétieux des couplets que chantait naguère la table ronde des aristocrates *à ses petits soupers chez le* BOURREAU *de Paris.* »

Cette phrase par laquelle le bourreau de Paris était accusé d'avoir prêté sa maison à des réunions aristocratiques, eut des conséquences assez plaisantes. *M. Sanson*, le bourreau, fit assigner C. Desmoulins, auteur d'un libelle intitulé : Révolutions de Brabant, à comparaître devant le tribunal de police pour être condamné à des dommages et intérêts à titre de *réparation d'honneur.*

FÉVRIER 1790.

Le travail de la division départementale continua d'occuper l'assemblée ; il fut encore l'aliment habituel de ses séances ; les interruptions furent aussi fréquentes qu'elles l'avaient été dans le mois précédent, et elles se succédèrent avec non moins d'irrégularité. Le désordre est tel, que chaque fois que nous commençons une de ces périodes mensuelles que nous avons choisies à défaut d'autres, à défaut de périodes logiques, c'est, pour nous un nouveau problème que de trouver les moyens de rattacher à un ordre de succession quelconque cette variété de discussions, d'interruptions, d'incidens, qui n'ont de commun que le désordre même qui les produit et les jette du dehors, sous les yeux des commissions, puis sous les yeux de l'assemblée.

Parmi ces interruptions qui venaient se faire jour à travers les débats habituels, les unes avaient lieu par continuation; c'étaient des affaires non terminées, ou qui ne voulaient pas se terminer, et dont l'assemblée se trouvait de nouveau embarrassée. Telle fut celle de Rennes, telles furent celles relatives aux troubles des provinces; telles furent celles de finances; telles furent enfin celles relatives à l'exécution des lois portées par l'assemblée. Parmi ces affaires, plusieurs commandaient une continuation. Ainsi les troubles des provinces mirent en demeure le comité des droits féodaux de présenter une nouvelle loi sur le rachat de ces droits; et de là, émana une discussion sur le droit d'aînesse. La question financière rappela la question des biens du clergé; de là, on fut conduit à demander une constitution ecclésiastique. Quant à l'exécution des lois antérieurement portées par l'assemblée, quelques-uns des problèmes à résoudre étaient peu importans, et ne méritent pas d'être mentionnés; dans les autres, un seul doit être cité : c'est un décret sur les municipalités, que nous verrons bientôt, qui ne fut pas sans conséquence sur les élections, ni sur l'esprit des conseils municipaux qui en émanèrent, car il eut pour résultat d'augmenter le nombre des électeurs, etc.

Il faut établir une seconde classe d'interruptions, celles qui étaient en quelque sorte improvisées. C'étaient des faits particuliers qui venaient solliciter une décision.

C'était un événement diplomatique; c'était un rapport du comité d'agriculture qui proposait le desséchement des marais. Les pétitions émanées d'intérêts individuels ne méritent point d'être citées, sauf une seule qui donna lieu à une proposition de Mirabeau qui, plus tard, fut convertie en loi. Il s'agissait d'un jeune homme, dont la famille demandait la séquestration, se fondant pour cela sur des motifs de la dernière gravité, et avérés d'ailleurs. Mirabeau à cette occasion, proposa l'établissement de *tribunaux de famille*, pour juger ces cas où il faut sévir contre la jeunesse, dans un simple intérêt de correction, et comme addition à la puissance paternelle. L'assemblée passa à l'ordre du jour.

L'incident qui eut le plus d'influence sur les événemens extérieurs, fut une visite du roi à l'assemblée, faite le 4 février, et la prestation du serment civique. Cette séance fut l'occasion d'un entraînement qui se propagea dans presque toute la France, et se témoigna par des cérémonies religieuses, des fêtes, des fédérations. L'accueil que reçut la démarche royale, donna carrière aux espérances de l'opposition; et comme elle n'avait point à compter sur le présent, elle crut qu'un changement serait favorable à ses vœux. Le 17 février, Cazalès proposa à la tribune la dissolution de l'assemblée nationale. Mais la majorité lui répondit en répétant le serment du 20 juin 1789.

En rendant compte des diverses interruptions qui vinrent rompre la continuité du travail de l'organisation départementale, nous avons exposé l'ordre que nous suivrons dans la classification des diverses séances dont nous allons raconter les débats. Nous terminerons par la séance royale, parce que c'est elle qui donne ouverture à tous les mouvemens de place publique, dont nous devons aussi entretenir nos lecteurs.

PROVINCES.

Dans la plupart des provinces, on commençait à mettre à exécution la loi sur les municipalités, votée par l'assemblée nationale. En beaucoup de lieux, sinon partout, ce fut une cause de troubles ou au moins d'animosités ajoutée à toutes celles qui existaient déjà. Ces divers partis cherchaient à s'emparer du pouvoir communal. Ici, c'étaient les royalistes et les révolutionnaires qui luttaient; là, c'était entre les gens du Tiers-état que régnait le débat : les uns se présentent comme plus amis de l'ordre, les autres comme de meilleurs et de plus conséquens défenseurs de la révolution. Dans plus d'une ville, il y eut des émeutes. Il y en eut où chaque parti élut sa municipalité particulière. L'assemblée fut consultée sur un fait de ce genre.

Dans plusieurs provinces, l'affaire des subsistances était loin de prospérer; et ce motif d'attroupemens venait se combiner avec les intrigues électorales.

D'ailleurs la manie des fédérations régnait toujours dans le Midi. Du Dauphiné, elles s'étaient propagées en Languedoc. Il y en avait eu une à Nîmes ; les représentans de cent mille gardes nationaux s'étaient réunis à Voute, en Vivarais. On convoquait à Valence, des représentans des gardes nationales de Dijon, de Grenoble, d'Avignon, du Puy, etc. Les quatorze villes bailliagères de la Franche-Comté avaient conclu un pacte fédératif à Besançon *pour faire respecter les décrets de l'assemblée nationale et l'autorité du roi.* La ville de Dijon invitait les villes et villages de la Bourgogne à adhérer à ce traité, et elle répondait aux adresses des confédérations du Vivarais et du Dauphiné : « Nous vous avons vu opposer le courage et la vertu aux insinuations perfides des ennemis de la régénération de l'empire français. Qu'ils connaissent mal la grandeur de vos caractères ! Pouvaient-ils penser que les lieux que vous habitez, nouveau berceau de la liberté qui nous est rendue, deviendraient le théâtre de leur insurrection ? Espéraient-ils allumer le flambeau de la guerre civile, au milieu d'un peuple de frères ?... Et, quand vous avez rendu leurs efforts impuissans, ces criminels fugitifs venus parmi vous pour y semer la division, ont repassé les montagnes pour respirer un autre air que celui de la liberté.... Ils disent, les perfides : que la majesté du trône est affaiblie ; ils colorent leurs coupables menées du faux prétexte de leur amour pour la personne du roi. Croient-ils donc que nous avons oublié qu'ils n'entouraient le trône que pour en obtenir des grâces ? Croient-ils donc qu'ils peuvent encore en imposer à notre auguste monarque, aujourd'hui que nos vœux empressés arrivent jusqu'à lui ? Le roi sait qu'il est l'idole de ses peuples, parce qu'il en est le père le plus tendre ; et quand son trône est affermi par une sage constitution, par l'amour inaltérable de tous les Français, la majesté de ce trône n'en est-elle pas plus auguste ! »

Ces fédérations n'eurent pas pour unique résultat une grande manifestation patriotique ; elles eurent encore pour conséquence d'assurer la libre circulation des farines, et par suite, les subsistances. On remarqua que le prix des blés était sensiblement baissé depuis leur établissement.

Pendant ce temps, en Quercy, et surtout en Bretagne, on se préparait à imiter l'exemple de la Bourgogne, de la Franche-Comté, etc., c'est-à-dire, à en finir avec la féodalité en détruisant les chartiers seigneuriaux.

Dans la dernière moitié de janvier, un mouvement général eut lieu en Bretagne. La fermentation était menaçante à tel point qu'un grand nombre de nobles abandonnèrent leurs châteaux et se réfugièrent dans les villes. (*Chronique de Paris* 31 *janvier*.) Enfin l'insurrection commença à la fin de janvier, aux environs de Plélau, de Bain, de Guer et de Lohéac. Les châteaux furent attaqués et saccagés. Un seul fut brûlé, cependant, celui de Bois-au-Voyer. La municipalité envoya des commissaires dans ses environs pour calmer les paysans. Cette démarche réussit en effet; et l'on remarqua que les mêmes hommes qui avaient produit la dévastation, cherchèrent à la réparer. Néanmoins, cette guerre de la chaumière contre le château s'étendait; les attaques se multipliaient. Une députation de la même noblesse, qui avait donné la première l'exemple de l'opposition à la révolution, alla annoncer à la municipalité, la disposition à prêter serment de fidélité à la nation, à la loi et au roi. Cette cérémonie eut lieu, en effet, le jour anniversaire de leur protestation de l'année précédente, et la municipalité leur accorda une proclamation aux campagnes qui fut envoyée dans toutes les communes de son ressort. En outre, elle fit partir plusieurs détachemens de la garnison. L'issue des expéditions de ces divers détachemens fut différente : les uns trouvèrent obéissance sur leur route, et se bornèrent à faire quelques arrestations. Mais, l'un d'eux eut une affaire; il y eut des blessés et des tués. Ceci se passa aux environs de Pripriai, et au moment de l'engagement, le château brûlait.

Cependant, le 15 janvier, il y eut à Pontivy, au centre de la Bretagne, une réunion de 300 jeunes gens députés par toutes les villes de Bretagne, pour achever le pacte fédératif dont nous avons parlé plus haut. Toute la jeunesse d'Anjou y avait envoyé ses députés. Cette réunion représentative d'une armée de cent cinquante mille jeunes gens, signa pour elle et pour ceux qu'elle représentait une *coalition indissoluble* pour la défense de la constitution, de l'assemblée nationale et du roi. Ces députés, au nom de leurs commettans, se prêtèrent le serment d'union. La formule se terminait par ces mots : «Au premier signal de guerre, le cri de ralliement de nos phalanges armées sera : *vivre libre ou mourir!*

Tel était l'état des choses, lorsque l'assemblée nationale fut appelée à s'en occuper.

BULLETIN DE L'ASSEMBLÉE NATIONALE.
Séance du mardi 2 février.

[*M. Bureau de Puzy* est nommé président à la majorité de 397 voix contre 318 obtenues par M. de Menou.

M. Target et son successeur font les discours d'usage.

N......, député de Provence. J'ai demandé la parole pour remplir un devoir douloureux. Les habitans de la communauté d'Evaux, bourg distant de Marseille de 18 lieues, et appartenant à M. de Monaco, viennent de nous apprendre que, dans la nuit du 23 au 24 janvier, le prévôt de Marseille a fait enlever, par la maréchaussée et par un détachement de dragons, M. Servanne, ancien conseiller au parlement d'Aix, et le notaire du lieu. Quelque temps avant cet événement, les habitans d'Evaux, dans la persuasion que cette terre devait appartenir au roi, ont arrêté de suspendre le paiement des redevances seigneuriales, jusqu'à ce que la propriété du bourg eût été reconnue faire partie du domaine. Cette délibération a été envoyée à l'assemblée nationale, et nous étions loin de penser qu'un pareil acte pût donner lieu à une procédure criminelle, bien moins encore à une procédure prévôtale proscrite par vos décrets....

M. le député de Provence se dispose à entrer dans de plus grands détails. — On demande que cette affaire soit renvoyée au comité des rapports. — Ce renvoi est ordonné.

M. Desmeuniers était chargé de présenter dans cette séance, au nom du comité de constitution, des projets de décrets relatifs aux obstacles qui retardent l'organisation de quelques municipalités. — Ce membre se trouve absent.

M. Thouret lit la seconde partie du travail du comité de constitution sur le pouvoir judiciaire.

Il termine cette lecture, en observant qu'il est important que le pouvoir judiciaire soit prêt à être organisé à l'époque où les départemens entreront en activité, afin que les élections puissent se faire sans assembler de nouveau ces administrations, ou du moins sans prolonger la durée de leur session.

L'impression du travail du comité a été ordonnée.

M. Desmeuniers. L'organisation des municipalités éprouve de grands embarras dans quelques parties du royaume. Le comité de constitution a reçu un très-grand nombre de lettres. Deux ou trois cents questions lui ont été présentées ; il les a distinguées et classées, et a répondu individuellement à plusieurs d'entre elles. Sept à huit points principaux demandent un décret.

M. Desmeuniers en propose le projet en sept articles, au nom du comité de constitution.

Art. Ier. Dans les assemblées de communautés et dans les assemblées primaires de campagne, les trois plus anciens d'âge d'entre ceux qui savent écrire, écriront, après avoir prêté serment de remplir fidèlement cette fonction, le scrutin de tout citoyen actif qui ne pourra l'écrire lui-même ; ils se tiendront, durant toute la séance, à un seul et même bureau : si l'un d'eux est nommé président, secrétaire ou scrutateur, il sera remplacé par le plus ancien d'âge après lui, sachant écrire.

II. Pour être citoyen actif ou éligible, il n'est pas nécessaire de payer, dans le lieu même, la contribution exigée par les décrets ; il suffit de la payer dans toute autre partie du royaume.

III. Les membres des assemblées de communauté et des assemblées primaires prêteront individuellement le serment patriotique, en levant la main ; le président prononcera la formule ; les citoyens actifs, appelés l'un après l'autre, prononceront : *je le jure.*

IV. Les municipalités, ou comités, qui sont en possession d'exercer les fonctions municipales, exécuteront le décret sur la formation des municipalités nouvelles, sans que cette disposition puisse fournir le prétexte de recommencer les nominations déjà faites.

V. Lorsque les municipalités seront formées, les comités permanens, les comités électoraux, etc., sous quelque dénomination qu'ils soient connus, ne pourront pas exercer leurs fonctions. Les compagnies armées, milices nationales, volontaires, etc., ne se mêleront directement ni indirectement de l'administration des municipalités, mais obéiront aux officiers municipaux, conformément aux décrets de l'assemblée nationale.

VI. Dans les lieux où il n'y a ni contributions territoriales, ni contributions directes, soit parce qu'elles sont converties en impositions directes, soit par toute autre cause, il est décrété provisoirement, et jusqu'à la nouvelle organisation de l'impôt, que tous les citoyens seront réputés citoyens actifs ou éligibles, excepté ceux qui, dans les villes, n'ayant ni facultés ni propriétés connues, n'auront d'ailleurs aucun métier ; et dans les campagnes ceux qui n'auront ni propriétés foncières, ni métiers, et qui ne tiendront pas une ferme ou métairie de 30 livres de bail.

Ces articles ne sont adoptés que sauf la rédaction.

M. le marquis de Foucault. On avait indiqué une époque pour que le comité féodal fît son rapport sur le rachat des droits féodaux. Il est important que l'assemblée s'occupe incessamment de cet objet. Il n'est plus temps de dissimuler, je serais coupable si je tardais encore, que ma province (le Périgord) est en feu ; les gens sans propriétés dépouillent les propriétaires....

On demande à revenir à l'ordre du jour. — L'assemblée, consultée, consent à entendre M. de Foucault, qui fait lecture de trois lettres à lui adressées, et dont voici très-exactement la substance, et presque toujours les expressions :

Première lettre. « Les paysans armés se sont transportés chez moi ; ils m'ont tenu sur la sellette pendant vingt-quatre heures, et m'ont forcé à renoncer à des rentes échues. Si l'on avait seulement attaqué mes girouettes, je garderais le silence... Un usurier, reconnu à Paris pour un scélérat, m'a fait saisir réellement pour une somme dont je n'ai pas reçu le quart.... »

Seconde lettre. « M. de Bar a été brûlé ; il s'est réfugié à Sarlat. Un garde-du-corps, son neveu, a été mis en prison. Trois prisonniers ont été délivrés. M. de Bar, poursuivi, a été arrêté ; on l'a assommé de coups ; par intervalles on délibérait de le pendre. Un escadron de troupes a marché ; le prévôt se dispose à des exécutions. On parle d'abattre les girouettes : voilà la triste situation de votre province. »

Troisième lettre. « La famille de Mirandole a reçu la visite de deux communautés attroupées : les girouettes sont attaquées ; on sonne continuellement le tocsin ; le peuple ne désenivre pas.... »

M. de Foucault n'indique pas la signature de ces lettres. Tel est, dit-il, l'état de ma province. Je demande un décret confirmatif de l'arrêté du 6 août sur les droits féodaux, et qu'il soit ordonné aux gardes nationales de protéger la perception des cens et rentes.

M. la Chèze. Ces excès sont communs au Quercy : six personnes y ont été tuées. Le mal empire, il arrive à son comble ; on en veut à toutes les propriétés. Je vous supplie, je vous conjure, au nom de ma province, de prendre ce mal en considération.

M. Gourdan. Il n'est qu'un moyen de ramener le calme et la paix : c'est de travailler sans délai et sans obstacle à la constitution.

M. de Fumel. Les troubles s'étendent aux provinces voisines. Dans l'Agénois, une petite ville a battu le tambour ; les citoyens ont pris un gentilhomme qui avait payé une rente à son suzerain ; ils lui ont fait rendre la quittance et donner encore une pareille somme : ils ont mangé cet argent sous les fenêtres du château.

M. Goupil de Préfeln. Le comité féodal n'a pas cessé de s'occuper de l'objet qui lui est confié ; mais je dois rappeler à l'assemblée qu'il a reçu d'elle l'ordre de ne présenter son travail qu'après la constitution. J'appuie la motion de M. de Foucault.

M. Dubois de Crancé. Dans ma province (la Champagne), où règne une tranquillité parfaite, le paysan, chargé d'une redevance en blé, la regarde comme servitude personnelle, quand elle n'est pas attachée à sa terre : en conséquence il ne croit guère au rachat. Il est indispensable d'éclairer le peuple. Mais ce qui peut réellement occasioner le trouble, c'est que les seigneurs font assigner leurs vassaux.

M. Duport. Avant que les comités des finances, des domaines ecclésiastiques, puissent vous faire des rapports, il faut que le comité féodal vous présente les bases du rachat des droits féodaux. Je demande que ce rapport soit fait le plus tôt possible.

M. de la Galissonnière demande l'ajournement à demain.

M. Rewbell. Le véritable objet du travail du comité féodal consiste dans la distinction des droits rachetables, et des droits abolis avec indemnité. Le décret demandé par M. de Foucault n'éclairerait pas le peuple, ne remédierait à rien, et augmenterait le trouble.

M. de Foucault. Il faut bien que je me fasse payer pour que je paie.

M. Chassé rend compte de l'état actuel du travail du comité féodal, et annonce qu'il pourra présenter son rapport vendredi ou samedi prochain.

Ce rapport est ajourné à samedi deux heures.

M. Fermont. Dans le moment où les ci-devant privilégiés de Bretagne s'empressent à adhérer et à prêter serment à la constitution, la nouvelle chambre des vacations du parlement de Rennes refuse d'enregistrer les décrets, et de remplir les fonctions qui lui sont attribuées. Je prie l'assemblée d'ajourner à demain le rapport que je dois présenter au sujet de ces faits.

Cet ajournement est adopté.

M. Dupont. Vous avez pris notre bras droit pour le mettre à votre tête : M. Bureau de Puzy était chargé, avec nous, de la division du royaume. Le brave et courageux M. Gossin, notre infatigable camarade M. du Bochet, et moi qui marche après eux, nous ne pouvons suffire à ce travail. Il faut donc remplacer M. de Puzy. S'il nous était permis de diriger votre choix, nous vous indiquerions M. de Féline......

M. de Féline est admis à remplacer M. Bureau de Puzy,

comme adjoint au comité de constitution, pour la division du royaume.

Précis de la séance du mercredi 3 février.

Après avoir entendu la suite du rapport sur la division du royaume, l'énonciation des questions adressées au comité de constitution sur l'organisation des municipalités, et les réponses que les membres de ce comité ont cru devoir faire, l'assemblée s'occupe de l'affaire de la nouvelle chambre des vacations du parlement de Rennes.

M. Fermont lit une lettre de correspondance, une adresse de la municipalité de cette ville, et propose un projet de décret rédigé par la députation de Bretagne. Ce projet est adopté sans discussion. L'assemblée décrète la formation d'un tribunal supérieur provisoire, destiné à remplacer la chambre des vacations du parlement de Rennes. Il sera composé de dix-neuf personnes, savoir : huit officiers pris en nombre égal dans les sénéchaussées de Rennes, Nantes, Vannes et Quimper; quatre des plus anciens avocats de la sénéchaussée de Rennes, six choisis deux par deux dans les trois autres tribunaux de même ordre ci-dessus indiqués. M. de Thalouet, président de la nouvelle chambre des vacations, et qui a refusé de participer à la délibération de ses collègues, présidera la cour supérieure provisoire.

L'affaire du parlement de Rennes, ne fut terminée que dans la séance du 6. Il fut décidé que les magistrats coupables étaient privés de leurs droits de citoyens, jusqu'à ce que par une enquête présentée au corps législatif, ils eussent obtenu la permission de prêter serment.

SÉANCE DU 9 FÉVRIER.

M. l'abbé Grégoire, président du comité des rapports, rend compte des troubles qui subsistent dans le Quercy, le Rouergue, le Périgord, le Bas-Limousin et une partie de la Basse-Bretagne.

Quelques paysans réunis en troupes armées portent la désolation dans toutes les propriétés nobles ou roturières; ils augmentent en nombre à mesure qu'ils étendent leurs ravages.

Le comité a cherché à découvrir les causes de ce désordre, pour vous en indiquer le remède. M. le vicomte de Mirabeau, dans un écrit qu'il vient de publier, appelle ces événemens la guerre de ceux qui n'ont rien contre ceux qui ont quelque chose. « On voit à la tête de ces brigands, dit-il, des gens dont le visage n'est pas flétri par le travail, qui parlent latin, et qui ont un plan de campagne : des phrases prononcées dans cette tribune, des lettres anonymes et incendiaires ont occasionné ces désordres, que les municipalités laissent subsister, si elles ne les fomentent pas.... » Aucune pièce communiquée au comité, aucun fait parvenu à sa connaissance n'appuient cette assertion.

M. Coupé. Le contraire est exactement vrai.

M. Lanjuinais. Je dénonce ce qui concerne les municipalités comme une calomnie.

M. l'abbé Grégoire continue. Les municipalités des pays où ces troubles ont lieu pensent qu'ils naissent 1° de l'ignorance de la langue. Les paysans entendent par décrets de l'assemblée nationale, des décrets de prise de corps; 2° de la crainte que les décrets du 4 août ne soient point exécutés; 3° de la fausse interprétation de ces décrets; 4° des erreurs dans lesquelles cherchent à faire tomber les habitans des campagnes, ceux qui préfèrent l'esclavage et l'anarchie, à l'ordre et à la liberté; 5° de faux décrets et de fausses lettres-patentes perfidement montrés aux paysans. Il faut que les bons citoyens se réunissent : ils ont fait à Sarlat un parti fédératif, à la tête duquel est l'évêque, et qui a pour but l'instruction du peuple : ils ont publié à Brives une lettre circulaire, modèle de patriotisme et de simplicité. Il faut déclarer au plus tôt quels sont les droits féodaux rachetables, quels sont ceux abolis sans indemnité. Le régime féodal est encore en vigueur dans quelques provinces. Une lettre de Lorraine contient cette phrase : «Nous sommes à la veille d'une guerre sanglante, intestine et féodale. » On a voulu, dans cette province, obliger les curés à dire au prône que les paysans doivent continuer à payer tous les droits seigneuriaux... Le comité propose de rendre le décret suivant. 1° Que le roi soit supplié de donner incessamment les ordres nécessaires pour l'exécution du décret du 10 août dernier, en ce qui concerne le maintien de la tranquillité publique ; 2° que le président écrive aux municipalités des pays où les troubles ont lieu, pour témoigner combien l'assemblée nationale est affectée des désordres dont la continuation nécessiterait le pouvoir exécutif à déployer toutes les forces qui sont à sa disposition.

N.... Le mot *affecté* n'est point assez fort ; il faut dire que l'assemblée blâme et condamne la conduite des auteurs des insurrections.

M. l'abbé Grégoire. Il me semblerait utile d'engager les curés, membres de cette assemblée, à écrire à leurs confrères, afin que ceux-ci donnent la véritable interprétation des décrets et en favorisent l'exécution par tous les moyens que leur offre la confiance due au ministère sacré dont ils sont revêtus.

M. Sallé de Choux. Le décret du 10 août porte que les municipalités veilleront à la tranquillité publique, et que, sur leur réquisition, les gardes nationales, les maréchaussées et les troupes soldées arrêteront les auteurs et complices des troubles ; que les personnes arrêtées seront remises aux tribunaux de justice, et interrogées incontinent, pour leur procès être fait ; mais qu'il sera sursis à l'exécution des jugemens rendus contre les auteurs et instigateurs des insurrections, et copies des interrogatoires et de la procédure envoyées à l'assemblée nationale, afin qu'elle puisse remonter à la source de ces projets contre le bien public. Je demande que le sursis à l'exécution des jugemens soit étendu à toutes les personnes arrêtées pour fait d'insurrection. Les brigands arrêtent sur les chemins, dans les champs, enlèvent des chaumières isolées, des paysans tranquilles, et les forcent à marcher avec eux. Ils les placent à leur tête, et quand on les attaque, ils les exposent les premiers aux coups qui sont tirés. Ces malheureux peuvent être pris et jugés comme s'ils étaient coupables.

M. le vicomte de Noailles. J'ai des nouvelles certaines des malheurs dont on vous a fait le tableau. Il y a dans le Rouergue, dans le Limousin et dans le Périgord, des gens qui se sont érigés en réparateurs des torts; ils jugent de nouveau des procès jugés depuis trente ans, et rendent des sentences qu'ils exécutent. Il faut inviter le pouvoir exécutif à user de tous les moyens qui lui sont donnés par vos décrets, pour arrêter cette frénésie. C'est vraiment une frénésie; car ceux qui vont à ces exécutions croient faire la chose la plus juste du monde. Un moyen plus sûr encore, c'est de délibérer jeudi ou vendredi, sans plus attendre, sur le projet de décret qui vous a été présenté par le comité féodal.

M. l'abbé Maury. Les insurrections populaires qui vous sont dénoncées, méritent d'autant plus votre attention, qu'étrangères à la classe des citoyens qu'on aurait cru opposés à la révolution, elles ne présentent que l'effrayant commencement d'une guerre civile (à ces mots on interrompt par des murmures) : je désire, avec tous les bons citoyens (nouveaux murmures), qu'il soit aussi facile d'écarter ce fléau qu'aisé d'en désapprouver le nom; mais toutes les fois que je verrai une classe de citoyens s'élever contre une autre classe, sans avoir des injures personnelles à venger, je le dirai avec douleur, c'est un déplorable commencement de guerre civile. Nous ne pouvons différer que sur le nom. Examinons le décret proposé.

Il renferme trois moyens de pacification : recourir au pouvoir exécutif; faire écrire une lettre aux municipalités; mettre les curés à même d'éclairer les peuples sur les véritables principes de l'assemblée nationale.

Le recours au pouvoir exécutif dans l'état ordinaire pourrait suffire; mais dans l'état actuel, ce serait le compromettre inutilement que d'invoquer son appui; car quelle autorité lui reste-t-il? Les grands tribunaux sont en vacances, les tribunaux ordinaires du second ordre, munis d'une force suffisante pour attaquer individuellement les malfaiteurs, sont incapables de s'opposer à une émeute populaire; ils ne peuvent juger en dernier ressort. Les troupes soldées sont inutiles au pouvoir exécutif, depuis que vous avez sagement décrété qu'elles ne peuvent marcher contre les citoyens, que sur la réquisition des officiers municipaux : les officiers municipaux, effrayés de la multitude des brigands, n'oseront pas invoquer la force armée. Les milices nationales ne sont point aux ordres du pouvoir exécutif; elles ne sont pas instituées dans les campagnes, et c'est loin des villes que les grands désordres se commettent. Ainsi le recours au pouvoir exécutif est donc démontré illusoire dans ces circonstances malheureuses; il est insuffisant, il serait compromis.

Le second moyen consiste à écrire aux provinces pour les engager à la paix, au respect dû à la propriété; mais est-ce à des invitations que nous devons nous arrêter, quand on incendie les châteaux, quand on massacre les citoyens, quand le prétexte hypocrite de la constitution tend à la renverser? Est-ce par des invitations que le corps-législatif doit traiter avec des scélérats? Non, c'est par des décrets supposés qu'on a commis des crimes; c'est par des décrets qu'il faut dire anathème aux brigands. Pourquoi des palliatifs, tandis que la force publique est entre nos mains? Si nous n'avons pas cette force, l'État est dissous.

L'influence des curés est le troisième moyen proposé. Je loue ce système de charité sacerdotale; mais en 1775, M. Turgot usa de ce moyen : ce remède, insuffisant alors, serait insuffisant aujourd'hui. Ce n'est pas à des hommes soumis à la religion que vous avez affaire; vous n'auriez pas besoin de tous ces moyens. Eh! quand celui-ci pourrait être efficace, le serait-il sur un peuple que les ennemis de la nation ont égaré? L'influence des curés serait donc absolument inutile.

Sans tribunaux, sans armée, sans maréchaussée, vous ne rétablirez donc jamais l'ordre; plus vous mettrez de rigueur pour prévenir le crime, moins il faudra de sévérité pour le punir.

Le seul moyen est donc de déclarer coupable toute insurrection contre l'ordre public; de livrer aux tribunaux les porteurs de décrets et d'ordres supposés, et de les rendre responsables; d'ordonner à l'armée soldée de déployer toute sa force contre les brigands attroupés, sans qu'il soit aucunement besoin de la réquisition des officiers municipaux.

(Un mouvement d'indignation se montre dans une grande partie de l'assemblée.)

C'est dans vos propres décrets que je puise la doctrine qui paraît si difficilement obtenir votre suffrage. Permettez-moi de vous rappeler aux principes : vous avez décrété la loi martiale ; vous avez ordonné que jamais les troupes soldées ne pourraient marcher contre les citoyens, que sur la réquisition des officiers municipaux ; vous avez ordonné des précautions pour les villes, et jamais vous n'en avez fait l'application aux campagnes. Quand vous avez voulu que le ministre de la loi ordonnât au peuple attroupé de se retirer, et qu'on ne pût user de la force des armes que sur son refus, avez-vous entendu prendre sous votre protection des armées de 1200 brigands? Pourquoi craignez-vous d'autoriser le pouvoir militaire à marcher dans les champs où les municipalités n'existent pas encore? Il n'est pas un commandant militaire qui ait l'imprudence d'empêcher le plus grand crime dans les campagnes.... (On murmure.) Il est infiniment facile de contredire, il est plus facile encore de désapprouver ; mais si vous voulez des preuves que les municipalités n'ont pas osé se servir de leur pouvoir, bientôt il vous en viendra de quatre provinces à la fois. Qui oserait dire à un officier municipal d'aller, votre décret à la main, arrêter une armée de 1200 brigands? Voilà cependant, si l'on s'en tient aux expressions littérales de votre loi, la formalité qui doit d'abord être remplie : on désobéit si on l'élude.

D'après ces considérations, je conclus que les moyens indiqués sont insuffisans, et je propose de décréter, 1° que tout Français qui se dira porteur de décrets de l'assemblée ou d'ordres du roi, et qui autorisera le désordre, demeurera responsable et sera puni comme atteint et convaincu du crime de lèse-nation ; 2° qu'aucun décret ne pourra servir de prétexte pour réclamer le moindre droit, à moins que la municipalité n'en ait une connaissance authentique ; 3° que les milices nationales prêteront les secours qui leur seront demandés ; 4° que les juges poursuivront en toute rigueur quiconque portera atteinte à la propriété ou à la sûreté des citoyens; 5° que dans les provinces où les brigands circulent dans les campagnes sans entrer dans les villes, les troupes soldées pourront marcher sans qu'il soit besoin de la réquisition des officiers civils.

M. de Boydel. Il est certain qu'il existe de très-grands troubles, et qu'il faut prendre des moyens prompts et efficaces pour les faire cesser. Le préopinant a examiné ceux que propose le comité; mais j'avoue que je n'ai remarqué, dans tout ce qu'il a dit, qu'erreurs et que contradictions manifestes. M. l'abbé Maury prétend qu'il n'y a plus en France, ni tribunaux, ni armée, ni maréchaussées; que les milices nationales sont dans l'indépendance du roi, et il trouve ses moyens dans les tribunaux, dans l'armée, dans les milices nationales. Il vous propose de violer un décret constitutionnel, en demandant que les troupes marchent contre les citoyens, sans qu'il soit nécessaire de la réquisition des officiers civils. Il a dit que recourir au pouvoir exécutif, c'était le compromettre inutilement, et il propose d'y recourir. Moi, je crois que si l'on a jamais pu relever le pouvoir exécutif, c'est dans ce moment où trois provinces ont besoin de ses secours; c'est dans ce moment qu'il faut montrer toute notre confiance dans sa justice, dans son zèle, dans sa force; c'est ce moment qui est vraiment propre à le relever dans l'opinion. Ce parti ne produirait peut-être pas tout l'effet possible; mais s'il peut un moment éloigner ou arrêter les brigands, les lois sur la féodalité arrivant ensuite, calmeront tout, ôteront tout prétexte à l'insurrection. Par prudence, par politique, par humanité, on doit n'avoir recours qu'au pouvoir exécutif, et le charger de tous les moyens possibles d'arrêter les troubles.

M. Lanjuinais. Les causes des troubles du département de Bretagne sont connues. Les arrêtés du 4 août ont été le signal de toutes les vexations féodales; on a multiplié les exécutions pour le paiement des rentes arriérées; on a exigé les corvées féodales, les assujétissemens avilissans. Depuis la publication des décrets, on a intenté quatre cents procès au sujet des moulins seulement; les meules des moulins à bras, moyens uniques de subsistance du pauvre ont été brisées avec violence.... On calomnie aujourd'hui les municipalités; celle de Rennes mérite les éloges des bons citoyens et la reconnaissance des privilégiés; elle a employé, pour défendre ceux-ci, toute la force dont elle pouvait disposer : chaque individu de la garde nationale s'est disputé le plaisir d'aller secourir les nobles attaqués; elle a surtout usé avec succès des moyens de conciliation; les communautés contre lesquelles elle avait marché ont exprimé le vœu de lui être réunies, soit par l'arrondissement du district, soit autrement. La désobéissance des magistrats a encore été une des causes des troubles; les paysans disaient : il n'y a pas de justice, nous ne serons pas punis....

Je demande qu'on ajoute au décret, que les voies de conciliation et d'exhortation seront d'abord employées, et qu'on ne recourra à la force armée que dans la plus urgente nécessité. Je crois aussi convenable, pour remplir cet objet, d'insérer dans l'adresse qui doit être rédigée au sujet de l'union intime du roi avec l'assemblée, quelques phrases relatives aux circonstances qui nous occupent, et que cette adresse soit lue au prône.

M. de Cazalès raconte avec beaucoup de calme que dans le Bas-Quercy on a brûlé un de ses châteaux; les habitans ont éteint l'incendie, et attaqué les brigands avec succès. Ainsi, dit-il, les malheurs qui nous affligent ne prennent pas leur source dans les vexations, que je crois fort rares, mais dans le défaut de force publique, et dans la faiblesse du pouvoir exécutif.

M. de Robespierre. M. de Lanjuinais a proposé d'épuiser les voies de conciliation avant d'employer la force militaire contre le peuple qui a brûlé les châteaux....

M. d'Esprémenil. Ce n'est pas le peuple, ce sont des brigands.

M. de Robespierre. Si vous voulez, je dirai les citoyens accusés d'avoir brûlé les châteaux....

MM. de Foucault et d'Esprémenil. Dites donc des brigands.

M. de Robespierre. Je ne me servirai que du mot d'hommes, et je caractériserai assez ces hommes en disant le crime dont on les accuse.

La force militaire employée contre des hommes, est un crime quand elle n'est pas absolument indipensable. Le moyen humain proposé par M. Lanjuinais est plus convenable que les propositions violentes de M. l'abbé Maury. Il ne vous est pas permis d'oublier que nous sommes dans un moment où tous les pouvoirs sont anéantis, où le peuple se trouve tout à coup soulagé d'une longue oppression ; il ne vous est pas permis d'oublier que les maux locaux dont on vous rend compte sont tombés sur ces hommes qu'à tort ou avec raison, le peuple accuse de son oppression et des obstacles apportés chaque jour à la liberté ; n'oubliez pas que des hommes égarés par le souvenir de leurs malheurs, ne sont pas des coupables endurcis, et vous conviendrez que des exhortations peuvent les ramener et les calmer.

Craignons que cet amour de la tranquillité ne soit la source d'un moyen propre à détruire la liberté ; craignons que ces désordres ne servent de prétextes pour mettre des armes terribles dans des mains qui pourraient les tourner contre la liberté ; craignons que ces armes ne soient dirigées par des hommes qui ne seraient pas les meilleurs amis de la révolution. L'assemblée, à peine de manquer à la cause populaire, qu'il est de son devoir de défendre, doit ordonner que les municipalités useront de tous les moyens de conciliation, d'exhortation et d'instruction, avant que la force militaire puisse être employée.

Plusieurs membres demandent la parole. Le rapporteur la réclame. L'assemblée décide qu'il sera seul entendu.

M. l'abbé Grégoire observe que ce qui concerne les curés ne forme pas partie du décret.

M. Faydel demande la parole.

On remarque qu'elle ne peut plus être accordée. On fait lecture des diverses rédactions et amendemens. L'assemblée décide qu'il n'y a pas lieu à délibérer sur les amendemens. La priorité est accordée au projet de décret du comité de rapports. Ce projet est adopté.]

SÉANCE DU MARDI 10 FÉVRIER.

[Le rapport sur la division du royaume est continué.

Division du département de Paris.

Le département de Paris sera divisé en trois districts, qui auront pour chefs-lieux, Paris, Saint-Denis et Bourg-la-Reine ; les deux derniers districts seront purement administratifs.

M. le Camus. Aux termes de ceux de vos décrets qui fixent les bases de la représentation, chaque département doit avoir trois députés pour son territoire ; cependant on lit dans l'instruction sur la représentation nationale, que le département de Paris n'aura qu'un député pour cette base. Je demande que vos décrets soient déclarés communs au département de Paris.

M. Desmeuniers. La partie de l'instruction qui donne lieu à l'observation du préopinant n'a point été lue à l'assemblée. Le nombre des départemens n'était point encore fixé, et le calcul des représentans à l'assemblée nationale était resté en blanc. Je me joins, ainsi que la députation de Paris, à la réclamation de M. le Camus. Il faut que l'assemblée ordonne l'exécution de son décret, ou qu'elle prononce l'exception.

M. Lanjuinais. L'Ile-de-France, qui n'a que l'étendue d'un département, en forme cinq : aura-t-elle, à raison de ce nombre, quinze représentans pour son territoire ? Ces départemens réunissent déjà de trop grands avantages, pour qu'on n'y regarde pas de très-près, quand il s'agit de leur en accorder encore. Deux questions se présentent à décider : Paris n'aura-t-il qu'un seul député pour son territoire ? Les cinq départemens de l'Ile-de-France n'auront-ils pour la même base pas plus de représentans qu'un seul département ? Il faut ajourner ces questions, afin que le comité nous présente un travail à ce sujet.

M. de la Rochefoucault appuie la réclamation de M. le Camus, et établit qu'on doit délibérer sur-le-champ.

L'assemblée délibère et confirme l'article de l'instruction, par lequel il est dit que Paris n'aura qu'un seul représentant pour son territoire.

M. Desmeuniers. L'élection de la municipalité de Saint-Jean-d'Angely trouble cette ville d'une manière assez grave, pour que votre comité de constitution croie devoir vous demander un décret à ce sujet.

Une grande partie de la ville réclame contre l'élection du maire, auquel plusieurs reproches sont faits, et dont la nomination est attaquée de nullité. L'assemblée ne peut prononcer définitivement qu'après s'être procuré des preuves authentiques.

Le comité propose ce qui suit :

« L'assemblée nationale, sur les discussions élevées à Saint-Jean-d'Angely, au sujet de l'élection du maire, renvoie au pouvoir exécutif, et supplie le roi de donner, après la vérification des faits, les ordres nécessaires pour une nouvelle élection. »

M. Prieur. Ce décret n'est pas dans les principes de l'assemblée nationale. Le roi sera juge des faits, et cependant l'article 19 de la constitution établit que le pouvoir exécutif ne peut exercer le pouvoir judiciaire.

M. Target. Il ne s'agit pas d'un jugement, mais de l'application des décrets.

M. Desmeuniers. On prétend que l'élection du maire est contraire aux décrets constitutionnels, et cinq faits articulés semblent le prouver. Si ces faits sont vrais, l'élection est nulle. Mais l'assemblée ne peut s'informer elle-même de ces faits; il faut bien en charger le pouvoir exécutif.

M. Barnave. Suivant le projet de décret, le roi est juge de la nullité de l'élection; il est juge de la question de savoir s'il y a lieu à une convocation nouvelle, si l'on s'est écarté de vos décrets: il est donc interprète de vos décrets. — Du moment où le pouvoir exécutif sera juge des élections, il pourra les empêcher, il pourra les diriger : quelle est la ville où il ne trouvera pas le moyen d'exciter des réclamations? Le jugement de ces sortes d'affaires doit appartenir à un tribunal quelconque. Vous désignerez probablement les districts ou les départemens; mais comme ils ne sont point encore établis, c'est vous, c'est vous seuls qui avez le droit d'interpréter vos décrets. Il faut donc, dans les circonstances présentes, que l'assemblée se réserve de statuer, après avoir fait prendre les renseignemens nécessaires par le pouvoir exécutif. Cependant comme cette affaire est très-délicate et très-importante, j'en demande l'ajournement à une séance du soir.

M. Regnaud, député de Saint-Jean-d'Angely. Je ne connais pas les détails de cet événement ; s'il y a quelques coupables, ils sont mes compatriotes, et mon cœur en gémira ; mais je demande que la vérité soit constatée et la justice rendue. Je m'en remets à la sagesse de l'assemblée sur la question de savoir si elle peut juger ou renvoyer au pouvoir exécutif.

M. de Mirabeau l'aîné. Le pouvoir de juger les élections ne peut jamais appartenir au pouvoir exécutif ; autrement il jugerait les élémens du pouvoir législatif. Les élections ne pourront être jugées que par les assemblées administratives : mais aujourd'hui que nous n'avons pas distribué tous les pouvoirs, quel que soit le parti ultérieur que vous puissiez prendre, il est certain que le pouvoir de juger les élections vous appartient, et n'appartient qu'à vous. Je ne vois pas de quelle espèce de prétexte on pourrait colorer le renvoi du jugement d'une élection au pouvoir exécutif.

M. Emery. Il est certain que n'ayant pas départi les pouvoirs, c'est à nous de juger ; dès-lors c'est à nous à nous procurer les renseignemens nécessaires pour connaître sûrement les faits : celui qui a la connaissance du droit, doit avoir celle du fait ; mais nommerons-nous un commissaire ? Ce parti offrirait de grands inconvéniens. Il vaut mieux déléguer la municipalité la plus voisine, et la charger de dresser un procès-verbal des faits.

M. de Mirabeau l'aîné. Je demande l'ajournement afin que le comité de constitution puisse préparer un travail sur la partie importante du jugement des élections.

M. de Beaumetz. La nomination d'une commission est inconstitutionnelle : le délégué véritable de l'assemblée nationale et de la nation, c'est le roi ; son seul commissaire, c'est le pouvoir exécutif. Je conclus en adoptant le projet du comité de constitution.

M. de Cazalès. Le principe de M. de Mirabeau est juste ; mais ce qui n'est pas exact, c'est qu'il faille décréter le plus tôt possible. Je pense qu'on doit renvoyer à l'assemblée de département, quand elle subsistera.

M. Buzot. Vous n'avez pas encore de décret sur le jugement des élections; vous n'avez pas d'assemblée ni de tribunal pour l'exécution de vos décrets. Cependant il faut mettre fin à des dissensions qui d'un moment à l'autre peuvent ensanglanter la ville de Saint-Jean-d'Angely. Ne pouvant déléguer personne, ni vous confier au pouvoir exécutif, vous devez vous borner à suivre une marche que vous avez déjà prise au sujet de la municipalité de Ris : ordonnez une nouvelle élection.

M. Pétion de Villeneuve. Le décret rendu pour la municipalité de Ris n'est point applicable à la circonstance : il s'agissait, non d'une élection nulle, mais de deux municipalités élues en même temps dans le même lieu. Par qui les informations seront-elles faites? Par qui le fait sera-t-il jugé? Vous avez le droit de juger; vous avez dès-lors celui d'instruire; si vous avez le droit d'instruire, vous avez celui de nommer des commissaires; si vous pouvez les nommer, vous pouvez les choisir : c'est sur la municipalité la plus voisine que doit tomber votre choix.

M. Regnaud. La municipalité de La Rochelle vient d'être organisée d'une manière qui a satisfait tous les citoyens, et qui la rend digne de la confiance de l'assemblée.

On ferme la discussion.

Le décret suivant est adopté à une grande majorité.

« L'assemblée nationale décrète qu'elle fixera incessamment les règles constitutionnelles pour le jugement des élections, et que, par provision, le maire et deux officiers municipaux de La Rochelle prendront connaissance des faits relatifs à la validité de l'élection du maire de Saint-Jean-d'Angely. Ils dresseront un procès-verbal qu'ils enverront à l'assemblée nationale.

M. l'évêque d'Autun fait, au nom du comité de constitution, lecture d'une adresse destinée à faire connaître au peuple l'esprit des décrets, à le prémunir contre les libelles dont les provinces sont inondées, et à l'engager au calme et à la confiance.

Il est impossible de présenter aujourd'hui l'analyse de cette adresse, avec cette élévation d'ame et cette simplicité d'expressions qui forment le véritable langage de la liberté, pensée avec cette énergie que le patriotisme seul inspire, remplie de ces rapprochemens heureux, plutôt l'effet du sentiment que de l'esprit. Cette adresse a tellement ému tous les auditeurs, qu'on serait coupable d'avoir conservé l'attention calme, nécessaire pour faire une analyse exacte. Des applaudissemens sans exemple interrompent souvent l'orateur. On doit cependant observer qu'une partie de l'assemblée n'a pas partagé cet enthousiasme.

M. *l'évêque d'Autun* a proposé de lire encore demain cette adresse, afin de profiter des observations qui pourront lui être faites. Nous profiterons de cette seconde lecture pour satisfaire l'empressement de nos lecteurs. (*Moniteur.*)

Cette adresse fut votée dans la séance du soir, le lendemain 11. Elle est curieuse en ce qu'elle est l'expression de la véritable majorité de l'assemblée. On verra si elle mérite l'enthousiasme officiel des réflexions précédentes.

Adresse de l'assemblée nationale au peuple français, du 11 février 1790.

L'assemblée nationale s'avançant dans la carrière de ses travaux, reçoit de toutes parts les félicitations des provinces, des villes, des communautés, les témoignages de la joie publique, les acclamations de la reconnaissance; mais elle entend aussi les murmures de ceux que blessent ou qu'affligent les coups portés à tant d'abus, à tant d'intérêts, à tant de préjugés. En s'occupant du bonheur de tous, elle s'inquiète des maux particuliers; elle pardonne à la prévention, à l'aigreur, à l'injustice; mais elle regarde comme un de ses devoirs de vous prémunir contre les influences de la calomnie, et de détruire les vaines terreurs dont on chercherait vainement à vous surprendre. Eh! que n'a-t-on pas tenté pour vous égarer, pour ébranler votre courage! On a feint d'ignorer quel bien avait fait l'assemblée nationale : nous allons vous le rappeler : on a élevé des difficultés contre ce qu'elle a fait; nous allons y répondre: on a répandu des doutes, on a fait naître des inquiétudes sur ce qu'elle fera; nous allons vous l'apprendre.

Qu'a fait l'assemblée? Elle a tracé d'une main ferme, au milieu des orages, les principes de la constitution qui assure à jamais votre liberté.

Les droits des hommes étaient méconnus, insultés depuis des siècles; ils ont été rétablis pour l'humanité entière, dans cette déclaration qui sera le cri éternel de guerre contre les oppresseurs, et la loi des législateurs eux-mêmes.

La nation avait perdu le droit de décréter et les lois et les impôts: ce droit lui a été restitué, et en même temps ont été consacrés les vrais principes de la monarchie, l'inviolabilité du chef auguste de la nation, et l'hérédité du trône dans une famille aussi chère à tous les Français.

Nous n'avions que des États-Généraux; vous avez maintenant une assemblée nationale, et elle ne peut plus vous être ravie.

Des ordres nécessairement divisés et asservis à d'antiques prétentions, y dictaient les décrets, et pouvaient y arrêter l'essor de la volonté nationale. Ces ordres n'existent plus; tout a disparu devant l'honorable qualité de citoyen.

Tout étant devenu citoyen, il vous fallait des défenseurs citoyens; et au premier signal on a vu cette garde nationale qui, rassemblée par le patriotisme, commandée par l'honneur, partout maintient ou ramène l'ordre, et veille avec un zèle infatigable à la sûreté de chacun pour l'intérêt de tous.

Des priviléges sans nombre, ennemis irréconciliables de tout bien, composaient tout notre droit public; ils sont détruits; et à la voix de cette assemblée, les provinces les plus jalouses des leurs ont applaudi à leur chute; elles ont senti qu'elles s'enrichissaient de leur perte.

Une féodalité vexatoire, si puissante encore dans ses derniers débris, couvrait la France entière: elle a disparu sans retour.

Vous étiez soumis dans les provinces au régime d'une administration inquiétante: vous en êtes affranchis.

Des ordres arbitraires attentaient à la liberté des citoyens: ils sont anéantis.

Vous vouliez une organisation complète des municipalités : elle vient de vous être donnée; et la création de tous ces corps, formés par vos suffrages, présente en ce moment, dans toute la France, le spectacle le plus imposant.

En même temps l'assemblée nationale a consommé l'ouvrage de la nouvelle division du royaume, qui, seule, pouvait effacer jusqu'aux dernières traces des anciens préjugés; substituer à l'amour-propre de province l'amour véritable de la patrie; asseoir les bases d'une bonne représentation, et fixer à la fois les droits de chaque homme et de chaque canton, en raison de leurs rapports avec la chose publique; problème difficile, dont la solution était restée inconnue jusqu'à nos jours.

Dès long-temps vous désiriez l'abolition de la vénalité des charges de magistrature: elle a été prononcée.—Vous éprouviez le besoin d'une réforme, du moins provisoire, des principaux vices du code criminel : elle a été décrétée, en attendant une réforme générale.—De toutes les parties du royaume nous ont été adressées des plaintes, des demandes, des réclamations: nous y avons satisfait autant qu'il était en notre pouvoir.—La multitude des engagemens publics effrayait: nous avons consacré les principes sur la foi qui leur est due.—Vous redoutiez le pouvoir des ministres: nous leur avons imposé la loi rassurante de la responsabilité.

L'impôt de la gabelle vous était insupportable : nous l'avons adouci d'abord, et nous vous en avons assuré l'entière et prochaine destruction; car il faut que les impôts, indispensables pour les besoins publics, soient encore justifiés par leur égalité, leur sagesse, leur douceur.

Des pensions immodérées, prodiguées souvent à l'insu de votre roi, vous ravissaient le fruit de vos labeurs : nous avons jeté sur elles un premier regard sévère, et nous allons les renfermer dans les limites étroites d'une stricte justice.

Enfin, les finances demandaient d'immenses réformes : secondés par le ministre qui a obtenu votre confiance, nous y avons travaillé sans relâche; et bientôt vous allez en jouir.

Voilà notre ouvrage, Français, ou plutôt voilà le vôtre; car nous ne sommes que vos organes, et c'est vous qui nous avez éclairés, encouragés, soutenus dans nos travaux. Quelle époque que celle à laquelle nous sommes enfin parvenus! Quel honorable héritage vous avez à transmettre à votre postérité! Élevés au rang de citoyens, admissibles à tous les emplois, censeurs éclairés de l'administration, quand vous n'en serez pas les dépositaires, sûrs que tout se fait et par vous et pour vous, égaux devant la loi, libres d'agir, de parler, d'écrire, ne devant jamais compte aux hommes, toujours à la volonté commune ; quelle plus belle condition! Pourrait-il être encore un seul citoyen vraiment digne de ce nom, qui osât tourner ses regards en arrière, qui voulût relever les débris dont nous sommes environnés, pour en contempler l'ancien édifice?

Et pourtant, que n'a-t-on pas dit? que n'a-t-on pas fait pour affaiblir en vous l'impression naturelle que tant de biens doivent produire?

Nous avons tout détruit, a-t-on dit; c'est qu'il fallait tout reconstruire. Et qu'y a-t-il donc tant à regretter? veut-on le savoir? Que sur tous les objets réformés ou détruits, l'on interroge les hommes qui n'en profitaient pas ; qu'on interroge même la bonne foi des hommes qui en profitaient; qu'on écarte ceux-là qui, pour ennoblir les affections de l'intérêt personnel, prennent aujourd'hui pour objet de leur commisération, le sort de ceux qui, dans d'autres temps, leur furent si indifférens ; et l'on verra si la réforme de chacun de ces objets ne réunit pas tous les suffrages faits pour être comptés.

Nous avons agi avec trop de précipitation.... et tant d'autres nous ont reproché d'agir avec trop de lenteur! Trop de précipitation! Ignore-t-on que c'est en attaquant, en renversant tous les abus à la fois, qu'on peut espérer de s'en voir délivré sans retour; qu'alors, et alors seulement, chacun se trouve intéressé à l'établissement de l'ordre; que les réformes lentes et partielles ont toujours fini par ne rien réformer; enfin, que l'abus que l'on conserve devient l'appui, et bientôt le restaurateur de tous ceux qu'on croyait avoir détruits?

Nos assemblées sont tumultueuses........ Et qu'importe, si les décrets qui en émanent sont sages? Nous sommes, au reste, loin de vouloir présenter à votre admiration les détails de tous nos débats. Plus d'une fois nous en avons été affligés nous-mêmes; mais nous avons senti en même temps qu'il était trop injuste de chercher à s'en prévaloir, et qu'après tout cette impétuosité était l'effet presque inévitable du premier combat qui se soit peut-être jamais livré entre tous les principes et toutes les erreurs.

On nous accuse d'avoir aspiré à une perfection chimérique..... Reproche bizarre qui n'est, on le voit bien, qu'un vœu mal déguisé pour la perpétuité des abus. L'assemblée nationale ne s'est point arrêtée à ces motifs servilement intéressés ou pusillanimes: elle a eu le courage, ou plutôt la raison de croire que les idées utiles, nécessaires au genre humain, n'étaient pas exclusivement destinées à orner les pages d'un livre, et que l'Être suprême, en donnant à l'homme la perfectibilité, apanage particulier de sa nature, ne lui avait pas défendu de l'appliquer à l'ordre social, devenu le plus universel de ses intérêts, et presque le premier de ses besoins.

Il est impossible, a-t-on dit, de régénérer une nation vieille et corrompue.... Que l'on apprenne qu'il n'y a de corrompu que ceux qui veulent perpétuer des abus corrupteurs, et qu'une nation rajeunit le jour où elle a résolu de renaître à la liberté. Voyez la génération nouvelle! comme déjà son cœur palpite de joie et d'espérance! comme ses sentimens sont purs, nobles, patriotiques! avec quel enthousiasme on la voit chaque jour briguer l'honneur d'être admise à prêter le serment de citoyens!... Mais pourquoi s'arrêter à un aussi misérable reproche? L'assemblée nationale serait-elle donc réduite à s'excuser de n'avoir pas désespéré du peuple français ?

On n'a encore rien fait pour le peuple, s'écrient de toutes parts ses prétendus amis. Et c'est sa cause qui triomphe partout. Rien fait pour le peuple ! Et chaque abus que l'on a détruit ne lui prépare-t-il pas, ne lui assure-t-il pas un soulagement ? Était-il un abus qui ne pesât sur le peuple ?

Il ne se plaignait pas.... C'est que l'excès de ses maux étouffait ses plaintes.... Maintenant il est malheureux.... Dites plutôt, il est encore malheureux... mais il ne le sera pas long-temps : nous en faisons le serment.

Nous avons détruit le pouvoir exécutif.... Non : dites le pouvoir ministériel ; et c'est lui qui détruisait, qui souvent dégradait le pouvoir exécutif. Le pouvoir exécutif, nous l'avons éclairé en lui montrant ses véritables droits ; surtout nous l'avons ennobli en le faisant remonter à la véritable source de sa puissance, la puissance du peuple.

Il est maintenant sans force.... Contre la constitution et la loi, cela est vrai ; mais en leur faveur, il sera plus puissant qu'il ne le fut jamais.

Le peuple s'est armé.... Oui, pour sa défense : il en avait besoin. Mais dans plusieurs endroits il est résulté des malheurs..... Peut-on les reprocher à l'assemblée nationale ? peut-on lui imputer des désastres dont elle gémit, qu'elle a voulu prévenir, arrêter par la force de ses décrets, et que va faire cesser sans doute l'union désormais indissoluble entre les deux pouvoirs, et l'action irrésistible de toutes les forces nationales ?

Nous avons passé nos pouvoirs. La réponse est simple. Nous étions incontestablement envoyés pour faire une constitution : c'était le vœu, c'était le besoin de la France entière. Or, était-il possible de la créer, cette constitution, de former un ensemble, même imparfait, de décrets constitutionnels, sans la plénitude des pouvoirs que nous avons exercés ? Disons plus : sans l'assemblée nationale, la France était perdue ; sans le principe qui soumet tout à la pluralité des suffrages libres, et qui a fait tous nos décrets, il est impossible de concevoir une assemblée nationale ; il est impossible de concevoir, nous ne disons pas une constitution, mais même l'espoir de détruire irrévocablement le moindre des abus. Ce principe est d'éternelle vérité : il a été reconnu dans toute la France ; il s'est reproduit de mille manières dans ces nombreuses adresses d'adhésion, qui rencontraient sur toutes les routes cette foule de libelles où l'on nous reproche d'avoir excédé nos pouvoirs. Ces adresses, ces félicitations, ces hommages, ces sermens patriotiques, quelle confirmation de ces pouvoirs que l'on voulait nous contester !

Tels sont, Français, les reproches que l'on fait à vos représentans dans cette foule d'écrits coupables, où l'on affecte le ton d'une douleur citoyenne. Ah! vainement on s'y flatte de nous décourager : notre courage redouble ; vous ne tarderez pas à en ressentir les effets.

L'assemblée va vous donner une constitution militaire qui, composant l'armée de soldats citoyens, réunira la valeur qui défend la patrie, et les vertus civiques qui la protègent sans l'effrayer.

Bientôt elle vous présentera un système d'impositions, ménageant l'agriculture et l'industrie, respectant enfin la liberté du commerce ; un système qui, simple, clair, aisément conçu de tous ceux qui paient, déterminera la part qu'ils doivent, rendra facile la connaissance si nécessaire de l'emploi des revenus publics, et mettra sous les yeux de tous les Français, le véritable état des finances, jusqu'à présent labyrinthe obscur, où l'œil n'a pu suivre la trace des trésors de l'État.

Bientôt un clergé-citoyen, soustrait à la pauvreté comme à la richesse, modèle à la fois du riche et du pauvre, pardonnant les expressions injurieuses d'un délire passager, inspirera une confiance vraie, pure, universelle, que n'altérera ni l'envie qui outrage, ni cette sorte de pitié qui humilie ; il fera chérir encore davantage la religion ; il en accroîtra l'heureuse influence par des rapports plus doux et plus intimes entre les peuples et les pasteurs, et il n'offrira plus le spectacle que le patriotisme du clergé lui-même a plus d'une fois dénoncé dans cette assemblée, de l'oisiveté opulente, et de l'activité sans récompense.

Bientôt un système de lois criminelles et pénales, dictées par la raison, la justice, l'humanité, montrera, jusque dans la personne des victimes de la loi, le respect dû à la qualité d'homme, respect sans lequel on n'a pas le droit de parler en morale.

Un code de lois civiles, confié à des juges désignés par votre suffrage, et rendant gratuitement la justice, fera disparaître toutes ces lois obscures, compliquées, contradictoires, dont l'incohérence et la multitude semblaient laisser, même à un juge intègre, le droit d'appeler justice sa volonté, son erreur, quelquefois son ignorance; mais jusqu'à ce moment vous obéirez religieusement à ces mêmes lois, parce que vous savez que le respect pour toute loi non encore révoquée, est la marque distinctive du vrai citoyen.

Enfin, nous terminerons nos travaux par un code d'instruction et d'éducation nationale, qui mettra la constitution sous la sauvegarde des générations naissantes; et faisant passer l'instruction civique par tous les degrés de la représentation, nous transmettrons, dans toutes les classes de la société, les connaissances nécessaires au bonheur de chacune de ces classes, en même temps qu'à celui de la société entière.

Voyez, Français, la perspective de bonheur et de gloire qui s'ouvre devant vous. Il reste encore quelques pas à faire, et c'est où vous attendent les détracteurs de la révolution. Défiez-vous d'une impétueuse vivacité; redoutez surtout les violences, car tout désordre peut devenir funeste à la liberté. Vous chérissez cette liberté; vous la possédez maintenant : montrez-vous dignes de la conserver; soyez fidèles à l'esprit, à la lettre des décrets de vos représentans, sanctionnés ou acceptés par le roi; distinguez soigneusement les droits abolis sans rachat, et les droits rachetables, mais encore existans. Que les premiers ne soient plus exigés, mais que les seconds ne soient point refusés. Songez aux trois mots sacrés qui garantissent ces décrets : la nation, la loi, le roi. La nation, c'est vous : la loi, c'est encore vous; c'est votre volonté : le roi, c'est le gardien de la loi. Quels que soient les mensonges qu'on prodigue, comptez sur cette union. C'est le roi qu'on trompait : c'est vous qu'on trompe maintenant, et la bonté du roi s'en afflige; il veut préserver son peuple des flatteurs qu'il a éloignés du trône; il en défendra le berceau de son fils; car au milieu de vos représentans, il a déclaré qu'il faisait de l'héritier de la couronne, le gardien de la constitution.

Qu'on ne vous parle plus de deux partis : il n'en est qu'un; nous l'avons tous juré : c'est celui de la liberté. Sa victoire est sûre, attestée par les conquêtes qui se multiplient tous les jours. Laissez d'obscurs blasphémateurs prodiguer contre nous les injures, les calomnies; pensez seulement que, s'ils nous louaient, la France serait perdue. Gardez-vous surtout de réveiller leurs espérances par des fautes, par des désordres, par l'oubli de la loi. Voyez comme ils triomphent de quelques délais dans la perception de l'impôt! Ah! ne leur préparez pas une joie cruelle! Songez que cette dette.... Non, ce n'est plus une dette; c'est un tribut sacré, et c'est la patrie maintenant qui le reçoit pour vous, pour vos enfans; elle ne le laissera plus prodiguer aux déprédateurs qui voudraient voir tarir pour l'Etat le trésor public, maintenant tari pour eux; ils aspiraient à des malheurs qu'a prévenus, qu'a rendus impossibles la bonté magnanime du roi. Français, secondez votre roi par un saint et immuable respect pour la loi, défendez contre eux son bonheur, ses vertus, sa mémoire; montrez qu'il n'eut jamais d'autres ennemis que ceux de la liberté; montrez que pour elle et pour lui, votre constance égalera votre courage; que pour la liberté dont il est le garant, on ne se lasse point, on est infatigable. Votre lassitude était le dernier espoir des ennemis de la révolution; ils le perdent : pardonnez-leur d'en gémir; et déplorez, sans les haïr, ce reste de faiblesse, toutes ces misères de l'humanité. Cherchons, disons même ce qui les excuse. Voyez quel concours de causes a dû prolonger, entretenir, presque éterniser leur illusion. Eh! ne faut-il pas quelque temps pour chasser de sa mémoire les fantômes d'un long rêve, les rêves d'une longue vie? Qui peut triompher en un moment des habitudes de l'esprit, des opinions inculquées dans l'enfance, entretenues par les formes extérieures de la société, longtemps favorisées par la servitude publique qu'on croyait éternelle, chères à un genre d'orgueil qu'on imposait comme un devoir, enfin mises sous la protection de l'intérêt personnel qu'elles flattaient de tant de manières? Perdre à la fois ses illusions, ses espérances, ses idées les plus chéries, une partie de sa fortune, est-il donné à beaucoup d'hommes de le pouvoir sans quelques regrets, sans des efforts, sans des résistances d'abord naturelles, et qu'ensuite un faux point d'honneur s'impose quelquefois à lui-même? Eh! si dans cette classe naguère si favorisée, il s'en trouve quelques-uns qui ne peuvent se faire à tant de pertes à la fois, soyez généreux; songez que, dans cette même classe, il s'est trouvé des hommes qui ont osé s'élever à la dignité de citoyens : intrépides défenseurs de vos droits, et dans le sein même de leur famille, opposant à leurs sentimens les plus tendres, le noble enthousiasme de la liberté.

Plaignez, Français, les victimes aveugles de tant de déplorables préjugés; mais, sous l'empire des lois, que le mot de *vengeance* ne soit plus prononcé. Courage, persévérance, générosité, les vertus de la liberté, nous vous les demandons au nom de cette liberté sacrée, seule conquête digne de l'homme, digne de vous, par les efforts, par les sacrifices que vous avez faits pour elle, par les vertus qui se sont mêlées aux malheurs inséparables d'une grande révolution : ne retardez point, ne déshonorez point le plus bel ouvrage dont les annales du monde nous aient transmis la mémoire. Qu'avez-vous à craindre? rien; non, rien, qu'une funeste impatience : encore quelques momens.... C'est pour la liberté! Vous avez donné tant de siècles au despotisme! Amis, citoyens, une patience généreuse au lieu d'une patience servile. Au nom de la patrie, vous en avez une maintenant; au nom de votre roi, vous avez un roi : il est à vous : non plus le roi de quelques milliers d'hommes, mais le roi des Français, de tous les Français. Qu'il doit mépriser maintenant le despotisme! qu'il doit le haïr; Roi d'un peuple libre, comme il doit reconnaître l'erreur de ces illusions mensongères, qu'entretenait sa cour qui se disait son peuple! Prestiges répandus autour de son berceau, enfermés comme à dessein dans l'éducation royale, et dont on a cherché, dans tous les temps, à composer l'entendement des rois, pour faire, de leurs erreurs, le patrimoine des cours. Il est à vous : qu'il nous est cher! Ah! depuis que son peuple est devenu sa cour, lui refuserez-vous la tranquillité, le bonheur qu'il mérite? Désormais, qu'il n'apprenne plus aucune de ces scènes violentes qui ont tant affligé son cœur; qu'il apprenne, au contraire, que l'ordre renaît; que partout les propriétés sont respectées, défendues; que vous recevez, vous placez sous l'égide des lois, l'ami, l'ennemi de votre cause, l'innocent, le coupable.... De coupable, il n'en est point, si la loi ne l'a prononcé. Ou plutôt, qu'il apprenne encore, votre vertueux monarque, quelques-uns de ces traits généreux, de ces nobles exemples qui, déjà ont illustré le berceau de la liberté française, vos adversaires protégés, défendus par vous-mêmes, couverts de votre personne.... Etonnez-le de vos vertus, pour lui donner plutôt le prix des siennes, en avançant pour lui le moment de la tranquillité publique et le spectacle de votre félicité.

Pour nous, poursuivant notre tâche laborieuse, voués, consacrés au grand travail de la constitution, votre ouvrage, autant que le nôtre, nous le terminerons, aidés de toutes les lumières de la France; et vainqueurs de tous les obstacles, satisfaits de notre conscience, convaincus, et d'avance heureux de votre prochain bonheur, nous placerons entre vos mains ce dépôt sacré de la constitution, sous la garde des vertus nouvelles, dont le germe, enfermé dans vos âmes, vient d'éclore aux premiers jours de la liberté.

SÉANCE DU 16 FÉVRIER.

[Elle fut commencée, comme d'ordinaire, sur la question de l'organisation départementale.

M. le président annonce, de la part du garde-des-sceaux, un mémoire adressé par l'évêque de Bâle au pouvoir exécutif, et renvoyé par lui à l'assemblée. — Ce mémoire est renvoyé au comité féodal.

Un mémoire, aussi envoyé par le ministre, est lu à l'assemblée.

Les désordres qui règnent dans les provinces affectent douloureusement le cœur de Sa Majesté. Si ces alarmantes insurrections n'avaient pas un terme prochain, toutes les propriétés seraient bientôt violées : rien n'est sacré pour les brigands. Sa Majesté, en sanctionnant le décret relatif à l'organisation des nouvelles municipalités, était dans la confiance que les officiers civils et municipaux emploieraient, avec autant de courage que de succès, tous les moyens possibles d'arrêter les troubles qui se propagent. Cependant ces troubles subsistent encore dans les provinces méridionales, et Sa Majesté, voulant donner à son peuple l'exemple du respect qu'on doit à la loi, communique à l'assemblée l'exposé des malheurs dont la ville de Béziers particulièrement vient d'être le théâtre. L'assemblée nationale devra prendre à ce sujet le parti qui lui paraîtra convenable, et qu'elle pesera instantanément dans sa sagesse.

Des gens, faisant la contrebande du sel, furent arrêtés aux portes de Béziers par les commis chargés du recouvrement des deniers royaux. Un nombre infini d'hommes s'armèrent pour attaquer les commis. M. de Vodre, colonel-commandant du régiment de Médoc, en garnison dans cette ville, fit de lui-même, et sans l'autorisation de la municipalité, de vains efforts pour arrêter les brigands. Quelques commis se réfugièrent à l'Hôtel-de-ville ; M. de Vodre insista inutilement pour qu'un consul au moins y passât la nuit. Le peuple demandait à grands cris que le nommé Bernard et les autres commis lui fussent livrés. M. de Vodre prévint ces malheureux persécutés, et se flatta d'empêcher le peuple d'entrer pendant une heure. Les portes furent fermées et bientôt enfoncées ; les séditieux poursuivirent leur proie. Les malheureux commis furent mutilés d'une manière horrible. Cinq d'entre eux furent pendus ; et le secours du commandant, sollicité par plusieurs citoyens, parvint enfin à calmer, un peu tard, la fureur des scélérats.

Le récit de ces horreurs a vivement affecté l'assemblée, qui en a témoigné sa juste indignation.

M. Emery. Je cède à l'impression que je viens d'éprouver, et je ne prends la parole que pour examiner avec vous les moyens que nous devons employer pour empêcher que de semblables horreurs se renouvellent. Nous écarterons-nous des principes que nous avons adoptés, ou bien ne nous en écarterons-nous pas? Je ne crois pas que, quelque graves que soient les circonstances, nous puissions, nous devions nous écarter de nos principes : j'ai toujours pensé que le roi, comme chef du pouvoir exécutif, a dans sa main tous les moyens de réprimer les émeutes. Les officiers civils doivent, dans des cas d'insurrection, requérir la force militaire, et diriger cette force : voilà le principe. Mais les officiers ne veulent pas, dit-on, requérir cette force, crainte des suites funestes qu'un pareil acte peut amener pour eux-mêmes. J'observe d'abord que les officiers municipaux, établis dans le nouveau régime, n'ont pas encore été dans le cas de donner des preuves ni de leurs alarmes, ni de leur volonté, ni de leur courage. Je crois, moi, que nous devons compter sur les nouveaux officiers municipaux. D'ailleurs, les tribunaux seront bientôt organisés, et dès-lors nous aurons le moyen sûr de prévenir les maux qui nous affligent. Mais il est indispensable d'aviser à un expédient pour parer aux maux actuels, aux maux du moment. Quel moyen emploierons-nous pour cela? Je n'ose en prévenir aucun; je ne pense pas que vous deviez en adopter aucun sans réflexion, et je me borne à demander que votre comité de constitution soit obligé de vous présenter demain, demain sans faute, un projet de décret qui remédie au mal avec une telle mesure, que votre sagesse et la liberté du peuple ne soient pas compromises.

M. le marquis de Foucault. Je suis allé hier au comité des rapports. Je voulais lui communiquer des détails sur les insurrections qui s'élèvent dans ma province (le Périgord). Ledit comité était séparé, et je ferai mon rapport moi-même. Je n'ai pas fait de discours étudié. Je ne suis pas venu ici pour entretenir des correspondances avec les ministres. Que tout le monde en dise autant.

M. de Foucault raconte que des châteaux ont été éclairés, c'est-à-dire brûlés ; que les brigands se sont dits autorisés par l'assemblée nationale et par le roi ; qu'ils brûlaient les titres des propriétaires au pied d'un *mai* planté à cet effet, et au haut duquel se lisait cette légende : *De par le roi et l'assemblée nationale, quittance finale des rentes*, etc., etc.

De pareils maux sollicitent des remèdes prompts : il faut employer des troupes de cavalerie pour renforcer la maréchaussée ; il faut réprimer avec violence les actions de violence, et placer ces troupes dans les villes, d'où elles entretiendraient des correspondances avec les campagnes. Cela vaudra mieux que des adresses qu'on ne comprend pas et qu'on ne comprendra pas de si tôt : car je ne crois point à la prophétie qu'on a faite dans cette tribune, en assurant que dans dix ans tous les Français sauront lire ; ce qui serait le plus grand des malheurs. Je suis bien aise de leur faire voir que s'ils emploient la violence, on peut aussi l'employer. Ce que je propose est conforme aux décrets et à la déclaration des droits de l'homme.

M. l'abbé Grégoire. Je ne crains pas qu'on se range à l'opinion du préopinant sur l'instruction du peuple : la vertu a sa place naturelle à côté des lumières et de la liberté. Des pièces relatives aux faits dont il vous a parlé ont été remises hier au comité des rapports ; nous en ferons le dépouillement, nous nous concerterons avec le comité de constitution, et demain à deux heures, nous vous rendrons compte de ce travail. Permettez-moi seulement d'observer aujourd'hui que les causes de ces événemens sont les libelles qu'on répand avec profusion, et l'ignorance dans laquelle on tient le peuple sur vos décrets. Je dois aussi vous faire remarquer qu'ainsi que dans le mois de juillet, les troubles ont commencé le même jour dans les diverses provinces où ils ont lieu. Cette identité mérite qu'on y réfléchisse.

M. de Lafayette. De nouveaux désordres règnent au grand regret des amis de l'humanité; au grand regret des amis de la liberté, parce qu'ils y voient un danger pour elle; au grand regret des amis du peuple, dont le repos et la subsistance sont compromis; de ce peuple qu'il faut défendre contre certaines inculpations qui le calomnient, contre certaines justifications qui l'inculpent. Il demande, il attend le retour de l'ordre; il l'attend des officiers municipaux qui sont armés de la force nécessaire, et qui seraient coupables s'ils préféraient à leurs devoirs une popularité flatteuse. Il l'attend aussi du pouvoir exécutif, qu'il ne faut plus chercher sous des ruines, mais où il est, dans la constitution, où il existe et par elle et pour elle. Quant à l'objet présent, il faut renvoyer au comité de constitution, suivant l'avis de M. Emery.

M. de Mirabeau l'aîné demande que le comité de constitution présente, non un projet de décret, mais un projet de loi, pour statuer notamment sur le cas où les officiers civils refuseraient de recourir aux moyens qui leur sont confiés.

L'assemblée renvoie au comité de constitution, pour présenter demain, ou après demain au plus tard, un projet de loi.]

SÉANCE DU JEUDI 18 FÉVRIER, AU SOIR.

[On annonce que les volontaires du Quercy se sont réunis pour chasser les brigands qui désolaient cette province, incendiaient les châteaux et les chartriers; leurs efforts ont rétabli la tranquillité, et les brigands ont été repoussés dans le moment même où ils pillaient un château.

L'assemblée, après une courte discussion, décrète que le président sera autorisé à écrire aux volontaires du Quercy, pour leur témoigner la satisfaction qu'elle a ressentie de leur courage patriotique.

N..... Les brigands sont repoussés par les volontaires du Quercy; ils vont se replier sur d'autres villes. Les volontaires du Quercy ne les y suivront pas pour les repousser encore. Je pense qu'il est instant de déployer contre eux toutes les forces militaires qu'il sera possible de réunir dans ces cantons.

M. Charles de Lameth. On a brûlé, dans l'Agenois, un château à moi, un autre à M. le duc d'Aiguillon. Je suis cependant bien éloigné de penser comme le préopinant : le peuple ne peut ni ne doit être l'objet de notre sévérité ; égaré par des insinuations dangereuses, il déplorera bientôt ses erreurs : dans mon opinion, il est plus malheureux que coupable.»

Madame Moret, descendante du célèbre La Fontaine, présente un plan d'éducation pour les demoiselles.

Une députation de la commune de Saumur, M. Quesnet portant la parole, offre un don patriotique au nom de cette ville. Plusieurs morceaux de son discours obtiennent de vifs applaudissemens ; on remarque surtout cette phrase : *Je ne suis pas du nombre de ceux qui vous accusent d'avoir outrepassé vos pouvoirs, lorsque vous avez surpassé nos espérances.*

M. de Champeaux, membre du comité des rapports. Les insurrections qui s'élèvent dans les provinces contre la perception des impôts, prennent en grande partie leur source dans les libelles atroces répandus avec profusion dans nos malheureuses provinces. Il s'est répandu dans la province de Normandie une adresse au roi, signée de douze personnes, et dont je vais vous faire lecture.

Cette adresse est remplie d'invectives contre l'assemblée nationale ; on y désigne les députés comme les destructeurs de la religion et les ennemis du monarque ; on cherche à y soulever les campagnes contre les villes, notamment contre Paris, qu'on prétend s'être fait décharger des impôts pour en rejeter le poids sur les provinces, etc., etc., etc.

Votre comité connaît l'auteur de cet ouvrage incendiaire ; il ne le nommera que dans le cas où vous l'exigeriez.

L'assemblée décide que l'auteur sera nommé.

M. de Champeaux fait lecture d'une lettre, par laquelle madame la marquise de l'Epinay du Lut, instruite que deux paysans qu'elle avait engagés à signer cette adresse, se proposent de déclarer qu'ils ont été trompés, assure à MM. les commandans de la garde nationale de Rugler que M. de l'Epinay, son mari, et elle-même, n'ont fait imprimer cet ouvrage que dans l'intention de se rendre utiles aux habitans des campagnes.

L'avis du comité tend au renvoi de cette affaire au Châtelet.

L'avis du comité est mis aux voix et adopté.]

SÉANCE DU 20 FÉVRIER.

[Le projet de loi sur les moyens de ramener la tranquillité publique est à l'ordre du jour.

M. Barnave. Le comité de constitution s'est proposé, dans le projet de loi qu'il vous présente, de découvrir les moyens de maintenir la tranquillité publique. A-t-il rempli cet objet? C'est ce que je ne pense pas. Je laisse à d'autres le soin d'analyser ce projet, et d'examiner ses défauts de détail; je considère cette loi sous un seul point de vue. Est-elle propre à ramener la tranquillité publique, ou bien a-t-elle une tendance directement opposée au but que ses rédacteurs se sont proposé? Dans ma manière de voir, elle est propre à faire naître l'anarchie; et voici comment je raisonne: le comité accorde aux officiers de justice, comme aux officiers municipaux, le droit de requérir le secours des troupes. Rien ne me semble plus vicieux; car si la liberté publique exige que les pouvoirs ne soient pas concentrés dans une même main, la même liberté exige que des puissances homogènes ne soient pas réparties dans des mains différentes. Vous reconnaissez ce principe, et la loi proposée s'en écarte essentiellement. Eh! n'est-ce pas s'en écarter en effet que de remettre entre les mains des officiers de justice le pouvoir de requérir la force armée? L'officier de justice ne peut recourir à la force armée que pour protéger l'exécution de ses jugemens. Dans les cas de troubles, il n'a pas jugé, et là où s'arrêtent les fonctions du juge, là aussi s'arrête le droit que lui accorde la loi de requérir le secours des troupes. S'il va plus loin il empiète sur le pouvoir municipal. La nouvelle constitution vient d'établir de nouvelles municipalités; et comme on doit présumer que les nouveaux officiers municipaux seront attachés aux nouveaux principes, on peut craindre que les officiers de justice qui ne sont pas établis dans le nouvel ordre soient encore attachés à l'ancien état. Accorder aux uns et aux autres la disposition du même pouvoir, c'est mettre la même force entre les mains de deux puissances rivales. Vous concevez aisément les dangers qui peuvent résulter de cette rivalité. Je conclus de ces observations, que les officiers de justice ne peuvent pas, dans les cas de troubles, avoir le droit de requérir à la force armée.

Je passe à un second objet. Selon votre comité, dans le cas où les officiers municipaux refuseraient de requérir la force armée, quatre notables peuvent faire cette réquisition. Mais a-t-on bien réfléchi aux conséquences de cet article? Dans les momens d'attroupemens ou de troubles, le conseil municipal s'assemblera; il sera composé des officiers municipaux et des notables; s'il résulte de la délibération qu'il ne faut pas requérir la force armée, et que quatre notables demandant cette réquisition soient autorisés à la faire eux-mêmes, assurément c'est accorder à la minorité l'empire sur la majorité : les dangers de cet empire sont faciles à concevoir. Si, au contraire, les notables se soumettent à la délibération du conseil municipal, votre comité autorise à leur défaut huit citoyens éligibles à requérir la force armée. Il suffit de réfléchir un instant à cette proposition pour la rejeter immédiatement. Une assemblée peut être nombreuse sans être criminelle : huit citoyens peuvent, par des intérêts particuliers, désapprouver les motifs de cette assemblée; et de là, deux inconvéniens. Si la force armée, requise par les huit citoyens éligibles, obéit à cette réquisition, pensez-vous que l'attroupement soit disposé à se dissiper? Si, aux termes du projet de loi, les officiers municipaux ordonnent aux troupes de se retirer, et que les troupes n'obéissent pas, l'autorité municipale est compromise, et ce refus fait couler des torrens de sang. Il est donc évident que la loi qui vous est proposée pour assurer la paix, peut occasionner le désordre; il est donc évident qu'elle affaiblit les moyens confiés à la municipalité, au lieu de les fortifier. Le comité ne s'est point attaché, comme il l'aurait dû, à la responsabilité des officiers municipaux. Il prononce deux peines vagues et insuffisantes. Les officiers municipaux qui n'arrêteront pas les troubles par les moyens qui leur sont confiés, en seront quittes pour la perte de leur emploi et l'interdiction de toute fonction d'administration publique.

Il est un seul cas où les notables et les citoyens peuvent requérir la force publique, c'est celui où les officiers municipaux seraient environnés dans l'Hôtel-de-ville et privés de leur liberté; alors les officiers municipaux se trouvent dans l'impossibilité physique d'user des moyens qui sont à leur disposition, et cette impossibilité ne peut donner lieu à aucune peine. Je ne crois pas qu'il soit nécessaire d'aller plus loin; ces seules observations me semblent prouver assez combien est insuffisante et dangereuse la loi proposée, et je conclus à ce que votre comité soit invité à s'occuper de nouveau de cet objet.

M. le Chapelier. S'il s'agissait de répondre aux objections qui viennent d'être faites contre le projet de décret qui vous a été présenté par votre comité de constitution, j'attendrais, pour prendre la parole, que toutes les autres objections possibles eussent aussi été articulées. Mais pénétré du désir de hâter votre délibération, et de ne pas vous faire perdre un temps précieux, je dois vous faire part des changemens que j'ai faits au projet de décret qui vous est soumis: j'ai communiqué au comité cette nouvelle rédaction; il a paru l'approuver.

Voici les principales dispositions de cette rédaction nouvelle.

« Les officiers municipaux, obligés de veiller au maintien de la tranquillité publique, et de protéger la perception des impôts, seront tenus de proclamer la loi martiale dans tous les cas où des attroupemens séditieux menaceraient la vie et la tranquillité des citoyens.

» Si, par négligence ou par faiblesse, ils ne se conformaient pas à cette disposition, ils seront responsables, privés de leurs offices, déclarés incapables de remplir à l'avenir aucunes fonctions publiques, et condamnés au paiement du tiers du dommage qui sera fait, et à la restitution des sommes que le trésor public aura perdues par le pillage.

» S'il peut être prouvé que les officiers municipaux ont favorisé les troubles, ils seront poursuivis extraordinairement, déclarés prévaricateurs dans leurs fonctions, et punis comme tels.

» Tous les citoyens pouvant concourir au rétablissement de l'ordre public, toute la communauté sera responsable des deux tiers du dommage; et pour frayer à ce dédommagement, il sera fait dans le mois un rôle de répartition sur tous les citoyens actifs.

» Tout citoyen pourra interpeller par écrit les officiers municipaux, de proclamer la loi martiale; et s'il est, par la suite, prouvé et jugé que les officiers municipaux ont eu tort de se refuser à cette interpellation, toute leur fortune sera épuisée pour réparer le dommage résultant de leur refus.

» Ceux qui auront fait aux officiers municipaux la réquisition de proclamer la loi martiale, seront exempts de la contribution pour réparation du dommage et pour la restitution des deniers publics enlevés.

» Ceux qui auront fait une réquisition légère ou coupable, seront condamnés à une amende de.....

» Les receveurs des deniers publics, et les citoyens qui auront été lésés dans les troubles, intenteront leurs actions par devant les officiers du tribunal voisin.

» Le roi sera supplié de faire passer des troupes dans les lieux où les désordres se sont le plus manifestés; et ces troupes ne pourront agir que sur la réquisition des officiers municipaux, et conformément aux dispositions de la loi martiale. »

M. le Chapelier propose de mettre aux voix la question de savoir lequel des deux projets de décrets sera mis à la discussion.

M. de Mirabeau l'aîné. Ce qui arrive en ce moment nous prouve combien la réflexion est une chose utile et précieuse. Le comité nous présente aujourd'hui un projet absolument différent dans sa tendance. C'est ainsi que de bons et zélés citoyens doivent profiter des lumières et revenir sur leur travail. La meilleure, la seule manière d'applaudir à l'ingénieuse docilité du comité, est de prendre aussi quelques momens pour réfléchir à la nouvelle loi qu'il nous présente. Puisque ce projet est nouveau, il doit être de nouveau imprimé, de nouveau discuté avant d'être soumis à la délibération.

M. Desmeunier. Je demande à l'assemblée la permission de lui faire trois remarques. D'abord, le comité n'a pas prétendu vous offrir une loi définitive sur les attroupemens, mais seulement une loi provisoire; il faut donc examiner sous ce rapport les projets qu'il vous a présentés. L'assemblée a établi quarante-huit mille municipalités dans le royaume; il est probable que les officiers d'un aussi grand nombre de municipalités seront quelquefois négligens, et je ne dis rien de plus : vous devez donc chercher les moyens d'arrêter les inconvéniens qui peuvent résulter de ce nombre infini d'officiers municipaux. Par un autre de vos décrets, vous avez ordonné que les départemens jugeraient la conduite des officiers municipaux; mais les assemblées de département ne sont point encore formées.

Ces trois observations justifient ce que j'ai avancé; je veux dire que votre comité n'a dû vous offrir qu'une loi provisoire. L'assemblée ne doit point oublier quel était le point où nous en étions, lorsqu'elle a ordonné la rédaction de cette loi : les insurrections du moment nous ont seules déterminés à nous en occuper. Votre comité a dû chercher un remède à des maux instantanés, et rétablir l'ordre dans la perception des impôts. A-t-il ou n'a-t-il pas rempli cet objet? Avant de prononcer sur cette question, il faut réfléchir aux moyens qu'il a présentés. Je conclus avec M. de Mirabeau à ce qu'on ajourne la discussion à lundi.

On demande que la discussion sur l'ajournement soit fermée.

M. l'abbé Maury. Je demande qu'elle ne le soit ni sur l'ajournement, ni sur le fond de la question. On peut renvoyer à lundi pour prendre une détermination finale; l'expérience vient de nous prouver que de longues réflexions peuvent amener un heureux résultat. Deux choses sont à observer dans le dernier projet qui nous est présenté, l'esprit du décret et les dispositions du décret : je demande que la discussion soit continuée sur l'esprit du décret.

On demande à aller aux voix.

La discussion est fermée sur l'ajournement.

L'assemblée décide qu'elle va ouvrir la discussion sur le nouveau projet de loi.

M. *le Chapelier* fait une seconde lecture du nouveau projet de loi.

Les orateurs inscrits pour parler sur cet objet sont successivement appelés.

M. *le marquis de la Fayette.* Les troubles qui ont existé et qui existent encore dans les provinces, ont alarmé votre patriotisme, votre humanité, votre justice. Vous avez senti que rien n'était plus contraire à la liberté que la licence ; vous avez pensé qu'il fallait non-seulement établir une nouvelle constitution, mais qu'il fallait encore la faire aimer et respecter de tous. D'après ce principe immuable, vous avez invité votre comité de constitution à vous présenter un projet de loi qui fût propre à ramener le calme et la tranquillité dans le royaume. Ce projet vous avait été présenté hier, et je me disposais à y faire quelques observations : vous venez d'adopter un autre plan de travail ; j'avoue qu'après n'en avoir entendu qu'une lecture, je ne puis parler ni des principes, ni de la rédaction. J'observerai qu'il serait utile de décréter, que sans délai votre comité féodal vous représentera ses vues relativement aux propriétés incendiées ; et comme la réflexion a apporté de grands changemens au projet qui vous a été présenté hier ; je me borne à demander que tous ceux qui ont fait des projets de décrets à ce sujet, les fassent parvenir à MM. du comité de constitution, qui seront invités à réfléchir sur tous les moyens qui leur seront indiqués, et à adopter ceux qui leur paraîtront les plus convenables, sauf à l'assemblée à les peser ensuite dans sa sagesse.

M. *l'abbé Maury.* J'observe qu'on devra être très-sévère dans la discussion du projet de loi qui vient de vous être présenté ; car, si ce décret n'était pas réprimant, il serait encourageant ; la licence est à son comble, et les effets de la licence sont, pour les provinces, des incendies ; pour le royaume, la banqueroute. Le grand objet dont vous devez vous occuper, est donc d'arrêter les effets de la licence. Je vous invite à ne pas oublier que la liberté est un très-grand bien sans doute, mais que la sûreté des citoyens est un bien plus précieux encore.

M. *de Beaunie*. Je trouve dans le second projet de décret, un article contre lequel je m'élève autant qu'il est en moi; c'est celui par lequel vous prévenez les cas où les officiers municipaux seraient atteints et convaincus d'avoir coopéré aux insurrections, d'avoir favorisé les émeutes. Je ne crains pas de le dire, et je crois pouvoir le dire avec vérité, cet article est d'une immoralité révoltante. Quoi, Messieurs! vous supposez que les officiers municipaux, que les pères du peuple armeront les mains du peuple! Vous supposez que le feu de la sédition partira des mains de ceux qui doivent l'éteindre! De semblables suppositions dégradent les municipalités naissantes, elles étouffent dans l'ame de plusieurs citoyens, le désir d'être appelés aux dignités municipales. Et c'est dans une loi constitutionnelle qu'on vous propose de faire entrer ces suppositions! Ah! gardez-vous bien d'y consentir. Que le décret que vous prononcerez à ce sujet soit mis à la tête de votre code pénal; qu'il trouve place à la suite de la loi qui désignera la peine que vous réserverez au parricide.

M. *Pétion de Villeneuve*. Je n'ai point assez réfléchi le nouveau projet de décret, pour le discuter à fond; deux observations à faire se sont présentées à mon esprit; elles m'ont frappé, et j'en fais hommage à l'assemblée.

Les officiers municipaux qui ne recourront pas à la force armée dans les cas d'émeute, seront responsables, etc.; mais dans les campagnes il n'y a pas de force armée, il n'y a pas même de milice nationale; la sédition aura fait ses ravages avant qu'on ait pu requérir les troupes; et je crois qu'il serait injuste de prononcer des peines contre des officiers municipaux qui n'auront pas eu la possibilité de faire ce qu'ils auraient voulu faire.

J'observe encore que les châteaux sont éloignés des municipalités; que ces châteaux sont ravagés par des bandes errantes et nombreuses: si la force armée est repoussée par les séditieux, parce qu'elle sera plus faible en nombre, les municipaux qui n'auront encore pu ce qu'ils auront voulu, ne peuvent pas être enveloppés dans la proscription générale, ni condamnés à payer des dommages qu'il ne leur aura pas été possible de prévenir ni d'arrêter. Les deux cas que je viens d'énoncer, doivent, ce me semble, être prévenus par la loi.

M. de Cazalès. Il faut protéger, assurer les propriétés et la vie des citoyens; si la société négligeait ou était impuissante à remplir ce devoir sacré, les hommes se trouveraient bientôt ramenés à leur état primitif; il n'y aurait plus de patrie.

Depuis six mois un grand nombre de citoyens a été attaqué; les propriétés ont été violées : elles le sont aujourd'hui, elles le seront peut-être encore. Pensez-vous que les propriétaires puissent le supporter plus long-temps? Non, sans doute; ils s'armeront pour leur défense; et de là la guerre la plus destructive de toutes les sociétés civiles, la guerre de ceux qui n'ont rien contre ceux qui ont quelque chose. Sans doute il est instant de parer à tous ces maux, et le projet de loi qui vient de vous être présenté par votre comité, est peut-être propre à défendre les villes; mais il est sans force pour la sûreté des campagnes; en général même je ne pense pas que l'effet qu'il peut avoir, soit assez prompt pour le moment dans lequel nous nous trouvons.

Profitons des exemples de nos voisins; voyons si la constitution anglaise ne nous offre pas des remèdes plus sûrs contre les insurrections et les émeutes. Voyons quelle est la conduite de cette nation qui a le plus opposé de barrières au despotisme du trône; de cette nation qui a le mieux assuré la tranquillité civile.

En Angleterre on a établi, contre les séditieux, *le bill de mutinerie*, qui, à très-peu de chose près, est notre loi martiale. Mais quand les provinces sont ravagées, quand l'insurrection est générale, le corps-législatif emploie de plus grands moyens; alors il a recours au pouvoir exécutif. Il lui donne, par un acte parlementaire et pour un temps limité, le droit d'employer tous les moyens qui lui paraîtront convenables pour ramener le calme et la paix ; et dans ce cas, les ministres ne sont responsables que de l'exécution des ordres du roi.

Tel est le moyen que je veux proposer en France. Je sais bien qu'on me dira que c'est s'exposer au risque de donner trop de force au pouvoir exécutif. Je ne répondrai à cette objection qu'en interrogeant la bonne foi de l'assemblée. Je demanderai si elle ne croit pas que la bonté du roi, que l'opinion générale, que les forces citoyennes ne puissent et ne doivent faire évanouir ces alarmes, surtout lorsqu'on voudra bien observer que ce pouvoir ne sera accordé au roi que pour un temps limité, pour un temps court. Non, Messieurs, la constitution n'a plus rien à craindre que de nous-mêmes; il n'y a que l'exagération des principes, il n'y a que la ligue de la folie et de la mauvaise foi qui puissent y porter quelque atteinte. Hâtons-nous d'affermir le grand œuvre de la liberté ; que les ennemis de la constitution, qui, n'en doutez pas, sont les instigateurs des désordres, soient forcés à perdre l'espérance de détruire notre ouvrage.

Je me résume, et j'ai l'honneur de vous proposer de charger le roi de prendre les mesures qu'il croira les plus propres à assurer la tranquillité publique. Je vous propose enfin d'investir le roi, pour trois mois seulement, de toute la plénitude de la puissance exécutive.

Le reste de la loi, qui vous a été proposée par votre comité, me paraît parfaitement bon; mais je répète que la loi, dans son ensemble, ne suffit point pour les circonstances malheureuses dans lesquelles nous nous trouvons.

M. de Mirabeau l'aîné. J'observe que M. de Cazalès est hors de la question ; car, en effet, il propose celle de savoir si on accordera, ou si on n'accordera point au roi la dictature; si la France a besoin, ou n'a pas besoin de dictature. Si l'assemblée permet que cette question soit discutée, je reprends mon tour, et je demande la parole.

M. de Cazalès. On n'est point hors de la question quand on traite le fond de la question. Je désire fort que M. le comte de Mirabeau ait la parole sur cet objet.

M. l'abbé Maury. Quel est l'objet de notre discussion? les dévastations, les incendies, et le mémoire du roi, qui appelle notre sollicitude sur ces objets. Nous ne sommes point hors de la question quand nous proposons de nouveaux remèdes à ces maux; car assurément, il n'est pas un membre de l'assemblée qui n'ait le droit de payer le tribut de ses vues sur la question qui nous occupe.

M. de Mirabeau *l'aîné.* J'ai prétendu, non pas que le préopinant fût hors de ses droits; j'ai dit seulement qu'il était hors de la question. Je répète qu'il a proposé d'établir la dictature en France, et je l'invite à en faire une motion spéciale.

M. d'Esprémenil. Il est échappé à l'attention de M. de Mirabeau de confondre une seule émeute, un seul attroupement, avec un esprit général d'insurrection. Je commencerai par établir les faits : c'est toujours la méthode de ceux qui veulent aller de bonne foi à une détermination utile. Encore une fois, il ne s'agit point d'un attroupement passager; nous n'aurions besoin que de la loi martiale; il s'agit d'un esprit de révolte et de sédition répandu généralement dans tout le royaume, et je défie qu'on me cite dans la loi martiale un seul article qui puisse parer à ce mal universel. Pour y parer, il faut donc nous armer de toute la force qui est dans nos mains; et si cette force est insuffisante, il faut en chercher une autre ailleurs. M. de Mirabeau vous a dit que M. de Cazalès était hors de la question, et non pas hors de ses droits : cette distinction est si subtile, que j'avoue l'impuissance où je suis de la concevoir. Quel est l'objet qui nous occupe? L'insurrection générale, l'esprit de brigandage dans plusieurs provinces, la dévastation des propriétés, la sollicitude du roi, le mémoire du roi sur tous ces objets.

Le roi s'est plaint de ce que les officiers municipaux n'avaient pas le courage ou la volonté de recourir à la loi martiale. Il faut donc nous armer contre les malheurs décrits dans le mémoire du roi; il faut chercher les moyens de faire cesser ces malheurs. Nous avons donné à notre comité de constitution le droit de nous présenter ses vues sur tous ces objets; mais nous ne l'avons pas investi de la dictature des propositions : chaque membre de cette assemblée a le droit d'imaginer et de présenter le remède. Maintenant, le moyen proposé par M. de Cazalès est-il le seul bon? Je le crois.

Il faut en imposer aux brigands par une grande terreur. Les Anglais ont recours à ces moyens violens, et on ne soupçonnera pas les Anglais de ne pas chérir la liberté civile. Ils ont pensé que le bill de mutinerie n'était pas suffisant. Moi je pense que la loi martiale est insuffisante; je dis plus, la loi martiale est dangereuse : elle est inutile. Les craintes des officiers municipaux sont un obstacle à l'exécution de cette loi. Quel moyen prendrons-nous donc? Un seul, et c'est le seul raisonnable : il faut investir le roi de la plénitude du pouvoir réprimant; il faut laisser aux provinces, victimes des insurrections, le droit de fixer le terme de ce pouvoir. Voilà mon opinion ; je désire qu'elle soit discutée.

M. Malouet. J'ai l'honneur de vous prévenir que je ne proposerai point de déférer au roi la dictature, mais d'établir le pouvoir exécutif sur ses véritables bases, lesquelles sont l'autorité royale. Chacun de nous doit développer ici sa conscience et ses efforts pour arrêter les insurrections et les brigands. Le projet de loi a été provoqué par de tels désordres, que chacun de nous a eu le droit de chercher le remède, et ce remède doit se trouver dans la constitution. Votre comité vous a proposé deux projets de loi. Je n'ai pu examiner tous les articles de celui auquel vous êtes plus particulièrement arrêtés; mais je remonte au principe. Comment doit se mouvoir et jusqu'où doit s'étendre le pouvoir exécutif dans un temps d'insurrection? Je ne trouve la solution de cette réponse ni dans le premier, ni dans le second décret. Je vois bien que les officiers municipaux devront arrêter les efforts des brigands; mais je ne vois point la place que l'ordonnateur suprême devra tenir entre les officiers municipaux et les brigands. Il ne faut pas confondre l'autorité royale avec le pouvoir exécutif : l'une est l'empire de la souveraineté; l'autre n'en est que l'instrument. Tout ce qui tient à l'exécution des lois compose le pouvoir exécutif : la réunion de toutes les forces constitue le pouvoir monarchique. Ainsi la liberté nationale ne peut consister dans l'atténuement de l'autorité royale, ni dans celui du pouvoir exécutif.... Il faut donner au pouvoir exécutif l'unité et l'activité, en statuant que tous les corps administratifs et militaires obéiront aux ordres du monarque ; c'est au corps administratif à faire en sorte que les lois constitutionnelles ne soient pas attaquées. Si l'on ne prend pas ce parti, il y aura autant de puissances souveraines que de divisions partielles du royaume ; les villes s'armeront les unes contre les autres ; bientôt la disparition complète du numéraire et la famine naîtront de ces troubles intestins ; le pouvoir législatif sera moins respecté, et nous verrons paraître de loin en loin les effets désastreux de l'anarchie. Tout ce qui ne concourt pas à l'ordre dans un gouvernement l'altère, et finit par le désorganiser. Lorsqu'une nation reconnaît un chef suprême, s'il ne peut rien pour son bonheur, il peut tout contre sa liberté. Si au contraire il est entouré d'une grande puissance, sur un trône brillant de gloire et de félicité, regrettera-t-il le despotisme et la tyrannie? Je propose de décréter ce qui suit :

« Tous les corps administratifs et militaires sont dans la dépendance immédiate du pouvoir exécutif, et doivent obéir au monarque. Toute résistance des corps administratifs serait une véritable forfaiture ; tout acte d'insubordination dans l'armée serait une désobéissance. Il appartient au roi de prévenir par la force publique tous les désordres, et de veiller à ce que la vie des citoyens ne soit en danger ; à ce que leurs propriétés ne soient violées ; à ce que la perception des impôts ne soit troublée. Tous les ordres qui seront donnés par le roi seront signés par un secrétaire d'Etat, qui sera responsable de leur exécution. Si dans une convulsion violente le salut public exige des formes contraires aux formes légales, les ministres seront tenus d'en rendre compte au pouvoir législatif, qui, pour ce cas seulement, pourra les absoudre. »]

SÉANCE DU SAMEDI 20 FÉVRIER, AU SOIR.

[Un de MM. les secrétaires fait l'annonce d'un très-grand

nombre d'adresses. Toutes expriment l'amour de la liberté, le respect pour l'assemblée nationale, l'adhésion à ses opérations, et la soumission la plus entière à la constitution nouvelle. La plupart contiennent des offres patriotiques. Celle de Bastia annonce que le général Paoli vient d'être élu maire de cette ville. Celle de.... en Forez, renferme des dispositions qui excitent un murmure général. Cette ville offre aux représentans de la nation la couronne civique, la noblesse personnelle, et l'exemption des impositions pour les députés qui habiteront dans ses murs.

Plusieurs députations sont admises à la barre:

MM. *de la Chèze* et *Faydel* demandent que M. le président écrive une lettre de félicitation à la municipalité de Cahors, qui, sans coup férir et sans effusion de sang, a dissipé les orages qui s'étaient élevés dans son sein.

L'assemblée, avant d'adopter cette opinion, croit devoir s'instruire des faits, et ajourne en conséquence la délibération.

M. *Thouret* fait, au nom du comité de constitution, le rapport d'une contestation élevée à Rouen au sujet de l'organisation de la municipalité. Il rend compte des moyens employés par une malveillance anti-patriotique pour mettre le trouble et le désordre dans cette importante cité, et présente un projet de décret qui est adopté.

« L'assemblée nationale, sur l'avis du comité de constitution, décrète que les faubourgs de Rouen seront réunis à cette ville pour ne former qu'une seule et même municipalité. »

M. *Goupilleau* rend compte, au nom du comité des rapports, des difficultés survenues à Aizenay, en Poitou, sur la formation de la municipalité. Aux deux premiers scrutins, MM. de la Marronière et de Mittier réunirent le plus grand nombre de voix, mais n'obtinrent ni l'un ni l'autre la majorité absolue. Le troisième scrutin ne devait avoir lieu qu'entre ces deux personnes. Une partie des votans prétendit n'apprendre qu'à cette époque que le curé était éligible, et le résultat de ce dernier scrutin donna, sur 248 votans, 188 voix au curé d'Aizenay, 44 à M. de la

Marronière, et 16 à M. Mittier. Le comité pense que l'élection est nulle, et qu'elle doit être recommencée.

L'avis du comité est adopté.

M. *de l'Apparent* rend compte, au nom du même comité, d'une affaire dont voici les faits principaux :

« Le sieur Brouillet, libraire-imprimeur à Toulouse, dans l'intention de propager l'esprit de patriotisme, et pour servir de contre-poison aux libelles dont il prétend que l'aristocratie infe●●· Toulouse, a fait imprimer l'*Adresse aux Amis de la paix*, et a publié, dans un journal intitulé les *Affiches de Toulouse*, des fragmens de plusieurs feuilles accréditées dans la capitale. *Ouvrez donc les yeux*, l'*Adresse aux provinces*, et d'autres libelles, se répandaient depuis long-temps à Toulouse avec impunité, lorsque le parlement, fermant les yeux sur ces productions infâmes, a fait décréter et poursuivre le sieur Brouillet, l'a condamné à 1000 liv. d'aumône, lui a défendu de publier aucune feuille sans nom d'auteur et d'imprimeur, et sans qu'elle fût approuvée par qui de droit, conformément aux réglemens de la librairie. Les faits articulés contre le sieur Brouillet sont, 1° d'avoir imprimé « qu'il était à désirer qu'on représentât le drame du comte de Comminges ; » 2° d'avoir comparé la conduite des Brabançons à celle des gardes-françaises ; 3° d'avoir appelé acte de patriotisme la désertion de quelques régimens ; 4° d'avoir imprimé ces mots : « Voilà donc tous les rois désarmés ; au lieu d'un trône, ils n'auront plus qu'un fauteuil ; » 5° d'avoir également imprimé, d'après le *Morning-Hérald:* « Qu'ils se persuadent donc, les aristocrates, que le lion est endormi, mais qu'il n'est pas enchaîné : gare le réveil ! » Les griefs du sieur Brouillet contre le parlement de Toulouse sont que, 1° par cet arrêt on veut le soumettre aux anciens réglemens de la librairie, sans égard pour les décrets par lesquels ils sont abrogés ; 2° deux de ses juges s'étant déposés, on en a appelé deux autres connus pour être contraires à la révolution ; 3° sa cause, plaidée dans une autre salle que celle des audiences ordinaires, n'a pas reçu une publicité légale ; 4° la chambre des vacations a interrompu, par des marques de désapprobation, l'avocat chargé de sa défense, lorsqu'il s'appuyait des décrets de l'assemblée nationale; 5° sur le refus du rapporteur, son conseil n'a point été admis au premier interrogatoire; 6° la plainte du procureur-général n'a pas été rendue en présence de deux adjoints; 7° toutes ces inculpations avaient déjà été portées devant les capitouls de Toulouse, qui avaient jugé l'accusé et l'avaient renvoyé absous.

Le comité pense qu'il est impossible de prendre un parti sur cette affaire, sans entendre le parlement de Toulouse, et propose un décret en ces termes:

« L'assemblée nationale, après avoir entendu son comité des rapports, décrète que son président se retirera par-devers le roi, pour le supplier de faire donner incessamment les ordres nécessaires, à l'effet de faire remettre à son comité la procédure instruite et jugée au parlement de Toulouse, contre le sieur Brouillet, ensemble l'arrêt et ses motifs. »

N...... demande la question préalable jusqu'à l'apport de l'arrêt par le plaignant.

M. *Emery*. Ce serait un déni de justice que de forcer le sieur Brouillet à lever un arrêt dont le coût sera sûrement fort cher.

Une partie de l'assemblée insiste sur la question préalable.

On délibère.—La question préalable est rejetée.—Le décret est rendu conformément à l'avis du comité.]

SÉANCE DU 22 FÉVRIER.

[La discussion est ouverte sur le projet de décret relatif au rétablissement de la tranquillité publique.

M. *de la Rochefoucault*. Le nouveau projet du comité me paraît à tous égards beaucoup meilleur que le premier. Il était nécessaire d'ajouter au décret rendu le 10 du mois d'août, et à celui de la loi martiale, un moyen propre à assurer l'exactitude des officiers municipaux dans l'exercice des fonctions salutaires qui leur sont confiées. Le nouveau décret peut effrayer les officiers municipaux. M. de Beaumetz a fait de sages réflexions sur l'article troisième. La manière dont il est conçu me paraît injurieuse, et devoir être modifiée et non supprimée. Vous ne pouvez supposer qu'une municipalité tout entière suscite jamais des mouvemens séditieux ; mais vous pouvez en soupçonner un individu. Il faut donc rédiger ainsi cet article : « S'il pouvait être prouvé qu'*un officier municipal*, etc. » L'esprit général du décret me paraît bon, je ne crois pas qu'il puisse être considéré comme une loi perpétuelle : quand les municipalités et les assemblées administratives seront organisées, vous aurez beaucoup de moyens qui vous manquent : il faut décider que cette loi sera changée ou retirée, lors de cette organisation. Un moyen certain de rétablir le calme, c'est de hâter cette organisation et de presser l'examen des droits féodaux. L'incertitude du peuple sur ces droits, est la cause principale des insurrections. — Je demande qu'on détermine un jour fixe pour présenter à l'acceptation du roi, et envoyer dans les provinces, les décrets sur la division du royaume, et qu'on entende dès demain le comité féodal.

M. *de Robespierre* (1). Avant d'examiner les différens décrets, je dois vous exposer dans quelles circonstances et sous quels auspices ils vous sont présentés. Il y a peu de jours, sur le simple récit des événemens du Quercy, l'assemblée, par un décret, a ordonné la réunion des troupes soldées et des maréchaussées aux gardes nationales, pour réprimer les désordres. Ce décret a paru insuffisant aux ministres qui ont demandé dans leur mémoire que le pouvoir exécutif soit autorisé à déployer la terreur des armes. Ce mémoire a été renvoyé au comité, et samedi, des membres de cette assemblée vous ont fait des propositions conformes à celles des ministres. Qu'on me pardonne de n'avoir pu concevoir comment les moyens du despotisme pouvaient assurer la liberté ; qu'on me pardonne de demander comment une révolution faite par le peuple, peut être protégée par le déploiement ministériel de la force des armes. Il faudrait me démontrer que le royaume est à la veille d'une subversion totale : cette démonstration a paru nécessaire à ceux-là même qui se joignent à la demande des mi-

(1) Le vrai nom est *Robespierre*: mais beaucoup de journaux emploient celui de *Robertspierre*.

nistres, puisqu'ils assurent qu'elle est acquise. Voyons si cela est vrai. Nous ne connaissons la situation du royaume que par ce qui a été dit par quelques membres sur les troubles du Quercy, et vous avez vu que ces troubles ne consistent qu'en quelques châteaux brûlés. Des châteaux ont le même sort dans l'Agénois. Nous nous rappelons avec plaisir que deux députés qui partagent ces malheurs, deux députés nobles, ont préféré à ce vain titre celui de défenseurs du peuple; ils vous ont conjurés de ne pas vous effrayer de ces événemens; et ils ont présenté les principes que je développe aujourd'hui. Il y a encore quelques voies de fait en Auvergne et quelques-unes en Bretagne. Il est notoire que les Bretons ont calmé des émotions plus violentes; il est notoire que, dans cette province, ces accidens ne sont tombés que sur ces magistrats qui ont refusé la justice au peuple, qui ont été rebelles à vos décrets, et qui s'obstinent à les mépriser. Les députés des contrées agitées m'ont assuré que les troubles se calment. Vous avez dû être rassurés à un certain point par le mémoire du garde-des-sceaux, plus effrayant par la force et l'exagération des expressions, que par les faits. Il en articule un seul : les malheurs arrivés à Béziers. Vous avez blâmé le peuple, vous avez donné une preuve touchante d'intérêt à ses malheurs : vous avez vu qu'ils ne tiennent pas à une cause générale, mais qu'ils prennent leur source dans les contraintes exercées sur la perception d'un impôt odieux ; que le peuple croit détruit, et que, depuis le commencement de la révolution, il refuse de payer. Que ces faits ne nous inspirent donc aucune terreur : rapportons maintenant les événemens qui peuvent dissiper nos craintes.

Vous savez quels moyens on a employés en Normandie pour soulever le peuple, pour égarer les habitans des campagnes ; vous avez vu avec quelle candeur ils ont désavoué les signatures surprises et apposées à une adresse, ouvrage de sédition et de délire, rédigé par les auteurs et les partisans de l'aristocratie. Qui est-ce qui ignore qu'on a répandu avec profusion, dans les provinces belgiques, des libelles incendiaires; que les principes de l'insurrection ont été prêchés dans la chaire du Dieu de paix ;

que les décrets sur la loi martiale, sur les contributions, sur la suppression du clergé ont été publiés avec soin ; qu'on a caché tous ceux de vos décrets qui, non moins utiles, présentaient au peuple des objets de bienfaisance faciles à saisir? Qu'on ne vienne donc pas calomnier le peuple! J'appelle le témoignage de la France entière; je laisse ses ennemis exagérer les voies de fait, s'écrier que la révolution a été signalée par des barbaries. Moi j'atteste tous les bons citoyens, tous les amis de la raison, que jamais révolution n'a coûté si peu de sang et de cruautés. Vous avez vu un peuple immense, maître de sa destinée, rentrer dans l'ordre au milieu de tous les pouvoirs abattus, de ces pouvoirs qui l'ont opprimé pendant tant de siècles. Sa douceur, sa modération inaltérables ont seules déconcerté les manœuvres de ses ennemis, et on l'accuse devant ses représentans.

A quoi tendent ces accusations? Ne voyez-vous pas le royaume divisé? Ne voyez-vous pas deux partis; celui du peuple, et celui de l'aristocratie et du despotisme? Espérons que la constitution sera solidement affermie ; mais reconnaissons qu'il reste encore de grandes choses à faire. Grâce au zèle avec lequel on a égaré le peuple, par des libelles, et déguisé les décrets, l'esprit public n'a pas encore pris l'ascendant si nécessaire. Ne voyez-vous pas qu'on cherche à énerver les sentimens généreux du peuple, pour le porter à préférer un paisible esclavage à une liberté achetée au prix de quelques agitations et de quelques sacrifices. Ce qui formera l'esprit public, ce qui déterminera s'il doit pencher vers la liberté, ou se reporter vers le despotisme, ce sera l'établissement des assemblées administratives. Mais si l'intrigue s'introduisait dans les élections, si la législature suivante pouvait ainsi se trouver composée des ennemis de la révolution, la liberté ne serait plus qu'une vaine espérance que nous aurions présentée à l'Europe. Les nations n'ont qu'un moment pour devenir libres ; c'est celui où l'excès de la tyrannie doit faire rougir de défendre le despotisme. Ce moment passé, les cris des bons citoyens sont dénoncés comme des actes de sédition, la servitude reste, la liberté disparaît. En Angleterre, une loi sage ne permet pas aux troupes d'approcher des lieux où se font chaque année les élections ; et dans les agitations incertaines d'une révolution, on nous propose de dire au pouvoir exécutif : « envoyez des troupes où vous voudrez, effrayez les peuples, gênez les suffrages, faites pencher la balance dans les élections.

Dans ce moment même, des villes ont reçu des garnisons extraordinaires qui ont, par la terreur, servi à violer la liberté du peuple, à élever aux places municipales des ennemis cachés de la révolution. Ce malheur est certain : je le prouverai ; et je demande pour cet objet une séance extraordinaire. Prévenons ce malheur ; réparons-le par une loi que la liberté et la raison commandent à tout peuple qui veut être libre ; qu'elle a commandée à une nation qui s'en sert avec une respectueuse constance pour maintenir une constitution à laquelle elle reconnaît des vices ; mais ne proclamons pas une nouvelle loi martiale contre un peuple qui défend ses droits, qui recouvre sa liberté. Devons-nous déshonorer le patriotisme en l'appelant esprit séditieux et turbulent, et honorer l'esclavage par le nom d'amour de l'ordre et de la paix. Non : il faut prévenir les troubles par des moyens plus analogues à la liberté. Si l'on aime véritablement la paix, ce ne sont point des lois martiales qu'il faut présenter au peuple ; elles donneraient de nouveaux moyens d'amener des troubles. Tout cet empire est couvert de citoyens armés par la liberté ; ils repousseront les brigands pour défendre leurs foyers. Rendons au peuple ses véritables droits ; protégeons les principes patriotiques attaqués dans tant d'endroits divers ; ne souffrons pas que des soldats armés aillent opprimer les bons citoyens, sous le prétexte de les défendre ; ne remettons pas le sort de la révolution dans les mains des chefs militaires ; faisons sortir des villes ces soldats armés qui effrayent le patriotisme pour détruire la liberté.

M. de Clermont-Tonnerre. Avant le règne de la liberté, avant ces jours heureux où les Français ont réclamé leurs droits, on flattait les rois ; le mot de *peuple* ne pouvait être prononcé sans crime devant eux : ajourd'hui nous sommes libres, nous parlons de tout, nous parlons des souverains eux-mêmes.... Il ne faut pas que le triomphe de la liberté soit souillé par l'impatience qui souillait le triomphe du despotisme. Le préopinant vous a dit que jamais révolution n'avait coûté moins de sang que la vôtre. Mon opinion est entièrement la sienne sur cet objet : mais enfin, le sang a coulé; le peuple Français est bon! Dans une circonstance semblable à celle dans laquelle nous nous trouvons, ce ne sont pas les vertus du peuple qu'il faut compter, ce sont ses fautes. Oui, n'y eût-il qu'une seule insurrection, n'y eût-il qu'une goutte de sang répandu, je dirais, parce qu'il ne faut pas flatter le peuple, que ces erreurs mêmes sont des crimes!

Plusieurs propriétés ont été attaquées, violées, incendiées. Le roi vous a demandé des secours contre les brigands, et l'on a cependant dit devant vous que quand une cause était portée à votre tribunal, il fallait protéger les principes patriotiques. J'observe que le mot protection est incompatible avec celui de tribunal, avec celui de principes. Le roi a demandé que le maintien de la sûreté publique lui fût enfin rendu possible. Vous avez chargé votre comité de constitution de vous présenter le projet d'une loi qui satisfît aux vœux du roi. Votre comité s'est occupé de ce travail. Il avait deux grands écueils à éviter; le danger de porter atteinte à la liberté, et celui de donner trop d'extension à cette même liberté. Deux projets de loi vous ont été soumis à ce sujet : vous avez rejeté le premier, et vous vous occupez aujourd'hui du second, qui semble être déjà lui-même le fruit d'une discussion réfléchie. D'autres projets vous ont été soumis aussi : on a cru qu'ils avaient pour but de mettre la dictature dans les mains du roi; mais j'observe que dans un gouvernement monarchique, le contrat social ne peut exister que quand il est protégé par le pouvoir exécutif. Dans ce moment, les impôts ne se payent pas; le pouvoir exécutif est sans force; le peuple se livre à des insurrections, et cependant le peuple ne peut maintenir ses droits qu'en observant ses devoirs.... Il faut que le pouvoir exécutif, surveillé du pouvoir législatif, reçoive enfin de nous une organisation fixe et utile. Vous avez condamné des impôts aussi injustes que mal répartis, parce qu'ils étaient assis sur des bases fausses : vous avez modifié ces impôts; mais cependant vous les avez conservés, parce que vous savez qu'un empire ne peut subsister sans impôts. Les lois criminelles étaient vicieuses et attentatoires à la liberté du citoyen; vous les avez conservées jusqu'à ce vous qu'il fût possible d'en établir de nouvelles, parce que vous savez qu'un empire ne saurait subsister sans un code criminel, etc. Si le roi demeure sans force, les impôts ne seront pas payés, et les insurrections seront continuées : de là les plus grands maux. Et que nous reste-t-il à faire pour éviter ces maux? Nous pouvons reconnaître la force publique, mais nous ne pouvons pas la créer; nous pouvons appeler la force publique, et nous ne pouvons pas nous abandonner à des défiances; elles seraient injustes. Que la force publique soit plus puissante que les brigands; elle ne sera jamais plus forte que nous; elle ne sera jamais plus forte que l'opinion. Je conclus donc à ce que les articles qui vous ont été présentés hier par M. Malouet soient discutés et enfin adoptés par l'assemblée.

M. *Duport.* On vous a proposé d'investir le monarque de la dictature; on vous a proposé de décréter actuellement les bases du pouvoir exécutif; on vous a proposé l'exemple d'une nation voisine; on vous a fait craindre les guerres que pouvait nous susciter cette nation, tandis qu'il est vrai qu'un Anglais, dont nous admirons les talens, n'a pas craint de dire à l'assemblée législative de son pays, que ce serait la lâcheté la plus insigne que de troubler en ce moment un peuple occupé à conquérir sa liberté, etc., etc.

M. Duport continue à faire des observations sur le fond du décret et sur la rédaction du comité. Il conclut que cette rédaction soit adoptée avec les modifications qu'il y apporte.

M. *Prieur.* Comme membre du comité des rapports, je demande à donner à l'assemblée des détails sur les causes et sur les motifs des insurrections.

M. *de Montlausier.* M. Prieur n'a pas la parole, et d'ailleurs il faut discuter les principes avant de discuter les faits.

M. *Prieur.* Pour bien juger la loi qui vous est présentée, il faut connaître les faits qui paraissent la rendre nécessaire. J'ai examiné toutes les pièces relatives à l'affaire de Béziers et aux accidens arrivés dans les autres provinces. Je n'ai vu que des événemens particuliers et pas une seule atteinte contre la sûreté publique. L'objet des insurrections est la féodalité, la cause, les fausses interprétations de vos décrets, données par les ennemis du peuple. Ainsi donc, l'objet étant connu, vous pouvez plus aisément déterminer le remède.

M. Prieur entre dans le détail des nouvelles reçues de plusieurs provinces. La ville de Périgueux annonce qu'il est fâcheux qu'un membre de l'assemblée ait plutôt écouté l'exposé de trois gentilshommes, que le récit fidèle de la municipalité.

M. de Foucault demande à répondre à cette énonciation.

MM. de Juigné, de Cocherel, d'Esprémenil, etc. semblent contester les faits énoncés par M. Prieur. — Celui-ci se dispose à aller chercher les pièces originales. — Il quitte la tribune. — On l'invite à y remonter.

M. de Montlausier réclame l'ordre du jour.

M. Prieur. C'est au nom du peuple qu'on calomnie que je parle aujourd'hui; c'est la vérité que je veux dire, parce que la vérité seule suffit à sa défense.

M. Foucault. Comme M. Prieur a dit quelque chose qui compromet les troubles de ma province, je demande la parole.

M. Prieur veut continuer son récit, on l'interrompt. — Après de longs débats, M. le président consulte l'assemblée, et M. Prieur continue.

La ville de Périgueux annonce qu'on a persuadé à de malheureux paysans, bons, mais simples et crédules, qu'ils seraient condamnés à des amendes s'ils ne se livraient point au pillage; qu'ensuite on a fait marcher contre eux des détachemens de troupes, accompagnés du grand-prévôt et des exécuteurs de la haute-justice, en disant que l'on allait décimer les habitans des campagnes. — Dans d'autres provinces, des hommes inconnus répandent de l'argent pour séduire le peuple. A Monclair on a arrêté un chef de bande qui donnait aux paysans 20 francs par jour pour aller incendier les châteaux. Ailleurs, on suppose des ordres signés du roi et contre-signés de M. de Saint-Priest, et des décrets de l'assemblée, et l'on persuade au peuple qu'il n'a plus qu'un mois pour obtenir par ses mains la réparation des torts qui lui ont été faits. Dans d'autres pays l'ordre est parfaitement rétabli. A Sedan, notamment, le service des employés est en pleine activité.

M. *Pétion de Villeneuve*. On ne proclame en Angleterre le bill de mutinerie que dans les cas vraiment extrêmes. Quelle que soit aujourd'hui la gravité des circonstances, ce n'est pas une sévérité rigoureuse qu'il faut appeler à notre secours : le peuple est trompé, il faut l'éclairer. On exagère les malheurs des provinces pour nous engager à employer les remèdes violens : nous ne pouvons, nous ne devons pas l'occuper de preuves, mais plutôt de prévenir le mal, et nous ne le préviendrons qu'en cherchant à en détruire les causes. Cependant s'il faut faire une loi provisoire, quelle sera-t-elle? Adopterons-nous, avec M. de Clermont-Tonnerre, le projet de M. Malouet? Autant vaudrait renoncer à la liberté, et courber avec docilité notre tête sous le joug de la servitude. Tous les corps administratifs créés pour exercer la puissance du peuple deviendraient des instrumens de la puissance ministérielle. Ne nous abusons pas sur la responsabilité dont on nous annonce les merveilles : il est clairement prouvé qu'elle ne serait qu'un prétexte de plus pour nous opprimer, puisqu'il serait loisible aux ministres de mépriser les formes légales, sauf à venir demander aux représentans de la nation une absolution que, sous le prétexte de certaines circonstances, ils n'auraient pas la liberté de refuser. Le projet du comité ne mérite pas autant de reproches; mais il ne laisse pas que d'avoir de grands dangers. Il renferme beaucoup de clauses inutiles, et sans contredit, il est dangereux dans les circonstances où nous trouvons de multiplier inutilement les lois réprimantes. La loi martiale que vous avez décrétée suffira pour dissiper les attroupemens; et la responsabilité qu'on vous propose de prononcer préviendra la négligence ou la faiblesse des officiers municipaux dans l'exercice de cette loi.

M. de Mirabeau l'aîné. On a voulu entraîner une assemblée législative dans la plus étrange des erreurs. De quoi s'agit-il? De faits mal expliqués, mal éclaircis. On soupçonne, plus qu'on ne sait, que l'ancienne municipalité de Béziers n'a pas rempli ses devoirs. En fait d'attroupemens, toutes les circonstances méritent votre attention. Il vous était facile de prévoir que, par la loi martiale, vous avez donné lieu à un délit de grande importance, si cette loi n'était pas exactement, pas fidèlement exécutée. En effet, une municipalité qui n'use pas des pouvoirs qui lui sont donnés dans une circonstance importante, commet un grand crime. Il fallait qualifier ce crime, indiquer la peine et le tribunal : il ne fallait que cela. Au lieu de se réduire à une question aussi simple, on nous a dit que la république est en danger. J'entends et je serai entendu par tout homme qui écoutera avec réflexion, j'entends la chose publique : on nous fait un tableau effrayant des malheurs de la France; on a prétendu que l'Etat était bouleversé, que la monarchie était tellement en péril, qu'il fallait recourir à de grandes ressources, on a demandé la dictature. La dictature dans un pays de vingt-quatre millions d'âmes, la dictature à un seul, dans un pays qui travaille à sa constitution, dans un pays dont les représentans sont assemblés : la dictature d'un seul! Le plus ou moins de sang qui doit couler ne doit pas être mis en ligne de compte. « Lisez, lisez ces lignes de sang dans les lettres du général d'Alton à l'empereur : voilà le code des dictateurs. Voilà ce qu'on n'a pas rougi de proposer : on a voulu renouveler ces proclamations dictatoriales des mois de juin et de juillet. Enfin, on enlumine ces propositions des mots, tant de fois répétés, des vertus d'un monarque vraiment vertueux, ces mots tant de fois répétés, mais répétés avec justice. Je regarde déjà la monarchie comme dissoute. La dictature passe les forces d'un seul, quels que soient son caractère, ses vertus, son talent, son génie. Le désordre règne, dit-on; je le veux croire un moment : on l'attribue à l'oubli d'achever le pouvoir exécutif, comme si tout l'ouvrage de l'organisation sociale n'y tendait pas. Je voudrais qu'on se demandât à soi-même ce que c'est que le pouvoir exécutif. Vous ne faites rien qui n'y ait rapport. Que ceux qui veulent empiéter sur vos travaux répondent à ce dilemme bien simple : ou quelque partie de la constitution blesse le pouvoir exécutif : alors qu'on nous déclare en quoi ; ou il faut achever le pouvoir exécutif : alors que reste-t-il à faire? Dites-le, et vous verrez s'il ne tient pas à tout ce que vous devez faire encore. Si vous me dites que le pouvoir militaire manque au pouvoir exécutif, je vous répondrai : laissez-nous donc achever l'organisation du pouvoir militaire; le pouvoir judiciaire : laissez-nous donc achever l'organisation du pouvoir judiciaire. Ainsi donc ne nous demandez pas ce que nous devons faire, si nous avons fait ce que nous avons pu. Il me semble qu'il est aisé de revenir à la question dont nous n'avons pu nous écarter. Vous avez fait une loi martiale; vous en avez confié l'exécution aux officiers municipaux : il reste à établir le mode de leur responsabilité. Il manque encore quelques dispositions. Eh bien ! il faut fixer le mode des proclamations. Il existe des brigands : il faut faire une addition provisoire pour ce cas seulement. Mais il ne fallait pas empiéter sur notre travail ; il ne fallait pas proposer une exécrable dictature. Je n'ajouterai rien à ce qui a été dit ; mais peut-être résumerai-je mieux les diverses opinions des préopinans. J'ai rédigé le projet d'une loi additionnelle à la loi martiale.

Art. I. En cas d'attroupement de gens armés, trouvés en rase campagne, les maréchaussées, les gardes nationales et les troupes soldées pourront, sans autre réquisition, après leur avoir enjoint de se retirer, employer la force pour les dissiper. Cependant les troupes s'arrêteront au premier ordre qui leur en sera donné par la municipalité sur le territoire de laquelle existe l'attroupement, et cette municipalité sera responsable de cet ordre.

II. Lorsque les officiers municipaux auront négligé de publier la loi martiale, dans les cas où cette publication est ordonnée, et de remplir tous les devoirs qu'elle prescrit, ils seront poursuivis extraordinairement.

III. La poursuite d'un tel délit ne pourra être faite qu'à la requête du procureur-syndic du district, ou du procureur-syndic du département, en vertu d'une délibération du directoire du district ou du département, par-devant les juges ordinaires, sauf l'appel au tribunal supérieur.

IV. La peine de ce délit sera d'être privé de ses fonctions, déclaré prévaricateur, à jamais incapable d'exercer aucun droit des citoyens actifs, et personnellement responsable de tous les dommages qui auraient été commis.

V. Si les biens des officiers municipaux sont insuffisans pour payer lesdits dommages, la communauté des habitans sera responsable pour le surplus, sauf le recours de la communauté sur les biens de ceux qui seraient convaincus d'avoir excité la sédition ou d'y avoir participé.

VI. Dans le cas où les officiers municipaux seraient investis dans la maison commune par les séditieux, lesdits officiers seront tenus de faire déployer le drapeau rouge à l'une des fenêtres de la maison commune ; et à ce signal, la garde nationale, les troupes soldées et la maréchaussée seront obligées de se rendre à la maison commune, mais seulement pour attendre les ordres des officiers municipaux.

VII. S'il arrive que, dans une émotion populaire, les officiers municipaux prennent la fuite, ou qu'ils soient empêchés par les séditieux rassemblés dans la maison commune, d'user de leur autorité en faisant déployer le drapeau rouge à l'une des fenêtres, dans lesdits cas les notables seront tenus, sous les mêmes peines que les officiers municipaux, de requérir l'assistance des troupes pour rétablir l'exercice de l'autorité municipale, et de remplir, dans cette vue, toutes les formalités prescrites par la loi martiale.

VIII. Si, malgré cette publication, les officiers municipaux pensent qu'il n'est pas nécessaire de recourir à la loi martiale, ils seront tenus de signifier aux notables et aux commandans des troupes l'ordre de se retirer ; et dans ce cas, la loi martiale cessera son effet. Si lesdits officiers municipaux sont investis, ils exprimeront cet ordre en chargeant l'un d'eux de déployer le drapeau blanc à la vue des troupes, et hors de la maison commune.

IX. Les officiers municipaux seront responsables pour la non-manifestation de cet ordre, comme dans les cas énoncés aux articles I, II et III.

X. Dans le cas où lesdits officiers municipaux auront rempli tous les devoirs prescrits par la loi martiale, et n'auront pu dissiper les attroupemens, la communauté des habitans demeurera seule responsable de tous les dommages qui pourront se commettre, sauf le retour de la communauté sur les biens de ceux qui seraient convaincus d'avoir excité la sédition, ou d'y avoir participé.

XI. En cas de résistance à l'exécution des jugemens rendus par les officiers civils, ils doivent requérir l'assistance des gardes nationales, des maréchaussées et des troupes soldées, pour que force reste à justice.

M. d'Aiguillon. Le peuple a partout été trompé : des ordres du roi, des décrets de l'assemblée nationale ont été supposés : il a cru devoir obéir, et il s'est porté aux désordres qu'on veut que vous réprimiez. On vous propose des moyens divers : il faut adopter ceux qui peuvent rétablir le calme, mais rejeter loin de vous toutes les dispositions contraires à la liberté. Tous les bons citoyens penseront sans doute comme moi ; ils aimeront mieux voir toutes leurs propriétés dévastées, que la liberté en péril. Je dois cependant convenir que les désordres de l'anarchie amèneraient infailliblement le retour du despotisme. Evitons-les; apprenons au peuple le respect qu'il doit avoir pour les propriétés ; qu'il sache distinguer les droits féodaux rachetables de ceux qui sont abolis sans indemnité ; que ce soit dès demain l'objet de notre travail, et que bientôt, de funestes incertitudes étant dissipées, les ennemis du peuple perdent tous les moyens qu'ils ont employés avec tant de succès pour l'égarer ou pour le séduire. Nous nous occuperons ensuite de la responsabilité des officiers municipaux et de celle des communautés ; nous inviterons les milices nationales à se prêter mutuellement des secours, et les municipalités où il n'y en a pas d'établies, à réclamer les forces des municipalités voisines.

M. de La Fayette. Parmi les discussions intéressantes que j'ai entendues, une grande idée m'a frappé : le peuple est trompé; il faut dissiper son erreur ; il faut lui apprendre jusqu'où s'étendent les promesses qui lui ont été faites, et lui montrer les bornes de ses espérances. Mais en même temps que je pense, avec M. d'Aiguillon, qu'il faut s'occuper incessamment du rapport du comité féodal, je crois aussi qu'il est à propos de terminer la discussion, en statuant sur le projet de loi qui nous a été présenté.

M. de Cazalès. Avant d'entrer dans la discussion, je rétablirai des faits qui n'ont pas été bien exactement exposés par un préopinant : 1° Depuis la révolution anglaise, en 1688, l'*habeas corpus* a été suspendu neuf fois; 2° ce qu'il lui plaît d'appeler dictature a été accordé au roi d'Angleterre dans des momens d'insurrection; et assurément, dans les circonstances présentes, nous avons tout lieu de craindre une insurrection. M. le duc d'Aiguillon a exprimé des sentimens dignes de tous les éloges. Ce qui constitue la véritable générosité, c'est d'être peu affecté des pertes personnelles; mais la liberté, qui donne cette vertu, ne permet pas de croire que tous les citoyens pourront faire des sacrifices aussi généreux. Les principes des préopinans sont les miens; les conséquences que j'en tire diffèrent essentiellement de celles qu'ils vous ont présentées. Le comité vous a offert des moyens qui pourraient être utiles, si le mal n'était pas à son comble. Je ne puis me dissimuler que les excès ne sont point partiels, et qu'il est évident que s'ils n'étaient point réprimés, ils se changeraient en une guerre funeste de ceux qui n'ont rien contre ceux qui ont quelque chose. L'expérience nous a déjà prouvé combien la loi martiale est insuffisante. Il faut donc, si nous voulons arrêter les malheurs qui affligent le royaume, recourir au pouvoir exécutif, et l'armer de toute la force nécessaire pour qu'il agisse avec succès. Je n'ai cependant pas pensé qu'il fallût investir le souverain d'un pouvoir trop durable. Eh! qu'on me dise quel danger il y aurait à lui confier une autorité momentanée, que l'assemblée nationale, toujours existante, pourrait suspendre ou retirer à son gré : qu'on me dise ce qu'elle peut avoir de dangereux dans les mains d'un roi dont les vertus sont connues; qu'ils me disent, ces prétendus apôtres de la liberté, ce qu'ils craignent de ce prince entouré de son peuple, de ce prince qui est venu se confier aux habitans de la capitale, et dont les intentions sont intimement liées avec celles des représentans de la nation. Mais, diront-ils, les ministres abuseront de cette autorité d'un moment. Que pourraient des ministres contre l'opinion publique, contre un peuple qui, d'une voix unanime, a juré qu'il voulait être libre? Non, je ne crois pas qu'il y ait un seul citoyen qui ne soit partisan de la liberté. Ce n'est qu'au milieu des désordres de l'anarchie que le despotisme peut lever sa tête hideuse. La loi martiale est insuffisante; nul autre moyen ne se présente, si ce n'est celui d'autoriser la force armée à obéir au pouvoir exécutif. Il faut donc adopter ce moyen.

La discussion est fermée.

On demande l'ajournement de la délibération sur le projet du comité, pour s'occuper demain de l'examen des droits féodaux rachetables.

M. le Chapelier propose d'ajourner à demain la délibération, en arrêtant que le premier objet sera de décréter ou de rejeter, sans discussions ultérieures, le projet de loi proposé par le comité; de s'occuper ensuite de la discussion des droits féodaux rachetables, et de ceux qui ne le sont pas, de manière que les deux lois soient portées ensemble à la sanction, et envoyées conjointement dans les provinces.

Plusieurs motions sont proposées dans le même esprit. — L'ajournement est violemment contesté. MM. Malouet et Cazalès demandent qu'on délibère sur leurs motions.

M. Blin. Ceux qui demandent qu'on accorde la dictature au pouvoir exécutif, veulent qu'on envoie dans les provinces des assassins pour réprimer des assassinats.

A peine cette phrase est-elle prononcée, que MM. de Cazalès, de Fumel, de la Galissonnière, le vicomte de Mirabeau, de Bouthillier, etc., courent à la tribune au moment où M. Blin en descend : une partie de l'assemblée s'agite, et témoigne la plus vive désapprobation.

M. Blin remonte à la tribune; il ne peut se faire entendre.

M. de Menou. Je demande que M. Blin soit mis à l'ordre, et son nom inséré dans le procès-verbal.

Toute la partie placée à la gauche du président se lève pour appuyer cette motion.

M. de Cazalès. M. Blin demande à s'expliquer : il est impossible qu'on lui refuse cette permission.

M. Blin. J'ai demandé la parole pour m'excuser des expressions qui me sont échappées, et qui ont porté à votre esprit une idée différente de celle que j'ai voulu lui donner. Il n'est pas possible de penser qu'un membre de l'assemblée nationale ait eu l'intention d'attaquer quelque partie de la force publique. Les gardes nationales de ma province, requises dans un temps mal opportun, sont arrivées dans un moment de nuit, et, par de fâcheux quiproquos, ont tué quelques personnes : voilà ce que j'ai voulu rappeler. Au reste, j'abandonne mes réflexions à toute la sévérité de votre justice.

M. de Cazalès. Il est impossible de se dissimuler que les expressions du préopinant sont déplacées; mais le désaveu qu'il vient de faire, et l'explication qu'il vous a soumise, établissent avec certitude qu'il n'avait pas l'intention de leur donner la signification très-inconvenable qu'elles présentaient. Je pense qu'il faut passer à l'ordre du jour.

M. de Menou. Plus M. Blin a bien mérité de nous par ses qualités de bon citoyen et par la sagesse de ses opinions, plus nous devons désirer qu'il soit puni, lorsqu'il s'est aussi manifestement écarté de cette sagesse. J'insiste fortement sur ma motion.

M. de Fumel demande la question préalable.

M. de Montlausier propose de diviser cette question, et de rappeler seulement M. Blin à l'ordre.

M. l'abbé Maury. Il ne faut pas mettre trop d'attention à des expressions qui, dans la chaleur d'une discussion importante, échappent à un orateur.

La question préalable est mise aux voix, et l'assemblée décide qu'il y a lieu à délibérer.

M. de la Galissonnière. Il peut échapper à un opinant des expressions d'une grande inconvenance ; mais un désaveu aussi formel que celui de M. Blin doit les faire oublier.

M. de Foucault. Je vais parler un langage qui doit plaire à tout le monde : celui de la liberté. Inscrire un membre sur le procès-verbal pour une opinion individuelle, ce serait établir une nouvelle servitude. Cette punition est purement scolastique ; elle ne m'empêchera jamais de développer mon opinion. Il s'agit ici d'une expression désavouée dans le sens qui pourrait être coupable à l'instant où elle a été prononcée.

M. de Mirabeau l'aîné appuie la demande de la division : la question n'est pas divisée. — La motion de M. de Menou est adoptée à une très-grande majorité.

M. le président à M. Blin. L'assemblée vous rappelle à l'ordre pour les expressions dont vous vous êtes servi ; elle ordonne que ce fait soit consigné dans le procès-verbal.

M. Blin. Je me soumets à la justice de l'assemblée, et je lui demande, comme une grâce, que l'explication que j'ai donnée soit retenue sur le procès-verbal.

Cette demande est accordée.

On revient à l'ordre du jour.

L'ajournement est demandé sur la motion de M. le Chapelier. — Il est rejeté.

L'assemblée rend le décret suivant, rédigé par M. Rœderer, et amendé par M. de La Fayette.

« L'assemblée nationale rendra demain, sans discussions ultérieures, sauf les amendemens, un décret concernant la tranquillité publique ; et immédiatement après l'assemblée s'occupera du rapport du comité féodal. »]

SÉANCE DU MARDI 23 FÉVRIER.

[Après la lecture des procès-verbaux, M. le président fait l'énumération de divers décrets sanctionnés ou acceptés par le roi.

M. Goupill de Préfeln. Je demande qu'on présente à l'approbation du roi cette touchante et sublime adresse au peuple français, qui ne peut être publiée au prône sans avoir été sanctionnée par lui.

Cette proposition est accueillie.

En exécution du décret rendu hier, on fait lecture des différens projets de loi.

M. de Custine. Je demande la priorité pour le projet de M. de Mirabeau. Le premier article préviendra la dévastation des forêts du royaume ; et l'on sait combien cet objet est important ; mais en publiant une loi aussi rigoureuse, nous devons à nos commettans de nous occuper des moyens de détruire un impôt qui est la cause de presque tous les désordres. Je demande qu'incessamment la suppression de la gabelle fasse la matière de nos délibérations.

M. Desmeuniers. Il faut d'abord examiner ce qui doit entrer dans le décret que vous allez rendre. Dans ce moment-ci, moment de crise, il faut le dire, deux maux nous affligent : les désastres de quelques provinces, et le défaut de perception des impôts. La constitution ne peut s'ébranler que par des désordres tels que ceux qui règnent dans quelques provinces, et d'où pourrait naître une anarchie que vos lois, que la confiance que vous inspirez, auraient peine à détruire. La constitution peut s'écrouler par une privation de recette pour le trésor royal. Vous trouverez peut-être nécessaire d'annoncer au peuple que vous vous occupez des impôts indirects et des moyens de les supprimer ; que, déjà condamnée par vous, la gabelle n'existera plus à la fin de cette année, mais que cet impôt doit être payé jusqu'au moment de la suppression. Je demande que l'assemblée décide d'abord si les désordres des provinces, et les obstacles apportés à la perception de l'impôt, doivent être les objets de votre décret. Il me semble que, dans cette occasion, les divisions qui partagent quelquefois l'assemblée doivent disparaître, que tous les amis de la liberté publique se rallient pour chercher de bonne foi à prévenir ou à réparer nos maux. Ces maux sont certains ; peu nous importe d'en connaître en cet instant la cause : arrêtons-les : voilà notre devoir ; que l'assemblée adopte, soit le projet du comité, soit celui de M. de Mirabeau, soit tout autre ; mais qu'elle en adopte un, et qu'elle juge sur-le-champ si ce décret doit renfermer des dispositions sur la perception de l'impôt.

M. l'abbé Gouttes. Le comité des finances m'a chargé de vous demander de semblables dispositions. Il croit qu'il faut indiquer nominativement les impôts directs et indirects, afin que le peuple comprenne facilement ce dont on lui parlera. Les désordres dont on vous a entretenus sont très-réels ; ils existent dans ma province. Le peuple est trompé : il est égaré. Le premier article du projet de M. de Mirabeau me paraît très-propre à réprimer les insurrections, et je pense qu'il doit être admis.

M. d'Harambure fait lecture d'un projet de décret, par lequel il propose de demander à chacune des quarante mille municipalités, et l'une dans l'autre, une somme de 500 liv. en argent sur les impositions de 1790. Le produit de cette avance serait consacré à augmenter les paiemens de la caisse d'escompte.

On observe que cette proposition est hors de l'ordre du jour.

La priorité est demandée pour un projet de décret présenté par M. Boussion, député de l'Agénois.

Une partie de l'assemblée témoigne le désir d'aller aux voix sur cette priorité.

Les membres qui avaient proposé des décrets sollicitent la parole pour attaquer cette priorité.

La discussion est fermée sur cet objet.

La priorité est accordée au projet de M. Boussion.

Ce projet est conçu dans ces termes :

« L'assemblée nationale, considérant que les ennemis du bien public ont trompé le peuple, en distribuant de faux décrets, au moyen desquels il s'est cru autorisé à commettre des violences contre les propriétés et même contre les personnes dans quelques provinces, a décrété ce qui suit :

» 1° A l'avenir, nul citoyen, sans distinction, ne pourra, dans aucun cas, s'autoriser des décrets de l'assemblée nationale, s'ils ne sont sanctionnés par le roi, publiés par ordre des municipalités, et lus aux prônes des messes paroissiales.

» 2°. Le pouvoir exécutif enverra incessamment l'adresse de l'assemblée nationale aux Français, et tous les décrets acceptés, sanctionnés ou approuvés par le roi, à mesure qu'ils auront été rendus, aux diverses municipalités du royaume, avec ordre aux curés et vicaires desservant les paroisses de les lire au prône.

» 3° Dans les cas d'insurrection et de violences contre les propriétés ou les personnes, ou de résistance à la perception des impôts, les municipalités seront tenues d'employer tous les moyens que leur donne la confiance des peuples, avant de passer à la loi martiale. Toutes les municipalités se prêteront mutuellement main-forte à leur réquisition réciproque. Si elles s'y refusaient, elles seraient responsables des suites de leur refus.

» 4° Les officiers municipaux seront responsables des dommages occasionnés par une émeute, s'il était prouvé que leur négligence en fût la cause.

» 5° On s'occupera incessamment d'organiser des milices nationales, auxquelles il est ordonné de prêter main-forte dans tous les cas d'insurrection, à toute réquisition des officiers municipaux.

» 6° De décréter notamment quels sont les droits féodaux abolis sans indemnité.

» 7° D'organiser le plus promptement possible les départemens et les districts. »

M. de Cazalès. Il est certain que le décret auquel la priorité est accordée affaiblit sensiblement la loi martiale. Cependant la loi martiale n'a pas suffi. J'ai reçu encore hier des nouvelles de ma province : elles sont affligeantes. M. le vicomte de Mirabeau vous dira que la municipalité de Rennes a défendu à la milice nationale de sortir de cette ville. Les désordres ne peuvent être réprimés que par le pouvoir exécutif. Je propose en amendement au décret la disposition suivante. « Le roi sera supplié de prendre toutes les mesures nécessaires, et sera autorisé à faire tous actes à cet effet, sous la responsabilité seule des ministres. »

On observe que les amendemens doivent être présentés successivement sur chaque article, sauf à proposer les additions à la fin de la délibération.

On lit l'article premier.

M. de Montlausier. J'offre un amendement qui porte sur tous les articles ; il est relatif à la régénération du pouvoir exécutif ; régénération sans laquelle notre loi ne saurait être exécutée. J'ai fait serment d'être fidèle à la nation, à la loi, au roi et de maintenir la constitution décrétée par l'assemblée nationale et acceptée par le roi. J'ouvre cette constitution, et j'y trouve que le pouvoir exécutif suprême réside dans le roi : or, toute loi qui donnerait à des corporations quelconques une partie de ce pouvoir, doit exciter mon zèle : je dois m'opposer de toutes mes forces à une loi de cette espèce. J'aborde donc l'amendement, et j'entre dans les principes. Quand une nation crée des officiers publics, elle leur donne des fonctions : le roi est le premier officier de la nation ; il doit donc avoir quelque chose à faire. Dans le projet de loi, les municipalités sont tout et font tout. On présentera sûrement l'amendement, « que le roi soit supplié de faire passer des troupes aux municipalités qui le demanderont. » Je le combats. Ainsi on réduit le roi à un rôle purement passif, on en fait un être parasite, une véritable superfétation politique. Le prince seul a le droit de dispenser la force publique, conformément à la loi : la loi, voilà sa règle ; la loi, voilà son maître. S'il manquait à la loi, la loi irait demander jusque sur les marches du trône, le ministre qui n'aurait pas su désobéir. Si la force publique était entre les mains des municipalités, elles s'en serviraient bientôt pour leurs intérêts intestins. Hâtons-nous d'éviter une anarchie, qui ne laisserait de ressource que dans une fédération plus ou moins funeste. On dit que le pouvoir exécutif sortira du complément de la constitution ; mais avant, on s'accoutumera à se passer de roi : si, dans des momens de troubles, l'action royale n'est pas nécessaire, le serait-elle dans les temps de paix? J'abandonne à votre sagesse cette seule réflexion.

M. *Desmeuniers.* Le préopinant aurait composé d'une autre manière le beau discours qu'il vient de vous lire, s'il se fût rappelé deux articles de la constitution, qu'il n'a pas lus peut-être, et qu'il a du moins oubliés complétement. Par le premier, les municipalités sont subordonnées au roi ; le second porte la même disposition, à l'égard des assemblées de district et de département, non-seulement pour ce qui regarde les propriétés, mais même pour ce qui concerne la sûreté et la tranquillité générales. Il est étonnant que ceux qui ont voulu l'établissement de quarante mille municipalités, veuillent aujourd'hui que vous abandonniez l'organisation des pouvoirs judiciaire et militaire, pour vous occuper du complément du pouvoir exécutif. Certes, nous serions des insensés, si, après avoir fait la constitution, nous laissions le pouvoir exécutif sans force, comme il l'est maintenant. Si quelque chose peut faire commettre à l'assemblée une pareille faute, ce seraient ces motions, que, depuis six semaines, on reproduit chaque jour, tantôt pour ralentir nos travaux, tantôt pour nous égarer dans la route que nous voulons tenir. — Je propose à l'article premier un seul amendement : il consiste à ajouter aux mots *sanctionnés*, ceux-ci, *acceptés ou approuvés par le roi.*

M. *de Montlausier.* Je demande que M. Desmeuniers soit rappelé à l'ordre.

Des applaudissemens nombreux donnés à M. Desmeuniers, sont la seule réponse à cette demande.

N.... Je saisis avec empressement cette occasion pour faire publiquement ma profession de foi, en déclarant que la constitution est propre à faire le bonheur des peuples et celui du monarque. Mais n'oublions pas que la force, réunie en une seule main, peut seule assurer l'intérêt général : sans cela, je le dis hautement, il n'y a pas de constitution. Je demande que les forces militaires ne puissent agir hostilement, que sur la réquisition des municipalités, et par les ordres du roi.

M. de Mirabeau l'aîné. Tous les amendemens proposés, excepté un seul, me paraissent tenir à une confusion d'idées que j'ai combattues hier. Et d'abord, je demande si le pouvoir exécutif a besoin des moyens qui ne sont pas en ce moment en sa puissance; je demande comment il en a usé jusqu'à présent; je demande si l'assemblée aurait désavoué des proclamations utiles à la tranquillité publique; je demande davantage, je demande si les municipalités sont inutiles dans l'organisation sociale. Ceux qui ont avancé toutes les assertions qui tendaient à le faire penser, croient-ils donc que nous sommes au temps des Thésée et des Hercule, où un seul homme domptait les nations et les monstres? Avons-nous pu croire que le roi tout seul ferait mouvoir le pouvoir exécutif? Nous aurions fait le sublime du despotisme. Eh! que sont les municipalités? des agens du pouvoir exécutif? Lorsque nous déterminons leurs fonctions, ne travaillons-nous pas pour le pouvoir exécutif? A-t-on dit qu'il n'était pas temps d'organiser le pouvoir exécutif? Non : nul de nous n'a dit cette absurdité. J'ai dit que le pouvoir exécutif est le dernier résultat de l'organisation sociale; j'ai dit que nous ne faisons rien pour la constitution, qui ne soit pour le pouvoir exécutif. Voici le dilemme que je propose : ou l'on dira que nous travaillons contre le pouvoir exécutif; et dans ce cas, qu'on indique un décret qui le prouve : l'assemblée sera reconnaissante et réformera ce décret : ou l'on nous demandera d'achever sur-le-champ le pouvoir exécutif; et dans ce second cas, qu'on nous indique un décret qui puisse être rendu isolément à cet égard. Vous avez tous entendu parler de ces Sauvages qui, confondant dans leurs têtes les idées théologiques, disent, quand une montre ne va pas, qu'elle est morte; quand elle va, qu'elle a une âme, et cependant elle n'est pas morte, et cependant elle n'a point d'âme. Le résultat de l'organisation sociale, le pouvoir exécutif ne peut être complet que quand la constitution sera achevée. Tous les rouages doivent être disposés, toutes les pièces doivent s'engrener, pour que la machine puisse être mise en mouvement. Le roi a professé lui-même cette théorie; il a dit : « en achevant votre ouvrage, vous vous occuperez sans doute avec candeur, » non pas de la création du pouvoir exécutif, il aurait dit une absurdité, mais « de l'affermissement du pouvoir exécutif. Que ce mot, pouvoir exécutif, qui doit être le symbole de la paix sociale, ne soit plus le cri de ralliement des mécontens, que ce mot ne soit plus la base de toutes les défiances, de tous les reproches : nous ne ferons rien de bon dans l'ordre social, qui ne tourne au profit du pouvoir exécutif; vouloir que la montre aille avant d'être montée. Cette idée ne fait pas beaucoup d'honneur à la justesse de l'esprit de ceux qui l'ont conçue, si elle en fait à leurs intentions.

Des observations sur la responsabilité des ministres appartiennent à cette matière comme à toutes les matières environnantes. Les ministres, avec un peu de candeur, si la candeur pouvait exister dans le cœur des ministres, n'auraient pas fait un obstacle de cette loi salutaire. Nous hésitons, nous marchons à pas lents depuis quelques semaines, parce que ce dogme terrible de la responsabilité effraie les ministres. Je ne dirai pas les raisons de cet effroi, quoique, si j'étais malin, j'eusse quelque plaisir à les développer; j'en dirais une, selon moi, la principale, qui est fondée, qu'ils me pardonnent cette expression, sur leur ignorance. Ils n'ont pas encore pu se figurer que nous n'avons pu ni voulu parler de la responsabilité du succès, mais de l'emploi des moyens. Tout homme qui se respecte ne peut pas dire qu'il voudrait se soustraire à cette responsabilité; dans tous les tiraillemens, entre l'autorité nationale et l'administration, il est entré de cette crainte de la responsabilité du succès.

Je conclus à rejeter les amendemens qui portent sur cette idée, que le pouvoir exécutif n'a pas, en ce moment, tous les moyens qu'en ce moment on ne peut pas lui donner. Quand votre constitution sera faite, le pouvoir exécutif, par cela même, sera fait; tous les amendemens qui tendraient à donner des moyens excentriques, des moyens hors de la constitution, doivent être absolument écartés.

M. Barnave propose une rédaction de l'article I*er*. Cette rédaction est décrétée dans les termes suivans :

« Nul citoyen ne pourra, sous peine d'être puni comme perturbateur du repos public, se prévaloir d'aucun acte prétendu émané du roi, ou de l'assemblée nationale, s'il n'est revêtu des formes prescrites par la constitution, et publié par les personnes chargées de cette fonction.

On fait lecture de l'article II.

Cet article est adopté.

M. le comte de Virieu demande qu'on ajoute à l'envoi de l'adresse, celui du discours du roi.

M. le comte de Clermont-Tonnerre. Ce discours est déjà parvenu dans toutes les parties des provinces, il est inutile de l'envoyer encore.

M. Lanjuinais. Je demande la question préalable sur la proposition de M. le comte de Virieu ; si on l'exige, j'expliquerai mes motifs.

Une très-grande partie de l'assemblée s'élève contre la question préalable, et appuie l'amendement de M. le comte de Virieu.

M. d'Esprémenil. Je voudrais qu'on me dise pourquoi l'on refuse si obstinément d'envoyer le discours du roi. Je demande que la discussion s'ouvre, afin de connaître les motifs de ce refus.

L'assemblée ordonne, presque unanimement, l'envoi du discours du roi.

On lit l'article III.

M. Garat l'aîné. L'article suppose des attroupemens armés ; car ce n'est guère qu'avec des armes qu'on peut commettre les violences qui sont prévues. Je demande si les coupables ne sont pas dans un état déclaré de rébellion. Je propose un amendement qui se trouve parfaitement rédigé dans le premier article du projet de M. de Mirabeau. Vouloir faire agir le pouvoir pacifique municipal dans cette hypothèse, c'est le compromettre, c'est l'exposer à un danger certain.

M. le marquis de Foucault. Ces vues doivent plaire à toute l'assemblée, puisque ce sont des vues de paix et de conciliation. Je propose cependant à l'article, un second amendement : c'est que, dès qu'il existera un attroupement, ou qu'on pourra en redouter un, les officiers municipaux seront autorisés à faire assembler la force militaire, pour l'employer dans le cas où les moyens de conciliation auront été mis en usage sans effet.

M. de Robespierre. Lorsque le peuple est prêt à se porter contre ses ennemis, un homme qui aurait la confiance du peuple pourrait le ramener à des sentimens pacifiques. (Un côté de l'assemblée interrompt l'orateur.) Je n'insiste point, puisque ceux qui m'interrompent ne trouvent pas dans leur cœur la vérité de ce que j'avance. — On demande le secours de la force armée pour le recouvrement des impôts ; mais quels sont les impôts que le peuple refuse de payer ? Ce sont certains impôts indirects, tels que la gabelle, les aides, etc. (On interrompt encore.) Je ne suis point découragé par ceux qui m'interrompent, et je me propose de dire dans cette séance, des vérités qui exciteront bien d'autres murmures. — (Proposez votre amendement, s'écrie-t-on à diverses reprises.) Il n'est pas de meilleur moyen d'anéantir la liberté que d'employer la force armée pour recouvrer la gabelle, les aides, etc. (Nouvelle marque d'improbation, et toujours d'un seul et même côté de la salle.) — Je demande qu'on supprime de l'article, la partie qui autorise à publier la loi martiale pour le recouvrement des impôts.

M. Dumetz. Je demande qu'on ajoute au premier article : « L'assemblée ordonne encore à son comité des finances, de lui présenter un projet de décret pour le remplacement de la gabelle et des aides. »

M. le duc du Châtelet. Je ne pense pas que l'article qui vous est proposé remplisse absolument votre intention. Je demande donc qu'on y ajoute un article présenté par M. le comte de Mirabeau, relatif au flagrant délit.

M. Rœderer. J'observe qu'avant la fin de la semaine on aura peut-être fait droit sur la gabelle ; il n'y a donc pas lieu à délibérer sur l'amendement de M. de Robespierre. Le projet de M. de Mirabeau ne me paraît pas plus admissible : il suivrait de ce décret, qu'on pourrait déployer la force militaire contre des paysans qui ne se seraient rassemblés en rase campagne que pour repousser cette force.

M. de Mirabeau l'aîné. Le préopinant aurait dû, ce me semble, ne pas oublier, en parlant de mon article, l'amendement que mes collègues et lui-même connaissent bien : « fixer le nombre des attroupés, et les trouver en flagrant délit. » Je déclare que je crois que nul officier, nul commandant des soldats, ne s'écarterait de son devoir, s'il attaquait des brigands surpris en flagrant délit, et s'il s'opposait à des actes hostiles. Je remarquerai, en passant, que lorsqu'on monte à la tribune pour me faire des reproches, il serait prudent, il serait juste d'avoir donné quelques momens de réflexion à mes idées et à mes expressions. Quand j'ai demandé une semblable autorisation pour les troupes réglées, j'ai parlé d'un moyen provisoire contre un mal provisoire.

M. Barnave. Cet article a évidemment besoin d'être amendé de nouveau; il ne porte que sur les flagrans délits; et j'observerai à M. de Mirabeau que tous les citoyens peuvent et doivent même repousser les hostilités. Je ne vois qu'un caractère dans les troupes, celui de l'obéissance; lorsqu'elles font des patrouilles ou qu'elles montent la garde, c'est en vertu d'un ordre qui leur a été donné antérieurement par un officier chargé de la police; dans le cas de flagrant délit, il n'existe entre les troupes réglées et les citoyens que la différence des forces. Sur l'article de M. de Mirabeau, l'assemblée n'a qu'à examiner si elle doit ou ne doit pas augmenter la rigueur de la loi contre le flagrant délit. Je crois que l'on doit retrancher de l'article le mot *résistance à la* perception de l'impôt, et y substituer celui de violence contre les propriétés, les personnes et la perception des impôts.

M. Pison du Galland. Pour hâter votre décision, il faut se renfermer dans la seule question de savoir quel sera le mode et quelles seront les bornes du pouvoir accordé aux municipalités. Je propose de rédiger l'article en ces termes :

« Les officiers municipaux emploieront tous les moyens que la confiance du peuple met en leur disposition, pour la protection efficace des personnes, des propriétés publiques et particulières, et pour prévenir et dissiper les obstacles apportés à la perception des impositions ; et si la sûreté des personnes, des propriétés, ou la perception des impôts était mise en danger, ils feront publier la loi martiale. »

M. Charles de Lameth. Il existe un décret de l'assemblée nationale, qui a causé une grande partie des insurrections ; c'est celui qui proroge l'impôt de la gabelle. De tout temps, cet impôt a paru odieux au peuple ; promettez de vous en occuper bientôt, et cette promesse donnera la certitude de sa destruction, parce qu'il est impossible qu'il fixe un moment vos regards, sans qu'il soit, à l'instant même, anéanti.

La première partie de l'article III, de M. Boussion, est mise aux voix et rejetée ; la rédaction de M. Pison du Galland est adoptée.

La seconde partie de l'article est lue et décrétée sans discussion.

On fait lecture de l'article IV.

Quelques personnes demandent que la séance soit levée, et la délibération continuée à demain.

M. Fréteau. Je pense qu'il vaut mieux continuer la délibération aujourd'hui, dût-elle exiger encore quelque temps, plutôt que d'avoir assemblée ce soir.

MM. le comte de Virieu et de Cazalès demandent que les articles additionnels à la loi, soient ajournés à demain.

M. de Croy. J'observe que c'est la quatrième séance qu'on nous fait per▇ pour cette malheureuse loi provisoire.

La question préalable est mise aux voix sur la motion de MM. de Cazalès et comte de Virieu. — L'assemblée décide qu'il n'y a lieu à délibérer.

L'avis de M. Fréteau est adopté et la discussion continuée.

M. Alexandre de Lameth. L'assemblée a cru que l'esprit de l'article dont vous êtes occupés, était déjà renfermé dans la loi martiale ; je pense dès-lors qu'on pourrait réclamer l'exécution de cette loi, si l'article ne passait pas. Je propose, au surplus, une autre rédaction de cet article. « Si les officiers municipaux négligens, pour dissiper une émeute, n'emploient les moyens qui leur sont confiés, ils seront responsables des dommages. Dans le cas où leurs biens seraient insuffisans pour payer lesdits dommages, la communauté des habitans sera responsable pour le surplus ; sauf son recours sur les biens de ceux qui seraient convaincus d'avoir excité la sédition, ou d'y avoir participé. »

M. Lapoule. Il faudrait faire un procès quelconque pour prouver le délit des officiers municipaux. Qui les jugerait ? serait-ce un parlement ? une chambre des vacations ?

M. Desmeuniers propose de rédiger ainsi l'article : « Si, par négligence ou par faiblesse, les officiers municipaux refusent de proclamer la loi martiale, et s'il arrive quelque dommage, ils seront responsables du tiers. Toute la commune, dans le cas où ses forces seraient suffisantes pour réprimer les désordres, si elle ne s'y est point opposée, sera responsable des deux autres tiers. »

M. d'Alley d'Agier. Ne mettons pas les officiers municipaux déjà établis dans le cas de donner leur démission. Quand la confiance publique est réunie sur un citoyen, si cet hommage rendu à sa vertu lui donne la force de supporter le fardeau qui lui est imposé, il faut bien vous garder de porter le découragement dans son cœur ; et c'est le décourager que de lui faire craindre de perdre tout à la fois sa fortune et celle de sa famille. S'il s'oublie, s'il vacille, il est perdu ; mais si la communauté n'obéit pas aux ordres des officiers municipaux, elle doit être, en corps, responsable du dommage, sauf son recours sur les biens de ceux qui seront convaincus de l'avoir causé.

M. Prieur. Vous n'avez encore eu que des municipalités précaires, et cependant je ne connais pas une seule plainte contre une municipalité qui a négligé son devoir ; toutes les autres ont ramené le calme dans le royaume. Ce n'est donc pas le cas d'effrayer en ce moment ceux qui se chargent de fonctions publiques, toujours dangereuses. Vous avez déjà des lois qui punissent les officiers municipaux de leur négligence ; ce n'est pas en multipliant les lois que vous les ferez respecter, c'est en faisant exécuter celles qui sont déjà faites. Je demande la question préalable sur l'article proposé.

M. Dupont. Il faut que le dommage soit réparé par la commune; c'est là le vrai moyen de rétablir la fraternité entre tous les Français. Permettez-moi, je vous prie, une observation. S'il arrive un désordre, ou c'est la majorité qui l'a commis, et elle doit être responsable, ou c'est la minorité, et alors la majorité est encore coupable de ne pas s'y être opposée.

M. Lanjuinais. Qui fait le désordre ? C'est celui qui n'a rien. Qui le paiera ? C'est celui qui possède. Ce sont les infirmes, les vieillards, les enfans. Qu'est-ce que la responsabilité des communes ? C'est la conséquence d'un principe que vous ne décrétez pas ; et ce principe, le voici : tout citoyen a le droit incontestable d'arrêter les violences. Je propose donc de décréter que tous les citoyens seront tenus d'employer, quand ils le pourront, toutes leurs forces contre les attroupemens attentatoires à la sûreté des propriétés et des personnes.

M. Charles de Lameth. La responsabilité des communes est un des plus sûrs moyens de rétablir la tranquillité publique. Y a-t-il rien de plus légitime que de rendre les habitans responsables, conjointement avec les personnes qu'ils ont honorées de leur confiance ? Il n'y a pas de meilleur moyen d'assurer le maintien de la liberté.

La discussion est fermée ; l'assemblée décide qu'il n'y a pas lieu à délibérer sur l'article 5, proposé par le comité, ni sur les articles qui le suivent.

Un des secrétaires fait lecture de tous les articles, sur la demande d'une partie de l'assemblée.

M. Dupont dit que l'on a exigé que les municipalités se prêtent un mutuel secours ; il est indispensable d'exiger la responsabilité des communautés.

M. Fréteau. Il n'est pas possible de condamner les officiers municipaux, sans leur donner secours contre les moteurs des troubles. Qui est-ce qui a amené le despotisme? C'est l'interruption des assemblées nationales, depuis huit cents ans ; c'est la cessation de la responsabilité des municipalités. Vous avez perdu le jugement par *jurés*, parce que nos pères ont voulu se soustraire à cette responsabilité; ils ont confié à un seul homme leur défense, plutôt que de conserver, à ce prix, le droit précieux de se défendre eux-mêmes ; mais vous ne remédierez jamais aux maux par la responsabilité des officiers municipaux, s'ils n'ont pas leur recours sur la commune; vous allez rompre le lien civique, si vous ne rendez pas les citoyens responsables les uns envers les autres : je vous supplie donc de ne pas juger aujourd'hui une question de cette importance, si vous n'êtes pas convaincus de l'utilité d'une responsabilité de cette nature. En permettant une discussion nouvelle, vous ne manquerez pas de vous convaincre de l'influence de cette loi sur la félicité publique. J'ajoute une considération très-forte; la contribution pour les dédommagemens devant être établie au marc la livre de l'imposition, les grands propriétaires seront garans comme les autres, à raison de leurs propriétés. Ils ne se feront représenter alors que par des gens dont ils connaîtront la bonne foi; ils seront les premiers à réunir tous les moyens propres à écarter des insurrections funestes.

Une nouvelle rédaction de l'article est présentée.

L'assemblée l'adopte en ces termes :

« Lorsque, par un attroupement, il aura été causé quelque dommage, la commune en répondra, si elle a été requise et si elle a pu l'empêcher, sauf son recours contre les auteurs de l'attroupement. La responsabilité sera jugée par les tribunaux des lieux, sur la réquisition du réquisitoire du district. »

La séance est levée à six heures et demie.]

La précipitation peu ordinaire que l'assemblée nationale mit à terminer cette loi difficile, était sollicitée par des nouvelles qui arrivaient tous les jours des provinces. Il allait aussi falloir s'occuper des colonies des Antilles : elles étaient en pleine révolution. Une commission de l'assemblée était déjà saisie de cette dernière affaire, et préparait un rapport que nous verrons paraître le mois prochain.

Quant à ce qui se passait en France, il serait difficile et surtout trop long d'en rendre un compte exact. Parmi les faits, nous choisirons seulement les plus graves et les plus curieux.

Lyon.—Il s'était formé à Lyon, l'année précédente, une troupe de sept à huit cents volontaires, jeunes gens qui, revêtant un uniforme, se faisant enseigner par quelques Suisses les exercices militaires, s'étaient répartis dans les divers quartiers, et faisaient le service avec la milice bourgeoise, mais sans se confondre avec elle, ayant leurs officiers à part et toute leur indépendance. La milice bourgeoise n'avait jamais vu d'un œil tranquille ces jeunes gens qui, pour la plupart commis de marchands ou clercs de palais, pouvaient à peine être envisagés comme citoyens. Cependant il se trouvait aussi parmi eux quelques fils de commerçans ; mais la distinction qu'ils affectaient de conserver, le dédain qu'ils marquaient aux ouvriers ou autres individus de la milice bourgeoise, étaient les germes d'une division qui se manifesta d'abord, et qu'on ne s'occupa point de faire cesser. Cette jeunesse professait le plus entier dévoûment pour M. Imbert, premier échevin, commandant en l'absence du prévôt des marchands; ce dévoûment était payé de bienveillance et de protection de la part du commandant, qui se plaisait à désigner, en riant, ces volontaires, sous le nom de *sa garde d'honneur*. Cette connivence, si l'on peut employer l'expression, inquiétait les bourgeois, qui croyaient au commandant beaucoup d'attachement pour l'ancien régime; attachement assez manifesté par ses opinions sur les opérations de l'assemblée nationale. Sur ces entrefaites, les milices confédérées pour le camp de Valence firent inviter les volontaires de Lyon à se réunir avec elles ; ils refusèrent, après avoir pris l'avis du consulat qu'ils avouèrent confirmer la disposition où ils étaient déjà de faire ce refus.

Les bourgeois, toujours plus mécontens, députèrent, à

M. Imbert, pour le prier de ne les jamais faire relever par les volontaires au poste de l'arsenal, qu'ils désiraient garder seuls; et, né cachant pas leur méfiance, ils exprimaient qu'un poste aussi important ne devait pas être confié à une troupe composée en grande partie d'étrangers, qui voulaient avoir une existence à part, et qui auraient dû se ranger sous les drapeaux de la milice bourgeoise s'ils n'avaient qu'un même intérêt. Peu de temps après, le commandant faisant sa ronde, et visitant le poste de l'arsenal, reçut la même prière; il y répondit avec aigreur, et en annonçant qu'il n'y aurait aucun égard. Les bourgeois indignés persistèrent; le commandant ne voulut pas céder; de là des mécontentemens. Le bruit courut que les volontaires viendraient le dimanche suivant à l'arsenal. La fermentation se propagea, et dans la matinée du dimanche, quatre capitaines des bourgeois se rendirent chez le commandant pour lui représenter les dispositions du peuple et le danger qu'il y aurait à le braver dans cette circonstance en envoyant les volontaires. M. Imbert promit qu'il n'en ferait rien; les capitaines revinrent dans leur quartier pour tranquilliser les esprits par cette assurance, et dissiper les attroupemens qui commençaient à s'y former; mais on n'était point encore retiré, lorsque l'on vit paraître *trois cents* volontaires qui s'acheminaient vers l'arsenal. Ce nombre extraordinaire, pour relever une garde de *vingt-quatre* factionnaires, annonçait des résolutions violentes, dont l'idée révolta le peuple; il se précipite, il s'assemble autour des volontaires, qui, à l'entrée de la rue de l'Arsenal, font halte et chargent leurs fusils, autre témoignage non pacifique; après quoi, les volontaires se présentent au poste, où on refuse de les reconnaître: ils se rangent en bataille vis-à-vis. Le peuple, indigné, les charge d'injures et de menaces: alors ils s'ébranlent, se divisent pour retourner sur leurs pas; mais plusieurs d'entre eux, en se retirant, couchent en joue çà et là, et tirent sur le peuple. On devient furieux, on crie aux armes, on fonce sur l'arsenal, on enlève celles qui s'y trouvent: quarante mille fusils sont bientôt emportés. Cependant les volontaires sont poursuivis à coups de pierres, deux sont jetés à la rivière, tous, à la débandade, perdant la tête, se sauvent ou se jettent à genoux, et leur habit, proscrit, ne peut plus paraître sans exposer aux dernières avanies, et même à la mort, celui qui en est revêtu. Dès qu'ils sont disparus, et tout en les chassant, le peuple se porte à l'hôtel-de-ville et chez le commandant, pour se saisir de sa personne. Ce dernier réussit à s'échapper, et fit afficher sa démission dès le lendemain.

Cependant la nuit qui suivit se passa sans aucun accident; cette foule d'hommes armés ne se porta à aucun excès : il est vrai que la milice bourgeoise de tous les quartiers fut sur pied, que les citoyens illuminèrent presque partout pour faciliter la ronde des patrouilles, et que la poudre ne fut point délivrée à tous ces gens pourvus de fusils; mais ils eurent l'espèce de sagesse de ne pas pousser plus loin leurs tentatives pour en obtenir; et l'on peut dire que cette nuit se passa sous la sauvegarde de la liberté. Les Suisses, casernés près de la ville, et en possession de quelques postes, eurent la prudence d'abandonner ceux-ci et de se retirer dans leurs casernes, parce que le peuple les voyait de mauvais œil.

Cette sorte d'antipathie, que n'ont point méritée ces braves gens, est le résultat d'une autre obstination du commandant, qui, précédemment, avait voulu leur confier le poste de l'arsenal, que les bourgeois ont toujours été jaloux d'occuper exclusivement; et dès-lors, à l'égard des Suisses, on aurait vu la scène qui vient de se passer aux dépens des volontaires, si les premiers n'eussent été plus sages.

Maintenant les officiers de quartiers travaillent à la formation d'un comité qui s'unira au consulat pour régir les affaires jusqu'à la formation de la municipalité.

C'est ainsi que l'entêtement d'un seul homme a fait couler le sang de ses concitoyens, et a été sur le point d'occasionner les plus grands malheurs. — Il faut espérer que cet événement mettra fin aux manœuvres employées pour porter à la municipalité des hommes dévoués à l'ancien régime; qu'elle ne sera composée

que des amis du peuple et de la liberté : c'est le seul moyen d'assurer la tranquillité, de faire renaître la prospérité de cette ville.
— En finissant, nous devons exhorter le parti vainqueur à pardonner, à oublier ces scènes de sang. L'imprudente jeunesse qui en a été l'instrument, a déjà sans doute expié sa faute par les remords, la honte, et par la proscription éternelle qui doit flétrir le corps qu'elle composait. (*Patriote français.*)

Valence.—L'assemblée fédérative de Valence, du 31 du mois dernier, a été très-brillante et très-bien ordonnée. Il n'y a point eu de confusion ni d'accident ; et cependant il y avait environ neuf mille gardes nationaux réunis, et vingt à trente mille spectateurs.—A onze heures précises, on a commencé à défiler ; la marche était ouverte par la garde nationale de Valence ; ensuite venait le détachement de Vienne, celui de Grenoble, et successivement tous les autres, selon l'ordre de leur arrivée : celui de Romans fermait la marche. — On a traversé la ville dans sa plus grande étendue, entrant par la porte Saint-Félix, et l'on est sorti par la porte Sonnière ; de là l'armée s'est rendue au Champ-de-Mars, où elle s'est formée en quatre bataillons carrés excentriques. A l'entrée du Champ-de-Mars était un portique surmonté de cette devise : *Vivent la nation, la loi et le roi !* Au centre était élevé un autel à quatre faces, surmonté d'un dôme en guirlandes vertes, soutenu par quatre colonnes ; sur les quatre faces étaient les inscriptions suivantes : *Justice, liberté, vertu, vérité* ; sur la principale était celle-ci : *Nous nous vouons, sous les auspices de l'Être suprême, à la défense de la liberté et au maintien de la constitution.* La marche et la formation ont duré deux heures, quoiqu'on ait défilé au pas redoublé. A une heure, tous les tambours ont battu la messe ; à une heure et demie, elle a commencé au son des instrumens, et a fini à deux heures. Au moment de l'élévation, les neuf mille hommes armés avaient un genou en terre, et les spectateurs étaient à deux genoux, dans le plus profond silence : ce spectacle était vraiment imposant. — La messe finie, les aides-de-camp ont parcouru avec rapidité toutes les lignes, pour prévenir les chefs de détachemens de se rendre à l'autel pour y faire le serment. Plusieurs discours y ont été prononcés ; ensuite on a prêté le serment. — A cinq heures du soir, les chefs de détachemens, après avoir dîné chez M. de Ravel, chevalier de Saint-Louis et colonel de la garde nationale de Valence, se sont rendus à l'église de Saint-Jean pour y rédiger le procès-verbal : on y a nommé des commissaires, qui se sont rendus à l'hôtel-de-ville à onze heures du soir, pour travailler à cette rédaction, qui n'a pu être finie qu'à quatre heures du matin. Plusieurs discours ont été lus dans cette église : la délibération de la garde nationale de Grenoble l'a été par M. Mallein, et elle a reçu les plus grands applaudissemens. Le détachement de Grenoble avait aussi été reçu avec le plus grand empressement.

Voici un des discours prononcés à l'assemblée fédérative de Valence, le 31 janvier 1790, par un officier des gardes nationales de cette ville.

« Messieurs, le tableau le plus imposant que transmettront jamais aux siècles à venir les annales de l'empire français, sera l'histoire de la révolution actuelle.

» Un monarque absolu, renonçant à l'exercice d'un pouvoir exclusif et arbitraire, pour ne régner que par les lois ; une nation asservie depuis quatorze siècles, brisant ses fers, et s'élevant fièrement, par le seul sentiment de sa dignité et de ses forces, au-dessus des plus célèbres de l'antiquité : tel est le spectacle que présentent aujourd'hui les Français à l'Europe étonnée.

» Mais quelque assurée que paraisse la conquête de notre liberté, gardons-nous de penser qu'il ne nous reste que des jouissances à satisfaire ; c'est au contraire par des privations qu'il nous faudra la consolider.

» Amis de la patrie, ces privations ne coûteront point à vos cœurs, lorsque vous considérerez qu'elles mènent à la vertu, et que la vertu seule est la base du patriotisme.

» En vain nous déployerions nos forces, en vain nous les établirions sur la plus intime fraternité, si nous ne travaillons à la régénération des mœurs, si essentielle à celle des empires ; cette liberté acquise par le courage et par le génie d'un petit nombre d'hommes ; cette liberté que nous ne devons pas moins à l'amour d'un roi citoyen, nous échappera comme une ombre fugitive ; elle n'aura servi qu'à nous replonger dans un esclavage encore plus dur et plus cruel.

» Loin de nous donc ces passions, ces vices funestes, fruits de la corruption d'un gouvernement arbitraire ; que la cupidité, l'ambition, la flatterie, l'intrigue, qui dégradèrent trop longtemps le caractère des nations soumises au despotisme, fassent place en nous au désintéressement, à la modération, à l'amour de la vérité, au seul désir de l'estime publique ; que ces qualités déterminent surtout le choix que vous allez faire pour l'établissement de la constitution.

» Il est si aisé de prendre les dehors de la vertu pour la vertu même ; il est si aisé d'afficher dans les paroles et dans les actions un patriotisme qui n'est point dans le cœur, que ce n'est qu'avec la plus scrupuleuse attention qu'il vous faudra placer votre confiance.

» Que la simplicité, la frugalité, la pureté de l'esprit et du cœur, l'union la plus tendre soient nos vertus chéries. Ne perdons point de vue que c'est sur le trône, que c'est du meilleur des rois que nous en avons reçu les leçons : donnons enfin à l'Europe l'exemple d'une grande famille liée par les mêmes sentimens, par le même intérêt, par les mêmes devoirs, et dès-lors toutes les forces, toutes les volontés rassemblées dans le centre commun de la nation et de son chef, étroitement unis, en présentant un faisceau de puissances indestructibles, rendront tout à la fois le peuple français la plus respectable et la plus heureuse nation de l'univers. » (*Moniteur.*)

Droits féodaux, droits d'aînesse, de masculinité, etc.

La question des droits féodaux intervint au milieu de ces débats sur les troubles des campagnes, ramenée, ainsi que nous l'avons vu par la discussion elle-même. Le rapporteur du comité monta à la tribune le 8; il présenta un long projet de loi en trois chapitres. Le premier traitait des effets généraux de la destruction du régime féodal. L'article 10 de ce chapitre comptait au nombre de ces effets : 1° la suppression de toutes distinctions honorifiques de supériorité ou de puissance résultant du régime féodal; 2° la suppression des *droits d'aînesse et de masculinité* qui seraient abolis sur tous fiefs, domaines et aleux nobles. Le titre II énumérait les droits seigneuriaux supprimés sans indemnité : c'étaient la main-morte, la servitude de corps, les corvées personnelles, les banalités, etc. Le titre III déterminait quels étaient les droits seigneuriaux rachetables : c'étaient les cens, sur-cens, les rentes féodales et emphytéotiques, les champarts, les droits casuels, quint, requint, mi-lods, lods, etc. On remarqua que la fin de ce projet fut très-applaudie par le côté droit. L'examen du projet fut repris à la séance du 24. On vota d'emblée, et sans discussion, l'article Ier portant la suppression des titres honorifiques, sans s'apercevoir que cela conduirait bientôt à proscrire les titres de noblesse. Mais, on ne fut pas si facile lorsqu'il s'agit des droits qui rapportaient des revenus à leurs propriétaires; il y eut de vives réclamations. — *C'est une violence et une atrocité!* s'écriait le marquis de Foucault. — *C'est ôter tous les agrémens possibles à la noblesse,* disait le baron de Juigné, *à la noblesse qui, depuis l'origine de la monarchie, n'a cessé de prodiguer son sang et sa fortune.* — *La question préalable!* criait à chaque article M. de Montlausier; *cela n'offre aucun sens.* Cependant les neuf premiers articles passèrent par l'union d'une grande partie du bas clergé et des gens de robe avec le côté gauche.

Le lendemain 25, l'ordre du jour était la question du droit d'aînesse. Il n'y eut presque que des légistes qui prirent la parole; la noblesse fut silencieuse : aussi ce ne fut qu'une bataille d'amendemens, qui employa toute la séance, et se termina par une sorte de compromis. Il fut décidé que les droits d'aînesse et de masculinité étaient abolis; mais on excepta les gens mariés, sous l'ancienne coutume, les veufs ayant des enfans, etc., de manière à ne déranger aucune des existences établies, à ne blesser aucune *attente*, suivant le langage des économistes modernes.

L'examen du projet sur la féodalité continua les 26 et 27 février, et les 1er, 3, 4, 6, 10 et 11 mars. On termina les deux premiers chapitres non pas sans faire quelques amendemens qui en diminuaient la rigueur : ainsi on rangea les banalités en deux classes dont l'une était rachetable. Mais le second chapitre achevé, on sembla avoir oublié qu'il en existât un troisième. Les émeutes des campagnes étaient apaisées, et le vote de la loi n'était plus obligatoire. Aussi le mois de mars finit sans qu'il en eût été question. Nous verrons plus tard comment ce projet fut rappelé à l'ordre du jour.

Constitution ecclésiastique.

Nous avons dit que ce fut la question des finances qui mit à l'ordre du jour celle de la réforme des ordres religieux. En effet, dans une *séance du* 6, M. Lebrun fit au nom du comité des finances, un rapport sur cette partie de l'administration. Vous pouvez compter, dit-il, sur une réduction de plus de cent millions dans la dépense du trésor public; mais cette économie n'est pas entièrement faite sur les dépenses de la nation. Les peuples ne croient pas à nos besoins, et jouissent d'un bonheur imaginaire. M. Lebrun, après avoir fait un détail de quelques réductions à faire dans la maison du roi, propose de décréter, pour cette année, une réduction sur les dépenses du département des affaires étrangères.

M. le Camus. Trois cent mille livres sont passées en appointemens aux commis de ce département : combien y a-t-il de commis? Quel est leur traitement? — Quel sera celui des ambassadeurs? — Qu'entend-on par la dépense à faire des premiers établissemens des ambassadeurs? Les ameublemens y sont-ils compris? — Je demande que les réponses à ces différentes questions soient imprimées à la suite du rapport.

L'assemblée décrète cette motion.

M. Dupont. Notre situation en finances est plus affreuse que jamais; et si vous ne vous occupez pas sans relâche à rétablir cette partie de l'administration, vous risquez de perdre cet empire que vous avez été appelés à sauver. Vous avez créé une caisse de l'extraordinaire, et rien n'a été mis dedans. Cependant, la plus grande faute publique est le manque d'argent. Toutes les autres fautes possibles n'ont détruit aucun empire; celle-là seule en a renversé plusieurs. Je demande que l'assemblée décrète qu'elle s'occupera sans retard de l'état constitutionnel à donner au clergé, et de la recherche des moyens de trouver un mode de remplacement pour les opérations suspendues.

M. Rœderer appuie la motion de M. Dupont.

M. Treilhard. Je demande qu'il soit décrété, 1° que votre comité ecclésiastique sera chargé de présenter incessamment un plan constitutionnel sur l'organisation du clergé; 2° ses vues sur le traitement à faire aux titulaires actuels.

Cette motion est décrétée.

En conséquence, on fit le 11 une nouvelle lecture du rapport fait par Treilhard dans le mois de décembre précédent. La discussion ne s'ouvrit que le lendemain 12, et elle continua le 13. La question fut ainsi posée : 1° abolira-t-on les ordres religieux? 2° Quel sort fera-t-on aux religieuses qui ne voudront pas rester dans les maisons et dans l'habit de leur ordre? 3° Quel sort fera-t-on à ceux qui voudront rester dans les maisons et dans l'habit de leur ordre?

Les débats sur la première partie de cette question furent très-animés, sans offrir cependant rien de bien remarquable. L'abbé Grégoire demanda qu'on usât de quelques ménagemens pour les congrégations qui s'étaient consacrées à la culture des sciences et de la haute littérature : il cita les abbayes de Saint-Germain-des-Prés, et de Sainte-Geneviève. Le clergé, presque seul, combattit pour l'irrévocabilité des vœux monastiques. On ne vit pas un noble parmi ses défenseurs, et on en vit parmi ses adversaires: Rœderer, La Rochefoucault, Pétion, d'Alley d'Agier, Barnave, Roger, Garat l'aîné, parlèrent pour la suppression des vœux monastiques. En général, le grand argument fut fondé sur l'inutilité actuelle des ordres, et sur l'avantage que les finances retireraient de leur abolition. On se borna à demander la conservation de quelques congrégations qui se livraient à d'utiles travaux ; entre autres, on demanda celle des Bénédictins de Saint-Maur. Mais le dernier orateur invoqua en outre le droit naturel, et repoussa comme un reste des temps de barbarie, cette règle absurde qui enfermait les hommes dans un vœu perpétuel. Ce discours fut interrompu par les cris *c'est un blasphème!* L'évêque de Nancy s'élança à la tribune : *Reconnaissez-vous*, dit-il, *que la religion catholique, apostolique et romaine est la religion nationale?* — Cette interruption jeta le désordre dans l'assemblée. Dupont, Rœderer, de Cracy, Charles Lameth, vinrent déclarer que la religion ne pouvait être compromise dans une question presque entièrement financière, et que ce serait la compromettre que d'essayer en quelque sorte de la sanctionner par un décret. On passa à l'ordre du jour sur cette motion. Cette séance (c'était celle du 13) fut terminée à huit heures du soir par le vote des articles suivans :

Art. 1er. L'assemblée nationale décrète, comme articles constitutionnels, que la loi ne reconnaîtra plus les vœux monastiques et solennels des personnes de l'un et de l'autre sexe ; déclare, en conséquence, que les ordres et congrégations de l'un et l'autre sexe sont et demeureront supprimés en France, sans qu'on puisse à l'avenir en établir d'autres.

II. Les individus de l'un et de l'autre sexe existans dans des monastères, pourront en sortir en faisant leur déclaration à la municipalité du lieu.

Il sera pareillement indiqué des maisons pour ceux ou celles qui préféreront ne pas profiter des dispositions du décret.

III. Déclare en outre, l'assemblée nationale, qu'il ne sera rien changé, quant à présent, à l'égard des ordres ou des congrégations chargés de l'éducation publique ou du soulagement des malades, jusqu'à ce que l'assemblée ait pris un parti à ce sujet.

IV. Les religieuses pourront rester dans les maisons où elles sont aujourd'hui, l'assemblée les exceptant expressément des dispositions sur les ordres monastiques, dont elle ordonna la réunion en un petit nombre de maisons. »

La question importante, la question politique était décidée par ces articles; mais la question financière n'était pas encore entamée. Elle occupa entièrement les séances des 18, 19 et 20, c'est-à-dire qu'il s'agit des pensions à accorder. Il y avait alors, disaient les orateurs, 17 à 18,000 religieux, et environ 30,000 religieuses. Nous n'entrerons dans aucun détail sur les diverses mesures prises par l'assemblée. Ces détails sont sans intérêt aujourd'hui; seulement nous remarquerons que, dans cette nouvelle question, on entendit en général d'autres orateurs que ceux qui avaient vidé la première. Le clergé ne prit guère la parole que pour faire des observations propres à éclairer la discussion. Au reste, l'examen du projet présenté par M. Treilhard resta en suspens, ébauché, l'attention de l'assemblée ayant été détournée par un sujet plus pressant, celui des troubles des provinces, ensuite celui de la suppression des droits féodaux, ensuite les finances, ensuite l'armée.

Finances.
SÉANCE DU 26 FÉVRIER.

[*M. le marquis de Montesquiou* présente, au nom du comité des finances, des observations sur l'état actuel des affaires publiques.

Il résulte du premier travail, présenté par le comité il y a quelque temps : 1° qu'il n'est pas nécessaire, pour les besoins de l'Etat, d'augmenter la masse des impositions; 2° que cette masse étant accrue par l'effet des différens décrets, le peuple sera soulagé de toute l'imposition que paieront désormais les ci-devant privilégiés; 3° que la suppression des anticipations, des cautionnemens et des fonds d'avance, offrira encore au peuple un soulagement de 35 millions. — Aucune réduction n'a encore été opérée sur les dépenses. Il importe de faire disparaître, plus tôt que plus tard, le *déficit* qui existait dans la recette avant la convocation de l'assemblée nationale, et celui qui a eu lieu depuis le 17 juin, par le défaut de perception des impôts.

Il faut décréter l'intention que vous avez sans doute de remplacer cette partie des revenus publics; il faut arrêter la réduction reconnue possible de 60 millions sur les dépenses. — Les besoins publics s'accumulent tous les jours : l'année 1790 doit occuper tous vos regards, attirer toute votre attention; elle est placée entre l'ancien régime qui anticipait, et le nouveau régime qui proscrit les anticipations : le dernier diminue ses ressources; l'autre a augmenté ses besoins. Voilà la cause du discrédit trop réel que nous éprouvons. La France est hors de péril, si vous assurez le service de cette année : il serait absurde d'être inquiet de l'année 1791 ; il faudrait la dissolution du corps politique, pour que le service n'en fût pas assuré. Le premier ministre des finances n'a pu ni méconnaître le mal, ni ignorer le remède; c'est lui qui doit vous montrer l'étendue de l'un, et vous indiquer les moyens de vous procurer l'autre.

Le comité des finances propose un projet de décret conçu en ces termes :

« L'assemblée nationale a décrété et décrète ce qui suit :

ART. Ier. Il sera fait une réduction provisoire de 60 millions sur le montant des dépenses du trésor public, dont l'état est annexé au présent décret, laquelle réduction aura lieu à compter du 1er avril prochain.

II. L'assemblée nationale se réserve de statuer définitivement et en détail, sur chacun des articles contenus dans l'état annexé au présent décret, d'après le compte détaillé qui lui sera rendu par son comité des finances et par ses autres comités, mais de manière que la masse des dépenses ordinaires ne puisse jamais excéder les bornes prescrites par l'article précédent, et qu'il ne puisse être proposé et adopté à cet égard que des réductions nouvelles.

III. L'assemblée ordonne que le tableau des besoins de tout genre de l'année 1790, et des fonds destinés au service de ladite année, sera mis incessamment sous ses yeux par le premier ministre des finances. »

M. l'abbé Maury. Dans le dernier rapport du comité des finances, M. Anson vous a annoncé et certifié que les économies sur lesquelles nous pouvions compter s'élevaient à cent millions.

On ne nous propose aujourd'hui que soixante millions de réduction. Je pense que la première espérance qu'on nous avait donnée était trop importante pour que nous ne devions pas nous en occuper en ce moment.

M. le marquis de Montesquiou. Le préopinant n'a pas porté son attention ordinaire sur les objets dont il vient de nous parler. Le comité des finances a eu l'honneur de vous dire que, par la suite de l'organisation des départemens, une partie de dépenses de trente-cinq à quarante millions qui se faisait autrefois pour les provinces, serait administrée par les départemens eux-mêmes, et qu'ainsi les fonds ne devraient plus en être faits au trésor public. Avec soixante millions d'économies effectives, il sortira du trésor public cent millions de moins par année.

M. d'Esprémenil demande la lecture de l'état de réduction indiqué dans le décret.

On observe que, depuis long-temps, cet état a été imprimé et distribué à tous les membres de l'assemblée. Cependant un de MM. les secrétaires en fait lecture.

M. Duport propose cet amendement au projet de décret :
« Que le comité soit tenu de présenter incessamment un projet de remplacement pour l'année de la gabelle, de la partie des aides qui se perçoit par l'exercice, et des droits-réunis. »

M. de Mirabeau l'aîné. On ne peut certainement qu'applaudir au comité, pour avoir déterminé 60 millions de réduction; mais on peut espérer qu'elles s'éleveront encore plus haut. Qu'il me soit permis de faire une observation générale. On parle beaucoup de comptes rendus : on nous en montre en effet quelques-uns; mais sans doute on peut douter, on peut examiner et rechercher si ce sont là les comptes que l'on doit rendre à une grande nation. En dernière analyse, je n'entends que ceci : *j'ai tant, il me faut tant;* et l'assemblée demande : *pourquoi avez-vous tant? pourquoi vous faut-il tant?* Lorsqu'on se trouve dans cet embarrassant passage du désordre à l'ordre, c'est au ministre à faire des propositions sur cet ordre de passage, et le ministre n'en a fait aucune, et nous sommes bien arriérés sur les moyens à prendre.

Nul de nous ne connaît l'état de cette année ; malgré notre activité, nous ne connaissons que notre confiance dans le ministre et le malaise que nous éprouvons : nous ne dormons que parce qu'on dort au pied du Vésuve. Il est un mot que je n'ai jamais oublié, et dont je vous laisserai l'application : « Le cheval de Caligula fut consul, et cela ne nous étonne que parce que nous n'en avons pas été témoins.... » La caisse d'escompte ayant, dans les derniers temps, statué qu'elle verserait un secours sur les pauvres, le relevé des pauvres de la capitale a été fait par district, et le nombre s'est trouvé monter à 120,000.

Nous ne pensons point assez que nous sommes au milieu d'une ville immense, qui n'a d'autre commerce que celui des consommations et des fonds publics ; nous ne songeons pas que cette énorme population a été long-temps entretenue, comme en serre-chaude, par l'ancien ordre de choses ; il me semble que l'amaigrissement de cette population doit être progressif, si nous craignons une paralysie réelle. Je reviens à ma première observation, et je dis que lorsque vous avez voulu être libres, ce n'a pas été pour laisser à un seul l'administration de la partie la plus importante de votre administration ; car si la constitution seule peut ordonner la finance, la finance seule peut laisser achever la constitution. La nation ne peut abandonner la dictature en finance ; et un homme exercerait une véritable dictature, s'il pouvait se soustraire à l'obligation de venir apporter à une nation l'état de sa situation. La plus belle mission, fût-elle marquée par des miracles, n'exempterait pas de ce devoir celui à qui elle aurait été confiée ; à plus forte raison, si, au lieu de succès miraculeux, cette mission ne s'était signalée que sous de funestes calamités.

Je demande donc que le décret soit adopté, avec cet amendement, que le ministre des finances vienne nous présenter, non-seulement l'état de notre situation, mais encore ses ressources, ses conseils et son expérience sur la situation critique où nous nous trouvons, et que nous ne pouvons nous dissimuler.

M. Dupont. Votre comité des finances ne s'est pas cru simplement obligé à faire des recherches sur la situation où les finances se trouvent; mais il a pensé qu'il devait aussi réunir des vues qui se concilliassent avec celles du premier ministre, et avec les points constitutionnels que vous avez décrétés. Il a vu qu'il est facile de sauver les finances, en y donnant beaucoup de courage, de suite et de travail.... Le comité s'est occupé du remplacement de la gabelle, et des impositions qui emportent violation de domicile; il présentera incessamment ses vues à ce sujet. Il croit qu'il faudra s'occuper sans délai de cet objet important, afin que les instructions qui y seront relatives parviennent aux administrations de département, immédiatement après leur installation.

M. Barnave. Je suis éloigné de partager les profondes terreurs qu'on a voulu nous inspirer; elles ne peuvent faire naître que le désespoir, qui détruirait le désir de remédier à nos maux. Je ne saurais voir, dans la position où nous sommes, que le résultat inévitable d'un choc violent : mais, lorsque je considère les opérations de l'assemblée nationale, l'immensité des valeurs qu'elle a mises à la disposition de la nation, je trouve le sentiment de l'espérance à la suite de l'inquiétude que le premier regard avait donnée. Quand vous avez décrété le don du quart du revenu, vous avez dû prévoir que la jouissance n'en serait pas prompte. Peut-être le retard qu'elle éprouve paraît-il un motif de découragement et d'effroi; mais j'observerai à ceux qui se plaignent de ce retard et de la modicité du produit de cette contribution, que vous n'avez pas assigné de termes prochains pour l'entier paiement, et que la modicité des sommes touchées en ce moment vient uniquement d'un défaut de confiance passager, résultant d'une crise momentanée. Sitôt que les administrations de districts et de départemens seront organisées, vous verrez s'accroître rapidement le produit de cette ressource importante : le résultat de ces diverses opérations et de celle que vous vous proposez de faire encore est infaillible..... Le seul moyen d'empêcher le rétablissement des finances serait d'arrêter l'établissement de la constitution. Tout ce que l'assemblée a fait pour la constitution a été fait pour les finances.

Il faut nous établir, sur-le-champ, l'équilibre entre la recette et la dépense pour cette année. Il se présente deux moyens : 1° détruire l'inégalité des dépenses de chaque département : le comité vous propose, en faisant cette opération, des réductions dont l'effet inévitable serait de ranimer le crédit ; 2° faire rentrer dans le trésor des recettes interrompues. Si donc vous voulez rapprocher la recette de la dépense, il ne suffit pas de diminuer les dépenses, mais il faut encore assurer la recette. Il faut concerter le remplacement des impositions, dont la perception odieuse au peuple ne peut plus se faire. Lorsqu'on vous engage à appeler le ministre des finances dans cette assemblée, on ne songe pas qu'il vous dira : « Vous n'avez pas fait de réductions sur les dépenses, quoique je vous eusse dénoncé ces réductions ; vous avez laissé subsister des impôts dont la perception était impossible, tandis que vous pouviez les percevoir en les remplaçant. » Vous n'obtiendriez pas de lui des secours, mais des argumens et des reproches. Je conclus, en vous proposant d'adopter le projet de décret présenté par le comité des finances et l'amendement de M. Duport.

On ferme la discussion.

M. de Custine propose de remplacer par des assignats sur le clergé, portant intérêts, le produit de la gabelle, etc., jusqu'à l'époque où les assemblées de département pourront verser le produit du remplacement de ces impositions.

M. de Cazalès. Je pense, avec M. Duport, que les impôts de la gabelle, etc., sont mauvais, qu'ils doivent être détruits ou convertis ; mais je suis loin de penser qu'ils puissent l'être isolément. Vous n'avez qu'une manière d'éviter les erreurs et les faux calculs : c'est de fixer la dépense totale du gouvernement. Quand vous connaîtrez ses besoins, vous saurez quelle doit être la masse des impositions, et vous pourrez établir la proportion entre l'impôt direct et l'impôt indirect : mais si vous faites un remplacement partiel, vous serez hors de mesure, et vous trouverez des mécomptes auxquels il ne vous sera pas facile de remédier.

M. de Croy. Ce que dit M. de Cazalès est parfait pour 1791, et serait fort dangereux pour 1790.

M. Anson. J'observe, sur l'amendement de M. Duport, que vous avez rendu un décret par lequel vous avez chargé votre comité de faire un plan de remplacement de la gabelle : il s'en est occupé, et il reconnaît la nécessité de vous présenter très-promptement son travail. La perception des aides et des droits-réunis n'a pas éprouvé le même échec que la gabelle ; si vous vous occupiez en ce moment de leur remplacement, vous verriez bientôt que le peuple, pressé de jouir du bienfait qui lui serait offert, ne voudrait plus se soumettre à ces impôts. Vous avez jusqu'à la récolte pour préparer le remplacement des droits d'aides. Je pense donc qu'il faut borner à la gabelle l'amendement de M. Duport.

Cet avis est adopté.

Le projet du comité est décrété avec l'amendement de M. Duport, réduit à ces termes :

« Le comité des finances sera tenu de présenter incessamment un projet de remplacement pour l'année de la gabelle. »]

La séance fut terminée par la continuation de la discussion de la loi sur les droits féodaux.

***

Organisation militaire.

A la séance du 1er février, M. de Noailles apporta, au nom du comité militaire, un travail sur la réorganisation de l'armée. Nous n'avons point trouvé le texte de son rapport ; mais le texte du projet qui y était annexé, en donne le sens. Le voici :

« L'assemblée nationale considérant que l'objet essentiel et spécial de l'armée, est la défense des citoyens contre les ennemis de l'État et de la nation, que le régime sévère de la subordination prête à l'abus du pouvoir, et qu'en général le despotisme naît de l'emploi arbitraire de l'armée, décrète ce qui suit :

1° Tout militaire domicilié dans son canton, conservera son domicile, malgré l'absence que nécessite son service : ainsi il ne perdra pas le droit d'élire et d'être élu.

2° Après trente ans de service, non interrompu, un militaire français jouira de la plénitude des droits de citoyen actif, quand

FÉVRIER (1790)

même il ne paierait pas les contributions nécessaires pour être électeur ou éligible.

3° Les troupes réglées seront particulièrement destinées à défendre l'État contre les ennemis du dehors, et jamais employées contre les citoyens, que sur la réquisition des officiers publics.

4° Lorsque les gardes nationales et les troupes réglées seront sous les armes, les gardes nationales prendront la droite sur leur territoire; hors de leur territoire elles céderont le pas aux troupes réglées.

5° Deux voies seront ouvertes pour parvenir aux grades d'officiers : la première, la distinction des services du soldat; la seconde la connaissance des élémens de l'art militaire.

6° De cinq places de sous-lieutenans, l'une sera réservée pour l'avancement des soldats; les quatre autres seront données ensuite d'un examen subi sur les élémens de l'art militaire.

7° Tout Français, fils de citoyen actif, sera admis à cet examen.

8° Nul ne pourra parvenir au grade d'officier avant l'âge de 18 ans.

9° Un conseil, composé du chef de corps et des capitaines, choisira, parmi les bas-officiers, celui qui sera le plus digne de remplir la place d'officier vacante.

10° Les bas-officiers seront choisis par les officiers.

11° Les sous-lieutenans parviendront à la lieutenance, et les lieutenans à la compagnie, suivant le rang d'ancienneté, à moins qu'il n'y ait incapacité jugée par le conseil.

12° Les grades entre le capitaine et lieutenant-général seront donnés un tiers à l'avancement, les deux autres tiers par le roi.

13° Aucun ne pourra perdre son rang d'ancienneté, s'il n'y renonce volontairement, ou s'il n'est jugé par le conseil.

14° La nomination des lieutenans-généraux et des maréchaux de France est à la disposition du roi.

15° Pendant la guerre, le roi pourra donner aux généraux d'armée le droit de conférer des grades, hors du rang d'ancienneté, pour des actions d'éclat.

16° Tout militaire qui aura obtenu la permission de servir

dans un pays étranger, et qui aura fait quelque action d'éclat, pourra recevoir en France un grade hors de son rang.

17° Toute vénalité de grades militaires est détruite. Il n'y aura plus de colonels-propriétaires. Ceux qui possèdent actuellement ces emplois seront dédommagés. »

Ce projet fut imprimé et distribué. Dans la séance du 9, M. de Lameth présenta un nouveau projet purement personnel qui fut également imprimé. Son travail et surtout le discours dont il l'accompagna firent une grande sensation. Nos lecteurs seront à même d'en juger la valeur; nous leur en livrons le texte; nous avons eu une autre raison encore que celle de satisfaire une juste curiosité; c'est qu'il est le seul discours complet que nous ayons trouvé en rapport avec notre cadre pour servir d'introduction aux affaires militaires.

Opinion de M. le chevalier de LAMETH *sur la constitution militaire.*

Vous avez entendu, messieurs, les deux rapports qui vous ont été faits par votre comité; je suis loin de refuser à ces ouvrages le genre de mérite que chacun d'eux présente, et dont leurs auteurs paraissent s'être particulièrement occupés. Le premier offre sans doute des vues utiles, des détails intéressans, des données indispensables pour l'organisation de l'armée : le second y joint des dispositions importantes sur la constitution militaire; mais il me semble que ni l'un ni l'autre n'a présenté l'ensemble du travail dont vous avez à vous occuper, et que surtout, la marche que vous devez suivre n'y est pas assez clairement indiquée.

Vous avez été envoyés, messieurs, pour rendre la France libre et pour lui donner une constitution; cette idée principale est celle à laquelle vous devez ramener sans cesse vos pensées; c'est le centre auquel toutes vos opérations doivent aboutir; c'est le principe qui doit toutes les diriger.

Ainsi, quand vous portez vos premiers regards sur l'organisation de l'armée, sa liaison à la constitution, les lois générales qui, déterminant son usage et le but de son institution, la rendront propre à défendre la France contre l'étranger, sans compromettre jamais sa liberté intérieure; celles qui conciliant son existence, non seulement avec la prospérité publique, mais avec les droits naturels des individus, marqueront avec précision ce que le soldat doit à la discipline, et ce que la loi militaire doit au citoyen engagé sous les drapeaux : voilà, selon moi, les premiers rapports sous lesquels vous devez envisager la tâche que vous avez à remplir. De là naîtra, messieurs, une première classe de lois sur l'armée, lois fondées immédiatement sur les maximes éternelles des droits des hommes liés à la forme de notre gouvernement, qui feront une partie essentielle de la constitution, et que par conséquent il n'appartient qu'à vous de décréter avec l'acceptation du roi.

Les lois subordonnées, nécessaires à l'acceptation de celles-là, mais susceptibles pour le bien de l'État de varier suivant les circonstances, nous présenteront ensuite une seconde classe de lois militaires ; leur établissement appartiendra aux simples législatures.

Enfin, après l'émission de ces lois, doit suivre l'organisation intérieure de l'armée, qui exigera des réglemens et des ordonnances sur la formation des troupes, sur les manœuvres et discipline, enfin sur toutes les parties de l'économie militaire : je pense que ces réglemens subordonnés et assujétis aux lois que vous aurez portées, doivent, à tous égards, être abandonnés au pouvoir exécutif; et parmi les objets que votre comité vous a présentés, je crois qu'il en est plusieurs qui rentreront dans cette classe.

En considérant pour la première fois, messieurs, les lois militaires dans leurs rapports avec une constitution libre, il est impossible de se dissimuler les difficultés d'une si grande et d'une si importante tâche; des préjugés invétérés, de longues épreuves, et l'exemple de presque toutes les nations, semblent se réunir pour nous donner des craintes et pour exciter notre inquiétude : unir dans une grande monarchie, dans une vaste région, à qui sa situation n'a pas assigné de toutes parts de limites naturelles; une puissance formidable au dehors avec une liberté solide au dedans; concilier dans une armée nombreuse une discipline exacte avec les droits sacrés que des soldats citoyens ne peuvent jamais aliéner; ce sont peut-être, messieurs, les plus grands problèmes politiques qui aient réclamé notre attention, et qui vous restent encore à résoudre. Peut-être avant l'heureuse révolution qui a changé la face de cet empire, et qui a pressé si rapidement les progrès de toutes les idées, personne n'aurait osé croire à la possibilité d'une pareille combinaison; où, en effet, aurait-il cherché des modèles, aurait-il puisé l'idée d'une armée à la fois disciplinée et citoyenne? Serait-ce chez les nations qui font de la science militaire leur unique étude, et chez lesquelles depuis long-temps, nous étions accoutumés à en chercher des leçons?

Jetez les yeux, messieurs, sur les divers peuples de l'Europe, et vous verrez presque partout les armées agir en raison inverse de leur véritable institution. Faites pour défendre les peuples, elles ne sont occupées qu'à les contenir; destinées à protéger la liberté, elles l'oppriment, à conserver les droits des citoyens, elles les violent : elles sont une espèce de propriété royale entretenue à grands frais par les peuples, pour assurer leur oppression. Si, dans un coin de l'empire, quelques hommes généreux ont assez d'énergie pour n'être pas arrêtés par la crainte, et réclament l'exercice des droits naturels, on y envoie des soldats; les faibles plient, les courageux périssent, et tout rentre dans l'ordre, c'est-à-dire dans l'esclavage. Vivant au sein, je ne dirai pas de leur patrie, mais de leur pays, comme des conquérans au milieu de peuples vaincus, les officiers et les soldats, aveugles instrumens des volontés d'un maître, ne sont occupés qu'à étendre ce qu'ils appellent sa gloire, c'est-à-dire son autorité. En entrant au service, ils doivent renoncer aux plus chères affections de la nature; leur religion est de ne connaître ni parens, ni frères, ni amis, de ne savoir qu'obéir. Tel est, messieurs, le spectacle affligeant que présentent les armées du nord, et telle est la conséquence presque nécessaire de cette étrange corruption des institutions humaines, qui, plaçant dans un état continuel de discorde et de guerre, des nations faites pour s'aimer et s'entre-secourir, a placé dans les forces même qu'elles sont obligées d'entretenir pour leur défense, une source de ruine et un moyen continuel d'oppression.

Sans doute le moment approche où les lumières universelles mettront un terme à cet inconcevable délire : une révolution peut-être lente, mais inévitable, prépare à toutes les nations la connaissance et la conquête de leurs droits ; alors, une des premières vérités qui viendra frapper tous les yeux, c'est l'intérêt qu'elles ont de s'unir, et l'étrange abus de laisser à un petit nombre d'hommes, le pouvoir de sacrifier des peuples entiers à leur ressentimens personnels, à leurs méprisables caprices. Il ne sera plus alors nécessaire d'entretenir, au sein d'une nation, une multitude d'hommes armés ; et les moyens de concilier leur existence, soit avec les revenus publics, soit avec la constitution et la liberté, ne seront plus un des points les plus difficiles de la science des gouvernemens.

Mais jusqu'à cet heureux jour, que peut-être pouvons-nous nous flatter d'atteindre, et que nous aurons au moins la satisfaction d'avoir avancé pour l'espèce humaine, l'exemple que nous avons à donner, c'est celui de lier l'existence encore nécessaire d'une grande armée avec une constitution libre.

Si l'usage et le développement de la force militaire dans une grande monarchie, exigent la célérité dans les ordres, l'ensemble dans les mouvemens, les rapports immédiats dans les projets, et l'unité de force dans l'action ; si enfin l'impulsion doit être donnée par le centre, et communiquée à toutes les parties, il s'ensuivra qu'une seule pensée doit présider à toutes les opérations, qu'une seule volonté doit diriger toutes les forces individuelles qui constituent la force publique et la sûreté de l'empire. L'armée devra donc être remise entre les mains du pouvoir exécutif. De là résulte la nécessité d'un premier décret constitutionnel, qui déclarera le roi chef suprême de la puissance militaire.

Après avoir consacré cette première base, après avoir conféré au chef de la nation un pouvoir que la nature des choses rend indispensable, la prudence vous appelle, messieurs, à prescrire immédiatement les précautions qui doivent en prévenir l'abus. Les représentans de la nation doivent prévoir qu'il peut arriver un temps où la France ne sera pas, comme aujourd'hui, gouvernée par un roi citoyen; qu'il peut en exister un jour qui, aveuglés sur leurs véritables intérêts, chercheraient un autre pouvoir que celui qu'ils tiennent de la constitution; que même, avec des intentions droites, ils pourraient être dirigés par des ministres qui, méconnaissant les grands principes des droits des hommes et des peuples, croiraient encore que les rois sont nés pour commander aux nations, au lieu d'être institués par elles pour faire exécuter les lois; qui, par l'amour et le souvenir du pouvoir, voudraient soustraire le monarque à cette dépendance immédiate; qui voudraient enfin le mettre hors de la nation, en lui créant un intérêt particulier, en le séparant de l'intérêt national. Il n'est pas hors des règles de la prudence de leur supposer de pareilles intentions, et il est de son devoir d'en prévenir les dangers.

Divers moyens pourront être employés avec succès pour la constitution.

Si les ministres étaient les maîtres d'augmenter le nombre des troupes, ils pourraient, par des économies faites pendant plusieurs années, soit sur les revenus particuliers du roi, soit sur les fonds attribués à chaque département, et dont ils présenteraient assez facilement un emploi inexact, soit par des changemens dans la solde, augmenter le nombre des soldats et menacer la liberté. Ces dangers sont faciles à prévoir, et la constitution doit les prévenir; elle prononcera donc que le nombre des troupes et la solde de l'armée ne pourront être changés que par des décrets du corps-législatif.

Si les ministres étaient les maîtres de composer l'armée de troupes étrangères, d'hommes qui ne seraient liés, ni par les intérêts, ni par les devoirs qui attachent les Français à leur patrie, la force destinée à la défense de l'État, pourrait être facilement tournée contre sa liberté; il est donc important que ce moyen d'oppression ne soit pas en leur pouvoir.

J'aurais voulu, Messieurs, qu'il me fût possible de vous engager à consacrer en ce moment une grande vérité; c'est qu'une nation de vingt-six millions d'hommes, doit se suffire à elle-même, et n'être pas réduite à appeler des étrangers pour la défendre. Je crois, Messieurs, que l'établissement de ce principe intéresse également et la liberté et l'honneur national; mais j'avoue en même temps que les circonstances présentes ne permettent pas d'en tirer des conséquences rigoureuses; que l'état actuel de l'Europe, que la fermentation qui y règne, que les événemens qui s'y préparent, que les impressions différentes qu'a produites dans divers pays notre révolution, et les projets qui peuvent en être la suite; qu'enfin le soin de l'avenir doit nous rendre prudens, et que ce ne serait pas sans danger que vous retrancheriez en ce moment-là portion si considérable et si essentielle que forment les troupes étrangères dans l'armée française, et qui irait accroître encore des forces ennemies. En réservant à une partie de mon opinion, de vous présenter les moyens que je crois propres à concilier l'intérêt général avec les égards que méritent des militaires distingués par leurs talens et les services signalés qu'ils ont rendus, je me bornerai à proposer que la constitution prononce qu'aucunes troupes étrangères ne pourront être employées au service de la France, sans le consentement du corps-législatif.

Si les ministres étaient les maîtres de diriger à leur gré l'action des forces militaires dans l'intérieur du royaume, il leur serait facile, en paraissant agir pour le maintien de l'ordre et la sûreté publique, d'attenter à tous les droits des citoyens, et de préparer la ruine de la liberté.

Il est donc important que le pouvoir constituant détermine, avec le plus grand soin, les règles auxquelles sera assujetti l'emploi des forces militaires dans l'intérieur du royaume : ces règles résulteraient du rapport établi par la constitution entre la force militaire et le pouvoir civil. Vous avez déjà ordonné, Messieurs, que les troupes prêteraient serment entre les mains des officiers municipaux, et qu'elles ne pourraient agir que sur leurs réquisitions ; mais cette disposition est absolument insuffisante ; il faut encore statuer sur leurs relations avec les milices nationales ; car je me garderai de mettre en doute que vous ne consacriez cette institution qui a si puissamment contribué à la conquête de notre liberté, et qui en sera toujours le plus ferme appui. Et quoique ces relations portent toutes sur ce grand principe, « que les troupes réglées sont auxiliaires des milices nationales pour le maintien de l'ordre intérieur, et que les milices nationales sont auxiliaires des troupes réglées pour la défense extérieure, et qu'en conséquence elles sont alternativement subordonnées les unes aux autres, à raison des fonctions auxquelles elles sont employées, » les statuts à faire à cet égard ne laisseront pas que d'être difficiles et compliqués. Les règles à établir pour les garnisons, et surtout pour les places fortes qui, pouvant toujours être attaquées, doivent être considérées comme étant toujours en état de guerre, et où les chefs militaires étant responsables de tout ce qui est relatif à la défense de la place, doivent disposer de toutes les forces qu'elles renferment. Les mesures à prendre à cet égard, Messieurs, ne laisseront pas que de présenter d'assez grandes difficultés, et ont besoin d'être mûrement examinées ; elles exigent particulièrement un concours de connaissances militaires et de principes politiques ; elles ont besoin surtout d'être calculées d'après les bases qui auront dirigé la formation des milices nationales. Les questions relatives à leur établissement n'ayant pas encore été discutées, je ne me permettrai pas de vous soumettre mes idées sur cet objet, pensant que le comité de constitution militaire devra être invité à vous présenter les siennes.

Vous avez décrété, Messieurs, que le recrutement de l'armée active se ferait par le moyen d'engagemens volontaires ; vous avez pensé que la conscription militaire pour cette première ligne de troupes n'était pas admissible, et l'on ne peut disconvenir qu'elle présentait de grandes difficultés.

Vous avez pensé avec raison, et d'après l'expérience, que les engagemens volontaires, surtout lorsque le sort du soldat serait amélioré, pourrait suffire pour en procurer le nombre suffisant en temps de paix; mais une autre grande difficulté se présente, et il faut la résoudre : c'est de trouver le moyen de soutenir, d'alimenter, d'augmenter même très-considérablement l'armée ordinaire dans les temps de guerre, et de répondre à l'immense consommation d'hommes qu'elle entraîne nécessairement. Je sais, Messieurs, que la philosophie calcule avec peine ces grands désastres, ces fléaux destructeurs de l'espèce humaine : je sais aussi que l'heureuse révolution qui s'est opérée parmi nous ne s'arrêtera pas aux limites du royaume, et que la liberté changera tôt ou tard la face de l'univers; mais jusqu'à cette époque désirée, mais jusqu'au moment où toutes les nations de l'Europe auront dit, d'une manière aussi énergique que nous, qu'elles veulent être libres, et auront établi entre elles des rapports d'alliance et de fraternité, vous sentez, Messieurs, combien il est important de conserver avec elles une proportion de force qui puisse en imposer et ôter aux monarques qui en disposent, le désir de nous attaquer par l'espoir de le faire avec succès; vous sentez combien il est important de nous assurer, de mettre au grand jour nos moyens de défense, pour éloigner de nous les agressions, ou les repousser si elles avaient lieu : nous devons donc préparer des moyens dignes d'une grande nation, et qui nous mettent à portée d'en user rarement.

Quand il s'agira de déterminer quel nombre de troupes est nécessaire à la position géographique de la France et aux circonstances politiques dont elle est environnée, il sera facile de prouver que les cent quarante mille hommes demandés par le comité militaire ne sont pas, en temps de paix, un nombre trop considérable, et ne forme pas, en temps de guerre, la moitié des forces qui peuvent être nécessaires à notre défense.

Il est donc indispensable de vous occuper des mesures à prendre pour vous procurer cette quantité de soldats; car il est impossible de vous dissimuler, messieurs, que les engagemens volontaires sont absolument insuffisans pour alimenter l'armée en temps de guerre; que de tout temps il a fallu recourir à l'emploi des milices, et que c'est à ce régime vicieux, à tant d'égards qu'il faut suppléer : c'est ici le moment de rappeler le principe, que tout citoyen doit ses services à la patrie, et qu'il est de son devoir de voler à sa défense. Jadis cette obligation était pénible lorsque la guerre se faisait presque toujours pour les intérêts particuliers des rois; mais avec quel enthousiasme des citoyens ne prendront-ils pas les armes, pour les seuls motifs qui pourront désormais les leur mettre à la main; celui d'une légitime défense ou le glorieux projet d'aider les autres peuples à conquérir leur liberté! Mais la constitution doit s'assurer que cette nécessité de se procurer des forces extraordinaires en temps de guerre, ne sera pas un prétexte pour violer les droits des citoyens, et entreprendre sur leur liberté; elle aura donc à prescrire les règles qui devront être suivies. Un moyen facile se présente naturellement pour nous assurer que la patrie ne manquera pas de défenseurs, et ce moyen se trouve dans l'établissement des milices nationales. En effet, Messieurs, quoique j'ignore sur quelles bases votre comité de constitution se propose de les instituer, il n'est pas douteux cependant qu'il n'établisse une conscription nationale, où tous les citoyens en état de porter les armes devront être compris; c'est dans cette masse importante de la meilleure espèce d'hommes, qui presque tous auront déjà quelques notions d'évolutions militaires, ou au moins ne seront pas étrangers au maniement des armes, que devront être pris ceux que vous destinerez à servir d'auxiliaires en temps de guerre; il ne s'agira plus alors que de savoir combien chaque département renferme d'hommes inscrits, et de répartir, d'après cette proportion, le nombre de ceux que les circonstances exigeraient.

Je sais qu'au premier regard il peut paraître difficile de concilier cette mesure avec la liberté individuelle dont tous les citoyens doivent jouir; mais je sais aussi qu'en y réfléchissant, il sera facile de trouver le moyen de convertir cette obligation commune en une distinction honorable, avantageuse et faite pour exciter l'émulation des citoyens. Je pourrais, Messieurs, mettre sous vos yeux plusieurs idées propres à remplir ces vues ; mais votre comité de constitution ayant été chargé de vous soumettre un plan sur l'institution des milices nationales, dans le sein desquelles les soldats auxiliaires seront nécessairement choisis, je m'abstiens de vous les développer, en vous proposant de charger ce comité de se concerter avec le comité militaire, pour vous présenter incessamment ses vues à cet égard.

D'après l'exposition que je viens d'avoir l'honneur de vous faire, Messieurs, il résulte, premièrement, que le pouvoir constituant doit établir les bases de la constitution militaire sur plusieurs décrets généraux, dont j'ai eu l'honneur de mettre sous vos yeux ceux qui m'ont paru susceptibles d'être adoptés dès à présent, en vous proposant de renvoyer l'examen des autres à votre comité de constitution.

Secondement, que le pouvoir constituant doit encore déterminer quels sont, parmi les objets ultérieurs de l'organisation de l'armée, ceux qui doivent être décrétés par le pouvoir législatif, et, que ces objets que j'ai successivement indiqués, sont, 1° le nombre des individus qui devront composer l'armée ; 2° la somme affectée annuellement aux dépenses militaires ; 3° la solde de chaque grade ; 4° les règles de l'admission au service et de l'avancement ; 5° les formes de l'enrôlement ; 6° les délits et peines militaires ; 7° enfin, l'admission des troupes étrangères au service de l'État.

Il est évident, Messieurs, que les objets que vous croirez ne devoir mettre ni au nombre des articles constitutionnels, ni parmi ceux qui seront du ressort des législatures, seront par-là même à la disposition du pouvoir exécutif : il est donc inutile, et il serait long et presque impossible d'en faire l'énumération.

Mais après avoir, Messieurs, en votre qualité de pouvoir constituant, statué sur les bases de la constitution militaire, et distingué parmi les points qui restent à traiter ceux qui sont du ressort de la législature et ceux qui doivent être confiés au pouvoir exécutif, il vous reste, en qualité de pouvoir législatif, à porter les décrets dont la constitution attribue la compétence aux législatures, et que l'organisation actuelle de l'armée peut rendre nécessaires.

Je développerais ici, Messieurs, les idées que j'ai conçues sur cette matière, si je ne croyais pas que vous choisirez une marche plus prompte et plus avantageuse, en demandant au pouvoir exécutif de mettre d'abord sous vos yeux ses projets et ses vues sur l'organisation de l'armée. En effet, Messieurs, c'est après avoir pris une connaissance approfondie de l'ensemble du plan et des rapports des diverses parties entre elles ; c'est après avoir reçu les instructions que le pouvoir exécutif peut seul nous donner, soit sur l'état actuel de nos frontières, soit sur ce qu'exigent nos relations extérieures, soit sur les détails des diverses parties d'administration confiées à ses soins, que nous serons à portée de statuer avec connaissance de cause sur les points généraux dont nous nous sommes réservé la décision. Jusque-là nous ne pourrions nous en occuper sans éprouver l'embarras d'avoir à nous décider, indépendamment de toute donnée précise, de toute notion exacte, et sans nous exposer à adopter des résolutions qui ne sauraient s'accorder ensuite avec les conditions ultérieures d'une bonne organisation.

Je pense donc qu'il ne peut y avoir aucun inconvénient, et que vous trouverez au contraire de grands avantages à demander préalablement au pouvoir exécutif une communication, qui, sans pouvoir gêner votre liberté, me paraît indispensable pour éclairer votre décision.

Vos intentions, Messieurs, sont connues, et je pense que le pouvoir exécutif aura soin de ne vous présenter que des mesures qui soient compatibles avec les diverses améliorations que vous avez résolu de faire.

Vous avez aboli les priviléges, et vous ne souffrirez pas qu'il en subsiste parmi les corps militaires ; ainsi les avantages et les préférences accordés jusqu'à ce jour à certains régimens, disparaîtront devant les principes de justice et d'égalité qui doivent régner dans toutes les parties de l'organisation sociale.

Des régimens entretenus par la nation et destinés à la défendre, ne seront plus la propriété des particuliers, transmise de génération en génération, et donnée en dot à leurs filles; aucun citoyen, fût-il prince du sang, ne pourra prétendre aux grades sans en être reconnu digne par son mérite ou l'ancienneté de ses services; les chefs de régimens ne se feront plus un titre d'honneur d'être affranchis pendant la plus grande partie de l'année du service militaire, et de la surveillance des corps qui leur sont confiés; le temps de leurs services sera le même que celui des autres officiers, et ils acquerront par le même nombre d'années la récompense honorable attachée à la valeur et à l'ancienneté.

Une nouvelle organisation de l'armée augmentera sa force réelle, en supprimant le luxe des emplois inutiles, qui, loin d'augmenter son activité, l'embarrasse et la surcharge d'un poids ruineux.

Les commandans de province, remplacés dans leurs fonctions civiles par les assemblées administratives, seront supprimés.

Les officiers-généraux seront réduits au nombre strictement nécessaire, et les grades supérieurs, en cessant d'être prodigués, recevront un nouvel éclat.

Les colonels, mestres-de-camp et commissaires-généraux dans les différentes armées, ces places si avantageuses à ceux qui les possédaient, et si inutiles au service, toujours condamnées et toujours ménagées sous l'ancien régime, disparaîtront avec les autres abus que votre sagesse a proscrits.

Toutes ces suppressions indispensables serviront encore, Messieurs, à faciliter l'accomplissement de vos intentions en faveur des soldats, des bas-officiers et des divers grades dont la paie est reconnue insuffisante. En vous occupant du traitement des soldats, vous ne vous bornerez point à l'augmentation de vingt deniers par jour, qui vous a été proposée par votre comité militaire, et vous penserez qu'un sou de plus, formant pour l'État une augmentation de dépense d'environ deux millions, lui sera certainement bien rendu par l'aisance qu'il répandra sur une classe jusqu'ici si injustement traitée, et l'attachement que lui inspirera pour la nouvelle constitution le grand acte de justice dont elle aura été pour eux le signal.

Le même esprit de justice vous portera à assurer leur avancement et à ouvrir devant eux la carrière des honneurs militaires, et à leur assurer, après de longs services, une retraite honorable. Enfin, Messieurs, dans tout ce qui peut intéresser l'organisation de l'armée, vous ne perdrez jamais de vue tout ce que doit une grande nation à cette classe généreuse de citoyens qui lui consacre sa vie et une partie de son indépendance. Mais combien ce sentiment naturel ne sera-t-il pas fortifié par le souvenir de tout ce qu'ont fait dans ces derniers temps ces militaires citoyens, dont nous allons régler la destinée ! combien nous avons dû à leur patriotisme, et combien tout ce que nous aurons fait pour eux nous sera-t-il rendu en actions de grâces par cette nation qu'ils ont si bien servie ! Ah ! sans doute, elle s'est montrée digne de sa destinée, quand on a vu les peuples de toutes parts s'armer pour la défense de ses représentans, et, pour ainsi dire, des bataillons sortir de la terre aux premières alarmes de la liberté ; mais il est aussi digne d'elle de reconnaître les services de ceux qui l'ont si bien secondée, et accorder cet espoir, ce bien-être et cette dignité qui doivent distinguer les guerriers d'une nation libre des satellites de despotes.

Voici, Messieurs, la suite de décrets que j'ai l'honneur de vous proposer.

Projet de décret.

L'assemblée nationale charge son comité de constitution de conférer avec le comité militaire pour lui présenter ses vues :

1° Sur les règles qui doivent être établies relativement à l'emploi des forces militaires dans l'intérieur du royaume, et les rapports de l'armée, soit avec le pouvoir civil, soit avec les gardes nationales ;

2° Sur l'organisation des tribunaux et les formes des jugemens militaires ;

5° Sur les moyens de recruter et d'augmenter l'armée en temps de guerre, en supprimant le tirage de la milice.

L'assemblée nationale décrète, dès à présent, et comme articles constitutionnels :

1° Que le roi des Français est chef suprême des forces militaires de terre et de mer ;

2° Qu'aucun militaire ne pourra être cassé ni destitué de son emploi, sans un jugement préalable ;

3° Qu'il ne pourra être établi, sous quelque prétexte que ce soit, aucune loi, réglement, ni ordonnances tendans à exclure une classe de citoyens d'un grade militaire quelconque ;

4° Que tout militaire retiré après seize années de service, jouira des droits de citoyen actif.

Décrète également comme points constitutionnels, qu'il appartient au pouvoir législatif de statuer :

1° Sur la somme affectée annuellement aux dépenses militaires ;

2° Sur le nombre d'hommes destinés à composer l'armée ;

3° Sur la solde de chaque grade ;

4° Sur les règles d'admission au service et d'avancement pour tous les grades ;

5° Sur les formes des enrôlemens et des dégagemens ;

6° Sur l'admission des troupes étrangères au service de l'État ;

7° Sur les lois relatives aux délits et peines militaires.

Décrète en outre que le roi sera supplié de faire incessamment présenter à l'assemblée nationale ses vues sur l'organisation de l'armée, pour être ensuite délibéré par elle sur les divers objets qui concernent le pouvoir législatif.]

SÉANCE DU DIMANCHE 28 FÉVRIER.

[La discussion sur les rapports du comité militaire est à l'ordre du jour.

M. de Broglie. La manière favorable dont vous avez accueilli le travail de M. Charles de Lameth, m'engage à ne pas vous présenter celui que j'ai préparé. Je trouve du plaisir à me rallier à l'opinion d'un collègue dont les succès ne peuvent m'être ni indifférens ni étrangers. Je me bornerai à appliquer les principes qu'il a exposés.

1° La paie des soldats français doit être augmentée. Je ne crois pas que l'augmentation de vingt deniers, proposée par le comité, soit suffisante, et je pense avec M. de Lameth, qu'elle doit être portée à trente-deux deniers. Je pense aussi qu'il faut faire jouir les soldats le plus promptement possible, et qu'avant d'avoir fixé le traitement des officiers, il soit accordé aux lieutenans et sous-lieutenans qui sont parvenus, en passant par tous les grades, un supplément d'appointemens.

2° Le code des peines et des délits militaires doit être modifié par des changemens analogues à ceux que vous avez adoptés pour le code criminel.

3° L'avancement, en général, doit être fait avec égalité et d'après l'ordre de l'ancienneté de service. Mais les Romains, et avant eux les Grecs, distinguaient les services éclatans et les talens supérieurs de l'ancienneté des travaux. La détermination de la proportion qui doit avoir lieu à cet égard, appartient au roi; elle doit être moindre dans la paix que dans la guerre. M. de la Tour-du-Pin a proposé, dans son mémoire, de destiner la moitié des emplois supérieurs à la vraie supériorité de talens : j'adopte cette opinion; mais je crois qu'il faut, jusqu'au moment où l'armée sera organisée, et le mode d'avancement fixé, suspendre les nominations, afin que l'ancienneté obtienne l'avancement dont elle a droit de jouir dès à present. Je propose, au surplus, d'attendre, pour l'organisation générale de l'armée, que le ministre ait présenté ses vues.

En vous soumettant ces idées, je n'ai pu me défendre de la timidité que m'impose mon inexpérience. J'en aurais moins, si des circonstances malheureuses ne m'avaient séparé de celui qui, pendant soixante ans, a mérité l'estime générale par des vertus et par des succès : maintenant c'est avec tristesse que je prononce son nom; je le prononcerais avec plus de confiance, si sa pureté soupçonnée ne me forçait à combattre l'opinion publique qui l'accuse, et qu'autrefois je n'avais qu'à partager pour le respecter et l'admirer.

On applaudit vivement.

M. de Broglie présente un projet de décret, dans lequel il comprend les objets que contient son discours. Il y ajoute seulement que nul militaire ne pourra être destitué de son emploi que par un jugement légal.

M. de Montmorency. Il y a long-temps que la France peut se glorifier d'avoir l'armée la plus brave ; elle a le bonheur d'avoir aujourd'hui l'armée la plus patriote. L'assemblée doit la rendre plus heureuse, la plus économiquement utile, la plus propre à sa sûreté, et la moins propre à compromettre notre liberté.... Il faut, dans cette matière, distinguer ce qui appartient au pouvoir constituant de ce qui appartient au pouvoir législatif. Le pouvoir législatif doit fixer la paie de l'armée, consentir les sommes destinées à son entretien, et permettre ou défendre l'introduction des troupes étrangères. Le pouvoir constituant doit considérer l'armée, non pas dans les détails de son organisation, ils regardent le pouvoir exécutif, mais dans ses rapports avec les citoyens, pris collectivement ou individuellement. Sous le rapport des citoyens pris collectivement, le pouvoir constituant doit établir tout ce qui est nécessaire pour que la liberté publique ne soit pas menacée ; il doit reconnaître l'existence des milices nationales, qui ont pris naissance avec la liberté, et qui ne finiront qu'avec elle ; il doit examiner si les militaires sont responsables, comme les autres agens du pouvoir exécutif, et si le pouvoir législatif peut statuer sur l'admission des troupes étrangères dans l'armée.

Sous le rapport des citoyens pris individuellement, il faut que la liberté du citoyen ne soit gênée par aucune séduction ni violence : l'idée de l'une ou de l'autre porterait une juste défaveur sur l'Etat et sur ses défenseurs. Il est nécessaire d'assurer, par une loi de détail, la loi déjà prononcée sur le recrutement par enrôlement volontaire ; mais comme cette forme peut être modifiée par le temps, on doit laisser aux législatures suivantes la faculté de la changer. Il faut que le citoyen devenu militaire ne cesse pas d'être citoyen et d'en exercer les droits compatibles avec son état; il faut qu'il ne soit pas exposé au pouvoir arbitraire ministériel. La constitution doit porter qu'aucun militaire ne peut être destitué que par un jugement préalable ; quand je dis militaire, j'entends les officiers et les soldats : les barrières insurmontables qui les séparaient ont disparu.

Il appartient au pouvoir législatif d'examiner la solde militaire dans tous les grades, les règles générales de l'avancement, et les principes de la discipline et des peines militaires ; il est surtout nécessaire de statuer promptement sur le premier objet. Le bonheur du soldat doit dater du premier moment où règne la liberté qu'il a su respecter et défendre : il faut récompenser son patriotisme courageux par l'espoir honorable d'être citoyen actif après quinze ou seize ans d'un service sans reproche. — Je conclus à ce que l'ordre de travail proposé par M. de Lameth soit adopté, et les points constitutionnels précisément fixés, en renvoyant cependant aux comités militaire et de constitution ceux qui paraîtraient susceptibles de difficulté. J'ajouterai seulement en amendement que le roi soit supplié de présenter incessamment ses vues sur l'organisation de l'armée, et qu'à dater du 1er mai, la paie soit portée à 9 sous 6 deniers par jour.

M. Dubois de Crancé, après avoir examiné les principes, exposé tout ce que l'assemblée nationale doit d'estime et de faveur à l'armée française, et être entré dans les détails sur les dépenses générales et particulières, et établi qu'il faut s'occuper sans délai d'assurer le sort des militaires en France, propose de déclarer que le roi est le chef suprême de l'armée ; que tous les ordres nécessaires à la sûreté publique ne peuvent émaner que de lui ; qu'il appartient au pouvoir administratif de déterminer le nombre, l'espèce, la solde et le traitement des troupes, le mode de l'avancement, les retraites de tous grades, jusqu'à celui de maréchal-de-camp, et les rapports de l'armée avec les milices nationales et la sûreté publique. Il doit être décrété, en conséquence, que le comité militaire se concertera avec le comité de constitution et avec le ministre, pour l'application des principes, mais que, par provision, tout militaire, après vingt ans de service révolus, sera éligible, même à l'assemblée nationale.

La partie la plus précieuse de la vie d'un citoyen employée au service de la patrie est un titre qui équivaut bien au marc d'argent. A dater du 1er avril, les lieutenans et sous-lieutenans qui auront passé par les grades inférieurs, les bas-officiers et les soldats jouiront d'une augmentation de paie, suivant la proportion proposée par le comité militaire. Les six deniers de la masse pour le pain seront remis aux soldats. La masse générale sera augmentée de six deniers. Il sera fait entre les mains du ministre de la guerre un compte extraordinaire de dix-huit livres par homme. Sur cette masse générale, trois sous seront donnés par chaque lieue à tout soldat qui ira en semestre ; le reste sera destiné à des pensions de retraite. Il sera statué sur le sort des capitaines, des officiers supérieurs des corps et des officiers généraux, quand on s'occupera de l'organisation générale de l'armée. Après s'être concerté pour cet effet avec le ministre de la guerre et le comité de constitution, le comité militaire arrêtera définitivement les dépenses.

M. le baron de Menou présente un projet de décret qui obtient de très-grands applaudissemens, et auquel la priorité est accordée.

On fait lecture du premier article de ce décret.

Art. I. « Le roi des Français est le chef suprême de l'armée. »

M. l'abbé Maury. Je vous prie d'observer deux choses sur cet article : 1° Tout peuple qui parle de son souverain ne l'appelle que le roi : c'est ainsi que par le traité de Westphalie il a été décidé que le roi de France serait appelé par toutes les puissances. 2° On ne doit pas se borner à dire que le roi est le chef suprême de l'armée ; vous ne feriez de votre souverain qu'un général d'armée. Je propose de rédiger ainsi l'article : « L'armée de France est entièrement et uniquement aux ordres du roi. »

M. Alexandre de Lameth. J'adopte la première observation du préopinant ; mais j'observe que la nation française a un roi et non un souverain; la souveraineté réside essentiellement dans le peuple. Quant à la seconde observation, elle ne peut être accueillie; elle n'a pas même besoin d'être réfutée. Si cependant l'expression si naturelle de l'article pouvait déplaire, je proposerais de dire : « le chef suprême des forces nationales. »

M. *Dubois de Crancé.* Je vous prie de vous rappeler le serment que vous avez fait. Vous avez juré d'être fidèles à la nation, parce que c'est dans la nation que réside la souveraineté; à la loi, parce que la loi est vraiment le souverain d'un peuple libre; au roi, parce que le roi, soumis à la loi et chargé de la faire exécuter, est le chef suprême de la nation.

On demande la priorité pour la rédaction de M. de Menou sur celle de M. l'abbé Maury.

La priorité est accordée à l'article de M. de Menou, et il est décrété en ces termes :

« Le roi est le chef suprême de l'armée. »

L'article suivant est adopté sans discussion. Il est ainsi conçu :

« II. L'armée est essentiellement destinée à combattre les ennemis extérieurs de la patrie. »

On lit l'article III : en voici la teneur :

« Il ne peut être introduit des troupes étrangères dans le royaume et dans l'armée, qu'en vertu d'un acte du corps-législatif, sanctionné par le roi. »

M. *l'abbé Maury.* Je m'arrête au mot *introduit;* il est absolument vague. Si l'on veut parler de l'usage ancien de la monarchie, d'admettre des étrangers dans les troupes, il faut dire : nul étranger ne sera admis au service du roi. Mais les conséquences de ce décret seraient trop importantes, pour que je ne vous présente pas une réflexion intéressante. Il n'est aucun militaire instruit qui n'ait remarqué que la discipline s'établissait bien mieux dans les régimens étrangers que dans les nôtres; sous ce point de vue, ces corps méritent de servir de modèle à tous les régimens du royaume. Cette remarque n'est pas de moi; elle est de M. de Puységur, du maréchal de Saxe, du chevalier Folard; elle appartient à tous les auteurs qui ont écrit sur l'armée.

M. le comte de Sérent. Il ne s'agit pas ici de savoir si les troupes étrangères ont été utiles à l'armée française ; leurs services sont connus. Il s'agit encore moins de les comparer à nos troupes ; il faut uniquement décider si le roi a le droit d'appeler en France des troupes étrangères sans le consentement du pouvoir législatif; et pour peu qu'on reconnaisse les principes, il est difficile de ne pas adopter l'article présenté.

De légers changemens sont proposés, et l'article se trouve rédigé comme il suit :

Art. III. « Il ne peut être admis, ni introduit aucune troupe étrangère au service de l'État, qu'en vertu d'un acte du corps-législatif, sanctionné par le roi. »

Les articles IV et V sont adoptés sans discussion.

IV. « Les sommes nécessaires à l'entretien de l'armée seront fixées par chaque législature. »

V. « Les législatures suivantes, ni le pouvoir législatif ne pourront porter atteinte aux droits qu'a chaque citoyen d'être admis à tous les emplois et grades militaires. »

L'article suivant est mis à la discussion. En voici la teneur :
« Aucun militaire ne peut être destitué de son emploi, que par un jugement légal. »

M. le Chapelier. Il y a dans le projet de décret de M. de Menou, un article qui renvoie au comité de constitution, le travail sur l'organisation des tribunaux militaires : je demande que celui-ci soit renvoyé à ces comités, afin qu'il reparaisse, suivi de tous les principes qui doivent l'accompagner.

M. Alexandre de Lameth. Il faut bien distinguer les commissions des emplois : le roi pourra, sans doute, retirer une commission qu'il aura donnée ; mais le sens de l'article est, assurément, que tout militaire qui aura obtenu un rang quelconque, ou par l'ancienneté de ses services, ou par leur éclat, ne puisse perdre ce rang sans un jugement légal.

M. Mathieu de Montmorency. C'est ici la véritable place du principe constitutionnel ; l'application de ce principe peut seule être renvoyée au comité.

M. de Montlausier. J'insiste sur ce renvoi, parce qu'il serait trop dangereux de mettre dans la constitution le mot *emploi*, avant de l'avoir exactement défini.

M. de Noailles. Il me semble que le mot *destitué* ne laisserait aucun doute ; on peut craindre que l'article ne soit contraire à la discipline militaire ; mais j'observe qu'avant d'être destitué, il faut être suspendu de ses fonctions, et c'est à cette suspension que se borne l'effet de la discipline.

M. de la Rochefoucault appuie la motion de M. le Chapelier.

Le renvoi de l'article VI aux comités militaire et de constitution, est ordonné.

L'article suivant est ainsi conçu :

VII. « Tout militaire en activité conservera son domicile, nonobstant les absences nécessitées par son service, et pourra exercer les fonctions de citoyen actif, si d'ailleurs il réunit les qualités requises par les décrets de l'assemblée nationale. »

M. de Liancourt. Si j'ai bien compris l'article, il en résulte que tout soldat qui a les qualités de citoyen actif, pourra, quand il sera rendu chez lui, exercer les droits attachés à ces qualités ; il ne faut pas qu'une disposition soit dangereuse : tout ce qui peut nuire à la société ne peut être juste. Il est probable que les régimens seront sédentaires et attachés aux départemens ; dès-lors, ils seront le plus ordinairement composés d'habitans de ces départemens. Les officiers pourront abuser de leur crédit et de leur supériorité, soit pour se faire élire, soit pour diriger et maîtriser, dans d'autres vues, les élections. Les soldats ont fait un engagement par lequel ils ont renoncé momentanément à leur liberté, et à tous les avantages dont la constitution trouverait du danger à leur laisser l'exercice.

M. de Noailles. Il est certain que vous avilissez l'armée en la chassant de la constitution ; assurément, elle ne fait pas de distinction entre les soldats et les officiers ; et si vous privez les uns de l'exercice de leurs droits, vous en privez également les autres.

M. Charles de Lameth. Et vous aurez, sinon très-peu de bons soldats, du moins pas un seul officier.

M. de Toulongeon. Les craintes de M. de Liancourt ne pourraient être réalisées que dans les assemblées primaires; on peut, par une précaution très-simple, éviter les dangers que redoute le préopinant. Je propose d'ajouter à l'article une exception qui serait ainsi exprimée : « Et si, au moment des élections, ils ne se trouvent pas en garnison dans le canton où est situé leur domicile. »

L'article VII est adopté avec cette addition.

On passe à l'article VIII. « Tout militaire, après seize années de service, jouira de la plénitude des droits de citoyen actif, quand même il ne serait pas sujet à la contribution requise pour être éligible. »

M. de Noailles. Le terme de seize années est trop court, il faut le porter jusqu'à vingt; c'est à cette époque, sans doute, qu'on fixera la vétérance.

M. le comte de Virieu. Il est certain que dans les précédens décrets, vous avez fixé les conditions de l'éligibilité ; il est certain que l'article qu'on propose aujourd'hui est contraire à ces décrets; il est certain que vous ne devez pas y déroger légèrement, surtout quand ils ont été rendus avec autant de solennité que ceux-ci ; vous ne le devez pas dans une assemblée aussi peu nombreuse ; le fût-elle davantage, vous ne seriez pas autorisés à déroger à la constitution. Je demande ensuite si l'article remplit vos vues; il faut honorer le soldat, mais l'honneur que vous lui conférez est la plus grande de toutes les récompenses. Le droit de cité a été estimé au plus haut point chez les peuples les plus jaloux de leur liberté. Tous les ans, sur une armée de 150 mille hommes, dix-huit mille hommes obtiennent leur congé; il est vrai que tous n'ont pas vingt ans de service; mais, après un temps déterminé, le nombre de ces derniers se trouvera très-considérable. Vous accordez ce droit aux soldats pour les services qu'ils ont rendus; d'autres classes de citoyens sont utiles à la société; elles se plaindront, et vous serez alors dans le cas d'une multitude de dérogations. Pourquoi prostituerions-nous ainsi le plus beau de tous les droits?...

Il s'élève un grand murmure dans l'assemblée.

M. le président. L'opinant voulait sans doute dire *prodiguer*.

M. le comte de Virieu. J'adopte le mot que M. le président veut bien substituer à mon expression. Vous *prodigueriez* ainsi la plus haute des récompenses : il faut qu'elle ne soit accordée que pour de grands services, et sur la demande même du corps-législatif.

M. le marquis de la Galissonnière. Comme les ordonnances avaient fixé la vétérance à 24 ans, je demande qu'un service de 24 années, sans interruption et sans désertion, soit nécessaire pour jouir des avantages que prononce l'article proposé.

M. Alexandre de Lameth. Il me semble que le terme de seize années présente de plus grands avantages : les congés sont de 8 ans; si, au bout de ce terme, le soldat voit qu'il lui faut encore 12 années pour acquérir les droits de citoyen actif, il se déterminera difficilement à renouveler son engagement, et vous vous priverez de militaires consommés, qui font la force de nos armées. Celui qui, pendant 16 ans, s'est consacré au service de sa patrie, et qui lui a fait le sacrifice de sa liberté, mérite bien de jouir de tous les droits de citoyen. Je pense cependant qu'on pourrait borner l'exception aux conditions relatives à la contribution et à la propriété. Si l'exception était générale, il pourrait arriver qu'un soldat, en quittant le service, entrât dans l'état de domesticité, et les raisons qui nous ont déterminés à priver des droits de citoyen actif les hommes dans cet état, existeraient encore pour lui.

M. Barnave. La demande de M. de la Galissonnière tend à anéantir les dispositions du décret. Beaucoup de militaires pourraient succomber sous les fatigues de leur état, avant de parvenir au moment où ils recueilleraient l'honorable récompense de leurs services. J'ajoute, à l'appui de cette observation, que vous ne permettrez pas sans doute des engagemens à un âge aussi peu avancé que celui où il est à présent permis d'en contracter.

M. Charles de Lameth. Je ne connais pas de plus grands

moyens d'attacher au service, et de faire sentir tous les avantages du droit politique de citoyen actif, que celui qui vous est offert par l'art. VIII.

Cet article est adopté, en y ajoutant seulement ces mots : « De service sans interruption et sans reproche. »

M. l'abbé de Bonneval. Je demande si le décret aura son effet pour les soldats qui auront à présent seize ans de service.

On répond affirmativement de toutes parts.

M. Target propose de décréter, comme article constitutionnel, « que les troupes prêteront, chaque année, le serment civique, le 1er de mai. »

M. Alexandre de Lameth demande que l'époque de la prestation de serment soit fixée au 14 de juillet.

Cette proposition est accueillie avec transport et adoptée.

M. Alexandre de Lameth. C'est ici le moment de placer un article qui ne souffrira sans doute point de contestations, et que j'ai rédigé ainsi :

« La vénalité des emplois militaires est supprimée. »

Cet article est adopté sans discussion, ainsi que l'article suivant :

« Le ministre de la guerre et les autres agens militaires du pouvoir exécutif sont sujets à la responsabilité, dans les cas et de la manière qui seront établis par la constitution. »

Les articles suivans sont successivement décrétés.

« L'assemblée nationale décrète également, comme article constitutionnel, qu'il appartient à chaque législature de statuer annuellement ; 1° sur les sommes à accorder pour les dépenses de l'armée ; 2° sur le nombre d'hommes dont l'armée doit être composée ; 3° sur la solde de chaque grade ; 4° sur les règles d'admission et d'avancement dans tous les grades ; 5° sur la forme des enrôlemens, et les conditions des engagemens ; 6° sur l'admission des troupes étrangères au service de France ; 7° sur les lois relatives aux délits et aux peines militaires.

» L'assemblée nationale décrète en outre que le comité de constitution sera chargé de lui présenter, le plus promptement possible, des projets de loi : 1° sur l'emploi des forces militaires dans l'intérieur du royaume, et sur leur rapport, soit avec le pouvoir civil, soit avec les gardes nationales; 2° sur l'organisation des tribunaux, et la forme des jugemens militaires; 3° sur les moyens de recruter les forces militaires en temps de guerre, en supprimant le tirage des milices. »

L'article qui vient après ceux-ci est ainsi conçu :

« Décrète enfin que le roi sera supplié de faire présenter incessamment à l'assemblée nationale un plan d'organisation, pour être délibéré, et mettre l'assemblée en état de statuer, sans retard, sur les différens objets qui sont du ressort du pouvoir législatif. »

M. de Toulongeon. On ne peut faire un plan d'organisation qu'après avoir examiné plusieurs questions. Les emplacemens et les garnisons seront-ils permanens? L'administration intérieure sera-t-elle remise à un conseil particulier? Quel sera le mode de l'avancement et l'état des capitaines-commandans? Les dépenses seront plus ou moins grandes, si vous prenez tel ou tel parti sur ces objets. Je demande, au moins, à être autorisé à communiquer mes idées au comité militaire et au comité de constitution.

L'article est adopté tel qu'il est rapporté ci-dessus.

Un dernier article est présenté en ces termes :

« La paie de tout soldat français sera augmentée de 32 deniers, en observant les proportions graduelles usitées jusqu'à présent dans les différentes armes et dans les différens grades. »

M. le marquis de Bouthillier. Le comité vous a proposé de réduire les troupes à 143 mille hommes, et d'accorder une augmentation de paie de 20 deniers. Si vous augmentez cette paie jusqu'à 32 deniers par jour, il faudra augmenter votre dépense de 2,591,250 liv.

M. de Cracy. Si nous décrétons une augmentation, où la prendrons-nous? Plusieurs autres augmentations de dépenses sont certaines : beaucoup d'articles sont estimés trop bas. Par exemple, les convois militaires et les rassemblemens de troupes coûteront plus de 1,200,000 liv. Nous ne sommes point assez instruits sur les dépenses de détail, pour décréter en ce moment une augmentation de paie de 32 deniers par jour.

M. le marquis de Bouthiller. Il est très-vrai qu'en fixant la dépense totale de l'armée à 84 millions, le comité militaire n'a pas exagéré les calculs. Il compte pour la paie 67,500,000 liv. Les autres objets sont évalués au plus bas. Cependant la somme de 1,200,000 liv. pour les convois et les rassemblemens de troupes, est portée un peu haut. Elle serait insuffisante, si toutes les troupes marchaient à la fois, d'un bout du royaume à l'autre; mais cette marche générale est inutile : on peut faire mouvoir le tiers de l'armée, et former un rassemblement de 55,000 hommes pour 750,000 livres.... Afin de fournir à l'augmentation de 32 deniers, si l'on ne veut pas passer la somme fixée pour le département de la guerre, il faudra retrancher de l'armée sept ou huit mille hommes. Mais si l'assemblée veut décréter une augmentation de dépenses de plus de deux millions, jamais argent n'aura été mieux employé.

M. Dubois de Crancé. Le mémoire du ministre de la guerre présente, ainsi que le rapport du comité, une dépense de 67 millions pour la paie des troupes; mais il comprend dans cette somme 150 mille hommes, au lieu de 143; la maison du roi, qui est supprimée; les compagnies détachées de l'hôtel des Invalides, qui n'existent plus, etc. Ces objets donnent au moins 15 millions, à déduire sur 67 millions de paie, ou sur les 84 millions nécessaires au département de la guerre. On peut bien prendre, sur cette somme, 2 millions pour l'article qui est proposé.

M. de Menou. Une armée composée de soldats bien payés vaut mieux qu'une armée plus considérable de soldats mal payés.

M. le comte de Sérent. Si vous décrétez aujourd'hui simplement une augmentation de paie de 32 deniers, le soldat croira qu'il doit avoir à l'instant la libre administration de cette augmentation. Il faut ajouter à l'article : « et en faisant la disposition de cette augmentation, suivant qu'il sera déterminé par le pouvoir exécutif. »

L'article est adopté à une très-grande majorité, avec cette addition.

Par tout ce qui venait de se passer, il était prouvé au parti royaliste qu'il devait renoncer à faire de l'opposition par la force, et que le soulèvement qui parcourait les campagnes de France lui montrait qu'il n'avait plus qu'un refuge ; c'était dans l'influence qu'il pourrait exercer sur l'assemblée, sur le ministère, sur la commune de Paris. Il chercha en effet à faire usage des institutions nouvelles, et à les détourner à son profit. On a vu que sa conduite, dans les discussions relatives aux troubles des provinces, fut entièrement dirigée dans ce sens. Il ne s'occupa plus, comme auparavant, seulement à troubler les séances et à prolonger les débats ; il essaya de tirer parti des circonstances, afin de rendre au roi quelque pouvoir. Au reste on peut dire que le mot lui avait été donné dans la séance du 4 février, par le ministère lui-même.

SÉANCE DU JEUDI 4 FÉVRIER.

[*M. Gossin* commençait à rendre compte des difficultés relatives à la division du département de Bigorre, lorsque M. le président a reçu et lu la lettre suivante, qui lui a été adressée par le roi :

« Je préviens M. le président de l'assemblée nationale que je compte m'y rendre ce matin vers midi : je désire être reçu sans cérémonie. »

La lecture de cette lettre est vivement applaudie.

M. le président. D'après la lettre du roi, et vu la simplicité avec laquelle il veut être reçu, ne serait-il pas irrespectueux de ne pas envoyer une députation au-devant de sa majesté?

Après quelques légers débats sur le nombre et le caractère des membres qui doivent composer cette députation, il est décidé qu'elle sera formée de vingt-quatre, choisis par M. le président.

M. le président. Je pense que dès l'instant que le roi est dans l'assemblée, elle cesse d'être corps délibérant ; je demande si quelque autre que le président aura le droit de prendre la parole devant lui.

L'assemblée décide que le président seul doit parler devant le roi.

M. le président. Je savais dès hier soir que le roi avait le dessein de venir aujourd'hui. Je n'ai pas eu l'honneur de vous en prévenir, parce que je n'en avais pas la certitude; j'ai cependant, et de concert avec M. Guillotin, pris quelques arrangemens que je soumets à votre décision : ils consistent à retirer le bureau des secrétaires, à jeter un tapis devant la place du président, qui sera occupée par le roi ; le président se placera à la droite de sa majesté ; et comme elle ne s'asseoira probablement pas, toute étiquette sera mise de côté.

L'assemblée approuve les vues du président, et l'on s'occupe à les remplir; le fauteuil destiné au roi est recouvert d'un velours violet, parsemé de fleur de lis d'or; pareil tapis est étendu devant le fauteuil ; le bureau des secrétaires est descendu et placé devant la barre, et le président préside debout jusqu'à l'arrivée du roi.

M. Gossin reprend, en attendant, son rapport sur la division du Bigorre, et l'assemblée décrète, d'après l'avis du comité, « que le Bigorre est divisé en cinq districts ; que Tarbes est le chef-lieu du département, et que la première assemblée décidera s'il convient d'ajouter un sixième district. »

Il est ensuite décrété, et toujours conformément à l'avis et sur le rapport du comité, « que le Bas-Berri est divisé en six districts; que la première assemblée se tiendra à Châteauroux, et que les électeurs jugeront s'il est préférable de la tenir à Issoudun. »

Un huissier annonce l'arrivée du roi. Le plus grand calme règne dans l'assemblée. Le président va prendre sa majesté à la porte où elle doit entrer. Quelques pages, les vingt-quatre députés et les ministres précèdent et forment tout le cortége du roi. Le roi paraît enfin ; des applaudissemens redoublés, et des cris de *vive le roi* retentissent dans *presque toutes* les parties de la salle. L'assemblée est debout; sa majesté demeure aussi debout, et prononce le discours suivant :

Discours prononcé par le roi à l'assemblée nationale, le 4 février 1790.

« Messieurs, la gravité des circonstances où se trouve la France, m'attire au milieu de vous. Le relâchement progressif de tous les liens de l'ordre et de la subordination, la suspension ou l'inactivité de la justice, les mécontentemens qui naissent des privations particulières, les oppositions, les haines malheureuses qui sont la suite inévitable des longues dissensions, la situation critique des finances, et les incertitudes sur la fortune publique; enfin l'agitation générale des esprits, tout semble se réunir pour entretenir l'inquiétude des véritables amis de la prospérité et du bonheur du royaume.

» Un grand but se présente à vos regards; mais il faut y atteindre sans accroissement de troubles et sans nouvelles convulsions. C'était, je dois le dire, d'une manière plus douce et plus tranquille que j'espérais vous y conduire, lorsque je formai le dessein de vous rassembler et de réunir, pour la félicité publique, les lumières et les volontés des représentans de la nation ; mais mon bonheur et ma gloire ne sont pas moins étroitement liés au succès de vos travaux.

» Je les ai garantis, par une continuelle vigilance, de l'influence funeste que pouvaient avoir sur eux les circonstances malheureuses au milieu desquelles vous vous trouviez placés. Les horreurs de la disette que la France avait à redouter l'année dernière, ont été éloignées par des soins multipliés et des approvisionnemens immenses. Le désordre que l'état ancien des finances, le discrédit, l'excessive rareté du numéraire, et le dépérissement graduel des revenus, devaient naturellement amener; ce désordre, au moins dans son éclat et dans ses excès, a été jusqu'à présent écarté. J'ai adouci partout, et principalement dans la capitale, les dangereuses conséquences du défaut de travail; et nonobstant l'affaiblissement de tous les moyens d'autorité, j'ai maintenu le royaume, non pas, il s'en faut bien, dans le calme que j'eusse désiré, mais dans un état de tranquillité suffisant pour recevoir le bienfait d'une liberté sage et bien ordonnée : enfin, malgré notre situation intérieure généralement connue, et malgré les orages politiques qui agitent d'autres nations, j'ai conservé la paix au-dehors, et j'ai entretenu avec toutes les puissances de l'Europe les rapports d'égards et d'amitié qui peuvent rendre cette paix durable.

» Après vous avoir ainsi préservés des grandes contrariétés qui pouvaient si aisément traverser vos soins et vos travaux, je crois le moment arrivé où il importe à l'intérêt de l'État que je m'associe d'une manière encore plus expresse et plus manifeste, à l'exécution et à la réussite de tout ce que vous avez concerté pour l'avantage de la France. Je ne puis saisir une plus grande occasion que celle où vous présentez à mon acceptation des décrets destinés à établir dans le royaume une organisation nouvelle, qui doit avoir une influence si importante et si propice sur le bonheur de mes sujets et sur la prospérité de cet empire.

» Vous savez, Messieurs, qu'il y a plus de dix ans, et dans un temps où le vœu de la nation ne s'était pas encore expliqué sur les assemblées provinciales, j'avais commencé à substituer ce genre d'administration à celui qu'une ancienne et longue habitude avait consacré. L'expérience m'ayant fait connaître que je ne m'étais point trompé dans l'opinion que j'avais conçue de l'utilité de ces établissemens, j'ai cherché à faire jouir du même bienfait toutes les provinces du royaume; et pour assurer aux nouvelles administrations la confiance générale, j'ai voulu que les membres dont elles devaient être composées, fussent nommés librement par tous les citoyens. Vous avez amélioré ces vues de plusieurs manières, et la plus essentielle sans doute est cette subdivision égale et sagement motivée, qui, en affaiblissant les anciennes séparations de province à province, et en établissant un système général et complet d'équilibre, réunit davantage à un même esprit et à un même intérêt toutes les parties du royaume. Cette grande idée, ce salutaire dessein vous sont entièrement dus : il ne fallait pas moins qu'une réunion de la part des représentans de la nation, il ne fallait pas moins que leur juste ascendant sur l'opinion générale, pour entreprendre avec confiance un changement d'une si grande importance, et pour vaincre, au nom de la raison, les résistances de l'habitude et des intérêts particuliers.

» Je favoriserai, je seconderai par tous les moyens qui sont en mon pouvoir, le succès de cette vaste organisation, d'où dépend à mes yeux le salut de la France; et je crois nécessaire de le dire, je suis trop occupé de la situation intérieure du royaume, j'ai les yeux trop ouverts sur les dangers de tout genre dont nous sommes environnés, pour ne pas sentir fortement que dans la disposition présente des esprits, et en considérant l'état où se trouvent les affaires publiques, il faut qu'un nouvel ordre de choses s'établisse avec calme et avec tranquillité, ou que le royaume soit exposé à toutes les calamités de l'anarchie.

» Que les vrais citoyens y réfléchissent, ainsi que je l'ai fait, en fixant uniquement leur attention sur le bien de l'État, et ils verront que même avec des opinions différentes un intérêt éminent doit les réunir tous aujourd'hui. Le temps réformera ce qui pourra rester de défectueux dans la collection des lois qui auront été l'ouvrage de cette assemblée; mais toute entreprise qui tendrait à ébranler les principes de la constitution même, tout concert qui aurait pour but de les renverser ou d'en affaiblir l'heureuse influence, ne serviraient qu'à introduire au milieu de nous les maux effrayans de la discorde; et en supposant le succès d'une semblable tentative contre mon peuple et moi, le résultat nous priverait, sans remplacement, des divers biens dont un nouvel ordre de choses nous offre la perspective.

» Livrons-nous donc de bonne foi aux espérances que nous pouvons concevoir, et ne songeons qu'à les réaliser par un accord unanime. Que partout on sache que le monarque et les représentans de la nation sont unis d'un même intérêt et d'un même vœu, afin que cette opinion, cette ferme croyance, répandent dans les provinces un esprit de paix et de bonne volonté, et que tous les bons citoyens recommandables par leur honnêteté, tous ceux qui peuvent servir l'État essentiellement par leur zèle et par leurs lumières, s'empressent de prendre part aux différentes subdivisions de l'administration générale, dont l'enchaînement et l'ensemble doivent concourir efficacement au rétablissement de l'ordre et à la prospérité du royaume.

» Nous ne devons point nous le dissimuler, il y a beaucoup à faire pour arriver à ce but. Une volonté suivie, un effort général et commun sont absolument nécessaires pour obtenir un succès véritable. Continuez donc vos travaux sans autre passion que celle du bien ; fixez toujours votre première attention sur le sort du peuple et sur la liberté publique ; mais occupez-vous aussi d'adoucir, de calmer toutes les défiances, et mettez fin le plus tôt possible, aux différentes inquiétudes qui éloignent de la France un si grand nombre de ses citoyens, et dont l'effet contraste avec les lois de sûreté et de liberté que vous voulez établir. La prospérité ne reviendra qu'avec le contentement général. Nous appercevons partout des espérances, soyons impatiens de voir aussi partout le bonheur.

» Un jour, j'aime à le croire, tous les Français indistinctement reconnaîtront l'avantage de l'entière suppression des différences d'ordre et d'état, lorsqu'il est question de travailler en commun au bien public, à cette prospérité de la patrie qui intéresse également tous les citoyens ; et chacun doit voir sans peine que, pour être appelé dorénavant à servir l'État de quelque manière, il suffira de s'être rendu remarquable par ses talens ou par ses vertus.

» En même temps néanmoins, tout ce qui rappelle à une nation l'ancienneté et la continuité des services d'une race honorée, est une distinction que rien ne peut détruire ; et comme elle s'unit aux devoirs de la reconnaissance, ceux qui, dans toutes les classes de la société, aspirent à servir efficacement leur patrie, et ceux qui ont eu déjà le bonheur d'y réussir, ont un intérêt à respecter cette transmission de titres ou de souvenirs, le plus beau de tous les héritages qu'on puisse faire passer à ses enfans.

» Le respect dû aux ministres de la religion ne pourra non

plus s'effacer; et lorsque leur considération sera principalement unie aux saintes vérités qui sont la sauvegarde de l'ordre et de la morale, tous les citoyens honnêtes et éclairés auront un égal intérêt à la maintenir et à la défendre.

» Sans doute ceux qui ont abandonné de grands priviléges pécuniaires, ceux qui ne formeront plus, comme autrefois, un ordre politique dans l'État, se trouvent soumis à des sacrifices dont je connais toute l'importance; mais j'en ai la persuasion, ils auront assez de générosité pour chercher un dédommagement dans tous les avantages publics dont l'établissement des assemblées nationales présente l'espérance.

» J'aurais bien aussi des pertes à compter, si, au milieu des plus grands intérêts de l'État, je m'arrêtais à des calculs personnels; mais je trouve une compensation qui me suffit, une compensation pleine et entière dans l'accroissement du bonheur de la nation, et c'est du fond de mon cœur que j'exprime ici ce sentiment.

» Je défendrai donc, je maintiendrai la liberté constitutionnelle dont le vœu général, d'accord avec le mien, a consacré les principes. Je ferai davantage, et de concert avec la reine qui partage tous mes sentimens, je préparerai de bonne heure l'esprit et le cœur de mon fils, au nouvel ordre de choses que les circonstances ont amené. Je l'habituerai dès ses premiers ans à être heureux du bonheur des Français, et à reconnaître toujours, malgré le langage des flatteurs, qu'une sage constitution le préservera des dangers de l'inexpérience, et qu'une juste liberté ajoute un nouveau prix aux sentimens d'amour et de fidélité dont la nation, depuis tant de siècles, donne à ses rois des preuves si touchantes.

» Je ne dois point le mettre en doute : en achevant votre ouvrage, vous vous occuperez sûrement avec sagesse et avec candeur de l'affermissement du pouvoir exécutif, cette condition sans laquelle il ne saurait exister aucun ordre durable au-dedans, ni aucune considération au-dehors. Nulle défiance ne peut raisonnablement vous rester; ainsi il est de votre devoir, comme citoyens et comme fidèles représentans de la nation, d'assurer au bien être de l'État et à la liberté publique, cette stabilité qui ne peut dériver que d'une autorité active et tutélaire. Vous aurez sûrement présent à l'esprit que sans une telle autorité, toutes les parties de votre système de constitution resteraient à la fois sans lien et sans correspondance; et en vous occupant de la liberté que vous aimez et que j'aime aussi, vous ne perdrez pas de vue que le désordre en administration, en amenant la confusion des pouvoirs, dégénère souvent, par d'autres violences, dans la plus dangereuse et la plus alarmante de toutes les tyrannies.

» Ainsi, non pas pour moi, Messieurs, qui ne compte point ce qui m'est personnel près des lois et des institutions qui doivent régler le destin de l'empire, mais pour le bonheur même de notre patrie, pour sa prospérité, pour sa puissance, je vous invite à vous affranchir de toutes les impressions du moment, qui pourraient vous détourner de considérer dans son ensemble ce qu'exige un royaume tel que la France, et par sa vaste étendue, et par son immense population, et par ses relations inévitables au-dehors.

» Vous ne négligerez point non plus de fixer votre attention sur ce qu'exigent encore des législateurs, les mœurs, le caractère et les habitudes d'une nation devenue trop célèbre en Europe par la nature de son esprit et de son génie, pour qu'il puisse paraître indifférent d'entretenir ou d'altérer en elles les sentimens de douceur, de confiance et de bonté qui lui ont valu tant de renommée.

» Donnez-lui l'exemple aussi de cet esprit de justice qui sert de sauvegarde à la propriété, à ce droit respecté de toutes les nations, qui n'est pas l'ouvrage du hasard, qui ne dérive point des priviléges d'opinion, mais qui se lie étroitement aux rapports les plus essentiels de l'ordre public et aux premières conditions de l'harmonie sociale.

» Par quelle fatalité, lorsque le calme commençait à renaître, de nouvelles inquiétudes se sont-elles répandues dans les provinces? par quelle fatalité s'y livre-t-on à de nouveaux excès? joignez-vous à moi pour les arrêter, et empêchons de tous nos efforts que des violences criminelles ne viennent souiller ces jours où le bonheur de la nation se prépare. Vous qui pouvez influer par tant de moyens sur la confiance publique, éclairez sur ses véritables intérêts le peuple qu'on égare, ce bon peuple qui m'est si cher, et dont on m'assure que je suis aimé quand on veut me consoler de mes peines. Ah! s'il savait à quel point je suis malheureux à la nouvelle d'un injuste attentat contre les fortunes, ou d'un acte de violence contre les personnes, peut-être il m'épargnerait cette douloureuse amertume.

» Je ne puis vous entretenir des grands intérêts de l'État, sans vous presser de vous occuper d'une manière instante et définitive, de tout ce qui tient au rétablissement de l'ordre dans les finances, et à la tranquillité de la multitude innombrable de citoyens qui sont unis par quelque lien à la fortune publique. Il est temps d'apaiser toutes les inquiétudes; il est temps de rendre à ce royaume la force de crédit à laquelle il doit prétendre. Vous ne pouvez pas tout entreprendre à la fois; aussi je vous invite à réserver pour d'autres temps une partie des biens dont la réunion de vos lumières vous présente le tableau; mais quand vous aurez ajouté à ce que vous avez déjà fait, un plan sage et raisonnable pour l'exercice de la justice; quand vous aurez assuré les bases d'un équilibre parfait entre les revenus et les dépenses de l'État; enfin, quand vous aurez achevé l'ouvrage de la constitution, vous aurez acquis de grands droits à la reconnaissance publique; et dans la continuation successive des assemblées nationales, continuation fondée dorénavant sur cette constitution même, il n'y aura plus qu'à ajouter d'année en année de nouveaux moyens de prospérité à tous ceux que vous avez déjà préparés. Puisse cette journée où votre monarque vient s'unir à vous de la manière la plus franche et la plus intime, être une époque mémorable dans l'histoire de cet empire! Elle le sera, je l'espère, si mes vœux ardens, si mes instantes exhortations peuvent être un signal de paix et de rapprochement entre vous. Que ceux qui s'éloigneraient encore d'un esprit de concorde, devenu si nécessaire, me fassent le sacrifice de tous les souvenirs qui les affligent, je les paierai par ma reconnaissance et mon affection. Ne professons tous, je vous en donne l'exemple, qu'une seule opinion, qu'un seul intérêt, qu'une seule volonté, l'attachement à la constitution nouvelle et le désir ardent de la paix, du bonheur et de la prospérité de la France. »

Le discours du roi est fréquemment interrompu par les applaudissemens universels de l'assemblée et des tribunes.

M. le président. «L'assemblée nationale voit avec la plus vive reconnaissance la démarche paternelle et confiante de votre majesté; négligeant le faste et l'appareil, vous avez senti, SIRE, qu'il suffisait de vous montrer dans la simplicité de vos vertus; et lorsque vous venez de donner un si mémorable exemple, je ne risquerai pas d'affaiblir le tribut que la nation doit à votre patriotisme; j'en abandonne l'expression au sentiment qui, dans cette heureuse circonstance, va pénétrer tous les Français. »

Après ce discours, qui a obtenu les suffrages de l'assemblée, sa majesté s'est disposée à se retirer, et M. le président l'a accompagnée jusqu'à la porte ; on croit inutile d'ajouter que les applaudissemens les plus vifs ont en quelque sorte payé le roi du acte de patriotisme, de justice et de paix, qu'il venait de faire avec la nation.

Le roi était à peine sorti de la salle, que M. le baron de Menou a fait la motion d'envoyer une députation à S. M. pour lui présenter une adresse, dans laquelle serait exprimée la reconnaissance de l'assemblée.

Cette motion a été vivement accueillie.

M. de Clermont-Tonnerre. Le roi dans son discours, nous a parlé de la réunion de tous les sentimens ; je propose que M. le président soit autorisé à dire à S. M. que nous sommes tous véritablement réunis de cœur, d'âme et d'affection.

M. l'abbé Gouttes. Le peuple est malheureux, il manque à la fois de l'absolu nécessaire, et des moyens de se le procurer. Je pense que l'assemblée devrait s'occuper de faire rentrer en

France les personnes riches qui s'en sont éloignées, et qui peuvent procurer aux pauvres de l'ouvrage et du pain.

M. Goupil de Préfeln. Je demande que nous prétions tous à l'instant le serment civique.

M. Emery. Ce serment doit être prêté par appel nominal, et je crois très-juste que ceux de nous qui ne le prêteront pas, ne puissent être admis à l'assemblée qu'après s'être soumis à l'exemple général.

Cette dernière motion est adoptée.

M. de Foucault voulait qu'on nommât un comité pour rédiger l'adresse au roi, sollicitée par M. le baron de Menou. Cette demande n'a pas été accueillie. Il a alors ajouté qu'il croyait convenable que tous les membres pussent signer l'adresse et l'envoyer à leurs commettans. Cette partie de sa motion a été décrétée avec empressement.

M. le président. Avant de procéder à l'appel nominal, demandé par M. Emery, je crois qu'il est convenable d'entendre le compte que veut nous rendre la députation qui a accompagné le roi.

M. Target. La famille royale est venue au-devant de sa majesté, et la reine a adressé à la députation les paroles suivantes que nous avons cru devoir recueillir. « Je partage tous les sentimens du roi. Voici mon fils, je l'entretiendrai sans cesse des vertus du meilleur des pères. Je lui apprendrai à chérir la liberté publique, et j'espère qu'il en sera le plus ferme appui. »

Ces paroles de la reine ont été vivement applaudies, et l'assemblée a décrété que la députation qui devait se rendre chez le roi, pour lui porter les témoignages de sa reconnaissance, se transporterait aussi chez la reine pour le même objet.

M. le président. Vous savez combien est auguste et sainte, la cérémonie qui va se faire ici. J'ai l'avantage de présider vos travaux, et j'espère que vous ne me refuserez pas l'honneur de prêter, le premier, le serment civique.]

«MM., le serment décrété par l'assemblée n'oblige point celui qui le prête à opposer sa volonté particulière à la volonté générale de la nation, ce qui serait un crime ; mais il oblige chaque individu à opposer tous les moyens qui dépendent de lui à la volonté particulière de quiconque voudrait attaquer la constitution qui est la volonté générale. » (*Point du jour, N° 210.*)

[La proposition du président est accueillie ; il est décidé que tous les membres monteront successivement à la tribune pour y prêter le même serment, et se borneront à en prononcer les deux premiers mots : *Je jure.*

Le président y monte le premier, et s'exprime ainsi :

« Je jure d'être fidèle à la nation, à la loi, au roi, et de main-
» tenir de tout mon pouvoir la constitution décrétée par l'assem-
» blée nationale, et acceptée par le roi. »

M. l'évêque de Perpignan a paru vouloir faire quelques restrictions à son serment. M. le président l'a rappelé à l'ordre par ces mots : *Oui* ou *non.* M. l'évêque a dit *oui.*

Le serment fini, M. le président a dit : « Je viens de recevoir, Messieurs, le serment qui m'a été envoyé par MM. les suppléans; et la tribune du public, du côté des feuillans, m'a aussi fait parvenir le sien. Tous les membres de l'assemblée se sont alors tournés vers cette tribune, le public s'est levé, a prêté le serment et a reçu les plus grands applaudissemens de la part des législateurs de la nation.]

Le soir même, la commune de Paris imita l'assemblée nationale. Les représentans étaient réunis en séance publique : on vint raconter ce qui venait de se passer, et l'on proposa de renouveler le serment *d'être fidèle à la nation, à la loi et au roi, et de maintenir la constitution décrétée par l'assemblée nationale et acceptée par le roi.* En ce moment Bailly entrait : le premier il renouvela le serment, et toute l'assemblée et tous les spectateurs suivirent son exemple. — Danton demanda que le public fût admis à se réunir à la commune. En conséquence, le maire et douze membres descendirent sur la place ; ils se placèrent sur le perron de l'Hôtel-de-ville : les tambours battirent. Bailly lut la formule du serment ; et toute la foule réunie leva les mains, et lui répondit par les cris redoublés : *Vive la nation, la loi et le roi!* En ce moment, la place était éclairée par une illumination qui devint bientôt générale; et spontanément des groupes se formaient çà et là dans les rues et les places, et le serment était répété.

Ce ne fut pas à ces simples démonstrations que s'arrêta l'enthousiasme. Le lendemain, dit la *Chronique de Paris*, le district de Saint-Étienne-du-Mont, dans lequel sont la plupart des colléges de l'Université, a invité la jeunesse, qui s'élève pour la liberté et la constitution, à répéter le serment civique. En conséquence, vers les onze heures du matin, les écoliers de la majeure partie des colléges, précédés de leurs supérieurs, du comité du district, des grenadiers et de l'état-major, se sont mis en marche tous ensemble, et cette procession civique a parcouru tout le district. On s'arrêtait sur chaque place pour répéter le serment, aux acclamations des citoyens qui bordaient les rues et remplissaient les fenêtres. La nouveauté de cette fête patriotique, digne des républiques anciennes, l'ivresse de cette jeunesse ardente et tumultueuse, l'espoir de la nation, ses cris de joie, la confusion même inséparable de son âge, tout en faisait un spectacle vraiment touchant, qui pourra bien attirer les froides plaisanteries de certaines gens, mais qui n'en est pas moins fait pour plaire à tous les bons patriotes, et qui, gravé dans ces cœurs tendres, y entretiendra sans cesse l'amour du meilleur des rois et de la plus belle des constitutions. Ainsi, chaque jour ajoute à la solidité de ce grand ouvrage. Tous les projets de l'aristocratie devinés et déjoués; la température de cet hiver sur lequel on fondait de coupables espérances, et par lesquelles *Dieu*, comme le disait Henri IV, *a bien montré qu'il était bon Français*; le peu de succès des libelles aristocratiques; l'accord des citoyens, le concert des provinces, l'organisation des départemens, opérée plus facilement qu'on n'eût osé s'y attendre; et enfin la démarche paternelle d'un roi digne de tout notre amour, qui couronne et assure à jamais la révolution : tout annonce aux gens qu'ils sont condamnés désormais à des regrets stériles et à une rage impuissante, et que rien ne peut plus empêcher la nation française de s'élever au rang où l'appellent la politique et la nature, sous l'heureuse influence des lois et de la liberté. » (*Chronique de Paris.*)

Le même jour, plusieurs districts prêtèrent leur serment; et et successivement tous les districts imitèrent cet exemple : ce fut une fête qui remplit toute la première moitié de février. Le serment se prêtait toujours sur la place publique; en sorte que le peuple, qui ne faisait point partie de l'assemblée, joignait ses acclamations à celles de la bourgeoisie. Il y eut une revue générale de la garde nationale. Le 5, Paris fut illuminé tout entier, puis ensuite par quartiers, au fur et à mesure qu'un district faisait sa fête civique. Le 5 fut en effet le jour de la grande fête. L'assemblée nationale et la municipalité de Paris allèrent présenter leurs hommages, c'est-à-dire, pour parler vrai, leurs remercîmens au roi et à la reine. Cette solennité du serment fut répétée dans toutes les provinces, avec plus ou moins d'éclat. Dans la capitale, elle fut close par une dernière cérémonie qui eut lieu le dimanche 14. Un *Te Deum* fut chanté à Notre-Dame. La commune de Paris avait invité l'assemblée nationale à s'y rendre : l'une et l'autre s'y rendirent processionnellement et en corps. En même temps une brochure courait, qui annonçait que le roi s'y rendrait, pour y signer la constitution sur l'autel. Le roi n'y vint pas. Néanmoins, le soir nouvelle illumination générale; l'Hôtel-de-ville était éclatant de lumières, et décoré de transparens royalistes et constitutionnels, en rapport avec l'origine de la cérémonie. Mais c'était trop de fêtes; le peuple commençait à se refroidir; on remarquait qu'on n'était entré à Notre-Dame qu'avec des billets, et que toute cette joie de lampions était fort onéreuse. Quelques-uns ajoutaient que le roi lui-même n'avait rien promis positivement, et qu'il n'avait pas voulu venir devant Dieu prendre un engagement qu'il ne lui a plus été permis de rompre, etc.

« Citoyens, disait Loustalot, nous avons juré sans réfléchir; réfléchissons après avoir juré...

» Jurer de maintenir une constitution qui n'est pas encore faite; jurer de la maintenir par cela seul qu'elle est l'ouvrage de l'assemblée, accepté par le roi, sans égard pour la volonté générale, sans acquérir la ratification du peuple en personne, c'est, il faut en convenir, se jouer de toutes les règles du bon sens, des premières notions politiques, et de la majesté nationale.

» Mais si nos représentans nous ont manqué de respect, à nous, nation ; s'ils ont méconnu notre souveraineté, il semble qu'ils peuvent être excusés, parce qu'ils avaient pour objet d'enchaîner à la révolution quelques députés qui retardaient leur travail.

» Mais nous, rien ne peut nous excuser de nous être manqués à nous-mêmes, en reconnaissant que la volonté de 1200 députés peut, indépendamment de la nôtre, devenir loi, et fonder la constitution.

» Et ce qui est bien étrange, c'est que ce serment, par lequel nous avons reconnu que notre volonté ne devait pas être comptée dans la formation de notre constitution et de nos lois, rien ne nous forçait à le prêter : nous avons couru au-devant de l'esclavage. C'est par imitation, que les députés suppléans ont juré. Les députés des communes ont imité les suppléans, et ils ont été imités par les assistans. Par imitation, la municipalité a juré, et elle a été imitée par les districts et les écoliers de Paris, qui seront imités par les districts et les écoliers de province : *O imitatores !....*

» S'il fallait jurer de maintenir quelque chose, c'était la *révolution*, puisqu'elle existe, et non pas la constitution, puisqu'elle n'existe pas : il est absurde et ridicule de jurer qu'on maintiendra le quart, la moitié, ou les deux tiers d'une constitution.

» Il fallait jurer de maintenir en tout temps le résultat de la volonté générale, ou plutôt il ne fallait rien jurer. Sommes-nous donc si faibles partisans de la liberté, que nous ayons besoin de nous rassurer contre nous-mêmes par le serment ? » (*Révolutions de Paris*, n° 31.)

On voit qu'une faible minorité, mais une minorité qui réunissait une masse énorme d'auditeurs et possédait leur confiance, protestait contre l'enthousiasme qui avait, en un moment, transporté tout le monde, et protestait au nom des dangers mêmes de cet enthousiasme. D'un autre côté, on commentait le discours du roi. Les patriotes prétendaient qu'il était patriote; les impartiaux qu'il était impartial; les royalistes purs n'y virent qu'un plan de conduite, une recommandation de chercher, par les moyens que leur offraient leur position dans l'assemblée nationale et la constitution elle-même, à reconstruire le pouvoir dont ils regrettaient la perte. En conséquence, ils profitèrent de toutes les occasions; ils cherchèrent toutes les voies. Nous avons vu comment ils échouèrent lors de la discussion de la loi sur les émeutes : nous allons les voir se rattacher à l'espérance d'une réélection générale du corps-législatif. La loi départementale fut terminée le 17. Il restait encore quelques difficultés à résoudre, mais qui ne pouvaient nulle part empêcher son exécution. Alors ils vinrent demander que l'assemblée nationale se séparât.

SÉANCE DU MERCREDI 17 FÉVRIER.

[*M. Cernon*, l'un des commissaires adjoints au comité de constitution, fait lecture d'un décret général sur les quatre-vingt-trois départemens. Il prévient l'assemblée que ces départemens sont désignés par le nom du chef-lieu, quand il est arrêté, soit provisoirement, soit définitivement, et par celui de la première assemblée, lorsque l'alternat est prononcé. Le comité invite les députés à proposer le nom que ces départemens porteront désormais.

—La lecture de M. Cernon est fréquemment interrompue par des réclamations qui sont jugées par la comparaison des décrets partiels consignés dans les procès-verbaux, avec les dispositions du décret général. Le rapporteur est chargé des changemens qui sont reconnus nécessaires, conformément aux décrets partiels.

M. de Cazalès. Je demande un jour pour présenter une motion que je crois aussi pressante qu'importante.

On demande à ne pas s'écarter de l'ordre du jour.

M. de Cazalès. Ma motion a pour objet de fixer l'époque à laquelle les membres de cette assemblée seront renouvelés, et une nouvelle législature convoquée.

La partie placée à la droite du président applaudit vivement.

M. de Biauzat. Les peuples doivent choisir pour une nouvelle législature les vrais amis de la constitution ; ils ne peuvent les connaître que quand la constitution sera finie : il faut donc la terminer, il faut donc ajourner la motion de M. de Cazalès après la constitution.

M. de Cazalès demande l'ajournement à jour fixe.

M. de Mirabeau l'aîné. Quelque naturel qu'il soit en général d'accorder à tout membre l'ajournement d'une motion qu'il désire soumettre à l'assemblée, je crois que ce n'est plus le cas, lorsque, par la nature de la chose même, la question est résolue....

La partie de l'assemblée qui a vivement applaudi la motion de M. de Cazalès s'écrie, M. de Bouville portant la parole : « Nous ne connaissons pas cette motion. »

M. de Mirabeau continue. Cette motion est connue, puisque M. de Cazalès en a énoncé le fond. Je demande à faire une observation simple. Nous sommes liés par le serment mémorable....

(La partie droite interrompt et murmure.)

Nous sommes liés par le serment mémorable et solennel de ne pas nous séparer que la constitution ne soit terminée. Il est impossible d'indiquer le moment où elle sera faite ; il est donc impossible de décider cette question : quand finira-t-elle ? Nous avons à demander à ceux qui ne sont pas de même avis que nous, nous avons à leur demander, puisqu'ils désirent la fin de nos travaux, de ne pas en interrompre le cours, et de nous faire perdre le moins de temps possible. Si la question de M. de Cazalès est aussi simple que facile à résoudre, je demande non un ajournement, mais la décision soudaine qu'il n'y a lieu à délibérer : si au contraire je n'ai pas prévu comment M. de Cazalès prétend proposer la question pour la rendre soutenable, je demande qu'il soit soudainement entendu.

M. de Cazalès. Nous touchons à l'époque vraiment décisive de la révolution ; les départemens vont s'assembler, et la nation va juger la conduite de ses représentans. Nous ne pouvons nous dissimuler qu'emportés par l'amour de la liberté, nous avons dépassé les pouvoirs qui nous ont été confiés : le succès de nos opérations, le bonheur qui naîtra sans doute d'une constitution égale et libre, sera notre excuse. Il n'en est pas moins vrai que la constitution, pour être vraiment nationale, doit avoir la sanction de la nation elle-même ; que la nation seule peut lui donner le grand caractère qui sera sa force, et placer au rang des délits nationaux les atteintes qui lui seraient portées. Des sermens et des adhésions individuels ne peuvent équivaloir à cette sanction générale ; il faut que la nation approuve par l'organe de députés nouveaux....

M. Goupil de Préfeln. On ne peut entendre plus long-temps des assertions aussi contraires aux principes, aussi dangereuses, aussi évidemment destinées à troubler les provinces.

M. de Cazalès. L'union intime de l'assemblée avec les départemens peut seule assurer le bonheur de l'État. Ce serait à tort qu'on voudrait chercher quelque accord dans une assemblée composée de membres mutuellement aigris... (On crie à l'ordre.) Je demande comment il se fait qu'on repousse ainsi une motion qui, à Versailles, présentée par M. de Volney, a été reçue avec un enthousiasme général. Personne ne désire plus que moi l'accord des membres de cette assemblée ; mais il n'est que trop vrai que cet accord est impossible entre des hommes choisis dans trois classes différentes, et chargés de soutenir des intérêts opposés. Ces germes de division se sont développés depuis notre réunion dans cette enceinte : la division s'est accrue par la chaleur des discussions ; elle s'est fortifiée par l'amour-propre qu'on met toujours à soutenir des opinions combattues. C'est l'union intime de l'assemblée nationale avec les départemens qui peut sauver la patrie, qui peut arrêter les calomnies qui sont répandues contre vous. (« Par vous, par vous, entend-on dans différentes parties de la salle. ») Quand on veut m'insulter, qu'on parle seul et qu'on se montre. (Un membre se lève : « Vous insultez tout le monde. »)

Il est important de consacrer le principe de la souveraineté de la nation, de demander l'adhésion générale à la constitution, et d'éloigner les soupçons des provinces sur le séjour de l'assemblée et du roi dans une capitale qui n'a pas les mêmes intérêts qu'elles....

N.... M. de Cazalès est parjure à son serment.

M. de Menou. Je crois que les intentions du préopinant sont pures ; mais il n'en est pas moins vrai que ses opinions tendent à allumer l'incendie dans tout le royaume. Je demande qu'il soit rappelé à l'ordre.

Cette demande est fortement appuyée.

M. de Cazalès reprend : Ma motion est dictée par le patriotisme le plus pur ; je savais cependant qu'elle serait désapprouvée.

Je conclus et je propose un décret en ces termes : « Dès que les départemens seront formés, ils éliront de nouveaux députés : aucun membre de l'assemblée actuelle ne pourra être élu pour la législature qui la remplacera ; le roi sera supplié de convoquer la nouvelle assemblée nationale dans une ville distante de Paris au moins de trente lieues.

Au milieu des applaudissemens et des murmures qu'occasionne cette motion, un membre paraît à la tribune.

M. Lucas. Je laisse aux orateurs qui parleront après moi, le soin de relever les erreurs de M. de Cazalès ; je monte à cette tribune pour remplir un devoir personnel. Je n'étais point à l'assemblée du 20 juin, lorsqu'on a prêté le serment de ne pas se séparer que la constitution ne soit terminée. Je le prête.

La majeure partie de la salle, les tribunes et les galeries applaudissent avec transport.

M. le baron de Menou. Je demande que tous ceux qui n'ont pas prêté le même serment, le prêtent sur-le-champ.

La grande majorité de l'assemblée se lève et prête le serment.

Dom Gerles, *chartreux.* La motion de M. de Cazalès me paraît si propre à détruire l'harmonie qui commence à régner dans les provinces, que désespéré de ne m'être pas trouvé à l'assemblée le 20 juin, jour auquel vous avez prêté le serment de ne vous séparer qu'après avoir terminé la constitution, je viens jurer de ne me séparer de vous qu'après la confection de cet important ouvrage : je le jure.

Le serment de dom Gerles est vivement applaudi, et les escaliers de la tribune sont assiégés d'un nombre infini de membres, qui, à l'exemple de ce religieux, renouvellent le même serment.

M. de Volney. M. de Cazalès s'étant servi de mon nom pour appuyer sa motion, je crois devoir éclairer l'assemblée sur la différence qui existe entre sa motion et la mienne. J'observerai d'abord que les circonstances et les temps étaient bien différens; et c'est en dire assez pour établir un caractère de disparité entre les deux motions.

Vous vous rappellerez, Messieurs, que le jour même où je présentai ma motion, il en avait été présenté une autre dont j'approuvai les principes, et qui fut obstinément rejetée. Le lendemain, M. le duc de la Rochefoucault la présenta : elle fut adoptée. Lors donc que je proposai de convoquer une seconde législature, mon dessein était de terminer des débats qui prenaient une tournure fâcheuse. Je n'ai pas perdu la propriété de ma motion, et je l'ai réservée comme un remède nécessaire dans le cas où de funestes influences auraient repris un nouvel ascendant. Cette circonstance ne s'est pas présentée ; nos opérations ont eu le succès que nous devions en attendre, et je me suis condamné moi-même, sur cet objet, à un silence dont je m'applaudis encore aujourd'hui. Ces réflexions me déterminent à demander la question préalable sur la motion de M. Cazalès.

M. de Montlausier. Mes idées ne sont pas les mêmes que celles de M. de Cazalès ; mais vous allez voir que par amendement elles y rentreront beaucoup. (La plus grande partie de l'assemblée demande à grands cris de passer à l'ordre du jour.) Lorsque nous avons été nommés, nous avons tous, dans ma province, été chargés de pouvoirs limitatifs (nouveaux cris) quant à la durée.... (Encore des réclamations.) Oh ! c'est incroyable.... Je dis, Messieurs, qu'il faut absolument que l'assemblée décide quel est le corps qui nous remplacera. (On demande encore avec plus d'empressement l'ordre du jour.) On doit entendre un orateur. (Quelques personnes disent : « cela est vrai, » et cependant s'obstinent à ne pas vouloir entendre davantage M. de Montlausier.)

M. le président. Y a-t-il lieu à délibérer sur la motion de M. de Cazalès ?

L'assemblée décide la négative.]

Le but de cette tentative du côté droit, ainsi que celle qui avait manqué réussir lors de la discussion de la loi sur les émeutes, fut très-bien aperçu. Voici un article encore de Loustalot qui résume très-bien l'opinion des patriotes à cet égard.

« Encore une loi martiale ! s'écriait Loustalot dès les premières séances. N'aurait-il donc pas suffi de revoir la première, de la corriger, ou d'y faire des additions, si elle est insuffisante pour rétablir la tranquillité publique?...

» Toutes les fois, disait plus tard le même écrivain, toutes les fois que le pouvoir exécutif parle au peuple ou à ses représentans, on peut être sûr qu'il demande de l'argent ou des soldats. Son premier moyen est toujours d'effrayer, de jeter l'alarme dans les esprits, parce que les alarmes empêchent de réfléchir sur le parti qu'on peut prendre dans les cas urgens.

» Nous étions dans une sécurité entière sur la disposition des esprits. Nous n'étions inquiets que de la disparition du numéraire, dont la cause n'est pas trop cachée, et nous attendions paisiblement la fin de la constitution, lorsque le ministère est venu jeter l'épouvante dans tous les cœurs, par la première phrase du discours du roi : « La gravité des circonstances où se trouve la France, les mécontentemens, les oppositions, les haines, les dissentions, la situation critique des finances, les incertitudes sur la fortune publique, l'agitation générale des esprits. » Tout cela n'était encore en majeure partie qu'une longue et pénible énumération de mots, le 4 février.

» M. Malouet avait, comme on sait, sa motion *en poche*, tout prêt à profiter de l'émotion que devait causer le discours du roi ; il ne put la proposer le même jour, à cause du serment civique.

FÉVRIER (1790) 455

Le lendemain, il demanda qu'il fût fait lecture du discours du roi, et fit la motion (1) que, sans attendre l'organisation du pouvoir exécutif, le roi fût investi d'un pouvoir absolu. Il en donna pour motif les justes sollicitudes du roi sur les désordres qui affligent le royaume. Or, quels étaient les désordres qui affligeaient le royaume à la fin de janvier et avant le 4 février ? Il n'était question, à cette époque, ni de troubles, ni d'émeutes. Chaque ville, chaque canton se signalait, au contraire, par divers actes de patriotisme.

» Ce n'est que le 7 février qu'arriva à Lyon l'affaire des volontaires ; et c'est le premier désordre dont on ait ouï parler à cette époque. Examinez maintenant, citoyens, la liaison des faits qui vont suivre. Le ministère et les malouétins ayant manqué leur coup, parce que les députés patriotes ont demandé la continuation du travail sur la constitution, on apprend tout d'un coup que des châteaux de ces patriotes sont menacés par les brigands, qui sont précisément des Piémontais, c'est-à-dire, des gens envoyés d'avance par les traîtres réfugiés en Piémont, ou partis *ad hoc* (2).

» Au même moment, le garde-des-sceaux fait parvenir à l'assemblée un mémoire désespérant, où il plaint la France livrée aux plus affreux ravages ; et il ne cite pourtant qu'un seul fait, une émeute arrivée à Béziers, dans laquelle le peuple a pendu cinq commis. Ce fait, dont il y a eu malheureusement des exemples, dans le temps du despotisme, joint à quelques autres faits qui ne prouvaient rien que des refus de payer les droits féodaux, refus fondés sur de faux décrets, sur de faux ordres du roi, répandus dans les campagnes (3), voilà ce qu'on a présenté à l'assemblée

(1) « Si quelqu'un doutait que cette motion ne fût concertée entre le ministère et les *Malouétins*, qu'il lise les écrits des impartiaux et le discours du roi. » Nous avons donné ce que nous possédions de ces écrits pour le moment.

(2) C'était là encore une des explications que tout le monde donnait et acceptait, pour rendre compte des insurrections des campagnes dont on ne sentait pas l'intérêt, parce qu'on ne le partageait pas.

(3) Encore une explication de l'époque. La nuit du 4 août n'avait-elle pas supprimé les droits féodaux ?

comme des motifs suffisans, de conférer au roi la *dictature* pendant trois mois, et de *suspendre la responsabilité des ministres.*

» Le croirait-on ? Comment les *malouétins* excusaient-ils une demande aussi extravagante ?... *Par les vertus du roi...* comme si les vertus du roi nous garantissaient celles des ministres ; comme si nous n'avions pas de justes sujets de regarder ceux-ci comme les ennemis cachés de la révolution et du mode de la constitution; comme s'il n'était pas évident que les ministres *adorés*, les ministres *citoyens*, les ministres *patriotes*, n'ont jamais voulu autre chose, sinon que l'assemblée nationale fût dans leurs mains un instrument passif pour *travailler* le peuple, qu'il n'était plus possible de pressurer, de torturer par les ressources de l'ancien régime. » (*Révolutions de Paris*, n. 35.)

« Citoyens, disait un autre écrivain, souvenez-vous que la cabale ne dort jamais. Nous venons de la voir tenter tous les moyens imaginables de soulever le peuple contre lui-même, contre ses amis, contre ses défenseurs, contre ses représentans, contre le monarque enfin. Elle a excité des rixes ; elle est parvenue à faire verser du sang dans plusieurs villes, à jeter l'épouvante dans plusieurs villages ; elle a provoqué des émeutes, des séditions. La voilà qui demande aujourd'hui, sous prétexte d'apaiser ces émeutes, le privilége de faire agir la force publique contre les mutins; sans l'autorisation des municipalités. Citoyens, méfions-nous de la cabale ! Elle reproche de laisser les ministres dans l'heureuse impuissance de nuire au travail de la constitution. Elle a demandé en termes formels la dissolution de l'assemblée nationale. Elle demande que l'assemblée et le roi permettent aux ministres des commissaires pour diriger l'exécution des décrets relatifs à la formation des départemens. Déjà ces commissaires sont désignés par elle. Ce sont les ravisseurs des droits du peuple, les ennemis les plus acharnés de son bonheur. Citoyens, citoyens, méfions-nous de la cabale! Elle a tendu ses lacs depuis Vienne jusqu'à Turin, depuis Madrid jusqu'à Bruxelles. Ses émissaires répandent l'alarme dans les provinces. Ils viennent encore tout récemment de brûler auprès d'Agen, les châteaux de MM. d'Aiguillon et Lameth.... Méfions-nous de la cabale ! En ce moment qu'elle est occupée à forger un libelle abominable qu'elle a l'audace d'intituler, *Adresse du roi aux provinces....* Elle succombera cette infernale cabale ; oui, elle succombera. Mais prenons garde que son agonie ne soit terrible. Demeurons unis ; citoyens, demeurons amis ; et tous les projets des ennemis de la patrie s'évanouiront comme de la fumée. » (*L'Observateur, par Feydel*, n° 87.)

Au reste, tous les journaux constitutionnels furent unanimes à porter un semblable jugement sur les tentatives du côté droit à l'assemblée nationale. Il serait inutile de multiplier des citations qui ne nous apprendraient rien.

Pendant que ces débats et ces fêtes occupaient l'opinion publique, le procès de Favras se terminait le 18, par une condamnation à mort. Le malheureux fut condamné « à faire amende honorable devant la principale porte de l'église de Paris (Notre-Dame), où il devait être conduit par l'exécuteur de la haute-justice, dans un tombereau, nu-pieds, nu-tête et en chemise, ayant une corde au cou, tenant en ses mains une torche ardente, ayant écriteaux devant et derrière, portant ces mots : *Conspirateur contre l'État*; et là, étant à genoux, dire et déclarer à haute et intelligible voix, que méchamment, témérairement, il a formé, communiqué et tenté de mettre à exécution un projet de contre-révolution... dont il se repent et demande pardon à Dieu, à la nation, au roi et à la justice. Ce fait, conduit et mené dans le même tombereau à la place de Grève, pour y être pendu et étranglé jusqu'à ce que mort s'ensuive. » Le lendemain 19, tout cela fut exécuté.

Dès le matin, une foule immense et une garde nombreuse de soldats, garnissait les rues par où il devait passer. A onze heures, on lui lut son jugement : *Monsieur*, lui dit M. Quatremère, son juge-rapporteur, *votre vie est un sacrifice que vous devez à la tranquillité et à la sûreté publiques. Vous trouverez des consolations dans la religion que nous professons*. Lorsqu'il sortit du Châtelet après s'être confessé, la foule battit des mains. Ces applaudissemens se renouvelèrent lorsqu'il fit amende honorable. Revenu à l'Hôtel-de-ville, le condamné dicta son testament avec un calme et une présence d'esprit qui furent admirés. Cependant la foule réunie sur la place ne cessait de crier *Favras! Favras!* La nuit était venue, on distribua des lampions sur la place; on en mit jusque sur la potence. Enfin le malheureux descendit de l'Hôtel-de-ville, marchant d'un pas assuré. Arrivé au pied du gibet, il éleva la voix pour crier : *Citoyens, je meurs innocent! priez Dieu pour moi!* Arrivé à moitié de l'échelle, il s'arrêta pour répéter ces mots; enfin parvenu au sommet, il dit encore : *Citoyens, je meurs innocent! priez Dieu pour moi!* et se tournant vers le bourreau : *Et toi, fais ton devoir.*

Ainsi, Favras persista jusqu'au dernier moment à soutenir qu'il était innocent. Dans son testament même, il fit insérer cette déclaration. Cette pièce est trop longue pour être rapportée ici. Elle ne contient au reste qu'une seule énonciation positive. C'est qu'un grand seigneur dont la maison marchait après celle des princes, l'avait invité à surveiller les mouvemens des faubourgs qui, disait-on, menaçaient la vie du roi; c'est que ce seigneur l'avait conduit aux Tuileries, jusque dans un salon attenant au cabinet du roi, l'avait laissé là pour entrer chez S. M., puis, en ressortant, lui avait remis cent louis pour l'aider dans ses recherches. C'est que, quelque temps après, ce seigneur lui avait dit : *que le roi ne tarderait pas à recouvrer l'autorité légitime qui lui appartient, sans aucune crise ni convulsion populaire; qu'il ne s'agissait pour cela que de faire un connétable, et de donner un nouveau commandant à la milice parisienne.* Malgré ces dénégations, sur trente-huit juges, trente-deux conclurent à la mort, et le Châtelet n'était pas considéré comme défavorable à l'opinion qu'il avait embrassée. Il est vrai que quelques personnes dirent plus tard que ce tribunal avait voulu préparer par une sévérité, le futur acquittement de Bezenval.

Au milieu de ces circonstances sévères et tristes, au milieu des fêtes patriotiques, le carnaval ne trouva pas de place. Voici, en effet, un avis qui fut affiché.

FÉVRIER (1790)

MUNICIPALITÉ DE PARIS.
Département de police.

« Sur la représentation faite à la commune par un grand nombre de districts, et notamment par ceux de Saint-Roch, de Saint-Jean-en-Grève, des Récollets, de Sainte-Marguerite, des Enfans-Trouvés et Popincourt, dans l'étendue desquels les masques se portent ordinairement avec affluence, et par MM. de l'état-major ; ordonnance de police du 31 janvier, portant défenses à toutes personnes de se déguiser, ou de donner un bal masqué, soit public, soit privé ; et à tous marchands d'étaler, louer ou vendre aucuns masques ou habits de déguisement, à peine d'amende et de confiscation des habits servant au déguisement, et de prison contre les non-domiciliés. »

Tel était, au mois de février 1790, l'état intérieur de la France. En même temps, l'étranger préludait aux hostilités diplomatiques. Dès le mois de janvier, les princes, ecclésiastiques et laïcs de l'empire, dont les propriétés féodales en Alsace, en Franche-Comté et en Lorraine, avaient été anéanties par les arrêtés du 4 août, trouvaient une voie de réclamation. Les députés dits du cercle du Haut-Rhin, assemblés à Francfort, prirent un *conclusum* portant que l'empereur et le corps germanique étaient requis d'accorder appui et protection aux états, à la noblesse et au clergé de l'empire contre les actes arbitraires de l'assemblée nationale de France. Ces réclamations furent accueillies par l'empereur Joseph II ; et le roi de Prusse adressa le 16 février, au comte de Goertz, son ministre à Ratisbonne, un rescrit portant que l'empire était dans l'obligation de s'intéresser pour les princes lésés en contravention aux traités existans. D'un autre côté, le ministère français recevait communication du *conclusum* avec une nouvelle réclamation. M. de Montmorin donna, le 11 février, connaissance de ces pièces à l'assemblée nationale. Mais, après une assez courte discussion, l'affaire fut ajournée par un renvoi au comité féodal.

Pendant ce temps, Joseph II vint à mourir. Il expira le 16 février. La mort de ce prince devait amener de grands changemens dans la politique du corps germanique. En effet, c'était presque une guerre personnelle qu'il soutenait avec la Porte ; c'était presque une affaire de vanité vis-à-vis de Catherine de Russie, qui l'avait fait persister à user ses forces militaires contre les Turcs. C'était à sa personne que s'adressaient les résistances qui avaient enfin amené le soulèvement des Pays-Bas. Dans l'intérêt de son pouvoir impérial, il avait attaqué les anciens priviléges, non-seulement en Brabant, mais aussi en Hongrie. La fière noblesse de ce royaume ne dissimulait pas ses mauvaises dispositions, et de nombreux réfugiés, accueillis en Prusse, tramaient presque ouvertement. Tous ces obstacles paralysaient l'empereur Joseph II. Mais, un nouveau règne, l'abandon des réformes, les amnisties, la paix, dans un pays où la politique était considérée comme chose personnelle, pouvaient changer cette position, et rendre l'Autriche libre d'agir avec toute sa puissance. C'est, en effet, ce qui arriva.

Extrait du traité conclu à Berlin, le 9 janvier 1790, entre les rois de la Grande-Bretagne, de la Prusse et leurs hautes puissances.

« Les troubles dans les Pays-Bas étant de nature à intéresser les contractans, et à pouvoir exiger leur intervention, on a arrêté quelques articles généraux et provisoires, pour être exécutés par chacun d'eux.

» 1° Ils ne se mêleront de ces troubles que dans le cas où ils seraient invités ou nécessités par les circonstances.

» 2° Ayant intérêt dans la conservation des priviléges des Pays-Bas, ils inviteront S. M. I. pour les assurer, et pour avoir soin que leurs cousins ne soient désormais alarmés.

» 3° Si ces pays deviennent libres, alors les alliés délibéreront sur la nature de la constitution, et s'ils les reconnaîtront pour tels ou non.

» 4° Aucune puissance étrangère ne sera admise dans cette alliance sans un commun accord.

» 5° Les alliés feront cause commune des suites que cette alliance produira. »

En réponse à ce traité, les Pays-Bas, comme il était convenu, prirent à leur service, une légion anglaise, une légion prussienne et une légion hollandaise; et les États nommèrent pour commandant en chef de cette armée, un général prussien.

Nous terminerons cette longue et triste énumération par la narration d'un fait qui puisse reposer les yeux. Nous l'empruntons au journal de C. Desmoulins.

District des Cordeliers.

« La sonnette du district des Cordeliers est, comme tout le monde sait, aussi fatiguée que celle de l'assemblée nationale. Il y a quelquefois des séances que prolongent bien avant dans la nuit l'intérêt des matières et l'éloquence des orateurs. Ce district a, comme le congrès, ses Mirabeau, ses Barnave, ses Pétion et ses Robespierre; *solemque suum sua sidera norunt* : Il ne lui manque que ses Malouet et J.-F. Maury. Depuis que j'étais venu habiter dans cette terre de liberté (1), il me tardait de prendre possession de mon titre d'honorable membre de l'illustre district. J'allai donc ces jours derniers faire mon serment civique, et saluer les pères de la patrie mes voisins. Avec quel plaisir j'écrivis mon nom, non pas sur ces vains registres de baptême, qui ne pouvaient nous défendre ni du despotisme prévôtal, ni du despotisme féodal, et d'où les ministres et Pierre Lenoir, les robins et les catins, vous effaçaient si aisément et sans laisser de trace de votre existence, mais sur les tablettes de ma tribu, sur le registre de Pierre Duplain, sur ce véritable livre de vie, fidèle et incorruptible dépositaire de tous ces noms, et qui en rendrait compte au vigilant district. Je ne pus me défendre d'un sentiment religieux; je croyais renaître une seconde fois; que, comme chez les Romains, mon nom était inscrit sur le tableau des vivans dans le

---

(1) Il semble que tous les écrivains allaient se jeter sur cette terre d'asile. Desmoulins logeait auparavant sur le territoire du district des Carmes.

temple de la terre. Il me semblait voir le vieux Saturne dans Pierre Duplain, qui, en me couchant sur son registre, me débitait avec la gravité d'un oracle, ces vers de Cyrano de Bergerac :

> Ces noms pour le tyran sont écrits sur le cuivre;
> Il ne déchire point les pages de mon livre.

J'allais me retirer, continue Desmoulins, en remerciant Dieu, sinon comme Pangloss d'être dans le meilleur des mondes, au moins d'être dans le meilleur des districts possible, quand la sentinelle appelle l'huissier de service, et l'huissier de service annonce au président qu'une jeune dame veut absolument entrer au sénat. On croit que c'est une suppliante; et on pense bien que chez des Français et des Cordeliers personne ne propose la question préalable; mais c'était une opinante : c'était la célèbre mademoiselle Théroigne, qui venait demander la parole et faire une motion. Il n'y eut qu'une voix pour l'admettre à la barre. A sa vue, l'enthousiasme saisit un honorable membre; il s'écrie : C'est la reine de Saba qui vient voir le *Salomon* des districts!

« Oui, reprit mademoiselle Théroigne, c'est la renommée de votre sagesse qui m'amène au milieu de vous. Prouvez que vous êtes des Salomon, que c'est à vous qu'il était réservé de bâtir le temple, et hâtez-vous de construire un temple à l'assemblée nationale : c'est l'objet de ma motion. Les bons patriotes peuvent-ils souffrir plus long-temps de voir le pouvoir exécutif logé dans le plus beau palais de l'univers, tandis que le pouvoir législatif habite sous des tentes, et tantôt aux menus plaisirs, tantôt dans un jeu de paume, tantôt au manége, comme la colombe de Noé qui n'a point où reposer le pied. La dernière pierre des derniers cachots de la Bastille a été apportée aux pieds du sénat, et M. Camus la contemple tous les jours avec ravissement, déposée dans ses archives. Le terrain de la Bastille est vacant; cent mille ouvriers manquent d'occupation : que tardons-nous? hâtez-vous d'ouvrir une souscription pour élever le palais de l'assemblée nationale sur l'emplacement de la Bastille. La France entière s'empressera de vous seconder; elle n'attend que le signal; donnez-le-lui; invitez tous les meilleurs ouvriers, tous les plus célèbres artistes; ouvrez un concours pour les architectes; coupez les cèdres du Liban, les sapins du mont Ida. Ah! si jamais les pierres ont dû se mouvoir d'elles-mêmes, ce n'est point pour bâtir les murs de Thèbes, mais pour construire le temple de la liberté. C'est pour enrichir, pour embellir cet édifice, qu'il faut nous défaire de notre or et de nos pierreries : j'en donnerais l'exemple la première. On vous l'a dit, le vulgaire se prend par les sens; il lui faut des signes extérieurs auxquels s'attache son culte. Détournez ses regards du pavillon de Flore, des colonnades du Louvre, pour les porter sur une basilique plus belle que Saint-Pierre de Rome, et que Saint-Paul de Londres. Le véritable temple de l'Éternel, le seul digne de lui, c'est le temple où a été prononcée la déclaration des droits de l'homme. Les Français dans l'assemblée nationale, revendiquant les droits de l'homme et du citoyen, voilà sans doute le spectacle sur lequel l'Être suprême abaisse ses regards avec complaisance. »

On conçoit l'effet que dut faire un discours si animé, et ce mélange d'images empruntées du récit de Pindare et de ceux de l'Esprit-Saint. Quand la fureur des applaudissemens fut un peu calmée, plusieurs honorables membres discutèrent la motion, l'examinèrent sous toutes ses faces, et conclurent comme la préopinante, après lui avoir donné de justes éloges, qu'on nommât des commissaires pour rédiger l'arrêté, et une adresse aux 59 districts et aux 83 départemens. Sur la demande de mademoiselle Théroigne d'être admise au district avec voix consultative, l'assemblée a suivi les conclusions du président, qu'il serait voté des remercîmens à cette excellente citoyenne pour sa motion; qu'un canon du concile de Mâcon ayant formellement reconnu que les femmes ont une âme et la raison comme les hommes, on ne pouvait leur interdire d'en faire un si bon usage que la préopinante; qu'il sera toujours libre à mademoiselle Théroigne et à toutes celles de son sexe, de proposer ce qu'elles croiraient avantageux à la patrie; mais que sur la question d'État, si la demoiselle Théroigne sera admise au district avec voix consultative seulement, l'assemblée est incompétente pour prendre un parti, et qu'il n'y a pas lieu à délibérer. On a nommé ensuite commissaires pour la rédaction MM. Paré, président; Danton, ex-président; Fabre d'Eglantine, vice-président; C. Desmoulins et Dufournoy de Villiers.

Adresse du district.

Peuples de la Bretagne, du Dauphiné, de l'Auvergne, de l'Anjou, de la Provence, du Languedoc, du Béarn, vous tous peuples régénérés de nos provinces du nord, du midi, du couchant et de l'orient; vous tous Français, maintenant tous égaux, tous frères, tous citoyens actifs, vous surtout patriotes signalés des 83 départemens, SALUT FRATERNEL!

Le district des Cordeliers, profondément affligé de cette multitude de libelles sacriléges par lesquels on tente d'affaiblir dans l'opinion le respect dû à l'assemblée nationale, et d'étouffer dans sa naissance cette nouvelle religion des peuples pour tout ce qui est bien public, humanité, fraternité, dieux inconnus jusqu'ici; se rappelant encore avec douleur ces jours, l'opprobre éternel de la nation, si Paris ne l'en avait vengée, où elle a reçu, dans la personne de ses augustes représentans, le dernier outrage; où elle les a vus, jouets de vils courtisans qui riaient aux fenêtres du château de Versailles, être troublés dans leurs fonctions sacrées, exposés aux injures de l'air, ne pouvant obtenir un asile, et obligés de se réfugier dans un jeu de paume.

Considérant que depuis que la nation a reconquis la souveraineté usurpée par le despotisme, il importe extrêmement que le Français et l'étranger, en jetant les yeux sur les édifices publics habités par les deux pouvoirs, apprennent, par la vue seule, où réside le souverain et où sont les faisceaux; qu'autrement la puissance suprême ne restera pas long-temps au peuple français, parce qu'un souverain sans palais et des dieux sans autels perdent bientôt leur autorité et leur culte.

» Considérant que le terrain vacant de la Bastille offre un emplacement pour élever un palais à l'assemblée nationale......; et qu'à la place où fut la Bastille, c'est une belle idée de bâtir le Capitole, comme autrefois les Grecs bâtirent le temple de Delphes sur les lieux qui avaient servi de retraite au serpent Python.

» Considérant enfin que c'est dans le centre des lumières qu'il convient de fixer l'assemblée nationale, que la splendeur de la capitale est celle de l'empire; qu'il importe à Paris, pour maintenir sa splendeur, de conserver dans son sein le congrès des 83 départemens, le siége de la majesté du peuple français, l'autel de la Concorde, la chaire de la philosophie, la tribune du patriotisme et de l'éloquence, le temple de la liberté, de l'humanité et de la raison, où tous les peuples viendront chercher des oracles ; qu'il ne peut trop se hâter d'élever aux représentans de la nation un monument tel que les provinces ne puissent les appeler au milieu d'elles, en leur offrant un palais plus digne d'eux;... que Paris, au moyen de ce monument national, Paris semblable à la ville de Jérusalem, sera bien moins une cité particulière, que le temple et la patrie commune de toutes les tribus :

» Par toutes ces considérations, l'assemblée a arrêté qu'il serait ouvert une souscription pour bâtir le palais de l'assemblée nationale, etc.; que l'arrêté sera d'abord présenté à l'assemblée nationale, avec prières de le prendre en considération.... de poser elle-même la première pierre le 14 juillet 1790, premier jour de l'an second de la liberté, et d'instituer une fête commémorative de ce jour et de notre révolution. »

Cette proclamation fut sans résultats ; elle n'était point écrite du style que comprenaient alors les masses : mais c'est un singulier monument d'enthousiasme, et un curieux prélude à ce dévergondage classique qui plus tard fit une si étonnante explosion.

MARS 1790.

L'assemblée nationale fut pendant ce mois principalement occupée d'affaires de finances et de questions judiciaires: ce fut la matière constante de son travail. Son attention fut encore détournée par quelques interruptions; mais elles furent loin d'être aussi nombreuses que dans le mois précédent. Nous suivrons, selon notre usage, pour la classification des matières, l'ordre de leur importance, estimée sur le temps que l'assemblée consacra à chacune d'elles. En conséquence, nous commencerons par les finances et nous finirons par les interruptions.

Finances.

Ce fut un mémoire de Necker, dont la lecture occupa presque toute la séance du 6 mars, qui ramena directement cette question. Ce mémoire, œuvre d'une grande expérience dans des temps difficiles, bien qu'il n'eût en vue que les besoins du moment, est cependant une pièce indispensable du grand enseignement financier qui doit résulter de l'étude de la révolution. Aussi nous croyons devoir en insérer la plus grande partie, en retranchant seulement les considérations d'un intérêt purement passager.

Necker commence par des calculs qui démontrent que le déficit probable du premier mars au 31 décembre 1790, sera de douze cent quatre-vingt-quatorze millions. La diminution des impôts indirects est comptée pour soixante millions dans cette somme.

[«Voici, continue Necker, comment je désignerais chaque article des ressources applicables aux dix derniers mois de cette année :

1° L'argent en caisse....................	10,000,000 liv.
2° A recevoir de la caisse d'escompte pour solde des quatre-vingts millions............	28,000,000
3°. Produit de la réduction des dépenses dans le cours des dix derniers mois de l'année....	30,000,000
4° Vingtièmes du clergé................	9,000,000
5° Renouvellement des anticipations......	60,000,000
6° Accélération sur la partie des recouvremens des receveurs-généraux............	15,000,000

7° De la contribution patriotique, y compris les fonds remis directement à l'assemblée na-

tionale (1)............................ 30,000,000
8° D'un emprunt dans le cours de l'année.. 30,000,000
9° En différant encore d'accroître le fonds destiné aux rentes, et en payant à l'amiable deux semestres à la fois sur divers objets, ainsi qu'on l'a indiqué....................... 50,000,000
10° Retards ou paiemens en effets à terme de diverses dépenses ordinaires et extraordinaires............................... 30,000,000

TOTAL.......... 292,000,000 liv.

Tous ces articles, je le répète de nouveau, sont pour la plupart susceptibles de beaucoup de variations; aussi, par cette raison, et parce que la gradation des époques successives de ces différentes ressources ne peut pas être la même que celle des besoins, je crois qu'il est indispensable, pour assurer le service, que vous ouvriez à l'administration des finances un nouveau crédit de 30 à 40 millions sur la caisse d'escompte, pour en faire un usage plus ou moins instantané, selon le besoin.

Je vous proposerais en même temps de favoriser les billets de caisse, en promettant une prime de deux pour cent à la partie de ces billets qui resteraient encore en circulation au 15 de juin prochain. Cette faveur, en améliorant le prix de l'échange des billets contre de l'argent, balancerait ou diminuerait la perte de ceux qui ont besoin de numéraire.

On pourrait, pour dédommager en partie l'Etat de la prime de deux pour cent dont je viens de parler, convenir avec la caisse d'escompte que sa nouvelle avance serait sans intérêt, si son bénéfice pour le semestre courant s'élevait, sans cela, à trois pour cent sur le capital des actions.

Quand vous aurez indiqué les ventes dont le produit doit servir au paiement des assignations à terme sur le receveur de l'extraordinaire, je crois qu'il y aurait de la convenance à ouvrir une

(1) Les déclarations pour Paris se montent à près de trente millions. Le nombre des déclarans est d'environ douze mille. *Note du 3 mars.*

souscription générale dans tout le royaume, par laquelle chacun pourrait s'engager à prendre une certaine quantité de ces assignations, sous la réserve que ces engagemens ne seraient valables qu'autant que la somme totale, ainsi souscrite, serait suffisante pour mettre la caisse d'escompte en état de payer ses billets en argent, à bureau ouvert. La certitude d'atteindre ce but si généralement et si justement désiré, décidera sûrement à souscrire beaucoup de personnes, que l'idée d'un simple placement d'argent ne détermine pas; et l'intérêt que vous manifesteriez pour le succès d'une telle souscription, serait bien propre à exciter le zèle patriotique de tous les bons citoyens.

Vous ne pouvez pas refuser, Messieurs, aux administrateurs de la caisse d'escompte, de choisir un certain nombre de commissaires pour inspecter leurs opérations, ou d'autoriser les représentans de la commune de Paris à en nommer.

Il est temps maintenant d'examiner les avantages et les inconvéniens d'une création de papier-monnaie, dans une étendue suffisante pour satisfaire exactement à tous les besoins et tous les engagemens de l'année. Une telle idée semblerait d'autant plus favorable aujourd'hui, que ces billets d'Etat pourraient consister en des assignats sur un objet réel, sur le produit de la vente des biens ecclésiastiques et domaniaux, et sur le produit du rachat des rentes et droits dépendans de ces propriétés. Ces assignats devraient porter jusqu'à leur extinction un intérêt de quatre ou cinq pour cent l'an, payable par semestre ou par quartier, le tout à votre choix; et à mesure qu'ils rentreraient dans la caisse de l'extraordinaire, ils seraient brûlés avec toutes les formes ostensibles et légales que vous jugeriez à propos de prescrire.

De tels billets, dont la teneur rappellerait sans cesse la réalité de leur objet et de leur terme, auraient sous ce rapport un avantage sur les billets de la caisse d'escompte, dont l'hypothèque, sur les mêmes fonds de l'extraordinaire, n'est ni directe, ni présente habituellement à la pensée; ils rappelleraient aussi, d'une manière plus constante et plus générale, l'intérêt de tous les citoyens à la réalisation prompte et avantageuse des biens destinés à l'amortissement des billets admis, comme monnaie, dans la circulation; et il résulterait, de l'évidence d'un tel intérêt, plusieurs conséquences heureuses. Les nouveaux billets d'Etat ne participeraient pas non plus à la défaveur que les ennemis de la caisse d'escompte, ou les faux juges de ses embarras, ont attirée contre cet établissement, et par reflet contre ses billets de caisse. Ils n'auraient pas non plus, à la vérité, cette portion de crédit qui tient à l'habitude, et dont on ne peut apprécier au juste l'influence. Mais une considération plus importante, et à laquelle il me semble qu'on n'a pas fait attention, c'est que l'extinction des billets-assignats sur la caisse de l'extraordinaire, rendus papier-monnaie, serait nécessairement plus tardive que l'extinction des billets de la caisse d'escompte. En effet, celle des billets-assignats ne pourrait être opérée qu'aux époques du versement effectif dans la caisse de l'extraordinaire, du produit des ventes ou des rachats, au lieu que l'extinction graduelle des billets de la caisse d'escompte aurait lieu dès l'instant où cette caisse négocierait des assignations à terme sur le receveur de l'extraordinaire, époque qui pourrait précéder d'un an celle des paiemens effectifs entre les mains de ce receveur.

J'ai cru devoir m'arrêter sur ce parallèle entre les billets de la caisse d'escompte et les billets-assignats, parce qu'il est applicable à tous les systèmes également. En effet, soit qu'on eût recours à de nouveaux billets pour satisfaire à tous les besoins de l'Etat, soit qu'on ne voulût pas accroître la somme du papier circulant aujourd'hui, soit qu'on ne voulût enfin l'excéder que modérément, il faudrait toujours considérer si les billets-assignats sont préférables aux billets de la caisse d'escompte, puisqu'on pourrait toujours, quand on le voudrait, convertir ceux-ci dans les autres. Ainsi donc l'adoption des assignats sur le receveur de l'extraordinaire, pour faire office de papier-monnaie, n'est point une proposition particulièrement liée au système d'une vaste création de billets d'Etat, d'une création suffisante pour satisfaire à tous les besoins du trésor public. Cette proposition se rapporterait à la quantité actuelle des billets circulans, ou à telle autre qu'on jugerait à propos de fixer.

Examinons donc en elle-même l'idée d'une création trop étendue de billets circulans, car il n'est aucune forme donnée à ces billets qui puisse préserver des inconvéniens attachés à l'excès de leur quantité. Il est une proportion que l'expérience seule peut indiquer ; et en ce genre, c'est elle qui constamment donne les meilleures leçons. Il y a dans ce moment cent soixante millions de billets de la caisse d'escompte en circulation ; et l'on aspire avec raison à leur diminution. Une nouvelle forme qu'on y substituerait, et plus sûrement un intérêt qu'on y attacherait, en faciliterait la circulation. Mais il serait à désirer que ces encouragemens ne servissent qu'à donner plus de prix aux billets actuels, sans diminuer cet avantage par l'accroissement de leur nombre ; ou, si l'on était forcé de chercher un nouveau secours de ce genre, il faudrait bien y penser avant de se hasarder à une augmentation pareille à celle qui serait nécessaire pour satisfaire exactement à tous les besoins de l'année. Une somme de deux à trois cents millions, jointe à celle de cent soixante millions, montant actuel des billets de caisse, présente un total effrayant. L'assemblée nationale a bien décrété que l'on réaliserait pour quatre cents millions de biens domaniaux ou ecclésiastiques ; mais on attend leur désignation, on attend de connaître l'époque des ventes, on attend de juger de l'empressement et du nombre des acheteurs ; enfin la confiance, qui est applicable à une certaine somme, ne l'est point à une plus forte ; et en toutes choses une juste mesure est la plus indispensable des conditions.

On croit lever les difficultés, en demandant que les nouveaux billets d'État soient admis légalement dans tout le royaume, comme les billets de caisse le sont dans Paris. Mais l'assemblée nationale a montré jusqu'à présent une grande opposition à cette idée ; et si elle l'adoptait d'une manière indéfinie, si, en l'adoptant, elle multipliait considérablement la somme des billets circulans, je ne sais jusqu'à quel point son autorité serait suffisante pour une si vaste disposition. Il me semble que l'assemblée nationale, en se faisant une juste idée des circonstances, cherche essentiellement à concilier ses décrets avec l'opinion publique; et les résistances qu'elle éprouve dans beaucoup d'endroits, quand elle veut exiger les sacrifices d'intérêt personnel les plus raisonnables, la rendraient sûrement circonspecte, quand il s'agirait d'un loi aussi multipliée dans ses ratifications, que l'introduction forcée d'un papier-monnaie dans l'universalité du royaume. Une telle loi peut-être n'aurait toute sa force qu'à l'égard des receveurs des droits et des impôts; et alors le trésor public se trouverait absolument privé de la partie de numéraire effectif dont il a besoin pour la solde des troupes, et pour les différens achats ou marchés libres, auxquels on n'est pas toujours le maître de pourvoir avec du papier. Je croirais que ce serait assez faire, si l'on pouvait adjoindre à la loi qui régit Paris pour les billets de caisse, deux ou trois villes principales, Lyon surtout, qui extrait beaucoup de numéraire effectif de Paris; et comme cette ville a de grands intérêts dans nos fonds publics, on aurait plus de considérations à lui présenter pour l'engager à s'unir aux dispositions que l'embarras des finances aurait rendues inévitables.

Observons aussi, Messieurs, qu'on est toujours à temps d'accroître les secours en papiers circulans, au lieu qu'en se livrant par l'effet d'un principe ou par une opinion spéculative, à se servir d'une telle ressource, sans autre mesure que celle de ses dépenses, on se place à l'avance dans une position exagérée à laquelle on ne peut plus apporter de changemens que par des moyens injustes, violens, et dont les conséquences sont incalculables.

En général, les remèdes absolus sont ce qu'on désire le plus dans les grands maux; mais ce désir est plutôt l'effet d'un sentiment, que le résultat de la réflexion; car c'est dans les grands maux que l'injustice ou la rigueur des moyens extrêmes paraît d'autant plus pénible et devient souvent dangereuse. Dans l'état actuel des affaires de finance, et jusqu'à l'époque où elles seront mises dans un ordre simple et parfait, il est plus sage que jamais d'aller en toutes choses par gradation, de côtoyer sans cesse l'opinion et les événemens, d'employer des ménagemens particuliers, de combattre séparément chaque difficulté, d'entrer, pour ainsi dire, en composition avec tous les obstacles, et d'user avec patience d'une grande diversité de moyens, afin qu'aucun ne soit exagéré, et ne pèse trop fortement sur aucune classe particulière de citoyens.

Il ne faut pas demander que les créanciers de l'État, que les hommes qui servent la chose publique par leur travail et par leurs talens, que les hommes qui reçoivent le prix de leurs anciens services, que tous ceux enfin qui ont des droits actifs sur le revenu public, éprouvent de trop grands retards, soient soumis à des sacrifices trop pénibles; et c'est sous ce rapport intéressant, qu'à défaut absolu d'autre ressource, l'introduction momentanée des billets de caisse doit paraître une disposition raisonnable; mais il ne serait pas juste non plus que, pour le paiement exact de certaines charges de l'État, les habitans de Paris ou des provinces fussent associés inégalement et selon le hasard de leur position, aux inconvéniens attachés à la circulation des billets de caisse, inconvéniens bien dissemblables, selon que l'on est soi-même débiteur, ou non, envers d'autres; et c'est par une telle considération réunie à celles que j'ai indiquées, qu'il ne serait pas équitable de satisfaire à tous les besoins par une création de billets circulans. Il faut dans une pareille circonstance, partager les sacrifices, et les adoucir autant qu'il est possible.

C'est pour remplir en partie ce plan d'équilibre et d'allégement, que je vous ai proposé de recourir à l'emploi de divers moyens pour franchir les difficultés de cette année.

Un projet dont l'utilité sera éprouvée dans tous les temps, un projet que j'ai toujours eu en vue, dont j'ai souvent entretenu le roi dans d'autres circonstances, et qui s'approprierait néanmoins encore plus parfaitement au nouvel ordre constitutionnel que vous avez établi, consisterait dans l'institution que ferait le roi, d'un bureau, d'un comité pour l'administration du trésor public; comité qui ferait ce que je fais aujourd'hui, c'est-à-dire, que, sous l'approbation et l'autorité de sa majesté, il fixerait toutes les dépenses journalières, il déterminerait tous les modes de paiement, il veillerait sur toutes les recettes; il dirigerait enfin toute l'action du trésor public, sans aucune exception ni réserve. Le bureau d'administration devrait être composé de tel nombre de personnes que le roi jugerait à propos de déterminer, lesquelles, sous le nom de commissaires de la trésorerie rempliraient toutes les fonctions que je viens d'indiquer. Le président, ou seul, ou accompagné de quelques autres des commissaires de la trésorerie, ou de tous, dans de certaines circonstances, selon la volonté du roi, rendrait compte à sa majesté des délibérations du bureau de la trésorerie, et prendrait ses ordres. Les commissaires de la trésorerie seraient donc, à l'avenir, les seuls ministres du roi pour le département du trésor public; et lorsque bientôt les affaires générales du royaume seront simplifiées, lorsque tout ce qui tient aux impôts, aux revenus de l'État, sera établi d'une manière régulière, on pourrait adjoindre à ce comité deux personnes entendues dans la partie de la finance, étrangère à la direction du trésor public : et ces deux personnes se divisant cette tâche d'une manière distincte, il se trouverait que le bureau de la trésorerie serait le centre et l'agent de l'administration entière des finances, et les places de contrôleur-général et de directeur-général du trésor public deviendraient inutiles. Ainsi, l'ensemble de toutes les parties de cette vaste administration, qui, dans le système actuel doit se trouver réuni, tant bien que mal, dans la tête d'un seul homme, serait confié aux lumières d'une commission composée de plusieurs personnes, dont l'action serait dirigée par un président, aidé d'un commissaire-rapporteur pour la direction journalière du trésor public.

Le roi devant seul, dans la constitution, déterminer le mode et la forme des différentes administrations qui émanent de son autorité, ce n'est point pour inviter l'assemblée nationale à prendre aucune délibération sur ce projet, que j'ai demandé à sa majesté la permission de vous en donner connaissance; mais d'abord il est convenable, il est dans les sentimens du roi que l'assemblée nationale soit instruite de tous les changemens dans la forme d'administration qui peuvent intéresser le bien public, et je crois celui-ci l'un des plus propres à prévenir toute espèce de défiance de la part des députés de la nation, en même temps qu'il est un des plus utiles à l'affermissement du crédit public.

Il est un autre motif qui rend votre concours nécessaire à l'exécution des vues de Sa Majesté. Le roi sent la convenance de choisir, dans l'assemblée nationale, la plupart des membres de ce comité; mais pour remplir ce but, il faut que vous dérogiez en quelque chose, au décret que vous avez rendu pour obliger les membres de votre assemblée à n'accepter, pendant la durée de cette session, aucune place donnée par le gouvernement. Il me semble que le principe de ce décret n'est pas applicable au cas présent; vous aviez sûrement en vue, lorsque vous l'avez délibéré, de mettre à l'abri de toute séduction, de tout ascendant de la part du gouvernement, tous ceux qui composent votre assemblée : mais dans cette occasion, c'est bien plus une charge pénible qu'une grâce ou une faveur qu'il serait question de confier à ceux qui seront nommés par le roi pour remplir le comité actif et permanent de trésorerie. Enfin, de quelque importance que soient les principes généraux, il est cependant des occasions où le législateur, dirigé par l'amour du bien de l'État, son premier objet d'intérêt doit consentir à quelques modifications. Il est très-important qu'un comité actif de trésorerie soit formé sans retard ; et il est de la plus grande convenance aussi que tous ses membres, ou la plupart d'entre eux, soient choisis dans votre assemblée, parce qu'elle contient des hommes infiniment éclairés par leurs lumières naturelles, et par la connaissance qu'ils ont déjà prise au milieu de vous des affaires de finances; et enfin, parce qu'il est essentiel à mes yeux qu'il y ait une relation continuelle de vous, Messieurs, à l'administration des finances, et d'elle à vous, et que cette relation soit telle, qu'à chaque instant l'intérêt des finances, la connaissance de leur situation et de leur embarras, la prévoyance des événemens qui peuvent les concerner, s'unissent immédiatement au cours variable et souvent inattendu de vos délibérations; et si l'institution dont je vous entretiens eût eu lieu depuis un certain temps, vous auriez vraisemblablement évité quelques erreurs relatives aux finances. Rien ne peut remplacer cette lumière qui dérive de l'expérience et de la connaissance habituelle de l'état des affaires; rien ne peut remplacer cet intérêt actif au succès d'une grande administration. Il y a et il y aura toujours une différence immense entre l'effet des examens que vous confiez à divers comités, et l'utilité de cette communication journalière des lumières et des observations de ceux qui dirigent le trésor public, et qui attachent à l'ordre et à la régularité de cette administration leur devoir, leur honneur, et tous les intérêts qui agissent sur les hommes. On ne peut pas réparer les inconvéniens qui sont résultés dans le cours de votre session, de la séparation absolue de l'administration et de la législation des finances, et ce serait vous affliger inutilement que de vous en présenter le tableau; mais puisqu'il s'offre un moyen naturel de prévenir la continuation de ces inconvéniens par la formation d'un bureau actif de trésorerie, tel que je viens de l'indiquer, vous ne pouvez pas vous opposer à cet établissement, par la crainte vague et chimérique de l'esprit ministériel que pourraient revêtir ceux qui, parmi vous, seraient appelés par le roi à remplir ces fonctions. Ils ne changeront pas de caractère ni de principes, parce qu'ils seront attachés de plus près aux intérêts qui doivent vous occuper essentiellement; ils ne changeront pas de principes, parce qu'ils se rapprocheront d'un roi citoyen; ils ne changeront pas de principes, parce qu'ils auront des connexions avec des ministres qui, certes, sont aussi bons patriotes que vous, et même connus pour tels de toute la nation.

Je ne vous ai présenté jusqu'ici, Messieurs, que des idées tristes, et le tableau des embarras de l'année ne pouvait en offrir d'autres: étendons maintenant notre vue plus au loin, afin de changer de perspective et de ranimer nos espérances. Nos difficultés présentes, quoique extrêmes, sont néanmoins, par leur nature, toutes passagères; franchissons-les avec une réunion d'intérêt et de volonté; doublons avec hardiesse le cap dangereux que nous avons à passer, et nous arriverons au port. En effet, Messieurs, nous éprouvons en ce moment les fâcheux inconvéniens attachés à l'usage d'un papier qui fait office de monnaie; mais le terme prochain de son extinction est indubitable, puisque vous y avez destiné le produit des ventes des biens ecclésiastiques et domaniaux, le produit du rachat des droits attachés à ces propriétés, et le produit encore du recouvrement des deux derniers tiers de la contribution patriotique. L'ensemble de ces ressources ne peut manquer de produire successivement, d'ici à deux ans, plus de deux cents millions; et en disposant à l'avance d'une telle somme par la négociation d'assignats à terme, il est évident que l'extinction de la partie des billets de caisse, supérieure au nombre nécessaire à la circulation, ne peut pas être éloignée, et qu'ainsi leur importunité, quoique très-réelle, ne sera pas au moins de longue durée.

Remarquez, Messieurs, que si l'on n'a pu obvier à tous les inconvéniens qui résultent de l'admission des billets de caisse dans les paiemens, cependant l'administration des finances, par des soins multipliés, a garanti la chose publique des dangers éminens qui pouvaient accompagner cette admission, et qu'il y a lieu d'espérer que par la continuation de ses soins, elle en préservera encore assez long-temps pour voir arriver, dans l'intervalle, la diminution attendue et désirée, dans la quantité et l'étendue des billets de caisse. Il fallait nécessairement payer en numéraire effectif toute la solde des troupes, et on y a pourvu malgré les retards de paiement, et le dépérissement de plusieurs revenus dans les provinces où ces troupes sont réunies en grand nombre; il a fallu souvent pour cela faire venir des monnaies d'argent des pays étrangers les plus voisins, et malgré la contrariété des changes et beaucoup d'autres, on est parvenu à remplir ce but, et les précautions sont prises pour les mois suivans. Il fallait se munir d'un numéraire suffisant pour payer également en argent réel tous les ateliers de charité, si multipliés aujourd'hui dans Paris, et les approvisionnemens considérables qui ont lieu deux fois par semaine aux marchés de Sceaux et de Poissy;

on y a suffi, et de nouvelles précautions sont assurées. La caisse d'escompte, par une distribution journalière, pourvoit au moins aux paiemens en effectif que l'ordre public exige absolument, tels que la solde de la garde de Paris, et les secours indispensables aux chefs des principales manufactures, et plusieurs autres encore.

Enfin, c'est ici l'objet essentiel : les approvisionnemens en blés et en farines ont été portés maintenant à un degré tel, qu'il y a tout lieu d'être parfaitement tranquille sur la subsistance de Paris pendant plusieurs mois.

Il me reste à faire observer encore, en parlant de notre situation présente, que tous les retards dans les paiemens, ou toutes les modifications auxquelles on aurait recours pour y satisfaire, sont encore des traverses passagères; aucune ne peut s'étendre au-delà de cette année, et plusieurs seraient promptement atténuées, si à la vue des dispositions salutaires que vous pouvez prendre en fort peu de temps, le crédit venait à se ranimer. »

En terminant, Necker présente diverses modifications pour convertir en impôts productifs, les anciens droits. Il propose la réforme des gabelles ; la suppression des droits sur la circulation intérieure. Afin de les remplacer, il demande qu'on augmente l'impôt sur les successions indirectes qui n'est que d'un centième, et qu'on l'étende des immeubles réels sur lesquels il porte seulement, aux immeubles fictifs.

Le soir du jour même où ce mémoire fut lu, une députation de la municipalité de Paris vint présenter une nouvelle pétition pour supplier l'assemblée nationale :

1° De ne point proroger au-delà du 1er juillet prochain, le délai fixé par le décret du 19 décembre dernier, pour le paiement, à bureau ouvert, des billets de la caisse d'escompte ;

2° De nommer, ainsi que l'administration de la caisse d'escompte le sollicite elle-même, des commissaires pour surveiller ses opérations, et pour s'assurer qu'il ne sera pas mis en circulation un plus grand nombre de billets que celui qui doit exister, d'après les dispositions du décret de l'assemblée nationale du 19 décembre ;

3° De ne point permettre qu'il soit créé des billets au-dessous de deux cents livres;

4° De peser dans sa sagesse, s'il convient d'attacher un intérêt progressif aux billets en circulation ;

5° De faire procéder le plus tôt possible à la vente des biens domaniaux et ecclésiastiques, jusqu'à la concurrence de quatre cents millions, et de déterminer les biens sur lesquels devront porter les assignats. A l'effet de quoi l'assemblée arrête que la municipalité indiquera incessamment à l'assemblée nationale, ceux des biens du domaine et du clergé, situés dans l'étendue du département, qui peuvent être dès à présent vendus.]

FIN DU QUATRIÈME VOLUME.

TABLE DES MATIÈRES

DU QUATRIÈME VOLUME.

PRÉFACE. Exposition de la doctrine du gouvernement progressif. Définition de la formule *Souveraineté du peuple* : cette formule n'a pas été comprise dans la révolution.

DÉCEMBRE 1789. Troubles des provinces, p. 1. — Fédération du Dauphiné, p. 3.—Fédérations de Bourgogne et de Bretagne, p. 5. — Résistance du parlement de Rennes, p. 6.—Colonies, p. 12. — Affaire de Toulon, p. 13. — Paris. Délibération de la commune sur l'organisation départementale et municipale de Paris, p. 17, 26. — Rumeurs sur Danton, p. 27. — Critiques sur Bailly, p. 28. — Subsistances, p. 29. — Presse royaliste, p. 30, 40. — Adresse aux provinces, brochure royaliste, p. 35, 39.—Ordonnance de police sur les colporteurs et afficheurs, p. 40. — Arrestation de Marat, p. 42. — Conspiration Favras, p. 44. — *Monsieur* vient se disculper à l'hôtel-de-ville de toute complicité dans ce complot, p. 45, 49.—Dénonciation ; mise à prix, p. 49.— Situation de l'Europe, p. 51. —Discussions dans les districts, p. 53.

DOCUMENS COMPLÉMENTAIRES, p. 54. — Rapport du comité des recherches sur la conspiration de juillet, p. 56.—*Plan de la municipalité de Paris, telle qu'elle existait au 31 décembre 1789*, p. 88. — Division en départemens, p. 89.—Districts, p. 95. — Comité des recherches, p. 97.—Police, p. 98.—Tribunal de police, p. 100.—Réglement de l'assemblée des représentans de la commune, p. 101.—Actes du comité des recherches, p. 110.—*Adresse des citoyens de Toulouse*, p. 114.— Journal des prisons, p. 118. — Plan de la municipalité, présenté par la commune de Paris à l'assemblée nationale, p. 121.—*Les Lyonnais sauveurs des Dauphinois*, brochure, p. 162. — Lettre d'Albert de Rions sur l'opinion des Provençaux, p. 164. — *Massacre au Mans*, brochure, p. 166. — Troubles du Maine, p. 168. — Correspondance inédite de Bailly et de Necker, p. 172. — Anecdotes sur le château des Tuileries, p. 195.

ANNÉE 1790.

Janvier. Complimens du jour de l'an, p. 219.—Rareté du numéraire, p. 227.—Affaire du parlement de Rennes, p. 228, 231.—Projet d'une monnaie de billon, p. 252. — Discours de Robespierre sur les moyens de faciliter la formation de la quote de contribution exigée pour l'éligibilité, p. 256. — Sur l'incompatibilité des devoirs de député avec une fonction salariée, p. 268.—Troubles de Marseille, p. 265. — De l'inconvénient des patois usités en France, p. 267. — Dénonciation de deux libelles publiés à Lille, p. 270. — L'assemblée décide que le comité de constitution lui présentera une loi sur la presse, p. 272. — Rapport de Sieyès sur la législation de la presse, p. 274.—Projet de loi sur la presse, p. 280.—Émeute à Versailles, p. 289. — Attroupemens à Paris, p. 289.—Discussion de Marat avec la commune et avec Necker, p. 290.—Décret d'arrestation contre Marat, p. 291.—Résistance du district des Cordeliers à ce décret, p. 295. — Remarque sur les divisions d'opinions dans la presse patriote, p. 299. — Club des impartiaux, p. 299. — Club des Jacobins, p. 501.—Déclaration des principes des impartiaux, p. 501.—Journal royaliste en couplets, p. 505.

Février 1790. Coup d'œil sur les travaux parlementaires pendant ce mois, p. 506.—Coup d'œil sur les événemens des provinces pendant le même espace, p. 508. — Fédérations, p. 509. — Mouvemens des paysans contre les chartiers des châteaux, p. 510. — Municipalités, p. 512. — Insurrection des paysans en Périgord, p. 515.—Idem dans le Quercy, le Rouergue et la Basse-Bretagne, p. 516.—Idem en Lorraine, p. 517.—Division du département de Paris, p. 525.—Difficultés sur les élections, p. 525. — Adresse de l'assemblée nationale, p. 529.—Nouvelles émeutes en province, p. 540.—Discussion sur les moyens de ramener la tranquillité publique, p. 545.—Proposition de donner au roi une sorte de dictature, p. 552, 555. — Discours de Robespierre, p. 360.—Discours de Clermont-Tonnerre, p. 363. — Discours de Pétion, p. 367.—Vote du décret pour le rétablissement de l'ordre, p. 376, 389.—Affaire de Lyon, p. 390. — Fédération de Valence, p. 393.—Suppression des droits d'aînesse et de masculinité, p. 395.—Constitution ecclésiastique, p. 597.—Suppression des ordres religieux, p. 399.—Finances, p. 400.—Organisation militaire; rapport de M. de Noailles, p. 406. — Discours de Lameth sur ce sujet, p. 408.—Discussion sur l'organisation militaire, p. 421, 434. — Discours prononcé par le roi à l'assemblée nationale pour le rétablissement de la paix publique, p. 436. — Serment de l'assemblée, de la commune de Paris, etc., p. 445.—Aspect de cette ville, p. 446, 449.— Cazalès propose la dissolution de l'assemblée; discussion sur ce sujet, p. 449, 454. — Réflexions de la presse, p. 454. — Condamnation et exécution de Favras, p. 457. — Proscription du carnaval, p. 459. — Situation diplomatique, p. 459.—Mademoiselle Théroigne au district des Cordeliers, p. 461, 465.

Mars 1790. Coup d'œil sur les travaux de ce mois, p. 465. — Mémoire de Necker sur les finances, p. 466.

FIN DE LA TABLE DES MATIÈRES.

www.ingramcontent.com/pod-product-compliance
Lightning Source LLC
Chambersburg PA
CBHW060229230426
43664CB00011B/1595